KB259871

현행 법률과 규정에 따른

개인회생 · 파산 · 신용회복 절차와 사례

편저 : 이 창 완

대한민국 법률지식의 중심
법문 북스

머리말

　　현대 사회가 복잡하여짐에 따른 변화와 환경속에 새로운 분야로 생긴 개인회생·파산 등 새로운 제도 등이 생긴 지도 몇 년이 지나갔다.

　　그동안 몇 번의 개정과 보완이 있었다.

　　본서는 최근 개정된 법률에 따라

제1편 개인회생절차·신청권자·채무자 개인회생제도 이용자격·개인회생진행·신청방법·기각사유·중지명령·개인회생 절차·개시신청 취하·기각사유·개인회생 절차 개시결정·개시결정 취소·개인회생 채권의 확정·면제계획·변제계획 만기 효력·폐지 및 면책·면책 결정 등

제2편 파산절차의 개시·파산신청·신청권자·신청절차·신청원인·파산신청 기각사유·파산선고·파산의 효력·파산 관재인·파산자 집회·파산 관재인·파산자 소집 절차·파산 채권단 구성·부인권·환취권·변제권·상계권·파산 채권의 신고 및 조사·파산 채권의 배당·파산 채권 관리·면책·복권 등

제3편(부록) 신용회복 절차 및 실무자료를 수록하였으며

　　개인회생·파산 해당 내용에는 관련된 대법원 판례와 사례가 수록되어 있어 실무와 개인회생·파산을 이해하는데 조금이나마 도움이 되기를 바란다.

2013. 7. 15.

편저자 드림

차   례

제1편. 개인회생

제1장 개인회생절차

◆ **판 례**

■ [채권압류및전부명령]

1. 채권자목록에 기재된 개인회생채권에 기하여 개인회생재단에 속하는 채권에 내려진 압류 및 전부명령이 즉시항고 제기로 아직 확정되지 않은 상태에서 채무자에게 개인회생절차가 개시된 경우, 항고법원이 취하여야 할 조치 및 재항고심 계속 중 채무자가 '채무자 회생 및 파산에 관한 법률' 제593조 제1항에서 정한 중지명령을 받은 경우, 재항고법원이 채권압류 및 전부명령 청구채권이 채권자목록에 기재된 개인회생채권에 해당하는지 등을 심리하게 하기 위해 원심재판을 파기환송할 수 있는지 여부(적극) ·················· 6

2. 제1심법원의 채권압류 및 전부명령에 대하여 즉시항고를 제기하였다가 원심법원에서 항고기각을 당한 채무자가 항고기각에 대하여 재항고를 제기한 상태에서 개인회생사건에 관하여 채권압류 및 전부명령 절차를 중지하는 결정을 받은 사안에서, 재항고법원이 채권압류 및 전부명령을 취소하고 압류 및 전부명령 신청을 기각할 것인지 판단하기 위해서는 그에 앞서 채권압류 및 전부명령 청구채권이 재항고인에 대한 개인회생절차의 채권자목록에 기재

◈ **판 례**

■ [개인회생]

1. 개인회생절차 개시신청에 관한 재판에 대하여 즉시항고가 제기된 경우, 개인회생절차 개시요건을 충족하고 있는지에 관한 판단 기준 시(=항고심 결정 시) ··· 30

2. 채무자 회생 및 파산에 관한 법률 제595조 제7호에서 정한 '그 밖에 신청이 성실하지 아니한 때'에 해당한다는 이유로 채무자의 개인회생절차 개시신청을 기각하기 위한 요건 ··· 30

3. 세 번에 걸친 개인회생절차 개시신청이 기각된 후 특별한 사정변경이 없음에도 또다시 채무자가 개인회생절차 개시신청을 한 것 자체로 '신청이 성실하지 아니한 때'에 해당된다는 이유로 개인회생절차 개시신청을 기각한 사안에서, 채무자가 부당한 목적으로 개인회생제도를 이용하였다는 등 신청 불성실 사유가 있는지에 대하여 심리를 하지 않은 채 채무자의 과거 경력만을 문제삼아 위 개인회생절차 개시신청을 기각한 원심결정을 파기한 사례 ··· 31

◈ **판 례**

■ [개인회생] ··· 31
채무자가 개인회생절차 개시신청 전에 특정 채권자에 대한 편파적인 변제나 담보제공 행위를 하여 다른 채권자들을 해하는 결과를 초래한 사정만으로, 채무자 회생 및 파산에 관한 법률 제595조 제6호에서 개인회생절차개시신청 기각사유로 규정하는 '개인회생절차에 의함이 채권자 일반의 이익에 적합하지 아니한 때'에 해당하는지 여부(소극) ··································· 31

제2장 회생위원

제3장 개인회생채권의 확정

제4장 변제계획

제5장 폐지 및 면책

제2편. 파산

제1장 파산절차의 개시

제2절 파산선고 등 ·····················**126**

　◆ **판 례**

　　■ [파산선고]

　　1. 채무자 회생 및 파산에 관한 법률 제305조 제1항에서 정한 ‘채무자가 지급을 할 수 없는 때’의 의미 ·····························127

　　2. 제1심법원의 파산선고 결정에 대하여 즉시항고가 제기된 후 항고심에서 신청채권자가 신청을 취하하거나 신청채권자의 채권이 변제 등 사유로 소멸하였다는 사정만으로 항고법원이 제1심법원의 파산선고 결정을 취소할 수 있는지 여부(원칙적 소극) ·······························127

　◆ **판 례**

　　■ [파산선고]

　　1. 부채 초과 상태인 개인 채무자가 파산원인인 지급불능 상태에 있는지 판단하는 방법 ·······································127

　　2. 갑이 파산신청을 한 사안에서, 갑의 장래 소득·생계비·가용소득의 규모 등에 관한 구체적·객관적인 평가도 거치지 아니한 채 파산원인에 관한 소명이 부족하다고 단정한 원심결정에 채무자 회생 및 파산에 관한 법률 제305조 제1항에서 정한 파산원인에 관한 법리오해의 위법이 있다고 한 사례

◆ **판 례**

■ [파산선고]

◆ **판 례**

■ [파산선고 · 면책]

◆ **판 례**

◆ **판 례**

◆ **판 례**

◆ **판 례**

■ [소유권이전등기]
1. 임대의무기간이 지난 공공건설 임대주택을 임대사업자의 부도, 파산 등 이유로 2008. 3. 21. 법률 제8966호로 전부 개정된 임대주택법 제21조 제2항에 따라 분양전환하는 경우, 임대사업자가 유주택자인 임차인에게도 임대주택을 우선 분양전환할 의무가 있는지 여부(적극) ·······························151
2. 공공건설 임대아파트의 임대사업자인 갑 주식회사가 부도 후 파산선고까지 받았는데도 임차인들의 분양전환 요구에 응하지 않자, 임차인대표자회의가 관할 구청장한테서 직접 분양전환승인을 받아 임대사업자에게 승인된 분양전환가격에 따른 임대아파트 매도를 청구한 사안에서, 갑 회사의 파산관재인은 승인된 분양전환가격으로 성립한 매매계약에 따라 임차인들에게 해당 아파트에 관한 소유권이전등기절차 등을 이행할 의무가 있다고 한 사례 ··152
3. 파산채권에 해당하기 위한 요건 및 청구권 발생에 대한 단순한 기대권이 파산채권에 해당하는지 여부(소극) ···152
4. 공공건설 임대아파트의 임대사업자인 갑 주식회사가 파산선고를 받았는데 그 후 시행된 2008. 3. 21. 법률 제8966호로 전부 개정된 임대주택법의 신설 규정에 따라 을 등 임차인들이 관할구청장에게서 직접 분양전환승인을 받아 갑 회사를 상대로 해당 아파트에 관한 매도청구권을 행사하자, 갑 회사의 파산관재인이 매도청구권 행사로 성립된 매매계약은 채무자 회생 및 파산에 관한 법률 제335조에서 정한 '미이행 쌍무계약'에 해당하므로 파산관재인이 매매계약의 이행이나 해제를 선택할 수 있다고 주장한 사안에서, 위 매매계약은 채무자 회생 및 파산에 관한 법률 제335조에서 정한 '미이행 쌍무계약'에 해당하지 않으므로 위 조항은 적용될 여지가 없다고 한 사례 ··153
5. 공공건설 임대주택의 임대사업자가 임대주택 소유권을 관리·보존하기 위하여 신탁회사와 신탁기간을 '분양전환 완료 시'까지로 하는 부동산관리신탁계약을 체결하여 신탁회사 앞으로 임대주택 건물 등에 관한 신탁등기 및 소유권이전등기 등을 마쳤는데, 그 후 임대사업자가 파산선고를 받았음에도 분양전환 요구에 응하지 않자 임차인들이 직접 분양전환승인을 받아 임대주

제2장 파산절차의 기관

제3장 파산재단의 구성 및 확정

◈ **판 례**

■ [양수금 · 양수금]

제4장 파산채권 및 재단채권

◈ **판 례**

■ [청구이의]

1. 채무자 회생 및 파산에 관한 법률 제468조 제1항에서 정한 '파산채권의 확정에 관한 소송'에 집행권원이 있는 채권에 대해 이의자 등이 제기하거나 수계한 소송이 포함되는지 여부(적극) ·······················283
2. 채권자가 채권 전액에 관하여 파산채권자로서 권리를 행사하는 경우, 채무자 회생 및 파산에 관한 법률 제430조 제1항에서 정한 장래의 구상권자가 같은 법 제468조 제1항에 따라 판결의 효력을 받게 되는 '파산채권자'에 해당하는지 여부(소극) ·······················283
3. 갑 주식회사와 을이 공동으로 병에게 약속어음을 발행하면서 강제집행인낙의 취지가 기재된 공정증서를 작성하였는데, 갑 회사가 병을 상대로 공정증서에 기한 강제집행의 불허를 구하는 소송을 제기한 뒤 파산 선고를 받게 되자 파산관재인으로 선임된 정이 병이 파산채권으로 신고한 공정증서 채권에 대해 이의를 하는 한편 위 소송을 수계하였고, 을이 정의 승소를 보조하기 위하여 제1심소송 계속 중 보조참가하였다가 일부 패소판결이 선고되자 공동소송참가를 신청함과 아울러 항소를 제기한 사안에서, 위 소송은 채무자 회생 및 파산에 관한 법률 제468조 제1항에서 규정하는 '파산채권의 확정에 관한 소송'에 포함되지만, 공정증서의 채권자인 병이 채권 전액에 관하여 파산채권자로서 권리를 행사하고 있는 이상 장래의 구상권자에 불과한 을로서는 그에 대한 판결의 효력을 받게 되는 파산채권자에 해당하지 아니하므로 을의 공동소송참가신청은 참가 요건을 갖추지 못하여 부적법하고, 그 보조참

제3절 재단채권 ·······································287

제5장 파산재단의 관리·환가 및 배당

제1절 파산재단의 관리 및 환가 ·············299

◆ **판 례**

■ [낙찰자지위확인]

1. 채무자 회생 및 파산에 관한 법률 제496조 제2항에 정한 파산관재인의 환가방법에 임의매각이 포함되는지 여부(적극) ·····················319

2. 파산관재인이 파산재단에 속하는 부동산을 경쟁입찰방식에 의해 매각하면서 입찰 당시 입찰공고에 정한 금액에 미달하는 입찰보증금만을 납부한 최고금액 입찰자를 낙찰자로 결정한 후 다음날 입찰보증금을 추가 납부받아 매매계약을 체결하고 파산법원의 허가를 받은 사안에서, 위 입찰 및 매매계약은 채무자 회생 및 파산에 관한 법률 제496조 제2항에 정한 임의매각에 해당하므로 입찰보증금 납입 하자에 관한 민사집행법의 규정은 위 입찰에 적용되지 않고, 낙찰자가 나머지 입찰보증금을 납입한 이상 위 입찰보증금 납입 하자가 입찰절차의 공공성과 공정성이 현저히 침해될 정도로 중대한 경우라 볼 수 없다고 본 원심의 판단이 정당하다고 한 사례 ·····················319

제6장 파산폐지

제7장 간이파산

제8장 면책 및 복권

◆ **판 례**

- [사해행위취소]

◆ **판 례**

- [청구이의]

◆ **판 례**

- [청구이의]

※ 부 록
(신용회복 절차 실무자료)

제1편. 개인회생

제1장 개인회생절차

Ⅰ. 개인회생절차개시의 신청

1. 신청권자 : 채무자

개인회생은 개인채무자 스스로 신청할 수 있고, 또한 개인채무자만이 신청할 수 있다(법 제589조). 이 절차는, 개인채무자가 장래의 수입을 가지고서 변제를 계속하는 절차이므로, 자발적인 의사에 기하지 않으면 변제를 계속하는 것이 곤란하다. 따라서 법률이 개인회생절차는 개인채무자만이 신청할 수 있는 것으로 하고, 채권자 측이 신청할 수는 없도록 만들어진 것이다.

채권자가 이미 채무자에 대하여 파산을 신청하여 절차가 진행 중인데 채무자가 스스로 개인회생절차를 신청하여 개시결정이 내려지는 경우에는, 종전의 파산절차는 중단되고 개인회생절차가 진행된다.

또한 개인회생절차는 개인만이 이용 가능한 제도이기 때문에, 조합이나 1인 주주의 주식회사, 재단법인 등은 이 절차를 이용할 자격이 없다.

2. 신청서의 제출

개인회생절차를 이용하기 위해서는 우선 회생절차 개시신청서를 제출하여야 한다. 신청서는 채무자의 주소지를 관할하는 지방법원 본원에 제출한다. 주소지란 생활의 근거가 되는 곳을 말하는 것이므로 반드시 주민등록상의 주소지에 한정되는 것은 아니지만, 주민등록상의 주소지는 그러한 생활근거지로 대개 추정된다.

주소지 관할법원이 아니더라도, 두 사람의 채무가 밀접하게 관련되어 있는 경우에는 두 사람에 대한 개인회생사건을 한 법원에서 처리하는 것이 바람직할 것이다. 따라서 주채무자와 보증인 사이, 연대채무자들 사이, 그리고 부부 사이에서는, 어느 한 쪽이 먼저 개인회생사건을 신청한 경우에 다른 쪽은 먼저 신청된 개인회생사건을 담당하고 있는 법원의 관할 내에 자기의 주소지가 없더라도, 그곳에 개인회생사건을 신청할 수 있도록 정해져 있다.

개인회생절차개시의 신청을 하는 경우에는 신청서부본 1부 및 알고 있는 개인회생채권자수에 2를 더한 만큼의 개인회생채권자목록 부본을 함께 제출하여야 한다.

◎ 주민등록상 등록된 주소와 거소가 상이한 경우 파산 관할법원

【질의】 ➡ 저와 딸은 남편의 사업운영 중 보증채무를 부담하였는데 남편의 사업이 부도나면서 채권자들의 독촉을 피하기 위해 주민등록상 주소지는 과거 살았던 집(대구)으로 해 두고, 실제로 남편은 건설현장에서 일용직으로 일을 하면서 현장 숙소(대전)에서 생활하고, 본인과 제 딸은 본인 명의로 임대차계약을 체결한 월세 집(서울)에서 살고 있습니다. 이러한 경우 어느 법원에 파산을 신청할 수 있는지요? 그리고 가족 모두 한 곳의 법원에 파산을 신청할 수는 없는지요?

답변】 ➡ 개인파산사건의 관할은 원칙적으로 채무자의 보통재판적 소재지를 관할하는 지방법원본원에 전속하며(채무자 회생 및 파산에 관한 법률 제3조 제1항), 사람의 보통재판적은 그 주소에 따라 이를 정하므로(민사소송법 제3조), 결국 파산신청의 관할은 채무자의 주소지 관할 지방법원 본원에 신청해야 합니다. 다만, 서울의 경우 5개의 지방법원이 있으나 파산사건은 서울중앙지방법원의 관할에 전속합니다(채무자 회생 및 파산에 관한 법률 제3조 제9항). 파산사건의 관할은 전속관할로서 관할법원 아닌 다른 법원에 파산을 신청할 경우 관할법원으로 이송됩니다.

주소는 생활의 근거되는 곳으로서(민법 제18조 제1항), 일반적으로 「주

민등록법 에 의해 주소로 등록된 곳을 의미하나, 주민등록상 주소지와 생활의 근거되는 곳은 여러 가지 사유로 달라질 수 있고 이러한 경우 법적으로는 생활의 근거되는 곳 즉, 객관적으로 보아 채무자가 주로 생활하는 것으로 판단되는 장소를 주소로 보아 그 장소의 관할 지방법원 본원에 파산을 신청해야 합니다.

다만, 주민등록상 주소와 실제 생활의 근거지가 상이한 경우 실제 생활의 근거지임을 소명해야 관할을 인정할 수 있으며, 그 소명자료로서는 신청인이 임차인으로 기재되어 있는 임대차계약서, 생활 근거지로 송달된 소장 등 소송서류나 우편물, 기타 이를 확인해 줄 수 있는 이해관계인(건물주 등)의 확인서 등이 있습니다.

위 관할 규정에도 불구하고 "①주채무자 및 그 보증인 ②채무자 및 그와 함께 동일한 채무를 부담하는 자(연대채무자, 연대보증인, 부진정 연대채무자, 채무의 병존적 인수인 등) ③부부" 중 어느 일방이 한 법원에 파산을 신청하여 그 사건이 계속되어 있는 때에는 다른 일방도 해당 법원에 관할권이 없다고 하더라도 파산을 신청할 수 있습니다(채무자 회생 및 파산에 관한 법률 제3조 제7항).

귀하의 경우 주민등록상 주소지는 대구이나 실제 생활 근거지는 서울이므로 서울중앙지방법원에 파산을 신청할 수 있을 것으로 보입니다. 다만, 생활 근거지를 소명할 자료로서 임대차계약서상 귀하가 임차인으로 되어 있는 임대차계약서 사본을 제출해야 합니다. 또한 귀하의 딸의 경우 귀하와 동거하고 있으므로 역시 서울중앙지방법원에 파산을 신청할 수 있을 것이나 주소지 소명자료로서 임대차계약서상 임대인의 확인서가 첨부되는 것이 바람직합니다.

귀하의 배우자의 경우 생활의 근거지는 대전으로 볼 수 있어 원칙적으로는 대전지방법원에 파산을 신청해야 할 것이나, 배우자와 귀하 간에는 주채무자 및 그 보증인의 관계에 있으므로 관할의 특례가 인정되어 귀하가 서울중앙지방법원에 파산을 신청하였거나 배우자와 동시에 신청한다면 배우자도 역시 서울중앙지방법원에 파산을 신청할 수 있다고 보이며, 딸의 경우도(실제 생활 근거지와 상관없이) 배우자의 채무에 연대보증을 한 경우라면 역시 위와 같은 이유로 서울중앙지방법원에 파산을 신청할 수 있을 것으로 보입니다. [법률구조공단자료. 참고만 하세요]

3. 신청서의 기재사항 및 첨부서류(법 제589조)

(1) 신청서의 기재사항

신청서에는 채무자의 성명, 주민등록번호 및 주소, 신청의 취지 및 원인, 채무자의 재산 및 채무, 채무자에게 연락할 수 있는 전화번호(집·직장·휴대전화)를 기재하여야 한다.

(2) 첨부서류

개인회생절차개시신청서에는 다음의 서류를 첨부하여야 한다.

① 개인회생채권자목록(채권자의 성명 및 주소와 채권의 원인 및 금액이 기재된 것을 말한다). 별제권자가 있는 때에는 별제권의 목적과 그 행사에 의하여 변제 받을 수 없는 채권액을 기재한다. 개인회생채권에 관하여 개인회생절차개시 신청당시에 소송이 계속되는 때에는 추가로 법원·당사자·사건명 및 사건번호를 기재한다. 개인회생채권에 관하여 개인회생절차개시 신청 당시에 전부명령이 있는 때에는 추가로 전부명령을 내린 법원·당사자·사건명 및 사건번호, 전부명령의 대상이 되는 채권의 범위, 제3채무자에 대한 송달일, 전부명령의 확정여부를 기재해야 한다.

② 재산목록
③ 채무자의 수입 및 지출에 관한 목록
④ 급여소득자 또는 영업소득자임을 증명하는 자료
⑤ 진술서
⑥ 신청일 전 10년 이내에 회생사건·화의사건·파산사건 또는 개인회생사건을 신청한 사실이 있는 때에는 그 관련서류
⑦ 그 밖에 대법원규칙이 정하는 서류

▣ 판 례 ▣

■ [채권압류및전부명령]

1. 채권자목록에 기재된 개인회생채권에 기하여 개인회생재단에

속하는 채권에 내려진 압류 및 전부명령이 즉시항고 제기로 아직 확정되지 않은 상태에서 채무자에게 개인회생절차가 개시된 경우, 항고법원이 취하여야 할 조치 및 재항고심 계속 중 채무자가 '채무자 회생 및 파산에 관한 법률' 제593조 제1항에서 정한 중지명령을 받은 경우, 재항고법원이 채권압류 및 전부명령 청구채권이 채권자목록에 기재된 개인회생채권에 해당하는지 등을 심리하게 하기 위해 원심재판을 파기환송할 수 있는지 여부(적극)

2. 제1심법원의 채권압류 및 전부명령에 대하여 즉시항고를 제기하였다가 원심법원에서 항고기각을 당한 채무자가 항고기각에 대하여 재항고를 제기한 상태에서 개인회생사건에 관하여 채권압류 및 전부명령 절차를 중지하는 결정을 받은 사안에서, 재항고법원이 채권압류 및 전부명령을 취소하고 압류 및 전부명령 신청을 기각할 것인지 판단하기 위해서는 그에 앞서 채권압류 및 전부명령 청구채권이 재항고인에 대한 개인회생절차의 채권자목록에 기재된 개인회생채권에 해당하는지 등에 대한 심리가 필요하다는 이유로 원심결정을 파기환송한 사례

[이 유]

재항고이유를 본다.

채권자목록에 기재된 개인회생채권에 기하여 개인회생재단에 속하는 재산에 대하여 이미 계속중인 강제집행, 가압류 또는 가처분절차는 개인회생절차가 개시되면 일시적으로 중지되었다가, 변제계획이 인가되면 변제계획 또는 변제계획인가결정에서 다르게 정하지 아니하는 한 그 효력을 잃는다. 따라서 채권자목록에 기재된 개인회생채권에 기하여 개인회생재단에 속하는 채권에 대하여 내려진 압류 및 전부명령이 이에 대한 즉시항고가 제기되어 아직 확정되지 않은 상태에서 채무자에 대하여 개인회생절차가 개시되었다면, 항고법원은 다른 이유로 압류 및 전부명령을 취소하는 경우를 제외하고는 항고에 관한 재판을 정지하였다가 변제계획이 인가된 경우 압류 및 전부명령이 효력이 발생하지 않

게 되었거나 그 효력이 상실되었음을 이유로 압류 및 전부명령을 취소하고 압류 및 전부명령신청을 기각하여야 한다(대법원 2008. 1. 31.자 2007마1679 결정 참조). 그리고 채무자는 채권압류 및 전부명령 확정 전까지 「민사집행법」 제49조 제2호의 서류를 제출할 수 있으므로 (대법원 1999. 8. 27.자 99마117, 118 결정 참조), 재항고심 계속 중 채무자가 「채무자 회생 및 파산에 관한 법률」 제593조 제1항 소정의 중지명령을 받은 경우, 재항고법원으로서는 채권압류 및 전부명령의 청구채권이 개인회생절차의 채권자목록에 기재된 개인회생채권에 해당하는지 여부 등을 심리하게 하기 위하여 원심재판을 파기환송할 수 있다고 봄이 상당하다 .

기록에 의하면, 채권자는 재항고인에 대한 집행력 있는 약속어음 공정증서 정본에 기하여 수원지방법원 여주지원 2010타채3271호로 이 사건 채권압류 및 전부명령을 신청하였고, 제1심법원의 사법보좌관은 2010. 10. 6. 위 신청을 인용하였는데, 채무자가 위 결정에 대하여 즉시항고를 제기하자 제1심법원은 2010. 11. 18. 위 사법보좌관의 처분을 인가하였고, 원심은 2010. 12. 6. 재항고인의 항고를 기각한 사실, 재항고인은 위 항고기각 결정에 대하여 재항고를 제기하는 한편 2010. 12. 14. 수원지방법원 2010개회45204호 개인회생 사건에 관하여 이 사건 채권압류 및 전부명령 절차를 중지하는 결정을 받은 사실을 알 수 있다.

앞서 본 법리에 비추어 보면, 위와 같은 사실관계에서 법원이 이 사건 채권압류 및 전부명령을 취소하고 압류 및 전부명령신청을 기각할 것인지 여부를 판단하기 위해서는 그에 앞서 이 사건 채권압류 및 전부명령의 청구채권이 재항고인에 대한 위 개인회생절차의 채권자목록에 기재된 개인회생채권에 해당하는지 여부 등에 대한 심리가 필요하다고 인정된다. (대법원 2011.4.20. 자 2011마3 결정)

◈ 개인회생제도에 이용자격 제한이 있는지

질의】➡ 저는 과거 주식투자 및 유흥주점에서의 과도한 소비 등으로 신용카드 부채가 증대되어 다니던 회사를 그만두게 되었고 현재는 편의점에서 아르바이트를 하면서 혼자서 월세 집에서 생활하면서 신용회복위원회의 개인워크아웃을 통해 매월 50만원씩 카드대금을 갚아 나가고 있습니다. 그러나 현재의 월평균 수입은 겨우 100만원에 불과하여 신용회복위원회에 낼 돈을 다른 곳에서 빌려 내면서 겨우 생활을 유지하고 있으나 앞으로는 더 이상 버틸 수 없을 것으로 생각되어 현재 법원에 파산을 신청한 상태이나 면책불허가사유가 있어 파산이 어렵다고 하여 다시 개인회생을 고려하고 있습니다. 저와 같이 과소비로 채무가 발생하고 편의점에서 아르바이트를 하면서 개인워크아웃 제도와 파산절차를 이용하고 있는 경우에도 개인회생제도를 이용할 수 있는지요?

답변】➡ 개인회생제도는 ①파산의 원인사실이 있거나 그러한 염려가 있는 자로서 ②담보채권의 경우 10억, 무담보채권의 경우 5억원 이하의 부채를 부담하고 있는 개인채무자로서 ③정기적이고 확실한 수입을 얻을 가능성 있는 급여소득자 또는 장래 계속적으로 또는 반복하여 수입을 얻을 가능성 있는 영업소득자가 이를 신청할 수 있습니다. 그밖에 파산제도에서의 면책불허가 사유가 있는 경우 또는 개인워크아웃이나 파산신청을 한 경우에도 신청할 자격이 있는지 문제됩니다.

첫째, 개인회생제도는 파산원인사실로서 지급불능 즉, 변제능력이 부족하여 변제기가 도래한 채무를 일반적·계속적으로 변제할 수 없는 객관적인 상태이거나 그러한 염려가 있는 경우 신청할 수 있습니다. 따라서 채무자의 현재의 보유재산 합계액이 총 채무액을 초과하고 있다면 그 재산을 환가하여 변제할 수 있으므로 지급불능으로 볼 수 없어 개인회생을 신청하기는 어려울 것입니다. 다만, 채무자가 더 이상 변제하지 못할 경우 지급불능은 법률상 추정되고(채무자 회생 및 파산에 관한 법률 제305조 제2항), 지급불능의 염려가 있는 경우에도 개인회생을 신청할 수 있으므로 일반적으로 크게 문제되지는 않습니다.

둘째, 개인회생제도는 소비자로서의 일반 개인의 갱생을 도모하기 위한 제도로서 일정한 채무액의 제한이 있습니다. 즉, 유치권·질권·저당권·양도담보권·가등기담보권·전세권 또는 우선특권으로 담보된 개인회생채권은 10억원, 그 이외의 무담보부 개인회생채권은 5억원 이하의 금액이어야 하며, 담보부 개인회생채권이나 무담보부 개인회생채권 중 어느 하나라도 위 금액을 초과하게 된다면 개인회생절차를 이용할 수 없게 됩니다. 개인회생채권이란 개인회생절차개시결정 전의 원인으로 생긴 재산상의 청구권이므로(같은 법 제581조), 위와 같은 채무한도의 기준이 되는 적용시점 역시 개인회생절차 개시결정일을 기준으로 결정해야 할 것입니다.

셋째, 정기적이고 확실한 수입을 얻을 가능성 있는 급여소득자 또는 장래 계속적으로 또는 반복하여 수입을 얻을 가능성 있는 영업소득자가 개인회생제도를 이용할 수 있습니다. 개인회생제도는 채무자의 재산에 대한 강제집행, 가압류, 가처분 등을 금지시키고 안정적인 수입가능성을 확보하여 최대 5년간 채무자의 가용소득으로 개인회생채권을 변제해 나가는 제도로서 그 제도 본질상 정기적이고 계속·반복적인 수입가능성을 인정할 수 있어야 합니다.

이는 일반적으로 그 직업 자체에서나 그 동안의 근무 기간, 수입의 지속성 등을 기준으로 판단할 수 있는데, 급여소득자에는 아르바이트, 파트타임 종사자, 비정규직, 일용직 등 그 고용형태와 소득신고의 유무에 불구하고 정기적이고 확실한 수입을 얻을 가능성이 있는 모든 개인을 포함하고, 영업소득자에는 소득신고의 유무에 불구하고 수입을 장래에 계속적으로 또는 반복하여 얻을 가능성이 있는 모든 개인을 포함합니다(개인회생사건 처리지침 제7조의2 제1항, 제2항).

넷째, 채무자가 과다한 낭비·도박 그 밖의 사행행위를 하여 현저히 재산을 감소시키거나 과대한 채무를 부담한 사실이 있는 경우와 같이 파산제도에서의 면책불허가사유가 있는 경우에도 개인회생제도를 이용할 수 있습니다.

즉 개인회생제도에서는 ①면책결정 당시까지 채무자에 의하여 악의로 개인회생채권자목록에 기재되지 아니한 개인회생채권이 있는 경우 ②채무자가 동 법에서 정한 채무자의 의무를 이행하지 아니한 경우만을 면책불허가사유로 삼을 수 있도록 규정하여(채무자 회생 및 파산에 관한 법률 제624조 제3항), 광범위하게 면책불허가사유를 규정하고 있는 파산과 달리 낭비자 등도 개인회생제도를 이용할 수 있습니다.

다섯째, 개인워크아웃이나 파산제도를 진행하고 있는 경우에도 개인회생제도를 이용할 수 있습니다. 개인워크아웃은 신용회복위원회에서 주관하는 일종의 사적 금융조정제도로서 법률상 채무조정제도인 개인회생제도와 구별되므로 개인워크아웃 제도를 이용하더라도 개인회생을 신청하는 데 아무런 장애가 없습니다. 또한 파산을 신청하여 절차를 진행하고 있던 중 개인회생을 신청하는 경우 갱생형 제도를 우선하려는 취지에 따라 개인회생절차개시결정이 있게 되면 파산절차는 그 진행이 중지되고(같은 법 제600조 제1항 제1호), 변제계획인가결정이 있은 때에는 중지한 파산절차가 실효됩니다(같은 법 제615조 제3항).

　귀하의 경우 위에서의 설명과 같이 주식투자 및 유흥주점에서의 과도한 소비 등으로 부채가 발생하였다고 하더라도 개인회생을 신청할 수 있으며, 아르바이트를 통한 급여소득이 동종 업계에서의 근무기간, 급여의 정기성, 계속성, 반복성 등을 인정할 수 있다면 급여소득자로서 개인회생을 신청할 수 있고, 개인워크아웃 제도와 파산절차를 이용하고 있더라도 이와 상관없이 개인회생을 신청할 수 있다고 보입니다. [법률구조공단자료. 참고만 하세요]

◎ 개인회생절차는 어떻게 진행되는지

질의】 ➡ 개인회생을 신청할 경우 어떤 절차를 거쳐 진행되며, 신청인은 채권자들에게 어떤 조치를 취해야하고 언제부터 돈을 누구에게 갚아야 하는지, 전체적인 절차소요 기간은 어떻게 되는지요?

답변】 ➡ 개인회생제도는 채무자의 가용소득으로 개인회생채권자들에게 변제하는 내용의 변제계획안을 인가하는 절차가 그 핵심이며, 이를 위해서는 채권금액 및 채무자 소득과 생계비 확정 등 다소 기술적인 문제를 처리해야 하므로, 대부분의 개인파산사건과 달리 절차가 복잡하고 오랜 시일이 소요되는 절차적인 특성이 있습니다.

　이하에서는 각 지방법원 마다 운영을 달리하는 부분이 있을 수 있으나, 가장 많은 사건을 처리하고 있는 서울중앙지방법원의 개인회생제도 운영 절차를 기준으로 그 운영절차를 살펴보겠습니다.

　신청인은 신청서, 채권자목록 및 재산목록, 수입 및 지출에 관한 목록, 진술서가 포함된 개인회생절차개시신청 양식을 통해 채무자의 주소지 관할 지방법원 본원(서울의 경우 5개의 지방법원 본원이 있으나 서울중앙지방법원에만 이를 신청할 수 있음)에 이를 신청할 수 있고, 변제계획안은 개인회생절차개시신청일로부터 14일 이내에 제출해야 합니다(채무자 회생 및 파산에 관한 법률 제610조 제1항). 그러나 실무상 개인회생절차의 신속한 진행을 위해 변제계획안을 개시신청서와 동시에 제출하고 있습니다.

개인회생절차개시신청을 하면 법원은 그 사건을 개인회생 단독 재판부에 배당하고 직권으로 법원사무관 등을 개인회생위원으로 선임하여, 선임된 개인회생위원 및 개인회생위원과의 면담기일을 지정한 안내문을 신청인에게 교부합니다. 개인회생위원은 법원의 감독을 받아 채무자의 재산 및 수입 상황과 채권액을 정확하고 신속하게 조사하고 적정한 변제계획안이 작성될 수 있도록 필요한 권고를 하며, 변제계획 인가 후 그 수행을 감독하는 등 법원을 보좌하는 업무를 수행하는 기관입니다. 신청 단계에서 개인회생위원은 신청인과의 면담기일에 구두상 또는 문서상으로 보정권고를 하여 개인회생절차개시신청서 및 변제계획안이 적정하게 작성될 수 있도록 하고, 신청인이 보정사항을 적정하게 이행할 경우 신청일로부터 1개월 이내에 개인회생절차개시결정을 하게 됩니다(같은 법 제596조 제1항). 다만, 개인회생절차개시결정은 수차례 걸친 보정권고 및 보정사항의 이행으로 1개월보다 길어질 수 있습니다.

개인회생절차개시결정에는 ①개인회생채권에 관한 이의기간(개시결정일로부터 2주 이상 2월 이하)과 ②개인회생채권자집회기일(이의기간 말일과 2주 이상 1월 이하의 기간을 주어야 함)을 정해야 하고(같은 법 596조 제2항), 동 결정을 지체 없이 공고(대법원 인터넷 홈페이지 공고란)하고 신청인 및 개인회생채권자들에게 개인회생절차개시결정문, 개인회생채권자목록, 변제계획안을 송달합니다(같은 법 제597조). 이러한 송달을 하기 위하여 법원은 개시결정을 한 경우 유선상으로 신청인이나 그 대리인에게 연락하여 채권자목록 및 변제계획안의 부본을 채권자수 2통 만큼 추가로 제출하도록 요청하고 있습니다(법원양식 : '개인회생절차 개시신청서' 중 신청이유 제4호 참조).

최초의 변제는 변제계획인가일로부터 1월 이내에 개시하면 족하지만(같은 법 제611조 제4항), 변제계획안의 수행가능성을 소명하기 위하여 변제계획안 제출일로부터 60일 후 90일 이내에 일정한 날을 제1회로 하여 매월 일정한 날에 그 변제계획안상의 매월 변제액을 회생위원에게 임치할 뜻을 기재할 수 있고(개인회생사건 처리지침 제7조 제3항), 실무에서는 급여에 대한 가압류나 압류 및 추심명령 또는 전부명령이 있는 경우를 제외하고는 모두 위 지침과 같은 내용으로 변제계획안을 작성하여 변제계획인가결정 이전부터 최초의 변제를 개시하고 있는 실정입니다.

이에 따라 법원은 개인회생절차개시결정을 하면서 신청인에게 그 결정문과 함께 안내문을 송달하여 개인회생위원의 계좌번호를 고지하고 변제계획안에서 정한 변제개시일에 변제금을 입금하도록 독려하고 있습니다.

개인회생절차개시결정에서 정한 채권자 이의기간이 경과되면 채권자집회기일을 진행하는 바, 채권자집회기일이란 신청인이 변제계획안을 개인회생채권자들에게 설명하고 변제계획안에 대하여 개인회생채권자들의 이의진술 기회를 제공하고 집회를 종료하여 그 이의 유무에 따른 변제계획안 인가 여부를 간이·신속하게 결정하기 위한 제도로서, 개인회생채권자들의 변제계획안 승인결의가 없더라도 법에서 정한 변제계획 인가요건을 충족한다면 변제계획 인가결정을 받을 수 있습니다.

법원은 채권자집회기일에서 개인회생채권자의 이의 유무에 따른 변제계획 인가요건(같은 법 제614조)을 검토한 후 이를 충족한 것으로 판단할 경우 채권자집회기일 후 10일에서 15일 사이에 변제계획 인부결정을 선고하고, 그 주문·이유의 요지와 변제계획의 요지를 공고(대법원 인터넷 홈페이지 공고란)하고, 송달은 하지 않을 수 있는데(같은 법 제614조 제3항) 실무상 변제계획 인가결정은 송달하지 않고 있습니다.

위와 같은 절차에 따라 개인회생 변제계획인가결정이 선고·공고되면 신청인은 변제계획안의 내용과 같이 변제계획을 수행하며 이에 대하여 개인회생위원이 그 수행의 적정함을 감독하고, 신청인이 3개월 이상 변제금을 개인회생위원 계좌에 입금하지 않을 경우 개인회생절차가 직권으로 폐지될 수 있습니다. [법률구조공단자료. 참고만 하세요]

◈ 개인회생신청을 할 경우에도 불이익이 있는지

질의】 ➡ 저는 사업자등록을 내고 조그만 인쇄업체를 운영하면서 거래대금을 회수하지 못하여 부채가 발생하여 얼마 전 영업소득자로서 개인회생을 신청하여 개인회생절차개시결정을 받았으며 앞으로 변제계획이 인가되면 그에 따라 변제계획을 수행할 예정입니다. 그런데 파산의 경우 가족관계등록부에 빨간 줄이 가서 평생 파산자로 낙인찍혀 금융기관도 전혀 이용할 수 없고 주소도 함부로 옮길 수 없는 등 불이익이 많다고 하는데 개인회생의 경우 이러한 불이익 없이 은행과 계속 거래하면서 인쇄업체를 운영해 갈 수 있는지요?

답변】 ➡ 파산절차에 있어서 파산을 선고받아 복권되지 않는 경우, 공·사법상의 불이익이 있으나 채무자가 파산을 선고받고 이후 면책절차에서 면책결정을 받아 확정되면 당연 복권되어 채무자에 대한 위와 같은 불이익이 소멸하며, 특히 신원증명사항의 경우 법원 예규를 변경하여 파산이 선고되더라도 면책되지 않을 경우에만 이를 통보하도록 하여 파산을 선고받은 채무자에 대한 불이익의 소지를 줄였습니다(개인파산 및 면책신청사건의 처리에 관한 예규 제6조). 따라서 가족관계등록부에 빨간 줄이 간다거나 주소도 함부로 옮길 수 없다는 말은 파산제도의 운영 실제와 다른 말이며, 특히 개인에 대한 갱생형 제도인 개인회생의 경우에는 파산에서와 같은 법률상·제도상의 불이익은 아예 존재하지 않는다고 볼 수 있습니다.

은행거래와 관련하여, 파산의 경우 전국은행연합회는 채무자의 기존 연체등록정보(구 신용불량정보)를 공공정보로 변경 등록하고(신용정보관리규약 제11조 제1항 제8호), 등록사유 발생일로부터 5년간 공공정보를 1201 코드로 관리하나, 개인회생의 경우 법원은 변제계획인가결정을 한 경우 사건번호 및 채무자 성명, 주민등록번호, 인가결정일을 전국은행연합회장에게 통보하고(개인회생사건 처리지침 제18조 제1항), 전국은행업합회는 채무자의 기존 연체등록정보(구 신용불량정보)를 공공정보로 변경 등록하고(신용정보관리규약 제11조 제1항 제7호), 변제계획에 따른 변제완료시 또는 5년이 될 때 까지 공공정보를 1301 코드로 관리하며 위 기간이 만료되면 공공정보를 해제함과 동시에 이를 삭제합니다(신용정보관리규약 별표 1 신용정보관리기준 5. 공공정보).

특수기록정보 등록자라고 하더라도 일반적인 통장개설 등 금융기관 이용은 문제되지 않으며 최근에는 체크카드의 발급도 가능하게 되었습니다. 그러나 신용카드 발급이나 대출 등 신용거래는 개인의 신용에 대한 각 금융기관의 평가이므로 일반적으로 다시 신용이 발생하기 전까지는 그러한 신용거래는 어렵다고 볼 수 있습니다.

한편 위에서 본 바와 같이 향후 변계계획을 성실히 수행하여 면책을 받게 되면 그에 따라 특수기록정보도 삭제되게 되므로 그 이후부터는 자유로이 은행과 거래할 수 있습니다.

따라서 귀하의 경우도 사업자등록을 유지하고 인쇄업을 영위하는 것에 아무런 제한이 없으며 귀하 명의로 개설한 통장 사용도 문제되지 않을 것으로 보이며 신용상 불이익은 변제계획 수행이 완료되어 면책되면 모두 소멸하게 됩니다. [법률구조공단자료. 참고만 하세요]

4. 개인회생절차 개시신청의 기각 사유

신청서를 접수한 법원은, 그 신청이 기각사유에 해당하는지를 검토한다. 기각사유는 다음과 같다.

① 채무자가 신청권자의 자격을 갖추지 아니한 때

② 채무자가 채무자회생및파산에관한법률 제589조제2항 각호의 어느 하나에 해당하는 서류를 제출하지 아니하거나, 허위로 작성하여 제출하거나 또는 법원이 정한 제출기한을 준수하지 아니한 때

③ 채무자가 절차의 비용을 납부하지 아니한 때

④ 채무자가 변제계획안의 제출기한을 준수하지 아니한 때

⑤ 채무자가 신청일 전 5년 이내에 면책(파산절차에 의한 면책을 포함한다)을 받은 사실이 있는 때

⑥ 개인회생절차에 의함이 채권자 일반의 이익에 적합하지 아니한 때

⑦ 그 밖에 신청이 성실하지 아니하거나 상당한 이유 없이 절차를 지연시키는 때

5. 개인회생위원의 선임

개인회생절차에 있어서, 법원은 개인회생위원을 선임할 수 있다. 개인회생위원의 임무는, 채무자의 재산 및 소득을 조사하고, 채무자의 변제계획안 작성을 지도하며 그것이 적정한지를 심사하고, 개인회생채권자집회를 진행하며, 채권자집회결과를 법원에 보고하고 변제계획안 인가여부에 대한 의견을 법원에 제출하며, 변제계획 인가 후에는 변제계획에 따라 채무자가 납입한 변제액을 채권자들에게 분배하는 일이다. 그 외에도 개인회생위원은, 부인권 행사명령의 신청 및 그 절차 참가, 그 밖에 법령 또는 법원이 정하는 업무를 행한다.

6. 개인회생채권자목록의 수정

　채무자는 그 책임을 질 수 없는 사유로 인하여 개인회생채권자목록에 누락되거나 잘못 기재한 사항을 발견한 때에는 개인회생절차 개시결정후라도 법원의 허가를 받아 개인회생채권자 목록에 기재된 사항을 수정할 수 있다. 단, 변제계획인가결정이 있는 때에는 수정할 수 없다.

　법원은 규정에 따라 개인회생채권자목록에 기재된 사항이 수정된 때에는 그 수정된 사항에 관한 이의기간을 정하여 공고하고, 채무자 및 알고있는 개인회생채권자에게 이의기간이 기재된 서면과 수정된 개인회생채권자목록을 송달하여야 한다. 다만 수정으로 인하여 불리한 영향을 받는 개인회생채권자가 없는 경우 또는 불리한 영향을 받는 개인회생채권자의 의사에 반하지 않는다고 볼만한 상당한 이유가 있는 경우에는 그러하지 않는다.

◎ 파산신청서의 채권자목록 및 채권자주소록 작성 방법

질의】 ➡ 저는 남편의 암 투병으로 인한 병원비, 생활비 부족으로 신용카드를 발급받아 사용하던 중 신용한도의 축소로 돌려 막기가 불가능하여 동네 주민들과 사채업자로부터 돈을 빌려 사용하다가 더 이상 갚을 능력이 없어 파산을 준비하고 있습니다. 그런데 채권자와 관련하여 ①어느 금융기관에서 돈을 빌렸는지 기억나지 않는 상황이고 ②알고 있는 금융권 채권자들 또한 채권을 수차례 다른 회사로 넘겨 현재 어느 기관으로 채권이 넘어갔는지 알 수 없으며 ③부채증명서를 발급받고자 방문하였으나 부채증명서 발급비용으로 20만원을 요구하거나 아예 부채증명서를 발급해 줄 수 없다고 하는 기관도 있으며 ④동네 주민에게 빌린 돈은 그 주민의 호칭을 "똘이 엄마"라고 알고 있을 뿐 정확한 본명을 알지 못하고 ⑤사채업자의 경우 일수장부에 그 이름은 있지만 그 주소지를 알 수 없습니다. 이러한 경우 파산신청서의 채권자목록과 채권자 주소는 어떻게 작성해야 하는지요?

답변】 ➡ 개인파산에 있어서 채권자목록의 작성은 파산단계에서 파산채권자들을 밝혀 그 채권의 액수와 그에 따른 배당액을 정하고, 면책단계에서 면책되는 채권의 효력범위를 정하고자 하는 의미가 있으며, 채권자 주소의 기재는 파산단계에서 파산채권자들에게 파산선고 사실을 통지하여 배당절차에 참여하게 하고 면책이의신청의 기회를 부여하는 의미가 있습니다. 결국 신청인이 '악의'로 채권자목록에 기재하지 아니한 청구권은 면책되지 않으므로(채무자회생 및 파산에 관한 법률 제566조 제7호), 채권자목록 및 채권자주소는 정확히 기재해야 할 것입니다.

①의 질문과 관련하여, 어느 금융기관에 돈을 빌린 지 알 수 없는 경우 우선 전국은행연합회를 방문하여(인터넷으로도 공인인증서를 통해 본인 신용조회 서비스를 받을 수 있음) 자신의 연체정보등록현황을 조회해볼 수 있습니다. 이를 조회하면 본인의 연체정보를 등록한 각 금융기관을 확인할 수 있으므로 그 등록 금융기관에 문의하여 채권발생원인, 채권금액 등을 확인할 수 있을 것입니다. 다만, 금융기관 아닌 개인 간의 금전거래 행위 등은 이를 조회할 수 없습니다.

②의 질문과 관련하여, 금융기관 채권자들은 재무구조의 건전성을 높이고자 「금융기관부실자산 등의 효율적 처리 및 한국자산관리공사의 설립에 관한 법률」 및 「자산유동화에 관한 법률」에 따라 부실채권을 동 법에 의해 설립된 한국자산관리공사와 각종 유동화전문유한회사에 양도하고 있으며, 또한 개별적으로 각 금융기관의 경영판단에 따라 부실채권을 다른 금융기관으로 양도하여 손실처리를 하고 있습니다. 이러한 경우 채권양도인이 채무자에게 그 양도사실을 통지하지 않거나 채무자가 이를 승낙하지 않으면 채권양수인은 채무자에게 양도사실을 대항하지 못하는 것이 원칙이나(민법 제450조 제1항), 파산을 신청하는 채무자의 입장으로서 그 채권양도에 대하여 커다란 이해관계를 갖지 않으므로 현실적으로는 최종 양수인을 채권자로 하여 채권자목록을 작성하면 될 것이며, 채권양도 관계는 해당 금융기관에 문의하여 확인할 수 있습니다.

다만, 채권을 매각 등으로 양도한 것이 아니라 독촉 등 추심행위만을 위임하는 경우 이러한 업무를 위임받은 회사 등(보통 'OO신용평가' 또는 'OO신용정보'라는 상호를 사용함)은 채권양수인이 아니며, 이러한 경우 위임한 회사(보통 독촉장 등에 위임회사나 입금 예금주를 표시함)를 채권자로 기재해야 할 것입니다.

③의 질문과 관련하여, 개인파산에 있어서 신청인은 파산채권내용이나 금

액 등 파산채권의 내용을 소명하기 위한 자료를 제출해야 하며, 그 소명자료로서 일반적으로 채권자가 발급해주는 부채증명서를 첨부합니다. 그러나 일부 금융기관 또는 기업형 사채업자의 업무담당자 등은 부채확인서를 발급해주면서 수수료 명목으로 규정에 없는 과다한 금원을 요구하거나 심지어 일부를 변제해야 이를 발급해 준다고 하여 채무자가 채무발생내용, 채무금액을 확인하는데 어려움을 겪는 채무자가 많이 있습니다.

일반적으로 파산채권의 내용을 소명하기 위한 자료는 반드시 부채증명서에 한정되지 않으며, 금전대여계약서, 차용증, 채권금액 입금통장 사본, 파산채권자나 그 추심회사가 보내 온 독촉장 등 파산채권의 존재 및 그 금액 등을 알 수 있는 서류를 제출할 수 있으며, 파산채권의 내용을 소명할 자료를 취득하지 못하는 부득이한 사유가 있는 경우 이러한 사유를 작성한 채무진술서로 소명자료에 갈음할 수 있을 것입니다(다만 채권금액은 유선상으로 확인하는 등의 방법으로 이를 채권자목록에 기재해야 할 것입니다).

④의 질문과 관련하여, 채권자의 명칭은 채권자를 특정하는 방법이며, 채권자 명칭을 정확히 알 수 없어 채권자가 특정되지 않을 경우 면책의 효력을 주장할 채권자가 특정되지 않는 문제가 있으므로, 최소한 채권자의 명칭은 정확히 파악하여 기재해야 합니다. 다만, 파산신청 당시 채권자명칭에 오류가 있는 경우 채권자표시정정신청을 통해 이를 바로잡을 수 있습니다.

⑤의 질문과 관련하여, 주소지를 알 수 없는 채권자가 있는 경우 「채무자 회생 및 파산에 관한 법률」은 공고로써 해당 채권자에의 송달을 갈음할 수 있도록 규정하고 있으므로(같은 법 제10조 제1항), 이러한 경우 해당 채권자에게 파산선고사실 및 채권자 면책이의신청기간 등을 공고할 수 있습니다.

그러나 채권자가 법원 공고를 확인하여 채무자의 면책신청에 대한 이의를 제기한다는 것은 일반적으로 기대하기 어려우므로, 파산채권자의 이의신청권의 실질적인 보장을 위해 법원은 우선적으로 신청인이 기재한 파산채권자의 주소지에 파산결정문 등을 송달하고, 송달되지 않을 경우 주소보정을 명합니다. 신청인은 법원의 주소보정 명령서로 동사무소에 채권자의 주민등록초본 발급을 신청하면 채권자의 주민등록번호나 그 과거 주민등록상 주소지를 알고 있는 경우 채권자의 주민등록초본을 발급해 주고 있습니다. 그럼에도 불구하고 채권자의 주소가 파악되지 않아 송달불능에 이를 경우, 법원은 신청인으로 하여금 주소를 알 수 없는 사유 및 주소를 확인하기 위해 어떠한 노력을 했는지에 대한 사유서를 제출받고 공고로서 송달에 갈음하고 있습니다.

7. 개인회생채권에 관한 자료제출

채무자는 개인회생채권자목록의 작성 및 수정에 참고하기 위하여 필요한 경우에는 개인회생채권자에게 개인회생채권의 존부 및 액수, 담보채권액 및 피담보재산의 가액평가, 담보부족전망액에 관한 자료의 송부를 청구할 수 있다. 개인회생채권자는 자료송부청구가 있는 경우에는 신속하게 이에 응하여야 한다.

8. 비용의 예납(제590조)

(1) 인지액

개인회생절차개시의 신청을 하는 때에는 절차의 비용으로 대법원규칙이 정하는 금액을 미리 납부하여야 한다.

우선, 개인회생절차 개시의 신청서에는 3만원의 인지를 붙여야 한다.

(2) 절차비용

채무자회생및파산에관한법률 제590조의 규정에 따라 신청인이 미리 납부하여야 하는 절차비용은

① 송달료

② 공고비용

③ 개인회생위원의 보수

④ 그밖에 절차진행을 위하여 필요한 비용이고

위 각 비용은 개인회생채권자의 수, 재산 및 부채상황, 개인회생위원의 선임 여부 및 필요한 보수액, 그밖에 여러사정을 고려하여 정한다.

법원은 예납된 비용이 부족하게 된 때에는 신청인에게 추가예납을 하도록 할 수 있다.

(3) 추가 납부

예납비용이 부족하게 된 경우에는 법원은 신청인에게 추가예납을 하도록 할 수 있다. 비용을 추가예납해야 하는 경우는 부동산에 대한 감정평가가 필요할 경우 등이다(실무상으로는 신청채무자가 부동산을 가지고 있는 경우라도 대개는 개인회생위원에 의한 간이평가로 갈음하기로 하였다).

(4) 비용을 납부하지 아니한 경우의 효과

채무자가 절차의 비용을 납부하지 아니하는 경우 법원은 개인회생절차개시의 신청을 기각할 수 있다.

또한, 법원은 변제계획인가전에 납부되어야 할 비용, 수수료 그밖의 금액이 납부되어야 변제계획 인가결정을 할 수 있고, 따라서 변제계획인가전에 채무자가 납부하여야 할 비용을 납부하지 아니한 경우, 법원은 채무자가 제출한 변제계획안을 인가할 수 없는 때에 해당하므로 직권으로 개인회생절차폐지결정을 하여야 한다.

9. 계산의 보고 등(법 제591조)

법원 또는 회생위원은 언제든지 채무자에게 금전의 수입과 지출 그밖에 채무자의 재산상의 업무에 관하여 보고를 요구할 수 있고, 필요하다고 인정하는 경우에는 재산상황의 조사, 시정의 요구 기타 적절한 조치를 취할 수 있다. 정당한 사유 없이 이러한 보고 등을 거부하거나 허위보고를 한 자는 1년 이하의 징역 또는 1천만원 이하의 벌금의 형으로 처벌될 수 있다.

Ⅱ. 보전처분(법 제592조)

1. 의 의

법원은 개인회생절차개시의 신청일부터 1월 이내에 개인회생절차의 개시 여부를 결정하도록 되어 있으나(법원은 법 제592조의 규정에 의한 보전처분 또는 법 제593조의 규정에 의한 중지·금지명령의 신청이 있는 경우에는 특별한 사정이 없는 한 지체없이 그에 관한 결정을 하여야 한다(개인회생사건 처리지침(재민 2004-4) 제4조의2).), 개시 여부를 심리하고 있는 단계에서 채무자가 모든 채권자들을 위한 채권의 담보이자 회생의 기초인 재산을 은닉 또는 처분하거나 이해관계인에 의한 권리행사가 쇄도하는 등 혼란과 이해관계인간의 불공평이 발생하여 영업의 계속이 곤란하게 되고 회생의 목적을 달성할 수 없는 사태가 발생할 수가 있다. 이러한 사태를 방지하기 위하여 "법원은 개인회생절차개시결정 전에 이해관계인의 신청에 의하거나 직권으로 채무자의 재산에 관하여 가압류·가처분 그 밖의 필요한 보전처분을 할 수 있다."고 규정하고 있다.

2. 신청권자

보전처분의 신청권자가 "이해관계인"이라고 표현하고 있는데, 다른 한편 법문의 곳곳에서 채무자를 제외하는 것을 전제로 "이해관계인"이라는 용어를 사용하고 있어서 보전처분의 신청권자에 채무자가 포함되는지에 관하여 의문이 있을 수 있다.

그러나 보전처분에 있어서의 신청은 법원의 직권발동을 촉구하는 성격이 강하다는 점, 보전처분을 신청할 필요성이 가장 강한 사람이 채무자라는 점 등을 고려하면 위 이해관계인에는 채무자가 포함된다고 해석하여야 할 것이다.

3. 보전처분의 시기

보전처분은 개인회생절차개시결정 전에 한하여 발할 수 있다. 개인회생절차가 개시되면 보전처분의 효력은 소멸하고 채무자는 개인회생재단을 관리하고 처분할 권한을 가지게 되기 때문이다(단, 인가된 변제계획에서 다르게 정하는 경우에는 그러하지 아니하다).

4. 내 용

(1) 보전처분의 대상

보전처분은 개인회생절차가 개시된다면 개인회생재단에 속하게 될 일체의 재산을 그 대상으로 하고 채무자 이외의 제3자의 재산은 그 대상이 될 수 없다. 현재 제3자 명의의 재산인 이상 향후 부인권 행사를 통하여 채무자 명의로 회복될 수 있는 재산이라고 하여도, 장래 부인권 행사의 결과를 전제로 한 보전처분신청을 할 수는 없다.

(2) 보전처분의 내용

보전처분의 내용은 '가압류·가처분 그밖에 필요한 보전처분'이다. 그 예로는 유체동산·부동산·채권 등에 대한 가압류·가처분, 상업장부의 열람, 보관의 가처분이나 처분금지, 차재금지, 변제금지 등 채무자에게 일반적 부작위를 명하는 가처분 등을 들 수 있으나 법원이 보전의 필요성에 따라 그 내용을 정할 수 있다.

5. 보전처분의 효력

채무자가 보전처분에 반하는 행위를 한 경우 상대방이 악의인 경우에는 개인회생절차와의 관계에 있어서 그 행위는 무효라고 할 것이다. 처분금지의 보전처분이 등기, 등록에 의하여 공시된 이후에는 개인회생절차에 있어서 양수인이 그 재산의 취득으로 대항할 수 없다.

보전처분의 내용에 반하는 행위라도 법원의 허가를 받았을 때에는 이를 할 수 있다. 이러한 행위에 대한 허가신청이 있는 경우 그 허가여부는 법원의 재량에 속하는 것인데, 채무자가 하고자 하는 행위의 내용이 재산의 산일 방지, 회생의 도모, 모든 이해관계인간의 공평이라는 보전처분제도의 목적에 배치되는지 여부, 그 행위가 불가피한 정도, 회생에 미치는 영향, 새로이 이해관계를 맺게 되는 자의 손해발생 여부 등의 제반 사정을 고려하여 그 허가 여부를 신중하게 결정하여야 한다.

채무자가 보전처분에 위반한 경우에는 신청이 성실하지 아니한 때에 해당하는 것으로 보아 개인회생절차개시신청의 기각사유가 될 수 있다.

채무자는 개인회생절차의 개시결정이 있기 전에는 자유롭게 신청을 취하할 수 있으나, 보전처분을 받은 후에는 법원의 허가를 받아야 신청을 취하할 수 있다.

6. 보전처분의 취소, 변경

보전처분 이후에 사정변경에 의하여 보전처분을 그대로 존속시키는 것이 부적당하다고 인정하는 때에는 법원은 언제라도 그 결정을 변경하거나 취소할 수 있다.

7. 즉시항고

보전처분과 이에 대한 변경, 취소의 결정에 대하여는 즉시항고를 할 수 있다. 즉시항고에는 집행정지의 효력이 없다. 보전처분과 이에 대한 변경, 취소의 결정 및 이에 대한 즉시항고의 재판은 직권으로 당사자에게 송달하여야 한다. 개인회생절차개시의 신청이 기각되

면 보전처분은 당연히 그 효력을 상실하므로, 이를 저지하기 위하여
는 신청을 기각하는 결정에 대하여 즉시항고를 하고 항고심에서 다
시 보전처분을 얻어야 한다.

8. 등기, 등록 및 공시절차

법원사무관 등은 채무자의 재산에 속하는 권리로서 등기 또는 등
록된 것에 대하여 개인회생절차에 의한 보전처분 및 그 취소 또는
변경이 있는 때에는 직권으로 지체없이 촉탁서에 결정서의 등본 또
는 초본을 첨부하여 그 처분의 등기를 촉탁하여야 한다.

Ⅲ. 중지명령(법 제593조)

1. 의의

가. 중지명령의 대상

개인회생절차개시의 신청이 있는 경우에 필요하다고 인정하는 때
에는 법원은 이해관계인의 신청에 의하거나 또는 직권으로 다음의
절차 또는 행위의 중지·금지를 명할 수 있다.

① 채무자에 대한 회생절차 또는 파산절차

② 개인회생채권에 기하여 채무자의 업무 및 재산에 대하여 한
강제집행 또는 가압류·가처분

③ 채무자의 업무 및 재산에 대한 담보권설정 또는 담보권 실행
등을 위한 경매

④ 개인회생채권을 변제받거나 변제를 요구하는 일체의 행위. 다
만 소송행위를 제외한다.

⑤ 국세징수법 또는 지방세징수법에 의한 체납처분
국세징수의 예(국세 또는 지방세체납처분의 예를 포함)에 의한 체납
처분 또는 조세채무담보를 위하여 제공된 물건의 처분. 이 경우 징

수의 권한을 가진 자의 의견을 들어야 한다.

　나. 중지명령과 보전처분의 비교

　중지명령은 보전처분과 함께 개인회생절차개시결정 전에 강제적인 권리실현 행위 등을 금지함으로써 재산의 산일을 방지함을 목적으로 하는 제도인데, 전자가 주로 채권자 담보권자 등 제3자에 대하여 강제적인 권리실현행위를 금지함으로써 채무자의 재산의 보전을 도모하려는 것임에 비하여, 후자는 주로 채무자 자신에 대하여 일정한 행위를 제한함으로써 재산의 산일을 방지한다는 점에 차이가 있다.

2. 신청권자

　중지명령의 신청권자가 "이해관계인"이라고만 표시하고 있어서, 그 신청권자에 채무자가 포함되는지에 관하여 의문이 있을 수 있다. 그러나 보전처분에 있어서 설명한 바와 같이, 중지명령에 있어서도 "이해관계인"에는 채무자가 포함된다고 해석하여야 할 것이다.

3. 요건

　"필요하다고 인정하는 때"란 그 절차의 개시를 허용하거나 절차의 진행을 그대로 방지하면 개인회생절차개시결정까지 사이에 채무자의 재산이 처분되거나 또는 채권자간의 형평을 해하게 되어 채무자의 회생에 장애로 될 가능성이 높은 경우를 말한다.

4. 중지 또는 금지할 수 있는 절차 또는 행위

　(1) 회생절차 또는 파산절차

　파산절차는 개인회생절차와 대조적인 목적을 가지고 있고, 화의절차는 개인회생절차와 양립할 수 없는 관계에 있으므로 중지 또는 금지할 수 있도록 한 것이다.

　(2) 강제집행, 가압류, 가처분, 담보권의 설정 또는 담보권의 실
　　　행 등을 위한 경매절차

　개인회생절차가 개시된다면 개인회생채권으로 될 채권에 기하여 채무자의 업무 및 재산에 대하여 행하여진 강제집행, 가압류, 가처분과 채무자의 업무 및 재산에 대한 담보권의 설정 또는 담보권실행 등을 위한 경매절차를 중지 또는 금지할 수 있다.　환취권에 기한 것이거나 개인회생재단채권으로 될 채권에 기한 절차는 중지 또는 금지할 수 없다. 중지명령의 대상은 강제집행 등이 개인회생절차 개시신청 전에 행하여졌는지 그 후에 행하여졌는지를 불문한다.

　개인회생절차에 있어도 담보권자의 권리행사는 제약을 받지 않는 것이 원칙이나, 담보권의 실행에 의하여 생활의 기반이 되는 자산이나 영업을 계속하는데 필수적인 자산이 환가된다면 개인회생절차의 진행에 지장이 초래되고 채무자의 회생이 곤란하게 될 수도 있으므로, 법원은 담보권실행 등을 위한 경매절차도 중지 또는 금지할 수 있다.

　개인회생절차의 특성상 주로 중지명령의 대상이 되는 절차는 채무자의 장래소득에 대한 채권가압류 또는 채권압류, 추심, 전부명령이 될 것이다.

　(3) 변제 또는 변제요구행위

　개인회생절차가 개시된다면 개인회생채권으로 될 채권을 변제받거나 변제를 요구하는 일체의 행위를 중지 또는 금지할 수 있다. 다만, 소송행위는 중지 또는 금지할 수 없다.

　다중채무를 부담하고 있는 개인채무자는 채권자로부터의 심한 변제요구를 받는 것을 제일 두려워하고 있고, 변제계획에 따라 채권자에게 지속적으로 변제하기 위한 전제로서 일부의 채권자로부터의

변제요구를 차단할 필요도 있으므로, 채권자에 대하여 변제를 요구하는 일체의 행위도 중지 또는 금지시킬 수 있도록 하고 있다.

5. 중지명령의 신청에 대한 법원의 결정

법원은 중지·금지명령의 신청이 있는 경우에는 특별한 사정이 없는 한 지체없이 그에 관한 결정을 하여야 한다.

6. 중지명령의 효력

(1) 효력 일반

중지명령에 의하여 명령의 대상인 절차 또는 행위의 "중지" 또는 "금지"를 명할 수 있다. "중지"를 명한 경우에는 명령의 대상인 절차는 현재의 상태에서 동결되어 그 이상 진행할 수 없게 된다. "중지"는 구체적인 절차를 계속하여 진행하려는 것을 중단시키는 효력밖에 없으므로 새로이 동종 절차의 개시를 신청하는 것은 상관없다. 그 절차를 중지하려면 새로운 중지명령을 얻어야 한다. 이에 반하여 "금지"를 명한 경우에는 명령의 대상인 절차가 현재의 상태에서 동결될 뿐만 아니라 새로이 명령의 대상인 절차를 신청하거나 행위를 하는 것이 금지된다.

중지명령에 반하여 진행된 절차는 무효라고 할 것이다(집행 또는 집행행위의 외형을 제거하기 위하여는 집행에 관한 이의신청, 즉시항고 등을 제기하여야 한다). "중지"를 명한 경우에는 당해 절차를 더 이상 진행시키지 않는다는 효력이 있을 뿐이므로, 이미 진행된 절차의 효력을 소급하여 무효로 만드는 것은 아니다. 따라서 이미 집행된 압류 등의 효력은 그대로 유지된다. 채무자의 급여가 압류된 경우에는 단순히 중지명령을 얻는 것뿐만 아니라 개시결정 후 압류명령의 취소명령을 얻는 것도 중요하다.

(2) 존속기간

중지명령이 효력을 가지는 것은 개인회생절차개시의 신청에 관한 결정이 있을 때까지이다. 개인회생절차개시결정이 있으면 강제집행 등의 절차는 당연히 중지 또는 금지된다. 개인회생절차개시의 신청이 기각되면 중지명령은 당연히 중지 또는 금지된다. 개인회생절차개시의 신청이 기각되면 중지명령은 당연히 실효되고 중지된 절차는 다시 진행을 하게 된다. 이를 저지하기 위하여는 신청을 기각하는 결정에 대하여 즉시항고를 하고 항고심에서 다시 중지명령을 얻어야 한다.

(3) 강제집행 등으로 발생한 시효중단의 효력 지속

중지명령이 있어도 당해 절차에 관하여 그때까지 행하여진 행위를 소급하여 무효로 하는 것은 아니므로 파산, 강제집행, 경매 등에 의하여 이미 발생한 시효중단의 효력은 중지명령 후에도 계속된다. 강제집행 등에 의한 시효중단의 효력이 발생하기 전에 금지를 내용으로 하는 중지명령이 발하여 진 경우 시효중단의 효력이 있다고 볼 것인지가 문제이나, 금지된 기간 중에는 시효가 진행하지 않는 것으로 봄이 상당하다.

7. 중지명령의 취소

채무자는 개인회생절차의 개시결정이 있기 전에는 자유롭게 신청을 취하할 수 있으나, 중지명령을 받은 후에는 법원의 허가를 받아야 신청을 취하할 수 있다.

8. 중지명령의 취소, 변경

법원은 상당한 이유가 있는 때에는 이해관계인의 신청에 의하거나 직권으로 중지 또는 금지명령을 취소하거나 변경할 수 있다. 이 경우 법원은 담보를 제공하게 할 수 있다. 중지 또는 금지명령에 대하여는 불복이 인정되지 않는다.

Ⅳ. 개인회생절차개시신청의 취하 및 기각사유

1. 신청의 취하(법 제594조)

(1) 개시결정 취하의 시한

개인회생절차 개시신청을 한 채무자는 개인회생절차의 개시결정이 있기 전에는 신청을 임의로 취하할 수 있다. 일단 개시결정이 내려지고 나면 개시신청의 취하는 있을 수 없는 것이고, 그 절차에서 변제계획이 인가되지 않고 절차가 폐지되더라도 그 채무자는 5년 내에는 개인회생절차를 신청할 수 없다. 개시결정이 내려지지 않고 개시신청 기각결정이 내려지더라도 마찬가지로 5년 내에는 다시 개인회생절차를 신청할 수 없다. 만약 신청에 있어서 치유가 곤란한 흠결이 있음을 발견한 채무자는 법원에서 개시여부의 결정이 내려지기 전에, 즉각 신청을 취하하여야 할 것이다.

이러한 취하가 있는 경우, 채권자 등 이해관계인에 대한 송달을 요하지 않은 채로 절차는 바로 종결되어 확정되므로, 법원사무관등은 취하서를 담당 법관에게 확인받은 후 사건을 즉시 종국처리하여야 할 것이다.

(2) 개시결정 전의 취하의 제한

개시결정 전이라도 채무자가 보전처분, 중지명령을 받은 후에는 법원의 허가를 받아야만 신청을 취하할 수 있다.

2. 개인회생절차개시신청의 기각사유(제595조)

법원은 다음 각호의 어느 하나에 해당하는 때에는 개인회생절차 개시의 신청을 기각할 수 있다.

① 채무자가 신청권자의 자격을 갖추지 아니한 때

② 채무자가 채무자회생및파산에관한법률 제589조제2항 각호의 어느 하나에 해당하는 서류를 제출하지 아니하거나, 허위로 작성하여 제출하거나 또는 법원이 정한 제출기한을 준수하지 아니한 때

③ 채무자가 절차의 비용을 납부하지 아니한 때

④ 채무자가 변제계획안의 제출기한을 준수하지 아니한 때

⑤ 채무자가 신청일 전 5년 이내에 면책(파산절차에 의한 면책을 포함한다)을 받은 사실이 있는 때

⑥ 개인회생절차에 의함이 채권자 일반의 이익에 적합하지 아니한 때

⑦ 그 밖에 신청이 성실하지 아니하거나 상당한 이유 없이 절차를 지연시키는 때

◼ 판 례 ◼

◼ [개인회생]

1. 개인회생절차 개시신청에 관한 재판에 대하여 즉시항고가 제기된 경우, 개인회생절차 개시요건을 충족하고 있는지에 관한 판단 기준 시(=항고심 결정 시)

   개인회생절차개시의 요건을 충족하고 있는지 여부는 개시신청 당시를 기준으로 하여 판단하는 것이 원칙이나, 개시신청에 관한 재판에 대하여 즉시항고가 제기된 경우에는 항고심의 속심적 성격에 비추어 항고심 결정 시를 기준으로 판단하여야 한다.

2. 채무자 회생 및 파산에 관한 법률 제595조 제7호에서 정한 '그 밖에 신청이 성실하지 아니한 때'에 해당한다는 이유로 채무자의 개인회생절차 개시신청을 기각하기 위한 요건

법원이 채무자 회생 및 파산에 관한 법률 제595조 제7호에서 정한 '그 밖에 신청이 성실하지 아니한 때'에 해당한다는 이유로 채무자의 개인회생절차 개시신청을 기각하려면 채무자에게 같은 조 제1호 내지 제5호에 준하는 절차적인 잘못이 있거나, 채무자가 개인회생절차의 진행에 따른 효과만을 목적으로 하는 등 부당한 목적으로 개인회생절차 개시신청을 하였다는 사정이 인정되어야 한다.

3. 세 번에 걸친 개인회생절차 개시신청이 기각된 후 특별한 사정변경이 없음에도 또다시 채무자가 개인회생절차 개시신청을 한 것 자체로 '신청이 성실하지 아니한 때'에 해당된다는 이유로 개인회생절차 개시신청을 기각한 사안에서, 채무자가 부당한 목적으로 개인회생제도를 이용하였다는 등 신청 불성실 사유가 있는지에 대하여 심리를 하지 않은 채 채무자의 과거 경력만을 문제삼아 위 개인회생절차 개시신청을 기각한 원심결정을 파기한 사례

채무자가 세 번에 걸쳐 개인회생절차 개시신청을 하였으나 개인회생절차를 남용하여 채권자의 권리행사를 방해하였다는 등의 사유로 신청이 기각되었는데, 이후 특별한 사정변경이 없음에도 또다시 개인회생절차 개시신청을 한 것 자체로 '신청이 성실하지 아니한 때'에 해당된다는 이유로 개인회생절차 개시신청을 기각한 사안에서, 통상 개인회생채무자는 개인회생절차 개시신청 기각결정에 대한 항고로 다투기보다는 재신청을 택하는 경우가 많고 채무자 회생 및 파산에 관한 법률에 의하여 재신청이 명시적으로 금지되어 있지 않은 점, 위 법은 도산절차에 있어서 채권자의 이익과 채무자의 실질적 갱생을 위하여 청산형의 파산절차보다는 갱생형의 개인회생절차를 우선에 두고 있는 점, 위 개인회생절차 개시신청에 사정변경이 있다고 볼 여지도 있는 점을 고려하면 위 개인회생절차 개시신청이 성실하지 아니한 경우에 해당한다고 단정하기 어려움에도, 채무자가 부당한 목적으로 개인회생제도를 이용하였다는 등 신청 불성실 사유가 있는지에 대하여 심리를 하지 않은 채 채무자의 과거 경력만을 문제삼아 위 개인회생절차 개시신청을 기각한 원심결정을 파기한 사례. (대법원 2011.6.10. 자 2011마201 결정)

◙ 판 례 ◙

■ [개인회생]

채무자가 개인회생절차 개시신청 전에 특정 채권자에 대한 편파적인 변제나 담보제공 행위를 하여 다른 채권자들을 해하는

결과를 초래한 사정만으로, 채무자 회생 및 파산에 관한 법률 제595조 제6호에서 개인회생절차개시신청 기각사유로 규정하는 '개인회생절차에 의함이 채권자 일반의 이익에 적합하지 아니한 때'에 해당하는지 여부(소극)

[이 유]

1. 채무자 회생 및 파산에 관한 법률(이하 그냥 '법'이라 한다) 제595조는 개인회생절차개시신청 기각사유의 하나로 그 제6호에서 '개인회생절차에 의함이 채권자 일반의 이익에 적합하지 아니한 때'를 규정하고 있고, 법 제584조는 파산절차상 부인권을 개인회생절차에 준용하면서(제1항), 부인권은 원칙적으로 채무자가 행사하되(제2항), 다만 법원은 채권자 또는 회생위원의 신청에 의하거나 직권으로 채무자에게 부인권의 행사를 명할 수 있도록 규정하고 있다(제3항).

원심은, 재항고인이 이 사건 개인회생절차 개시신청서를 제출하기 전인 2008. 12. 23. 채무초과 상태에서 채권자 삼익악기에게 점포임차보증금 2천만 원을 양도한 행위는 채권자들을 해하는 행위로서 부인권 대상이 될 수 있는 점, 재항고인이 2009. 6. 30. 그 소유 아파트를 매도하고 근저당권 피담보채무 등을 변제한 후 나머지 약 1,870만 원을 대리점운영자금 등으로 사용했다는 소명자료가 없을 뿐만 아니라 청산가치에 반영되지 않은 위 금액은 재항고인이 제출한 변제계획안의 총변제예정액보다도 큰 금액이어서 이를 반영하면 상당한 변제율 상승이 예상되는 점, 위 아파트 처분 후 불과 6개월도 채 되지 않은 2009. 12. 15. 이 사건 개인회생신청을 한 점 등에 비추어 보면, 이 사건 개인회생신청은 법 제595조 제6호에서 정한 '개인회생절차에 의함이 채권자 일반의 이익에 적합하지 아니한 때'에 해당한다고 판단하여, 재항고인의 이 사건 개인회생절차 개시신청을 기각한 제1심결정을 그대로 유지하였다.

2. 그러나 원심의 판단은 다음과 같은 이유에서 수긍하기 어렵다.

개인회생절차는 급여소득자 또는 영업소득자가 5년을 넘지 않는 기간 동안 그 수입 중에서 생계에 필요하다고 인정되는 비용을 제외한 나머지 금액을 변제에 투입하여 그 총변제액이 채무자가 파산하는 때에 배

당받을 총액보다 적지 아니한 경우에 이용할 수 있는 제도로서(법 제
579조, 제614조 제1항 제4호), 개인회생절차가 개시되면 채무자에 대
한 파산절차 등은 중지·금지되고(법 제600조 제1항), 채무자가 장래
얻게 될 소득이 채권자에 대한 변제재원이 되며, 만약 채무자가 보유한
재산의 청산가치가 위와 같은 방법에 의한 총변제액의 현재가치보다
많을 경우에는 재산의 일부를 변제계획에 투입해야 하는 점 등에서 파
산절차와 구별되는 것이다.

개인회생절차에서의 부인권은 채무자가 개인회생절차 개시 전에 자신의
일반재산에 관하여 채권자들을 해하는 행위를 한 경우 그 효력을 부인
하여 일탈된 재산을 개인회생재단으로 회복시키기 위한 제도로서, 부인
권의 행사는 개인회생재단에 속하는 채무자의 재산을 원상으로 회복시
키므로(법 제584조 제1항, 제397조 제1항), 부인권 행사요건이 인정
될 경우 법원은 채권자 또는 회생위원의 신청에 의하거나 직권으로 채
무자에게 부인권 행사를 명할 수 있을 뿐 아니라(법 제584조 제3항)
변제계획안 수정명령(법 제610조 제3항)을 통하여 부인권 행사로 원
상회복될 재산 또는 이를 포함한 총재산의 청산가치 이상을 변제에 투
입하도록 할 수도 있다. 이 때 채무자가 수정명령 등에 불응하면 변제
계획이 불인가되거나 개인회생절차가 폐지될 수 있고, 부인권 행사의
상대방이 그 받은 이익 등을 반환하여 채권이 부활하게 되면 변제계획
인가 이후에도 변제가 완료되기 전까지는 이를 반영한 변제계획변경안
이 제출될 수 있다.

이와 같이 개인회생절차는 파산절차가 예정하고 있는 청산가치의 배분
이상의 변제가 이루어질 것을 전제로 하고 있는 제도라는 점, 개인회생
채무자가 그 개시신청 전에 부인권 대상행위를 한 경우에도 법은 부인
권 행사를 통하여 일탈된 재산을 회복시켜 이를 포함한 총재산의 청산
가치 이상을 변제하도록 하는 절차를 마련해 두고 있는 점, 그 밖에 개
인회생절차를 파산절차에 우선하도록 한 제도의 취지와 기능 등을 종
합하면, 설령 채무자가 개인회생절차 개시신청 전에 특정 채권자에 대
한 편파적인 변제나 담보제공 행위를 하여 다른 채권자들을 해하는 결
과를 초래하였다고 하더라도, 다른 특별한 사정이 없는 한, 단지 그러
한 사정만으로 개인회생절차에 의하는 것이 채권자 일반의 이익에 적

합하지 않다고 단정할 수는 없다고 할 것이다.

그럼에도 원심은 재항고인이 개인회생절차개시 신청 직전에 부인권 대상이 되는 편파행위를 하였고 그 일탈된 재산이 개시신청 당시 제출된 변제계획안에 의한 총변제액보다 크다는 등의 이유만으로 개인회생절차에 의하는 것이 채권자 일반의 이익에 반하는 경우에 해당된다고 속단하였으니, 이러한 원심결정에는 법 제595조 소정의 개인회생절차개시신청 기각사유에 관한 법리를 오해한 위법이 있다. (대법원 2010.11.30. 자 2010마1179 결정)

V. 개인회생절차의 개시결정

1. 법원의 개시결정(법 제596조)

기각사유가 없다고 판단되면 법원은 원칙적으로 신청일부터 1월 이내에 개인회생절차의 개시를 결정한다. 결정을 하는 때에는 결정서에 결정의 연, 월, 일, 시를 기재하여야 하고, 이 결정의 효력은 그 결정시부터 발생한다.

법원은 개인회생절차개시결정과 동시에 개인회생채권에 대한 이의기간(이 기간은 개인회생절차개시결정일로부터 2주 이상 2월 이하), 개인회생채권자집회의 기일(이 기간은 법률상으로는 위 이의기간 말일로부터 2주 이상 1월 이하 사이에 정하기로 되어 있으나, 뒤에서 보는 바와 같이 업무 절차의 번잡을 피하기 위하여 6주 후 무렵의 날로 정하여야 하는 경우도 종종 있을 것으로 보인다)을 정하여야 한다. 이의기간은 채권자들의 구성에 따라서 다르게 정하는데, 대개 송달이 쉽게 이루어지는 금융기관 채권자들로 이루어진 경우에는 비교적 단기간으로 정하고, 송달이 번거로운 개인 채권자들이 포함된 경우에는 그보다 길게 정한다.

2. 개시의 공고와 송달(법 제597조)

(1) 공고(법 제597조 제1항)

법원은 개인회생절차개시결정을 한 때에는 지체없이 다음 각호의 사항을 공고하여야 한다.

① 개인회생절차개시결정의 주문

② 이의기간

③ 개인회생채권자가 이의기간 안에 자신 또는 다른 개인회생채권자의 채권내용에 관하여 개인회생채권조사확정재판을 신청할 수 있다는 뜻

④ 개인회생채권자집회의 기일

공고방법을 관보게재 또는 대법원 규칙이 정하는 방법으로 하도록 규정하고 있고, 대법원 규칙은 개인회생절차가 통상의 도산 사건에 비하여 비교적 간이한 절차라는 점을 감안하고 민사소송 및 민사집행절차에 있어서 전자통신매체의 방법 등 간이한 공고방법을 규정하고 있는 점 등을 감안하여 전자통신매체를 이용한 방법으로써 하는 것으로 정하고 있다.

(2) 송달(법 제597조 제2항)

법원은 다음 각호의 자에게 위 (1)의 공고사항을 기재한 서면과 개인회생채권자목록 및 변제계획안을 송달하여야 한다.

① 채무자

② 알고 있는 개인회생채권자

③ 개인회생절차가 개시된 채무자의 재산을 소지하고 있거나 그에게 채무를 부담하는 자. 그러나 송달물 중에서 개인회생채권자목록 및 변제계획안은 채무자가 제출한 것이므로, 이를 채무자에게 그대로 다시 송달할 필요는 없다. 이의기간 및 개인회생채권자집회의 기일 또는 변제계획안이 변경된 경우에도 송달을 하여야 한다.

본조 제2항에 의하면, 제1회 채권자집회기일을 통지할 대상자는 위에서 본 바와 같이 채무자, 알고 있는 개인회생채권자, 개인회생절차가 개시된 채무자의 재산을 소지하고 있거나 채무자에게 채무를 부담하는 자라고만 규정되어 있으나, 채무자, 개인회생채권자 외에 회생위원에게도 채권자집회기일을 통지하여야 하므로, 제1회 채권자집회기일 통지의 대상자에 회생위원도 포함된다고 본다.

VI. 개인회생절차개시재판에 대한 즉시항고(법 제598조)

1. 즉시항고를 할 수 있는 자

개인회생절차개시신청에 관한 재판에 대하여는 즉시항고를 할 수 있다. 항고를 할 수 있는 자는 그 재판에 이해관계를 가진 자로, 개인회생절차 개시결정의 경우에는 채권자목록에 기재된 개인회생채권자와 별제권자(담보권실행을 위한 경매가 중지, 금지되므로)가 될 것이나, 개시신청기각결정의 경우에는 신청인만이 이해관계를 가진다 할 것이므로 신청인만이 즉시항고를 할 수 있다.

2. 즉시항고의 기간

즉시항고는 재판의 공고가 있는 때에는 그 공고가 있은 날부터 14일 이내에 하여야 한다. 공고는 관보게재일 또는 전자통신매체를 이용한 공고가 있은 날의 다음날에 그 효력이 발생하는바, 개인회생절차 개시결정을 할 경우에는 공고를 하여야 하므로, 개시결정에 대한 즉시항고기간은 공고가 있은 날의 다음날부터 기산하여 14일이다.

개시신청기각결정의 경우에는 공고되지 아니하므로 민사소송법이 준용되어 즉시항고기간은 신청인이 결정문을 송달받은 날의 다음날부터 1주간이다.

3. 즉시항고의 효력 등

개인회생절차 개시결정에 대한 즉시항고는 집행정지의 효력이 없다.

개시신청기각결정에 대한 즉시항고가 있는 경우에는 항고법원은 신청인의 신청에 의하거나 직권으로 보전처분, 중지명령을 발할 수 있다. 이는 즉시항고에 대한 재판이있을 때까지 상당한 시간이 소요되므로, 그 사이에 개인회생재단에 속하는 재산이 산일되면 장래 기각결정이 번복되어 개인회생절차가 개시되어도 그 목적을 달할 수 없게 될 가능성이 있기 때문에 둔 규정이다.

4. 원재판의 경정

원심법원이 즉시항고에 정당한 이유가 있다고 인정하는 때에는 그 재판을 경정하여야 한다. 즉시항고를 이유 없다고 인정하면 사건을 항고법원에 송부한다.

5. 항고법원의 판단 및 그 후속조치

항고법원은 즉시항고의 절차가 법률에 위반되거나 즉시항고가 이유 없다고 인정하는 때에는 결정으로 즉시항고를 각하 또는 기각하여야 하고, 즉시항고가 이유 있다고 인정하는 때에는 원래의 결정을 취소하고 사건을 원심법원에 환송하여야 한다. 다만, 개시신청 기각결정을 취소할 경우, 항고법원이 개시결정을 한 후 후속절차를 진행하는 것은 적절하지 아니하므로, 사건을 원심법원에 환송하여 할 것이나, 개시결정을 취소할 경우에는 사건을 환송할 필요 없이 항고법원이 직접 개시신청 기각결정을 하여야 할 것이다.

법원은 개인회생절차개시결정을 취소하는 결정이 확정된 때에는 즉시 그 주문을 공고하고, 채무자, 알고 있는 개인회생채권자, 개인회생절차가 개시된 채무자의 재산을 소지하고 있거나 그에게 채무를 부담하는 자에게 그 결정의 취지를 송달하여야 한다.

　개시결정을 취소하는 결정이 내려지는 경우는 원심법원이 재도의 고안을 하여 스스로 취소결정을 하는 경우와 항고법원이 취소결정을 하는 경우인바, 위 공고 등 후속조치는 취소결정이 확정된 심급 단계의 법원이 지체없이 하여야 할 것이다.

6. 재항고

　항고법원의 결정에 대하여는 재판에 영향을 미친 헌법, 법률, 명령 또는 규칙의 위반이 있음을 이유로 하는 경우에 한하여 대법원에 재항고를 할 수 있다.

Ⅶ. 개인회생절차개시결정의 취소(법 제599조)

　채무자가 신청한 개인회생절차 개시신청이 인용되었고 이에 대하여 이해관계인이 즉시항고를 하여 심리한 결과 즉시항고가 받아들여지는 경우에는, 법원이 원심 결정을 취소하고 개인회생절차 개시신청을 기각하게 된다. 이 경우 항고법원의 법원사무관등은 즉시항고인과 채무자에게 그 결정을 송달하여야 하고, 그 결과 이미 내려졌던 개인회생절차의 개시결정의 취소결정이 확정되는 경우에는 법원사무관등은 그 즉시 그 주문을 공고하고, 개시결정의 주문 등을 송달받을 자, 즉 채무자, 알고있는 개인회생채권자, 개인회생절차가 개시된 채무자의 재산을 소지하고 있거나 그에게 채무를 부담하는 자에게 그 결정의 취지를 송달하여야 한다. 이처럼 공고와 송달을 모두 하여야 하는 경우에는 그 송달은 서류를 우편으로 발송하는 방법으로 할 수 있는데, 굳이 공고와 송달을 병존적으로 규정한 취지에 비추어 보면 이러한 경우에는 대체공고 규정은 적용되지 않는다고 보아야 할 것이다. 그리고 이 경우의 공고는 모든 이해관계인에 대하여 송달의 효력이 있다.

Ⅷ. 다른 절차의 중지 등(법 제600조)

1. 다른 도산절차의 중지, 금지

개인회생절차개시결정이 있는 때에는 채무자에 대하여 이미 속행 중인 파산절차 또는 화의절차는 중지되고, 새로이 파산절차를 개시하는 것도 금지된다. 이후 변제계획 인가결정이 있는 때에는 중지된 파산절차는 그 효력을 잃는다.

2. 강제집행, 가압류, 가처분의 중지, 금지

개인회생절차개시결정이 있는 때에는 채권자목록에 기재된 개인회생채권에 기하여 개인회생재단에 속하는 재산에 대하여 이미 계속 중인 강제집행, 가압류 또는 가처분은 중지되고, 새로이 강제집행, 가압류 또는 가처분을 하는 것은 금지된다. 법원은 상당한 이유가 있는 때에는 이해관계인의 신청에 의하거나 직권으로 중지된 절차 또는 처분의 속행 또는 취소를 명할 수 있다. 다만, 처분의 취소의 경우에는 담보를 제공하게 할 수 있다. 중지된 절차·처분의 속행·취소신청서에는 민사소송등인지법 제9조 제3항에 의거 2천원의 인지를 붙여야 한다.

제2장 회생위원

I. 선임 및 해임 등(법 제601조)

1. 회생위원의 의의

회생위원은 법원의 감독 아래 채무자의 재산 및 수입의 상황, 개인회생채권의 존부 및 채권액 등을 신속, 정확하게 조사하고 채무자가 적정한 변제계획안을 작성하도록 필요한 권고를 하며 변제계획의 수행을 감독하는 등 개인회생절차가 적정하고 원활하게 진행될 수 있도록 법원을 보좌하는 업무를 수행하는 자를 말한다.

2. 선임, 보수, 해임 등

(1) 선임시기

회생위원의 선임시기에 관하여는 법문상 명문의 아무런 제한이 없다. 따라서 개인회생절차개시의 신청이 있을 때부터 개인회생절차가 종료할 때까지 선임할 수 있다. 따라서 개인회생절차의 개시 전에는 물론이고 개시 후에도 회생위원을 선임할 수 있다.

(2) 실무에서의 처리

개인회생절차의 원활한 진행을 위하여는 개인회생절차개시의 신청이 있으면 지체없이 회생위원을 선임하는 것이 바람직하므로, 실무에서는 신청 직후에 곧바로 회생위원을 선임하는 방식으로 운영할 예정이다.

(3) 임의적 선임

법원은 필요하다고 인정하는 때에 이해관계인의 신청에 의하거나 직권으로 회생위원을 선임할 수 있다. 회생위원의 선임은 원칙적으로 법원의 재량에 속하는 사항이므로 법원이 반드시 회생위원을 선임하여야 하는 것은 아니지만, 절차의 원활한 진행을 기하기 위하여는 특별한 사정이 없는 한 회생위원을 선임하는 것이 좋을 것이다.

3. 피선임자격

법원은 이해관계인의 신청에 의하거나 직권으로 다음 각호에 해당하는 자를 회생위원으로 선임할 수 있다(법 제601조 제1항)

① 관리위원회 관리위원

② 법원사무관 등(회생위원을 법원사무관 중에서 우선적으로 선임한다)

③ 변호사·공인회계사 또는 법무사의 자격이 있는 자

④ 법원주사보·검찰주사보 이상의 직에 근무한 경력이 있는 자

⑤ 은행법에 의한 금융기관에서 근무한 경력이 있는 사람으로서 회생위원의 직무수행에 적합한 자

⑥ 채무자를 상대로 신용관리교육·상담 및 신용회복을 위한 채무조정업무 등을 수행하는 기관 또는 단체에 근무중이거나 근무한 경력이 있는 사람으로서 회생위원의 직무수행에 적합한 자

⑦ ①~⑥에 규정된 자에 준하는 자로서 회생위원의 직무수행에 적합한 자

4. 선임절차

(1) 의견제시 요구

위에서 본 바와 같이 회생위원은 법원사무관 급의 법원공무원을 위주로 하여 선임될 것인데, 회생절차에 의한 관리위원회가 설치된 경우에는 법원은 관리위원회에 회생위원의 선임에 대한 의견의 제시를 요구할 수 있다.

(2) 회생위원의 지명

회생위원은 1인 내지 다수인이 법원별로 미리 지정되어 있어야 하고, 사건접수시 또는 그 직후에 예정된 순서에 따라 바로 회생위원이 지명되게 하도록 하여야 한다. 여러 회생단독재판부가 구성되어 있는 경우에는 회생위원이 재판부별로 소속되는 것이 법관과 회생위원 간의 업무연락의 편의 등의 측면에서 더 나을것이다(개인회생사건을 관할하는 지방법원의 법원장은 회생업무를 담당할 인원이 여러 명 있는 경우에는 그 사람들에게 번호를 부여하여야 한다).

(3) 실무에서의 처리

또한 회생위원에 대한 관리의 편의를 위하여, 예규는 하나의 지방법원 내에서 회생위원 업무를 담당할 인원이 여러 명 있는 경우에는 그 지방법원의 법원장이 그 사람들에게 번호를 부여하여야 하고, 법원은 회생위원의 선임시에 위 번호를 부여하여야 한다고 정하고 있다.

5. 보 수

(1) 보수의 결정

회생위원을 선임할 때에는 회생위원이 받을 보수를 결정하여야 한다. 회생위원이 법원사무관 등인 경우에는 보수를 지급하지 아니하는 것을 원칙으로 한다. 회생위원이 업무수행 중에 채무자가 은닉한 재산을 찾아내어 개인회생재단의 증식에 기여하는 등 그 공로가 인정되는 경우에는 법원은 직권으로 회생위원에게 특별보상금을 지급할 수 있다. 회생위원의 보수 및 특별보상금은 채무자의 재산 및 부채의 규모, 조사업무의 내용과 난이도, 변제기간 등을 감안하여 결정하되 그 직무와 책임에 상응한 것이어야 한다. 회생위원의 보수 또는 특별보상금에 관한 법원의 결정에 대하여는 즉시항고를 할 수 있다.

(2) 공무원이 아닌 외부인의 회생위원 선임

공무원 아닌 외부인이 회생위원으로 선임되는 경우에는 법률이 정한 보수를 지급하여야 할 것이나, 위에서 본 바와 같이 우리나라에서 개인회생제도의 초기정착과정에서는 법원공무원을 위주로 회생위원을 임명하기로 하였으므로, 이와 같은 경우에는 위와 같은 보수는 문제로 되지 않을 것으로 보인다. 예규에서도, 회생위원이 법원사무관등인 경우에는 보수를 지급하지 아니하는 것을 원칙으로 하며, 보수를 정하는 경우에는 과다하지 않은 금액으로 정하도록 유의하여야 한다고 정하고 있다.

(3) 비용의 예납

회생위원은 업무수행을 위하여 지출할 필요가 있는 비용을 미리 받을 수 있다. 비용의 지출이 예상되는 경우에는 채무자로부터 이를 미리 예납 받은 후에 회생위원에게 보수와는 별도로 지급하여야 할 것이다.

(4) 회생위원의 보수 및 비용의 청구권의 성질

회생위원의 보수 및 비용의 청구권은 개인회생재단채권이므로, 개인회생절차에 의하지 아니하고 개인회생채권보다 먼저 수시로 변제 받을 수 있다.

6. 사임과 해임 등

(1) 사임

회생위원은 법원의 허가를 받아야 사임할 수 있으며, 회생위원이 사임을 원하는 경우 법원은 미리 후임 회생위원을 물색하여 둠으로써 업무수행에 공백이 없도록 하여야 한다.

(2) 해임

법원은 상당한 이유가 있는 경우에는 이해관계인의 신청에 의하거나 직권으로 회생위원을 해임할 수 있다. 법원은 회생위원의 업무수행적정성에 관한 감독 및 평가 업무를 행하고 있는 관리위원회에 회생위원의 해임에 대한 의견의 제시를 요구할 수 있다. "상당한 이유"라고 함은 수뢰, 배임, 횡령 등 범죄행위, 허위보고, 질병이 될 수 있을 것이다.

회생위원이 사임하거나 해임된 경우에는 새로운 회생위원을 선임하여야 한다.

(3) 계산의 보고

회생위원은 그 임무가 종료된 때에 법원에 대한 계산의 보고를 하여야 하는데, 임무종료시 변제계획의 수행을 감독하고 있는 사건이 수백건 이상일 가능성이 많으므로, 개개 사건별 계산보고를 하기보다는 전체 사건을 종합한 계산보고로써 족하다고 보아야 할 것이다.

7. 회생위원의 대리

회생위원은 필요한 때에는 그 직무를 행하기 위하여 자기의 책임으로 1인 또는 여럿의 회생위원 대리를 선임할 수 있으며, 그 선임에 있어서는 법원의 허가를 요한다. 회생위원 대리는 회생위원에 갈음하여 재판상 또는 재판외의 모든 행위를 할 수 있다.

Ⅱ. 회생위원의 업무(제602조)

회생위원은 법원의 감독을 받아 다음의 업무를 수행한다.
(1) 채무자의 재산 및 소득에 대한 조사
(2) 부인권 행사명령의 신청 및 그 절차 참가
(3) 개인회생채권자집회의 진행
(4) 그 밖에 법령 또는 법원이 정하는 업무

1. 채무자의 재산 및 소득에 대한 조사

회생위원은 채무자의 재산 및 수입의 상황을 신속하고도 정확하게 조사하여 개인회생절차개시 신청의 기각사유의 유무나 부인권 행사의 대상인 행위의 유무, 변제계획안의 적정성 및 수행가능성 여부 등을 판단하기 위한 자료를 수집하고 이를 기초로 하여 필요한 업무를 수행하게 된다.

(1) 채무자에게 재산상의 업무에 관한 보고 요구

회생위원은 채무자의 재산 및 수입의 상황을 조사하기 위하여 언제든지 채무자에게 금전의 수입과 지출 그밖에 채무자의 재산상의 업무에 관하여 보고를 요구할 수 있고, 필요하다고 판단할 경우에는 재산상황의 조사, 시정의 요구 기타 적절한 조치를 취할 수 있다. 회생위원은 채무자의 장부나 서류 그 밖의 물건을 검사할 수 있고, 필요한 경우 채무자의 자택을 방문할 수도 있다. 회생위원은 채무자의 재산을 조사하기 위하여 필요한 경우에는 법원에 채무자의 재산 및 신용에 관한 전산망을 관리하는 공공기관, 금융기관, 단체 등에 채무자 명의의 재산에 관하여 조회한 것을 신청할 수 있다. 채무자는 회생위원의 요청이 있는 경우에는 재산 및 소득, 변제계획 그 밖의 필요한 사항에 관하여 설명을 하여야 한다. 채무자가 정당한 사유 없이 회생위원의 보고, 조사, 시정요구를 거부하거나 허위보고를 하면 1년이하의 징역 또는 1천만원 이하의 벌금에 처한다. 회생위

원은 채무자에게 보고, 조사, 시정요구를 하는 때 그에 위반할 때에
는 처벌될 수 있음을 고지하여야 한다.

(2) 부동산의 평가

재산 및 소득의 조사에 관하여 가장 중요한 사항 중의 하나가 채
무자 소유 부동산의 가격평가이다. 부동산의 평가가 필요한 이유는

1) 청산가치 보장원칙이 지켜지는지를 파악하기 위하여(그러나 대
개의 회생사건에서는 청산가치가 크지 않을 것이므로, 이 원칙의 준
수 여부가 문제되는 사건은 드물 것으로 예상된다) 현재 부동산의
처분가치를 알아야 하기 때문이고

2) 그 부동산에 담보가 설정되어 있는 경우 그 피담보채권 중 부
동산의 환가액에서 변제받지 못할 금액, 이른바 예정부족액이 얼마
인지를 파악해야 변제계획안을 세울 수 있기 때문이다.

(3) 실무에서의 처리

부동산의 평가를 엄격하게 하려면 감정평가사 등에 의뢰하여 공
식적인 평가절차를 거쳐야겠지만, 청산가치 보장원칙의 준수 여부가
애매하여 그러한 공식적 평가를 의뢰하여야 한다고 법원이 판단하
는 경우를 제외하면, 대개의 경우는 일차적으로는 회생채무자가 개
시신청시에 제출하는 시가소명자료에 의하여, 이차적으로 회생위원
의 간이평가에 의하여 충분한 것으로 본다는 것이 실무의 방침이다.

2. 부인권 행사명령의 신청 및 그 절차 참가

부인권이란 채무자가 본인의 재산에 관하여 개인회생절차개시 전
에 한 개인회생채권자를 해하는 행위의 효력을 개인회생절차에 대
한 관계에 있어서 부인하고 그 행위로 인하여 일탈한 재산에 대해
개인회생재단에 회복하기 위한 목적으로 채무자가 행사하는 권리이

다. 부인권은 채무자가 행사한다. 그러나 부인권의 대상인 행위를 행한 채무자가 스스로 적정한 부인권을 행사할 것이라고 기대하기는 어렵다.

3. 개인회생채권자집회의 진행

회생위원은 채권자집회를 진행한 경우에는 그 채권자 집회일로부터 2주내에 채권자집회에서 이의가 있었는지 여부와 이의의 내용, 이의가 있은 경우 채무자회생 및 파산에 관한 법률 제614조의 규정에 따른 변제계획 인가조건을 충족하였는지 여부에 관한 의견, 제60조 제1항의 규정에 정해진 업무수행의 결과를 기재한 보고서를 법원에 제출하여야 한다.

4. 그밖에 법령 또는 법원이 정하는 업무

이에 해당하는 업무로는 개인회생절차의 개시여부의 재판에 관한 의견의 제시, 채무자가 적정한 변제계획안을 작성할 수 있도록 채무자에 대하여 행하는 필요한 권고, 저당권 등으로 담보된 개인회생채권이 있는 경우 그 담보목적물의 평가, 변제계획에 따른 변제가 지체되고 그 지체액이 변제액의 3개월분에 달한 경우 법원에 대한 보고, 변제계획에 따른 변제가 완료된 경우 법원에 대한 보고, 회생위원의 임무가 종료된 때에는 법원에 대한 계산의 보고 등이 있다.

제3장 개인회생채권의 확정

I. 개인회생채권의 확정경로(법 제603조)

1. 개 요

개인회생채권이 확정되는 경로는 4가지이다.

첫째 개인회생채권자목록에 기재된 채권에 대하여 채권자의 이의가 없어서 목록 기재대로 확정되는 경우,

둘째 이의가 제기되고 채권조사확정재판을 통하여(그에 대한 불복이 없어서) 확정재판의 결과대로 확정되는 경우,

셋째 채권조사확정재판에 대한 불복이 있어서 그 이의의 소에서 확정되는 경우,

넷째 개시결정 당시 이미 별소가 제기되어 있어서 그 별개의 소송 결과대로 확정되는 경우

2. 채권신고제도 등의 비교

	회사정리절차	파산절차	개인채무자회생절차
채권신고제도	○	○	×
시부인절차(조사절차)	○	○	×(목록기재)
실권제도	○	△(배당에서 제척)	×
확정판결과 동일한 효력	○	○	○
채권확정소송	○	○	○
권리변경효력의 발생시기	인가(확정)시	없음	면책결정확정시

3. 개인회생채권자목록의 제출, 수정과 이의

 (1) 이의기간 등

가. 공고와 송달

채무자가 개인회생절차개시신청을 하게 되면 개인회생채권자목록을 첨부하여야 하고, 법원은 그 신청일로부터 1월 이내에 개인회생절차의 개시여부를 결정하되, 법원이 개시결정을 한 때에는 지체 없이 이의기간을 정하여 공고하고, 알고 있는 개인회생채권자에게 개인회생채권자 목록 및 변제계획안을 송달하여야 한다.

나. 공고

공고로써 송달에 갈음하는 결정을 할 수 있는지에 대하여는 부정적으로 해석함이 타당할 것이다. 적어도 실무에서는 이의기간 도과에 따른 확정력이라는 부담을 고려할 때 곧바로 발송송달을 실시하는 것보다는 통상의 우편송달에 의한 방법으로 송달을 실시하고 그 송달통지서 회보결과 송달불능된 채권자에 대해 발송송달을 실시하는 방법도 검토될 수 있을 것이다.

 (2) 채권자목록의 수정 및 변경

가. 개인회생채권자의 기재와 변경

채무자가 강제집행 등의 중지, 금지 효과를 얻기 위해서 가장 중요한 것은 무엇보다 개인회생채권자 목록에 개인회생채권자를 빠짐없이 정확히 기재해야 한다. 다만 채무자는 개시결정 전까지 개인회생채권자목록에 기재된 사항을 변경 또는 정정할 수 있고, 책임질 수 없는 사유로 인하여 채권자목록에 누락되었거나 잘못 기재한 사항을 발견한 때에는 개시결정 후라도 변제계획인가결정이 있기 전까지는 법원의 허가를 받아 목록에 기재된 사항을 정할 수 있다.

나. 수정목록의 제출

그러나 채권자목록에 누락된 채권자는 법률상 강제집행 중지, 금지 등의 제한도 받지 않고, 실권효도 인정하지 않고 있으므로 목록 누락 채권자의 목록추가 신청절차나 조사확정재판신청은 허용할 필요가 없다고 해석함이 상당하다고 본다. 그렇지만 채무자가 이러한 사정을 알고 스스로 추가된 수정목록을 제출하는 것은 무방하다.

다. 개시결정 전, 후에 따른 구분

개시결정 전에 수정이 이루어진 경우	수정된 대로 공고, 송달을 하면 된다
개시결정 후에 수정이 이루어진 경우	수정사항에 대하여 이의기간을 공고하고 그 수정된 목록을 송달하여야 한다

라. 이의기간이 도과된 경우

목록의 수정은 이의기간이 도과되기 전에는 특별한 제한이 없으나, 이의기간이 도과되어 이미 확정의 효과가 생긴 개인회생채권의 경우에는, 절차적 불가쟁효에 저촉되어 이를 다시 수정할 수는 없는 것이고, 단지 처음부터 누락된 채권자이거나 새로운 원인관계에 기한 채권인 경우에만 그 수정과 추가가 가능하다고 해석된다. 다만 채무자에게 스스로 책임질 수 없는 사유가 인정되는 경우에는 추완의 일환으로서 목록의 수정도 허용된다 할 것이다.

마. 명의변경

규정에 의하여 확정된 개인회생채권을 취득한 자는 채권자 명의 변경을 신청할 수 있다.

4. 이의기간 도과 등에 따른 확정

(1) 기간내에 확정재판을 신청하지 아니하거나 신청이 각하된 경우

채무자가 제출한 개인회생채권자목록에 기재된 채권자가 이의기간 내에 개인회생채권조사확정재판을 신청하지 아니하거나, 개인회

생채권조사확정재판 신청이 각하된 경우에 개인회생채권은 그 목록
에 기재된 대로 확정된다.

(2) 기재의 효력

채권이 확정된 때 법원사무관 등은 '채권자의 성명 및 주소채권의
내용 및 원인'을 개인회생채권자표에 기재하여 작성하여야 하고 그
기재는 개인회생채권자 전원에 대하여 확정판결과 동일한 효력이
있다. '확정판결과 동일한 효력이 있다'는 의미는 개인회생채권자 전
원과의 관계에서 절차 내 불가쟁의 효력을 갖는다는 의미로 해석된
다. 즉 위 확정된 내용과 같이 채권자표에 기재되고 변제계획에 반
영되어 변제를 받을 적격을 갖게 된다는 의미인 것이다.

Ⅱ. 개인회생채권조사확정재판(법 제604조)

1. 재판의 당사자

(1) 개인회생채권조사확정재판의 의의

개인회생채권조사확정재판은 개인회생채권자목록의 내용에 관하
여 이의가 있는 채권자가 이의를 제기하고 이에 대하여 법원이 재
판을 하는 절차이다.

회생절차나 파산절차	채권자의 신고를 받은 후 시.부인이나 이의절차를 진행
개인채무자 회생절차	간이, 신속성을 도모하기 위하여 채무자가 제출한 개인회생채권자목록에 대하여 당해 채권자 또는 다른 채권자가 그 존부 및 내용에 대해 조사확정재판을 구하는 것으로 처리되도록 규정하고 있다

(2) 신청자별 상대방

개인회생채권자가 자신의 개인회생채권의 내용에 관하여 개인회생채권조사확정재판을 신청하는 경우	채무자를 상대방으로 한다
다른 개인회생채권자의 채권내용에 관하여 개인회생채권조사확정재판을 신청하는 경우	채무자와 다른 개인회생채권자를 상대방으로 한다

현재 파산절차나 회생정리법은 원칙적으로 이의를 받은 자가 이의를 제기한자 전원을 상대방으로 하여 채권확정의 소를 제기하도록 하는 방법을 취하고 있다.

2. 신청방식 및 절차

(1) 신청기한

개인회생채권자목록의 내용에 관하여 이의가 있는 채권자는 이의기간 안에 서면으로 개인회생채권조사확정재판을 신청할 수 있다. 이의는 개인회생절차개시결정일로부터 2주 이상 1월 이하의 기간안에 신청하여야 한다.

(2) 송달료와 인지대

신청서의 제출과 함께, 신청인은 송달료 및 인지대를 납부하여 그 납입증명서를 제출하여야 한다. 송달료는 당사자수 × 4회 × 3,020원에 해당하는 금원을, 인지대는 1,000원을 각 납부하여야 한다. 위 비용을 미리 납부하지 아니하는 때에는, 법원은 신청을 각하하여야 한다.

(3) 통 지

개인회생채권자확정재판의 신청이 있는 경우에는, 법원은 이를 회생위원에게 통지하여야 하며(회생위원에게 직접 전달하고 회생위원의 수령확인서를 받는 것이 통상적인 실무가 될 것이다), 또한 이해관계인을 심문한 후 그 재판을 하여야 하므로 그 이해관계인들에게 심문기일을 통지하여야 한다.

(4) 이의를 철회한 경우

한편 명문의 규정이 있는 것은 아니지만 조사확정재판을 신청하여 이의를 진술한 채권자가 이의를 철회한 경우이거나 조사확정재판신청을 취하한 때에는 채권자목록의 기재대로 확정된다고 해석하여야 할 것이다.

(5) 이의의 소 제기기간

조사확정재판에 대한 불복방법은 확정재판의 결정서를 송달받은 날로부터 1월 이내에 이의의 소를 제기하는 것이다. 이 기한을 도과한 경우에는 확정판결과 동일한 효력이 있다.

3. 회생절차 진행과의 관계

이처럼 이의기간 말일부터 개인회생채권자 입회기일 사이에는 원칙적으로 2주 이상 1월 이하의 기간 밖에 없고(실무상으로는 6주 정도의 기간을 두고 있다), 이의신청자에 대하여는 필요적으로 심문을 거쳐 조사확정재판에 대한 결정을 하여야 하므로, 그 재판의 결과를 기다려 채권자집회를 개최하기에는 절차의 신속에 반하는 문제가 발생하게 된다. 따라서 채권조사확정재판의 결과를 기다리지 않고 회생절차는 원래 예정대로 진행하는 것으로 한다. 다만 그 이의액수가 채무자의 신청자격을 좌우할 정도에 이른다거나 변제계획 자체가 새로이 검토되어야 할 정도에 이를 경우에는 채권자집회가 연기되거나 변경되어야 하는 경우도 있을 것이다.

Ⅲ. 개인회생채권조사확정재판에 대한 이의의 소(법 제605조)

1. 관할법원

채권자가 개인회생채권조사확정재판에 대하여 불복을 하는 때에는 그 결정서를 송달받은 날로부터 1개월 이내에 이의의 소를 제기할 수 있다. 이 경우 이의의 소는 개인회생법원(개인회생사건이 계속되고 있는 지방법원)의 관할에 전속한다. 이 소의 변론은 결정서를 송달받은 날로부터 1월을 경과한 후가 아니면 개시할 수 없으며, 동일한 채권에 관하여 여러개의 소가 계속되어 있는 때에는 법원은 변론을 병합하여야 한다.

2. 피고적격

채권조사확정재판의 당사자였던 자로서 그 채권조사확정재판에 대하여 불복이 있는 자는 모두 원고적격이 있다고 해석되는데, 과연 이들이 원고로서 소를 제기할 경우에 누구를 피고로 삼아 소를 제기해야 하는지가 문제된다.

위와 같은 문제는 근본적으로, 하나의 채권관계를 둘러싸고 대립하는 당사자는 채권자와 채무자 양쪽일 뿐이고 제3채권자들은(회생절차상 이해관계를 가지기는 하지만) 그 채권관계의 직접 당사자가 아닌데도 불구하고, 이들 각자가 원고와 피고가 될 수 있다고 봄으로써 비로서 발생하는 문제이다. 즉 하나의 채권관계에 관한 소송형태는 양 당사자 대립구조를 취하도록 구성하여야 문제를 근본적으로 해결할 수 있는 것인데, 채권자, 채무자 제3채권자들이라는 3당사자 중 2당사는 묶어서 1그룹으로 파악하여야 하는 것이다. 권리관계의 양 대립당사자인 채권자와 채무자를 1그룹으로 묶을 수는

없고 제3채권자들은 채권자와 대립적인 지위에 있는 당사자이므로
(채무자와 제3채권자들 사이에 주장하는 채권액수가 다르다 하더라
도, 이들과 근본적으로 대립하는 자는 채권자임), 이의의 소의 당사
자를 정함에 있어서는, 서로 이해관계의 방향이 일치하는 채무자 및
제3채권자를 한 축으로 하고, 당해 채권자를 반대편 축으로 하는 소
송구조를 취하는 것이 옳을 것이다.

3. 인지첩부

위 개인회생채권조사확정재판에 대한 이의의 소 소장에는 민사소
송등인지법 제2조 소정액의 인지를 붙인다.

Ⅳ. 개인회생채권의 확정에 관한 소송결과 등의 기재(법 제 606조)

법원사무관 등은 채무자, 회생위원 또는 개인회생채권자의 신청에
의하여 개인회생채권조사확정재판의 결과, 개인회생채권조사확정재
판에 대한 이의의 소의 결과, 그 이의의 개인회생채권의 확정에 관
한 소송의 결과'를 기재한 개인회생채권자표를 작성하여야 한다.

Ⅴ. 개인회생채권의 확정에 관한 소송의 판결 등의 효력(법 제607조)

개인회생채권의 확정에 관한 소송에 대한 판결은 개인회생채권자
전원에 대하여 그 효력이 있고, 개인회생채권조사확정재판에 대한
이의의 소가 정해진 기간 안에 제기되지 아니하거나 각하된 때에는
그 재판은 개인회생채권자 전원에 대하여 확정판결과 동일한 효력
이 있다.

V. 소송비용의 상환(법 제608조)

채무자의 재산이 개인회생채권의 확정에 관한 소송으로 이익을 받은 때에는 소를 제기한 개인회생채권자는 받은 이익의 한도 안에서 개인회생재단채권자로서 소송비용의 상환을 청구할 수 있다.

이의의 소에서 채무자가 패소한 경우에 있어서는 그 소송비용을 재단채권으로 볼 수 있는지에 관하여는 법문상 명백한 규정이 있는 것은 아니지만 재단채권으로 봄이 상당할 것이나, 다른 견해도 있다.

VI. 개인회생채권확정소송의 목적의 가액(법 제609조)

개인회생채권의 확정에 관한 소송의 목적의 가액은 개인회생법원이 변제계획으로 얻을 이익의 예정액을 표준으로 하여 정하게 된다. 변제계획에서 채권자가 변제받게 될 채권액의 현재가치를 기준으로 소가를 정하여야 할 것인데, 구체적으로는 미확정 개인회생채권이 확정될 경우 변제받는 조건에 따라 산출된 변제금액의 현가를 표준으로 정하여야 할 것이다.

제4장 변제계획

Ⅰ. 변제계획안의 제출 및 수정(법 제610조)

1. 변제계획안의 제출

(1) 변제계획안의 의의

변제계획안이란, 개인회생절차를 신청한 채무자가, 자신의 가용소득을 투입하여 얼마 동안 어떤 방법으로, 채권자들에게 채무금액을 변제하여 나가겠다는 내용 등으로 계획을 세운 것을 말하는 것이고, 이에 대하여 법원은 인가 여부의 결정을 내리게 된다.

개인회생채권자는 채무자회생및파산에관한법률 제613조의 규정에 따른 개인회생채권자집회의 기일 종료시까지 변제계획에 따른 변제액을 송금받기 위한 금융기관의 계좌번호를 회생위원에게 신고하여야 한다. 신고를 하지 않은 개인회생채권자에 대해 지급할 변제액은 변제계획에서 정하는 바에 따라 공탁할 수 있다.

(2) 변제계획안의 제출기한

채무자는 개인회생절차개시의 신청일부터 14일 이내에 변제계획안을 제출하여야 한다. 채무자가 위와 같이 신청일부터 14일 내에 변제계획안을 작성, 제출하기 위해서는 개인회생절차 신청 전에 자신의 부채 및 재산상태, 수입의 정도에 관하여 이미 완벽한 정도로 준비를 하여야 할 것이다. 실무상으로는 신속한 진행을 위하여 개시신청서 제출시에 변제계획안을 함께 제출하도록 하고 있다.

채무자가 개인회생절차개시 신청과 동시에 변제계획안을 제출하지 않은 경우에는 회생위원은 그 채무자에게 제2조 제1항 기재의 변제계획안 양식을 교부하고 기본적인 작성요령을 안내하는 방법으로 채무자가 변제계획안을 작성하도록 하여야 한다.

또한 회생위원은 변제계획안의 기재사항에 오류나 누락이 있는 경우 채무자에게 보정을 권고할 수 있으며, 채무자가 변제계획안을 적정하게 작성하도록 필요한 권고를 할 수 있다.

(3) 법원의 제출시한 연장

법원은 상당한 이유가 있다고 판단되는 경우에는 변제계획안의 작성 제출시한을 연장할 수 있다.

변제계획안은 채권자 등 이해관계인에게 송달하여야 하므로, 채무자는 이를 제출할 때에 채권자 수에 2를 더한 숫자만큼의 부본을 함께 제출하여야 한다.

2. 변제계획안의 수정가능 여부

(1) 변제계획안의 수정

채무자는 위와 같이 일단 변제계획안을 제출한 이후 변제계획안이 인가되기 전에는 변제계획안에 대해서 수정을 할 수 있다. 변제계획안이 제출된 이후에도 변제계획 인가 전에 회생채권자가 추가로 발견되어 새로운 채권자목록이 제출된 경우에는 변제계획안을 다시 작성하여야 한다거나, 또한 변제계획안 작성시 채무자가 산정한 가용소득이나 생계비 등에 관하여 법원으로부터 적법하다는 인정을 받지 못하거나 기타 사유로 변제계획안이 인가요건에 맞지 않아 이를 수정 또는 변경하여야 하는 등의 사정이 있을 수 있기 때문이다. 변제계획안 또는 변제계획의 변경안을 제출하는 경우에는 알고있는 개인회생채권자수에 1을 더한 만큼의 부분을 함께 제출하여야 한다.

(2) 수정명령

법원이 이해관계인의 신청에 의하거나 직권으로 채무자에 대하여 변제계획안을 수정할 것을 명하는 경우도 있을 수 있다. 위와 같은 법원의 수정명령이 있는 때에는 채무자는 법원이 정하는 기한 안에 변제계획안을 수정하도록 하여야 한다. 변제계획안의 수정이 있는 경우에는 법원은 채무자, 알고 있는 개인회생채권자, 개인회생절차가 개시된 채무자의 재산을 소지하고 있거나 그에게 채무를 부담하는 자에게 수정된 변제계획안을 송달하여야 한다.

Ⅱ. 변제계획의 내용(법 제611조)

1. 기재사항

(1) 필요적 기재사항

변제계획안에는 다음과 같은 사항이 반드시 정해져 있어야 한다. 필요적 기재사항은 단지 3가지 뿐이다. 그러나 이들 필요적 기재사항은 반드시 인가요건을 충족하여 작성되어야 하기 때문에 이들 인가요건과 결부되어 사전 검토가 이루어져야 할 것이다.

① 채무변제에 제공되는 재산 및 소득에 관한 사항

② 개인회생재단채권 및 일반의 우선권 있는 개인회생채권의 전액의 변제에 관한 사항

③ 개인회생채권자목록에 기재된 개인회생채권의 전부 또는 일부의 변제에 관한 사항

(2) 임의적 기재사항

변제계획안에는 위에서 정한 필요적 기재사항 이외에도 다음과 같은 사항을 정할 수 있다.

① 개인회생채권의 조의 분류

② 변제계획에서 예상한 액을 넘는 재산의 용도

③ 변제계획인가 후의 개인회생재단에 속하는 재산의 관리 및 처분권의 제한에 관한 사항

④ 그 밖에 채무자의 채무조정을 위하여 필요한 사항

2. 변제개시일

변제계획은 변제계획 인가일로부터 1월 이내에 변제를 개시하여 정기적으로 변제를 하는 내용을 포함하여야 한다. 그러나 법원의 허가를 받은 경우에는 예외적으로 변제계획 인가일로부터 1개월 후에 변제를 하는 내용으로 변제계획을 작성할 수 있다 할 것이다. 위와 같은 예외적인 경우에 해당하는 사유로는, 영업소득자 중 예컨대, 농업종사자 등의 수확기가 변제계획인가일로부터 1개월 후인 관계로 1개월이 지난 후에야 처음으로 계속적이거나 반복적인 수입을 채무자가 얻을 수 있는 경우를 들 수 있을 것이다.

(1) "인가일로부터 1월 이내"의 의미

"인가일로부터 1월 이내"의 의미는 채무자가 변제를 개시하는 시점의 가장 늦은 한도를 정한 것으로 해석할 수 있다.

(2) 실무에서의 처리

실무는, 원칙적으로 채무자로 하여금 이와 같이 변제계획안을 제출할 때(즉 개시신청시에)매월의 일정한 날을 변제일로 하겠다는 점을 적어 내도록 하고, 그 제출일로부터 60일 후 90일 내의 어느 날을 제1회로 하여 매월의 기일에, 개시결정에서 지정되는 회생위원의 은행계좌로 그 변제계획상의 매월 변제액을 입금하도록 하고 있다. 이렇게 초기부터 변제를 개시하게 하는 이유는, 인가여부 결정시까지 누적되는 3~4개월간의 변제실적을 법원이 변제계획 인가여부에

대한 자료로 삼는 경우가 있을 수 있고, 또한 채무자들로 하여금 향후 인가될 변제계획에 따른 내핍생활에 미리 적응하도록 할 수 있기 때문이다.

변제일이 공휴일에 해당하는 경우에는 일반원칙에 따라 공휴일 다음날이 변제일로 된다.

3. 변제기간

(1) 최장기간

변제계획에서 정하는 변제기간은 변제개시일로부터 기산하여 5년을 초과하여서는 아니된다. 변제기간 기산시점이 이와 같이 변제개시일부터라는 점은, 가용소득이 개인회생재단에 귀속되는 시점이 개인회생절차 개시결정일부터 시작되는 것과 대비된다.

변제기간 기산시점	변제개시일부터
가용소득의 개인회생재단 귀속시점	개시결정일부터

변제계획 인가일 후부터 변제를 개시하게 한다면 위와 같은 차이는 크게 부각될 것이지만, 실무는 변제계획안 제출일로부터 60일 이상 90일 이내에 변제를 개시하도록 하고 있으므로, 막상 실무에서는 가용소득이 재단귀속시점과 변제기간 기산시점과의 차이는 크게 문제되지 않는다. 이와 같이 채무자가 변제계획안의 인가 전부터 매월 변제액을 회생위원에게 임치한 경우에는 그 임치한 기간을 총변제기간에 산입 해야한다.

(2) 최단기간

개인회생절차는 위와 같이 최장기한만을 규정해 놓을 뿐, 최단 기간을 규정해 놓고 있지 아니하는 입법을 취하고 있다. 위와 같이 최단기한에 관한 규정을 하고 있지 아니한 것은, 채권자의 이의 제기시 가용소득 전부를 투입하도록 변제계획안의 요건을 엄격하게 규정하고 있는 법 제614조 제2항의 해석과 관련하여 문제의 소지가 없지 않다. 왜냐하면, 위와 같은 가용소득 전부 투입 조항은 최단기의 하한이 있을 때 비로서 그 진정한 의미가 있을 수 있기 때문이다.

(3) 변제기간의 범위

채무자는 법 제611조의 규정에 따른 변제계획에서 정하는 변제기간을 변제개시일로부터 5년을 초과하지 아니하는 범위내에서 정할 수 있다.

① 채무자는 변제계획안에서 정하는 변제기간 동안 그 가용소득의 전부를 투입하여 우선 원금을 변제하고 잔여금으로 이자를 변제한다.

② 채무자가 3년 이내의 변제기간 동안 원금과 이자를 전부 변제할 수 있는 때에는 그때까지를 변제기간으로 한다.

③ 채무자가 3년 이내의 변제기간 동안 원금의 전부를 변제할 수 있으나 이자의 전부를 변제할 수 없는 때에는 변제기간을 3년으로 한다.

④ 채무자가 3년 이상 5년 이내의 변제기간 동안 원금의 전부를 변제할 수 있는 때에는 이자의 변제여부에 불구하고 원금의 전부를 변제할 수 있는 때까지를 변제기간으로 한다.

⑤ 채무자가 5년 이내의 변제기간 동안 원금의 전부를 변제할 수 없는 때에는 그 변제기간을 5년으로 한다.

⑥ 농업소득자, 임업소득자 등 소득이 매월 발생하지 않는 채무자는 채무를 매월 변제하지 아니하고 수개월 간격으로 변제하는 것으로 변제계획안의 내용을 정할 수 있으며, 법원은 법 제64조 제4항의 규정에 따라 이를 허가할 수 있다.

4. 특별한 이익을 주는 행위의 무효(법 제612조)

채무자가 자신 또는 제3자의 명의로 변제계획에 의하지 아니하고 일부 개인회생채권자에게 특별한 이익을 주는 행위는 무효로 한다.

Ⅲ. 개인회생채권자집회(법 제613조)

1. 개인회생채권자집회의 의의와 특징

(1) 의 의

개인회생채권자집회는 채무자가 제출한 변제계획안에 대하여 개인회생채권자들이 직접 채무자로부터 설명을 듣고 결의에 부치지 아니한 채 변제계획안에 대한 이의진술의 기회만을 부여한 다음 집회를 종료함으로써 변제계획안의 인가 여부를 간이, 신속하게 결정하기 위하여 마련된 제도이다.

(2) 특 징

개인회생 절차는 채권자집회에서 개인회생채권자들의 결의를 요건으로 하지 않는 것이 특징이다. 즉 파산절차나, 회생절차와는 달리 개인회생절차상의 개인회생채권자집회는 개인회생채권자들에 의한 결의를 거치기 위한 절차가 아니라 단지 채무자가 제출한 변제계획안에 대하여 인가요건을 충족하였다는 점에 대한 이의 유무를 확인하는 절차에 불과하다.

개인회생절차상 개인회생채권자집회	채무자가 제출한 변제계획안에 대하여 인가요건을 충족하였다는 점에 대한 이의 유무를 확인하는 절차에 불과
파산절차, 회생절차상 개인회생채권자 집회	파산채권자와 회생채권자들에 의한 결의를 거치기 위한 절차

(3) 이의진술 여부에 따른 변제계획 인가결정

 법원은 개인회생채권자 또는 회생위원의 이의진술이 없는 경우에는 변제계획안이 인가요건을 구비하고 있는지에 대해서 심리하여 인가요건을 구비하였다고 판단되는 경우에는 변제계획 인가결정을 하도록 하여야 한다. 그러나 개인회생채권자 또는 회생위원의 이의진술이 있는 경우에는 법원은 인가요건이 구비하였다고 판단되는 때에 한하여 변제계획 인가결정을 할 수 있다.

2. 개인회생채권자집회 기일의 지정, 공고와 송달

(1) 최초의 개인회생채권자집회의 기일

 개인회생절차 개시결정과 동시에 법원이 정한다. 법원은 개인회생채권절차 개시결정일로부터 2주 이상 2월 이하의 기간내에서 개인회생채권에 대한 이의시간을 정하여야 하고, 이의기간 말일로부터 2주이상 1월 이하의 기간 내에서 개인회생채권자집회의 기일을 정하여야 하며, 이를 공고하여야 한다.

(2) 기간규정의 성격

 위 기간규정은 훈시규정이라고 보고 있다. 그러나 채권자 이의기간 중에 1명의 채권자로부터라도 이의가 있는 경우 보통 그 분쟁금액에 대한 변제액을 유보해 두는 쪽으로 변제계획안이 수정되어야 할 것이므로 변제계획안의 수정은 종종 있는 일이 될 것이고, 따라서 변제계획안 수정 및 송달업무의 처리기간을 고려하여 볼 때 위 기간은 지나치게 급박한 기간이다. 이에 따라 시간적 여유를 확보하기 위한 목적으로 실무에서는 이의가 없을 것으로 예상되는 경우에는 1월 이내의 날을 채권자집회기일로 정하고, 그렇지 않은 경우에는 이의기간 말일로부터 6주 후 적당한 날을 채권자집회기일로 정하는 것으로 하고 있다.

(3) 통지 대상자

제1회 개인회생채권자집회기일을 통지할 대상자는 채무자, 알고 있는 개인회생채권자, 개인회생절차가 개시된 채무자의 재산을 소지하고 있거나 채무자에게 채무를 부담하는 자이지만, 채무자, 개인회생채권자 외에 회생위원에게도 개인회생채권자집회를 통지하여야 하므로, 제1회 개인회생채권자집회기일 통지의 대상자에도 회생위원이 포함된다고 본다. 또한 통상적으로는 제1회 개인회생채권자집회기일을 회생위원이 진행할 것인데, 이와 같이 회생위원이 진행한 경우에는 그 다음의 개인회생채권자집회기일을 회생위원이 당연히 알고 있으므로 제2회 기일부터는 회생위원에게 통지할 필요가 없다고 할 것이다.

3. 기일의 진행

(1) 집회의 지휘

개인회생채권자집회는 법원이 지휘한다. 다만, 회생위원이 선임되어 있는 때에는 법원은 회생위원으로 하여금 이를 진행하게 할 수 있다. 개인회생절차는 간이, 신속한 절차 진행을 요체로 하므로 회생위원이 선임되어 있을 경우에는 회생위원으로 하여금 개인회생채권자집회를 진행하게 하는 것이 바람직하다.

(2) 채무자에 의한 설명과 의견진술

채무자는 개인회생채권자집회에 출석하여 개인회생채권자의 요구가 있는 경우 변제계획에 관하여 필요한 설명을 하여야 한다. 개인회생채권자는 개인회생채권자집회에 출석하여 채무자가 제출한 변제계획안에 관하여 채무자로부터 직접 설명을 들으며 변제계획에 대하여 이의를 진술하는 방법으로 의견을 진술 할 수 있다. 다만 개인회생채권자는 개인회생채권자집회의 종료시까지 이의진술서를 법원에 제출하는 방식으로 갈음할 수 있다. 개인회생채권자가 이의진술을 말로 한 때에는 법원사무관등이 그 내용을 조서에 기재하여야 한다. 다만, 회생위원이 채권자집회를 진행한 경우에는 보고서로 갈음할 수 있다. 한편 회생위원이 개인회생채권자집회를 진행하는 경우에는 회생위원은 개인회생채권자집회를 마친 후 집회에서 드러난 새로운 자료 등을 종합하여 집회결과 보고 및 변제계획안의 인가 여부에 대한 의견서를 제출하여야 한다. 이의진술은 변제계획이 채무자회생및파산에관한법률 제614조에서 정하고 있는 요건을 충족하지 못하고 있음을 그 내용으로 하여야 하고, 그 이유를 구체적으로 나타내야 한다.

(3) 법원의 결정

법원은 개인회생채권자 또는 회생위원의 이의진술 여부에 대해 확인한 후 이를 토대로 변제계획안이 채무자회생및파산에관한법률 제614조의 인가요건을 구비하고 있는지 여부를 심리하여 그 인가결정을 선고하도록 한다. 다만, 개인회생절차가 따로 선고기일을 지정하여 선고한다고 규정하고 있지 아니한 이상 반드시 선고기일을 지정하여 법정에서 따로 선고할 필요는 없다.

(4) 회생위원의 역할

한편 회생위원이 개인회생채권자집회를 진행하는 경우에 있어서는 인가요건에 대한 심리와 인부결정 등은 법원의 권한에 속하는 것이므로 회생위원은 변제계획안 인가 여부에 대하여는 가까운 시일 내에 법원에서 인가요건을 검토한 후 결정할 것이라는 취지를 설명하고 집회를 종료한다.

4. 기일의 변경, 연기, 속행 등

(1) 채무자가 불출석한 경우의 처리

채무자가 정당한 사유 없이 개인회생채권자집회에 출석하지 아니한 경우 법원은 개인회생절차폐지의 결정을 할 수 있다. 그러나 제1회 불출석만으로 집회를 종료하고 개인회생절차를 폐지하는 것은 채무자에게 지나치게 가혹한 결과가 되므로 채무자에게 한 번 더 출석할 기회를 주는 것이 바람직하다. 채무자가 정당한 사유 없이 2회이상 불출석하는 경우에는 개인회생절차폐지결정을 하도록 한다. 한편 기일을 연기하는 경우에는 개인회생채권자집회를 연 후 연기하고 법정에서 다음 집회기일을 선고한 후 다음 집회기일을 공고하며 채무자, 불출석한 개인회생채권자들에게 통지한다.

(2) 개인회생채권자가 불출석한 경우

개인회생채권자가 불출석하더라도 개인회생채권자집회를 진행하고 종료하는데 아무런 지장이 없다. 변제계획안이 인가된다고 하더라도 권리변경의 효력이 생기는 것도 아니며, 개인회생채권자집회에서 개인회생채권자들의 결의가 필요한 것도 아니므로 실제로는 개인회생채권자 집회기일에 출석하지 않는 경우가 대부분일 것이다.

5. 미확정채권이 있는 경우의 처리

채권조사확정재판이나 이에 대한 이의의 소가 확정될 때까지 기다리는 것은 개인회생제도의 취지에 반하므로 원칙적으로 당해 채권의 확정을 기다릴 필요 없이 예정대로 개인회생채권자집회를 진행하는 것이 바람직하다 할 것이다. 다만, 법원은 채권조사확정재판이 조기에 이루어질 것으로 예상되고 또한 그 결과를 변제계획안에 반영하는 것이 바람직하다고 판단되는 경우에는 개인회생채권자집회의 기일을 변경, 연기, 또는 속행할 수 있다. 개인회생채권자집회기일을 변경하는 경우에는 법원은 변경된 기일을 공고하고 채무자.
알고 있는 개인회생채권자 회생위원 등 이해관계인에게 이를 송달
하여야 한다.

Ⅳ. 변제계획의 인부(법 제614조)

1. 최저변제액 제도 신설

(1) 최저변제액 제도는 개인회생절차를 이용하는 채무자의 경우
총채무 중 일정 비율은 반드시 변제하도록 하여 채무자의 도
덕적 해이를 방지하도록 하려는 것이다.

(2) 채권자가 이의를 진술하는 경우에는 3천만원을 초과하지 아
니하는 범위 안에서 채권 총금액의 100분의 3 내지 100분의 5 에
해당하는 금액 이상을 변제하는 내용으로 변제계획을 작성하여야
한다.

2. 인부결정의 시기

채권자집회가 개최되어 채무자는 변제계획에 관하여 필요한 설명
을 하고 이에 대하여 채권자가 이의를 진술한 후에 법원은 제출된
변제계획의 인가여부를 결정하여야 한다.

3. 변제계획 인가결정

(1) 개인회생채권자 등이 이의를 진술하지 아니한 경우

법원은 개인회생채권자 또는 회생위원이 이의를 진술하지 아니하
고 다음 각호의 요건이 모두 충족된 때에는 변제계획인가결정을 하

여야 한다. 다만, 채무자회생및파산에관한법률 제610조 제3항에 의한 변제계획안 수정명령에 불응한 경우에는 그러하지 아니하다.

① 변제계획이 법률의 규정에 적합할 것

② 변제계획이 공정하고 형평에 맞으며 수행가능할 것

③ 변제계획인가 전에 납부되어야 할 비용·수수료 그 밖의 금액이 납부되었을 것

④ 변제계획의 인가결정일을 기준일로 하여 평가한 개인회생채권에 대한 총변제액이 채무자가 파산하는 때에 배당받을 총액보다 적지 아니할 것. 다만, 채권자가 동의한 경우에는 그러하지 아니하다.

(2) 개인회생채권자 등이 이의를 진술한 경우

법원은 개인회생채권자 또는 회생위원이 이의를 진술하는 때에는 위 (1)의 각호의 요건 외에 다음 각호의 요건을 구비하고 있는 때에 한하여 변제계획인가결정을 할 수 있다.

① 변제계획의 인가결정일을 기준일로 하여 평가한 이의를 진술하는 개인회생채권자에 대한 총변제액이 채무자가 파산하는 때에 배당받을 총액보다 적지 아니할 것

② 채무자가 최초의 변제일부터 변제계획에서 정한 변제기간 동안 수령할 수 있는 가용소득의 전부가 변제계획에 따른 변제에 제공될 것

③ 변제계획의 인가결정일을 기준일로 하여 평가한 개인회생채권에 대한 총변제액이 3천만원을 초과하지 아니하는 범위 안에서 다음 각목의 금액보다 적지 아니할 것

가. 변제계획의 인가결정일을 기준일로 하여 평가한 개인회생채권의 총금액이 5천만원 미만인 경우에는 위 총금액에 100분의 5를 곱한 금액

나. 변제계획의 인가결정일을 기준일로 하여 평가한 개인회생채권의 총금액이 5천만원 이상인 경우에는 위 총금액에 100분의 3을 곱한

금액에 1백만원을 더한 금액

(3) 공 고

법원은 변제계획인부결정을 선고하고 그 주문, 이유의 요지와 변제계획의 요지를 공고하여야 한다. 이 경우 송달은 하지 아니할 수 있다.

▣ 판 례 ▣

■ [개인회생]

채무자 회생 및 파산에 관한 법률 제614조에 정한 '변제계획인가결정'의 법적 성질 및 같은 법 제611조 제1항 제1호에 의하여 채무자가 기존 재산을 처분하여 채무를 변제할 수 있는지 여부(적극)

[이 유]

재항고이유를 본다.

1. 채무자 회생 및 파산에 관한 법률(이하 '법'이라 한다) 제614조에 의하면, 법원은 변제변제계획의 인가결정일을 기준일로 하여 평가한 개인회생채권에 대한 총변제액이 채무자가 파산하는 때에 배당받을 총액보다 적지 아니할 것 등의 요건을 모두 갖춘 때에는 변제계획인가결정을 하여야 하는바, 인가요건이 갖추어진 변제계획안에 대한 법원의 인가는 재량이 아니라 의무적인 것임이 명백하다. 그리고 법 제611조 제1항 제1호에 의하면 채무자는 장래에 얻게 될 소득 뿐만 아니라 기존에 갖고 있던 재산을 처분하여 채무를 변제할 수도 있는 것이다. (대법원 2009.4.9. 자 2008마1311 결정)

◈ 청산가치보장의 원칙과 면제재산의 범위

질의】➡ 저는 회사원으로서 배우자, 중학생 아들과 함께 살면서 매월 190만원의 급여소득으로 생계를 유지하고 있는데, 부친의 암 투병 치료로 인하여 채무가 증대되어 현재의 소득으로는 더 갚을 방법이 없어 개인회생을 신청하고자 합니다. 제가 보유하고 있는 재산은 서울에 소재하고 있는 다세대 주택임대차보증금 2,000만원과 예상 퇴직금 1,500만원, 연금보험 해약 반환금 500만원이 있으며 현재 채무액은 원금 5,500만원, 이자 1,200만원입니다. 개인회생을 신청할 경우 위와 같은 재산을 모두 보유할 수 있는지요?

답변】➡ 개인회생제도는 개인에 대한 갱생형 도산절차로서 개인회생채권자는 청산형 도산절차인 파산절차에 있어서의 파산채권자보다 최소한 불리한 지위에 있을 수는 없습니다. 이와 관련하여, 채권자가 파산절차에서 배당받을 수 있는 가치를 '청산가치'라고 하고, 개인회생절차에서 최소한 청산가치 이상의 변제를 보장해 주어야 한다는 원칙을 '청산가치 보장의 원칙'이라고 하는데, 「채무자 회생 및 파산에 관한 법률」은 동 원칙을 변제계획 인가요건으로 규정하고 있습니다(같은 법 제614조 제1항 제4호, 제2항 제1호).

구체적으로는, 변제계획을 통해 채권자들에게 변제할 총 가용소득이 채무자가 개인회생절차개시결정 당시 보유한 재산 합계액을 상회하는지 여부로 청산가치가 보장되었는지를 판단하는데, 개인회생의 경우 일반적으로 매월 일정한 가용소득을 통해 5년의 변제기간 동안 변제를 하게 되므로 채무자가 변제하는 총 가용소득을 현재가치로 환산하여 그 금액이 채무자 재산 합계액 이상이 되어야 청산가치를 보장한다고 할 수 있습니다.

실무적으로는 현재가치 환산 방법으로 라이프니쯔식 현가 산정방식을 적용하는데 이러한 방식은 공제되는 중간이자가 복리로 계산되어 채권자들에게 유리합니다. 예를 들어 매월 20만원의 가용소득으로 60개월간 변제하는 내용으로 변제계획안을 작성하는 경우 명목상의 총 변제금은 금 1,200만원이나 라이프니쯔식 현가 산정방식을 통해 산정한 총 변제금의 현재가치는 금 10,728,660원{20만원×(3+50.6433)}('3'을 더하는 이유는 변제계획인가결정 전 일반적으로 미리 적립할 것으로 예상되는 개월 수이므로 할인하지 않은 것이며, '50.6433'은 나머지 57개월에 대한 라이프니쯔 계수를 의미함)이 되므로, 이러한 현재가치가 채무자가 개인회생절차 개시결정 당시 보유한 재산 합계액 이상인 경우에만 청산가치가 보장된다고 할 수 있습니다.

청산가치란 채무자가 파산하는 경우 채권자들에게 배당할 가치를 의미함은 앞에서 설명하였는데, 이러한 가치는 결국 파산재단, 즉 채무자가 파산선고 당시 모든 재산(채무자 회생 및 파산에 관한 법률 제382조 제1항)의 환가액을 의미한다고 할 수 있습니다. 그러나 같은 법 제383조는 ①민사집행법 등에서 압류할 수 없는 것으로 규정된 재산(압류 금지 재산) ②면제재산결정을 받은 재산은 파산재단에 속하지 아니한다고 규정하고 있어 이에 해당하는 재산액은 청산가치에서 공제될 수 있도록 하였습니다.

특히 파산절차에서의 면제재산제도는 「채무자 회생 및 파산에 관한 법률」에서 신설된 제도로서 과거 「개인채무자회생법」의 면제재산제도를 실효성 있게 하는데 큰 의의가 있습니다.

같은 법에서 정하고 있는 면제재산의 구체적 내용은 다음과 같습니다.

1.채무자 또는 그 피부양자의 주거용으로 사용되고 있는 건물에 관한 임차보증금반환청구권으로서 「주택임대차보호법」 제8조(보증금중 일정액의 보호)의 규정에 의하여 우선변제를 받을 수 있는 금액의 범위 안에서 대통령령이 정하는 금액을 초과하지 아니하는 부분.

이에 관하여 「채무자 회생 및 파산에 관한 법률 시행령」 제16조 제1항은 주택가격의 1/2을 초과하지 않는 범위에서 다음 구분에 의한 금액으로 한다고 규정하고 있습니다.

가.「수도권정비계획법」에 의한 수도권 중 과밀억제권역 : 1천 600만원

※과밀억제권역 : 서울특별시. 인천광역시(단, 강화군, 옹진군, 중구 운남동·운북동·운서동·중산동·남북동·덕교동·을왕동·무의동, 서구 대곡동·불노동·마전동·금곡동·오류동·왕길동·당하동·원당동, 연수구 ?湪돈타냇? 남동유치지역 제외), 경기도 의정부시, 구리시, 남양주시(단, 호평동·평내동·금곡동·일패동·이패동·삼패동·가운동·수석동·지금동 및 도농동에 한함), 하남시, 고양시, 수원시, 성남시, 안양시, 부천시, 광명시, 과천시, 의왕시, 군포시, 시흥시(반월특수지역 제외)

나.광역시(군지역과 인천광역시를 제외한다) : 1천 400만원

다.그 밖의 지역 : 1천 200만원

2. 채무자 및 그 피부양자의 생활에 필요한 6월간의 생계비에 사용할 특정한 재산으로서 대통령령이 정하는 금액을 초과하지 아니하는 부분

이에 관하여 같은 법 시행령 제16조 제2항은 위 금액을 720만원으로 규

정하고 있습니다.

그런데 2010. 7. 23. 시행된 개정 민사집행법 제246조는 주택임대차보호법 제8조, 같은 법 시행령의 규정에 따라 우선변제 받을 수 있는 금액을 압류금지채권으로 규정하고 있습니다. 위 두 가지 면제재산에 대한 주택임대차보호법에 의한 임대차보증금은 당연히 파산재단에서 제외되어 별도의 면제재산 신청을 할 필요가 없다고 할 것입니다(서울중앙지방법원 파산부 실무연구회. 개인파산·회생실무. 박영사(2011). P.76).

면제재산결정을 받기 위해서는 채무자는 개인회생절차개시신청과 동시에 또는 개인회생절차개시결정일로부터 14일 이내에 면제재산목록 및 소명에 필요한 자료를 첨부한 서면으로 면제재산결정신청을 해야 하고 법원은 개인회생절차개시결정 전에 면제재산결정신청이 있는 경우에는 개인회생절차개시결정과 동시에, 개인회생절차개시결정 우에 동 신청이 있는 경우 신청일로부터 14일 이내 면제여부 및 그 범위를 결정해야 합니다(같은 법 제580조 제3항, 제383조 제3항, 제4항).

개인회생 신청서 법원 양식 중 '재산목록' 하단에는 면제재산결정 신청금액과 그 내용을 기재하게 되어 있는 바, 채무자로서는 면제재산결정 여부와 관계없이 우선 면제재산결정 신청 금액을 기재하고 청산가치는 동 신청금액을 공제한 금액으로 기재한 후, 그 청산가치를 기준으로 총 변제금의 현재가치가 청산가치를 상회하도록 변제계획안을 작성해야합니다.

그러나 채무자의 당초 신청내용과 다르게 면제재산결정이 선고된 경우 재산목록을 수정하여 제출해야 하고 그로 인하여 청산가치 보장의 원칙을 충족시키지 못하게 될 경우 앞에서 언급한 바와 같이 이를 충족할 수 있도록 변제계획안을 작성하여 제출해야 합니다.

귀하의 경우, 월평균 소득 190만원에서 3인 가구 생계비 금 166만원(보건복지부 공표 2010년 3인 가구 최저생계비 금 1,110,919원의 약 1.5배, 구체적 산정방법은 생계비 산정 사례 32번 참조)을 공제한 24만원을 가용소득으로 하여 60개월간 변제하는 내용으로 우선 변제계획안을 작성한다면, 총 가용소득의 현재가치가 금 12,874,392원{24만원×(3+50.6433)}에 불과하여 귀하의 재산 합계액(청산가치) 금4,000만원에 미치지 못해 이를 상회하도록 가용소득을 늘리거나 재산처분을 통한 변제계획안을 작성해야 합니다.

다만, 귀하의 재산 중 ①예상퇴직금 1,500만원의 1/2은 압류금지채권(민사집행법 제246조 제1항 제5호)으로서 파산재단을 구성하지 않으므로 750만원은 청산가치에서 공제되어야 하고, ②주택임대차보증금 2,000만원과 보험해약반환금 500만원은 면제재산결정신청의 대상이 되므로 귀하가 주택임대차보증금 중 1,600만원(서울의 경우)과 보험 해약반환금 500만원 전액을 대상으로 면제재산결정신청을 하여 면제재산결정을 받는다면 해당 금액은 파산재단을 구성하지 않으므로 청산가치에서 공제될 수 있습니다.

결국 귀하의 청산가치는 1,150만원(4,000만원-750만원-1,600만원-500만원)으로 평가될 수 있고 변제액의 현재가치 금 12,874,392원이 청산가치를 상회하고 있으므로, 매월 24만원을 가용소득으로 하여 60개월간 변제계획을 수행하는 내용의 변제계획안은 청산가치 보장의 원칙을 준수한 것으로서, 위와 같이 면제재산결정을 받을 수 있다면 특별한 사정이 없는 한 변제계획 인가결정을 받을 수 있을 것으로 보이며, 결론적으로는 귀하가 보유하고 있는 재산을 처분하지 아니하고도 변제계획을 인가받아 이를 수행할 수 있다고 보입니다. [법률구조공단자료. 참고만 하세요]

V. 변제계획인가의 효력(법 제615조)

1. 변제계획 인부결정 및 변제계획의 효력발생시기

(1) 인가결정의 확정시기

변제계획에 대한 인부결정은 즉시항고기간 도과, 즉시항고에 대한 항고심의 각하, 기각 결정의 확정 또는 재항고기간의 도과나 재항고 기각결정에 의하여 확정된다. 인부결정에 대한 즉시항고기간은 인부결정의 공고 다음날로부터 기산하여 2주간이다. 변제계획안 인가결정이 확정되면 그 후로는 누구도 인가결정의 흠결을 주장할 수 없게 되므로, 인가결정시에 발생한 효력이 확정적으로 유지된다. 변제계획이 인가요건을 갖추지 아니하는 것으로 인정되면 개인회생절차는 변제계획에 대한 불인가결정 및 개인회생절차폐지결정을 거쳐 종료된다.

(2) 변제계획의 효력발생시기

변제계획은 인가결정이 있는 때로부터 효력이 생긴다. 인가결정을 선고하여야 하나, 반드시 기일을 미리 정하여 법정에서 선고할 필요는 없다. 따라서 선고를 공고한 때가 효력발생시점이라고 볼 것이다. 개인회생재판부의 직원은 판사의 인가결정이 있으면 즉일 바로 공고처리를 하여야 한다.

(3) 가처분

변제계획을 그대로 수행하면 항고인에게 회복할 수 없는 손해가 발생할 우려가 있는 경우에는 소정의 요건에 따라 수행을 정지시키거나 그 밖에 필요한 처분(가처분)을 할 수 있는 방안이 있다.

(4) 항고심에 있어서 효력발생시점

만약 법원이 변제계획을 불인가하거나 개인회생절차를 폐지하였는데, 항고심이 원심을 취소하고 변제계획을 인가하였다면 그 인가결정시에 변제계획의 효력이 발생한다. 다만 법 제615조 제1항에서 말하는 "인가의 결정이 있은 때"라 함은 변제계획의 효력을 받을 자 전원에 대하여 인가결정을 고지한 때를 가리키므로, 항고심에 있어서는 그 인가결정을 공고한 때에 변제계획의 효력이 발생한다.

2. 개인회생재단에 속하는 모든 재산의 채무자에의 귀속

변제계획인가결정이 있는 때에는 개인회생재단에 속하는 모든 재산은 채무자에게 귀속된다. 다만, 변제계획 또는 변제계획인가결정에서 다르게 정한 때에는 그러하지 아니하다.

3. 중지된 회생절차 등의 효력상실

변제계획인가결정이 있는 때에는 법 제600조의 규정에 의하여 중지한 회생절차 및 파산절차와 개인회생채권에 기한 강제집행·가압류 또는 가처분은 그 효력을 잃는다. 다만 변제계획 또는 변제계획인가결정에서 다르게 정한 때에는 그러하지 아니하다.

4. 전부명령에 대한 특칙(법 제616조)

① 전부명령에 대한 특칙은 개인회생절차의 개시 전에 채무자의 급료, 봉급 등에 대하여 전부명령이 확정된 경우에는 채무자로서는 노동을 하여도 그대가의 상당부분이 채권자에게 돌아가 버리기 때문에 직장에서 퇴직하고 다른 직장을 구하려는 경향이 있고, 그렇게 되면 채권자로서도 전부채권을 변제받지 못하게 되는 문제점이 있으므로, 이를 개선하려는 목적으로 도입되었다.

② 그 내용은 변제계획인가결정이 있으면 그 이후에 제공된 노무로 인한 부분에 대한 전부명령의 효력이 상실되게 하고, 전부채권자는 개인회생채권자로서 변제받도록 함으로써, 채무자는 계속 같은 직장에서 근무할 수 있고, 채권자로서도 채권을 변제받을 수 있도록 하였다.

(1) 변제계획인가결정의 확정에 따른 급여채권에 대한 전부명령의 효력상실

변제계획인가결정이 확정된 경우에는 채무자의 급료·연금·봉급·상여금, 그 밖에 이와 비슷한 성질을 가진 급여채권에 관하여 개인회생절차개시 전에 확정된 전부명령은 변제계획인가결정 후에 제공한 노무로 인한 부분에 대하여는 그 효력이 상실된다.

(2) 전부채권자가 변제받지 못하는 채권의 개인회생채권으로 전환

변제계획인가결정으로 인하여 전부채권자가 변제받지 못하게 되는 채권액은 개인회생채권으로 한다.

VI. 변제의 수행(법 제617조)

변제계획이 인가되면, 채무자는 인가된 변제계획을 수행하여야 한다.

1. 개인회생채권자에게 변제할 금원을 회생위원에게 임치

채무자는 인가된 변제계획의 내용에 따라 개인회생채권자에게 변제하여할 금원을 회생위원에게 임치하여야 하며, 회생위원은 그 임치된 금원을 변제계획의 내용대로 각 개인회생채권자에게 지급하도록 하여야 한다.

이에 따라 회생위원이 선임되어 있는 때에는 채무자는 직접 개인회생채권자에게 변제할 것이 아니라 회생위원에게 변제할 채무금액을 임치하여야 한다.

(1) 회생위원의 별단예금 계좌개설

개인회생사건의 회생위원으로 선임되면 지체없이 대법원장이 지정하는 각 법원별 관리은행에 별단예금 계좌를 개설하여야 한다. 이 계좌에는 법원코드, 회생위원번호, 사건번호를 표시하여야 한다. <개인회생사건 처리지침(재민 2004-4)>

	관리은행	법원코드
서울중앙지방법원	신한은행 법조타운지점	210
의정부지방법원	신한은행 의정부지점	214
인천지방법원	신한은행 주안지점	240
수원지방법원	신한은행 수원지점	250
춘천지방법원	신한은행 강원영업부	260
대전지방법원	신한은행 둔산지점	280
청주지방법원	신한은행 청주지점	270
대구지방법원	신한은행 신천동지점	310
부산지방법원	신한은행 부산법조타운지점	410
울산지방법원	신한은행 울산남지점	411
창원지방법원	신한은행 창원지점	420
광주지방법원	신한은행 광주지점	510
전주지방법원	신한은행 전주지점	520
제주지방법원	신한은행 제주지점	530

(2) 채무자가 회생위원에게 금원을 임치하는 방법

채무자가 회생위원에게 금원을 임치하는 방법은 채무자가 회생위원이 관리하는 별단예금 계좌의 입금계좌번호에 송금하는 방법에 의해서 한다.

(3) 회생위원이 개인회생채권자에게 금원을 지급하는 방법

회생위원이 개인회생채권자에게 금원을 지급하는 방법은 금원이 임치된 위 (1)의 입금계좌로부터 신고를 미리 받아 둔 각 개인회생채권자들의 금융기관 계좌로 송금받는 방법으로 하는 것을 원칙으로 한다. 다만 신고된 계좌번호에 대하여 번호오류 등의 사유로 송금할 수 없는 경우에는 규칙 제84조 제2항과 같은 방법으로 공탁할 수 있다.

2. 공탁을 할 수 있는 경우

만약 위와 같은 계좌번호의 신고를 미리 하지 아니한 개인회생채권자에 대하여 지급할 변제액은 변제계획에 정하는 바에 따라 공탁을 할 수도 있다. 실무상으로는, 위와 같은 공탁을 매달마다 하는 것이 번거로울 수 있으므로, 회생위원 계좌에 적립한 후 회생위원으로 하여금 1년에 1회 정도 공탁하는 것으로 변제계획안을 작성하도록 지도하기로 하였다. 회생위원이 이러한 공탁을 위하여 임치된 금원을 현금으로 출금하려는 때에는 미리 법원의 허가를 받아야 한다. 채권자가 번호오류 등의 사유로 신고한 계좌번호로 회생위원이 송금하였으나 송금할 수 없는 경우에도, 공탁할 수 있다.

3. 회생위원이 선임되어 있지 않거나, 변제계획 또는 변제계획 인가결정에서 다르게 정한 경우의 변제액 지급

위 1과 같은 방법은 모든 경우에 적용되는 것이 아니고 회생위원이 선임되어 있는 경우에만 적용되는 것이다. 만일 회생위원이 선임되어 있지 않은 경우이거나 또는 회생위원이 선임되어 있다 하더라도 변제계획이나 변제계획인가결정에서 다르게 정한 경우에는 위의 방법이 적용되지 않는다.

(1) 회생위원이 선임되지 않은 경우의 변제액 지급방법

대부분의 경우에는 변제계획의 수행과 감독을 위해 회생위원이 선임되고 있다. 그러나 법은 모든 개인채무자회생사건에서 회생위원을 반드시 선임하는 것으로 정하고 있지는 않으므로, 경우에 따라서 회생위원이 선임되어 있지 않은 경우가 있을 수도 있다.

가. 채무자가 직접 개인회생채권자에게 지급

회생위원이 선임되지 않은 경우에 있어서는 채무자는 인가된 변제계획의 내용에 따라 개인회생채권자에게 변제하여야 할 금원을 스스로 직접 개인회생채권자에게 지급하여야 한다. 그 구체적 방법으로는 직접 개인회생채권자를 찾아가 지급할 수도 있겠고, 개인회생채권자가 알려준 금융계좌로 송금하는 방법도 있을 것이다. 현금이나 은행발행의 자기앞수표로는 지급할 수 있겠지만, 어음이나 당좌, 가계수표로는 채권자가 동의하지 않는 한 지급할 수 없다고 본다.

나. 영수증 또는 입금확인서의 제출

채무자는 변제액의 지급시마다 그 지급사실을 증명할 수 있는 서면(영수증 또는 입금확인서 등)을 받아 법원에 제출하여야 한다.

(2) 회생위원이 선임되었더라도 변제계획이나 변제계획인가결정에서 다르게 정한 경우

회생위원이 선임되어 있는 경우에는 특별한 사정이 없는 한 위 1의 방법대로 변제계획을 수행하면 될 것이나, 그와 같은 경우에도 만일 변제계획이나 변제계획인가결정에서 다른 방법을 정하였다면, 그 정해진 다른 방법에 따라 변제계획을 수행하여야 한다.

실무는 회생위원이 선임된 경우 변제계획이나 변제계획인가결정에서 다른 방법을 정하는 것은 가급적 피하도록 지도하고 있다. 다른 방법을 정할 경우 변제계획 수행에 대한 확인, 감독이 어려워지게 되는 문제를 초래하기 때문이다.

Ⅶ. 변제계획 인부결정에 대한 즉시항고(법 제618조)

1. 즉시항고권자

즉시항고를 할 수 있는 자는 변제계획 인부결정의 재판에 대하여 법률상의 이해관계를 가지고 있는 자야 한다. 즉 변제계획의 효력을 받는 지위에 있는 자로서 변제계획의 효력발생 여부에 따라 자기의 이익이 침해되는 자를 의미한다. 구체적으로 살펴보면 다음과 같다.

(1) 개인회생채권자

개인회생채권자목록에 기재된 개인회생채권자에 한하여 항고할 수 있다. 개인회생채권자목록에 기재된 채권자인 이상 현실적으로 집회에 참석하거나 이의를 제기하였는지 여부는 문제되지 않는다.

개인회생채권자목록에 기재된 개인회생채권자인 이상 그 권리가 미확정된 경우일지라도 즉시항고를 할 수 있다. 그러나 채권조사확정절차나 그에 관한 이의의 소에서 그 권리가 부존재함이 확정되는 등의 사유로 개인회생절차에 참가할 자격을 확정적으로 상실한 자는 즉시항고가 허용되지 않는다.

(2) 즉시항고를 할 수 없는 자

가. 개인회생재단채권자

개인회생재단채권자에 대하여는 변제계획에 의하여 감면 기타 그 권리에 영향을 미치는 규정을 할 수도 없는 것이고 면책결정에 의하여 이를 면책시킬 수 있는 방법도 없으므로 착오로 그러한 규정을 마련하였다 하여도 무효라고 해석할 것이다. 따라서 이해관계가 없으므로 항고권자라고 할 수 없다.

나. 별제권자

별제권자도 변제계획 인가결정에 따라 개인회생절차에서 제약을 받는 불이익이 있는 것은 아니므로 별제권자의 지위에서 변제계획 인가결정에 대하여 항고를 제기할 이익은 없다고 해석할 것이다. 다만, 별제권 부족액에 대하여는 개인회생채권자의 지위에서 항고를 제기할 권한이 있음은 물론이다.

다. 채무자

채무자가 변제계획의 불인가결정에 대하여 항고할 권한이 있음에는 이론이 없다고 할 것이다. 그러나 변제계획의 인가결정에 대하여는 항고할 권한이 있느냐에 대하여는 자신이 인가해 달라고 작성,

제출한 변제계획안이 그대로 인가된 이상은 항고권을 부정하여야 할 것이다.

2. 즉시항고의 절차

(1) 항고제기의 방식

변제계획 인부결정에 대한 즉시항고 절차는 법원에 항고장을 제출함으로써 한다. 항고장의 기재 내용은 일반 민사소송법과 다르지 않으며, 2,000원의 인지를 붙여야 한다.

(2) 항고기간

변제계획 인가결정에 대한 항고기간은, 공고가 있은 경우이므로 공고가 있는 날부터 2주간이고, 불인가결정에 대한 항고기간은 통상의 경우와 같이 불인가결정이 고지된 날로부터 1주간이다. 기산일은 공고가 효력을 발생한 날이고 이 기간은 불변기간이므로 소송행위의 추후보완이 허용된다.

변제계획 인가결정에 대한 항고기간	공고가 있는 날부터 2주간
불인가결정에 대한 항고기간	불인가결정이 고지된 날로부터 1주간

(3) 항고장의 심사 및 보증금 공탁명령

가. 항고장의 심사

즉시항고가 제기된 때에는 원심법원은 항고장을 심사하여 소정의 인지가 붙여져 있는지와 즉시항고 기간 안에 제기되었는지 등을 검토하여야 하며, 만약 항고인이 인지보정명령을 이행하지 않거나 항고가 항고기간을 넘겼음이 명백한 때는 재판장은 명령으로 항고장을 각하해야 한다. 일반 민사소송절차와 마찬가지로 법원은 항고가 이유 있다고 인정되는 경우 재도의 고안으로서 원결정을 경정할 수 있으며, 항고가 이유 없다고 판단되는 경우에는 항고기록을 송부하여야 한다.

나. 불인가결정과 보증금 공탁명령

불인가결정에 대한 항고보증금 공탁제도는 항고권 남용으로 인하여 채권자 신청 등에 의한 파산절차로의 이행이 지나치게 지체되는 것을 방지하기 위한 데에서 그 취지가 있다, 법원은 변제계획 불인가결정에 대한 항고가 있을 때 기간을 정하여 항고인에게 보증으로 대법원규칙이 정하는 범위 안에서 금전 또는 법원이 인정하는 유가증권을 공탁하도록 할 수 있다. 따라서 원심법원 또는 항고법원은 항고장이 접수되면 즉시 항고장을 심사함과 아울러 공탁을 명할지 여부를 1주일 이내에 결정해야 한다.

다. 실무에서의 처리

실무에서는 항고보증금공탁명령시 보증보험증권에 의한 공탁은 허용하지 않는 것으로 정하고 있다. 이를 허용할 경우 추후 보증보험회사의 구상금채권이 발생하게 되는 문제가 있기 때문이다.

라. 공탁할 금액

항고인에게 보증으로 공탁하게 할 금액은 확정된 개인회생채권 총액의 20분의 1 범위에서 정하되

① 채무자의 재산, 소득, 채무의 규모 및 상태

② 항고인의 지위 및 항고에 이르게 된 경위

③ 절차의 진행경과, 장래의 사정변경의 가능성 및 그 밖의 여러 사정을 구체적으로 고려하여야 한다.

법원이 공탁명령을 할 당시 이미 확정된 채권 중 일부가 변제된 경우에 있어서는 잔존하는 채권액을 기준으로 정해야 할 것이다. 다만, 보증금을 과다하게 상정하면 항고권의 행사를 원칙적으로 봉쇄하는 부정적인 결과를 초래할 수 있으므로 주의하여야 한다.

마. 보증을 제공하지 아니하는 경우

항고인이 법원이 정하는 기간 내에 보증을 제공하지 아니하는 경우에는 원심법원 또는 항고법원은 결정으로 항고를 각하하여야

한다.

　바. 공탁금의 처리

　항고인이 보증으로 제공한 위 금전 또는 유가증권은, 불인가결정에 대한 즉시항고가 기각되고 채무자에 대하여 파산선고가 있거나 파산절차가 속행되는 경우에는, 이를 파산재단에 귀속시킨다.

3. 즉시항고의 효력

　(1) 집행정지의 효력 불인정

　변제계획 인가결정에 대한 즉시항고는 변제계획의 수행에 영향을 미치지 아니한다고 명시하고 있다. 일반 민사소송법상의 즉시항고와는 달리 집행정지의 효력을 인정하지 않음으로써 인가결정의 확정을 기다리지 않고 바로 변제계획의 효력을 발생하도록 한다.

　(2) 수행정지 등의 가처분

　인가결정에 대한 즉시항고는 위와 같이 집행정지의 효력이 없는 것이 원칙이므로 경우에 따라서는 항고심에서 항고가 인용되더라도 항고인에게 회복할 수 없는 손해를 입힐 수 있다. 그렇다면 결국 인가결정에 대한 불복신청을 허용하는 것이 무의미하게 되므로 엄격한 요건 아래 수행정지 등의 가처분제도를 두고 있다.

　가. 관할법원

　항고법원 또는 개인회생법원이 이 가처분을 발할 수 있다. 개인회생법원이 이 가처분을 발할 수 있는 것은 항고기록을 항고법원에 송부하기전 또는 항고법원으로부터 기록이 송부된 경우에 있어서만 가능하다.

　나. 가처분의 요건

　항고가 이유 있다고 인정되고, 변제계획의 수행으로 생길 회복할 수 없는 손해를 예방하기 위하여 긴급한 필요가 있음이 소명되어야

함과 동시에 신청이 있어야 한다.

다. 가처분의 내용, 효력

법원이 할 수 있는 가처분은 변제계획의 전부 또는 일부에 대한 수행을 정지하거나 그밖에 필요한 처분이다.

이 가처분의 효력은 항고인에게 담보를 제공하게 하거나 담보를 제공하게 하지 아니하고 명할 수 있다. 담보를 제공하게 하는 경우 그 담보는 변제계획의 수행을 정지함으로써 생긴 손해를 담보하기 위한 것이므로 원칙적으로는 본래 손해를 입은 이해관계인이 이에 대한 권리를 취득해야 하나, 계획수행의 책임자인 채무자가 각 이해관계인을 대표하여 행사하도록 하여야 할 것이다.

4. 항고심의 결정

(1) 심리의 대상

항고심은 항고인이 주장하는 항고사유에 대하여 판단을 하여야 하는데, 개인회생절차를 진행하는 제1심에 대한 속심이므로 그 심리의 대상에 있어서 제한을 받게 되지는 아니한다.

(2) 항고기각 결정을 하는 경우

항고심이 항고를 각하하거나 제1심의 판단을 수긍하여 항고기각 결정을 하는 경우에는 별다른 문제가 있는 것은 아니다.

Ⅷ. 인가 후의 변제계획변경(법 제619조)

변제계획이 인가된 후에도 변제계획을 변경할 수 있다. 변제계획에서 정하는 변제기간은 최장 5년 까지로 되어 있기 때문에, 인가된 변제계획을 수행하여 가는 도중에 채무자의 소득이 줄어들거나, 또는 오히려 늘어나는 경우가 충분히 발생할 수 있다. 법은 인가 후의 변제계획 변경이 가능한 것으로 정하고 있으면서, 변제계획변경이 어떤 사유가 있는 경우에만 가능하다고 한정하고 있지는 않다.

① 채무자의 소득이 줄어드는 경우

② 채무자의 소득이 늘어나는 경우

변제계획의 변경안을 제출하는 때에는 사건의 표시, 채무자·제출인과 그 대리인의 표시, 변제계획의 변경안을 제출하는 취지 및 그 사유를 기재한 서면을 함께 법원에 제출하여야 한다.

◎ 변제계획의 변경 또는 면책이 가능한지

질의】 ➡ 저는 40대 남성으로서 급여소득자로 개인회생을 신청하여 개인회생절차개시결정 및 변제계획인가결정을 받아 현재까지 변제계획을 수행해 오고 있습니다. 그런데 얼마 전 제가 다니던 회사가 매출 부진으로 폐업하는 바람에 갑자기 실직하게 되었고 현재는 다른 직장을 알아보고 있으나 특별한 기술이나 경력이 없는 관계로 취직하기가 쉽지 않은 상황입니다. 얼마 전에는 늦게 자녀를 출산하여 부양가족도 1명 늘어난 상황인데 지금 갈 수 있는 직장은 대부분 배우자와 자녀를 부양할 생계비 이상의 급여를 주는 곳은 거의 없는 실정입니다. 당장 다음달 개인회생 변제금을 내는 것이 막막한 상황인데 이러한 상황에서 제가 취할 수 있는 방법은 무엇이 있는지요?

답변】 ➡ 개인회생제도에 있어서 변제기간은 원칙적으로 5년인 바(채무자 회생 및 파산에 관한 법률 제611조 제5항), 이 기간 동안 소득의 증감이나 생계비 변동 등 당초 인가된 변제계획과 다른 사실관계들이 얼마든지 발생할 수 있습니다. 이에 「채무자 회생 및 파산에 관한 법률」은 변제계획 인가결정 이후 채무자가 변제계획에 따른 변제가 완료되기 전에는 채무자·회생위원 또는 개인회생채권자는 인가된 변제계획의 변경안을 제출할 수 있도록 규정하고 있습니다(같은 법 제619조 제1항).

그러나 일반적으로 물가상승과 그로 인한 생계비 증대, 매년 급여의 일정한 상승 등 소득의 증감이나 생계비 변경 등이 당초 인가된 변제계획 인가 당시 합리적으로 예상할 수 있었던 범위 내의 것이라면 변제계획을 변경할 필요성은 없다고 볼 수 있으므로, 변제계획 변경안이 인가되기 위해서는 그 변경의 필요성을 소명해야 할 것입니다. 이에 대하여 같은 법은 변제계획 변경 사유에 대하여 특별히 언급하지 않고 있는데, 일반적 기준으로서 '변제계획 인가 당시 합리적으로 예상할 수 없었던 사정의 변경이 있는 경우'에 변제계획 변경의 필요성을 인정할 수 있다고 할 것입니다.

채무자가 실직, 이직 등으로 급여가 감소되거나 영업을 폐지하게 되는 경우, 부양가족의 증가, 질병 또는 실직 등으로 생계비가 증대되는 경우에 이러한 사정변경이 현저하여 변제계획 인가 당시 이를 합리적으로 예상할 수 없었던 경우라면 변제계획을 변경할 필요성을 인정할 수 있고 따라서 개인회생위원 또는 채무자는 변제계획 변경안을 제출하여 변제계획을 변경할 수 있습니다. 이와 반대로 채무자가 갑작스럽게 승진을 하거나 상속을 받는 등으로 인하여 급여나 재산액이 현저히 증가되어 변제계획 인가 당시 예상치 못한 사정변경이 있는 경우에는 개인회생위원 또는 개인회생채권자는 변제계획 변경안을 제출하여 변제계획을 채권자에게 유리하게 변경할 수도 있습니다.

변제계획 변경 절차는 개인회생절차개시결정 후 변제계획인가결정을 하는 절차를 준용하고 있습니다(같은 법 제619조 제2항). 따라서 변제계획 변경안은 청산가치 보장의 원칙 등 같은 법 제614조에서 정한 변제계획인가요건을 모두 충족해야 하고, 법원은 변제계획변경안을 채무자·알고 있는 개인회생채권자·채무자의 재산을 소지하고 있거나 그에게 채무를 부담하는 자에게 송달하여야 하며, 개인회생채권자 집회기일을 열어 채권자의 이의진술 기회를 제공하고 변제계획 변경안 인가 여부에 대한 결정을 하게 됩니다.

그러나 당초 변제계획 인가 당시 예상할 수 없었던 사정변경이 현저하여 변제계획의 변경을 통한 변제계획 수행이 대단히 곤란한 경우라면 채무자로서는 이와 같은 제도를 이용할 수 없게 됩니다. 이와 같이 변제계획에 따른 변제를 완료하지 못한 경우에도 같은 법은 채무자가 다음의 요건을 모두 충족하는 경우 법원은 이해관계인의 의견을 들은 후 면책결정을 할 수 있도록 규정하고 있습니다(같은 법 제624조 제2항).

1.채무자가 책임질 수 없는 사유로 인하여 변제를 완료하지 못하였을 것.

2.개인회생채권자가 면책결정일까지 변제받은 금액이 채무자가 파산절차를 신청한 경우 파산절차에서 배당받을 금액보다 적지 아니할 것.

3.변제계획의 변경이 불가능할 것.

위에서 '채무자의 책임질 수 없는 사유'라 함은 채무자의 실직 또는 급여 감소, 영업 폐지, 부양가족의 증가 또는 질병, 실직 등으로 인한 생계비 증대 등 변제계획을 완료하지 못한 사유에 있어서 채무자에게 귀책사유가 없는 경우를 말하며, 채무자가 그 책임 있는 사유로 해고되거나 경영상의 과실로 폐업한 경우에는 일반적으로 채무자의 책임질 수 없는 사유에 해당할 수 없습니다. 또한 변제계획에 따른 변제를 완료한 경우의 면책결정이 필수적인 것(같은 법 제624조 제1항)과 달리, 채무자가 위 요건을 모두 충족하는 경우에도 법원은 반드시 면책결정을 해야 하는 것은 아닙니다(같은 법 제624조 제2항은 "....면책의 결정을 할 수 있다"라고 규정하고 있음).

귀하의 경우 다시 취업하더라도 그 전과 같은 급여를 수령할 수 없고 그 급여 감소액이 당초 변제계획 인가 당시 이를 합리적으로 예상할 수 없었던 범위라면 변제계획을 변경할 필요성을 인정할 수 있으므로 변제계획 변경안을 제출하여 현재의 급여소득 및 부양가족수에 따른 생계비를 기초로 하여 변제계획을 변경할 수 있습니다.

다만, 다른 직장에서의 급여가 현재 부양가족수에 따른 생계비를 하회하여 변제계획 변경을 통한 변제계획 수행이 불가능할 경우라면 면책신청을 고려해볼 수 있는 바, ①귀하의 실직이 회사의 매출부진에 따른 폐업으로 인한 것이라면 귀하에게 귀책사유가 있다고 할 수 없고 ②귀하가 지금까지 채권자들에게 변제한 금액이 귀하의 재산 환가액을 상회한다고 볼 수 있다면 법원은 재량에 따라 귀하의 면책 여부를 결정할 수 있습니다. [법률구조공단자료. 참고만 하세요]

제5장 폐지 및 면책

I. 개인회생절차의 폐지

1. 변제계획인가 전 개인회생절차의 폐지(법 제620조)

(1) 폐지결정의 사유

가. 이해관계인의 신청 또는 직권에 의한 폐지결정의 사유

법원은 다음의 어느 하나에 해당하는 때에는 이해관계인의 신청에 의하거나 직권으로 개인회생절차폐지의 결정을 하여야 한다.

1) 개인회생절차의 개시결정 당시 다음에 해당한 사실이 명백히 밝혀진 때

① 채무자가 신청자의 자격을 갖추지 아니한 때

② 채무자가 신청일 전 5년 이내에 면책(파산절차에 의한 면책 포함)을 받은 사실이 있는 때

2) 채무자가 제출한 변제계획안을 인가할 수 없을 때

나. 직권에 의한 폐지 결정의 사유

법원은 다음의 어느 하나에 해당하는 때에는 직권으로 개인회생절차폐지의 결정을 할 수 있다.

① 개인회생절차개시신청시 제출하여야 할 첨부서류 중 어느 하나를 제출하지 아니하거나 허위로 작성하여 제출하거나 또는 법원이 정한 제출기한을 준수하지 아니한 때

② 채무자가 정당한 사유없이 개인회생채권자집회에 출석하지 아니하거나 개인회생채권자의 요구가 있음에도 변제계획에 관하여 필요한 설명을 하지 아니하거나 허위의 설명을 한 때

(2) 인가전 개인회생절차폐지결정의 효력

가. 담보권설정 등의 중지 또는 금지의 해태

개인회생절차개시결정으로 인하여 개인회생절차폐지결정의 확정일까지 중지 또는 금지되었던 개인회생재단에 속한 재산에 대한 담보권설정 또는 담보권 실행을 위한 경매는 그 중지 또는 금지에서 풀려 속행되거나 가능하게 된다.

나. 중지 또는 금지되었던 파산절차등의 속행

개인회생절차개시결정으로 인하여 중지 또는 금지되었던 채무자에 대한 파산절차 또는 화의절차, 채권자목록에 기재된 개인회생채권에 기한 개인회생재단에 속하는 재산에 대하여 한 강제집행, 가압류 또는 가처분, 채권자목록에 기재된 개인회생채권을 변제받거나 변제를 요구하는 일체의 행위(소송행위 제외) 등도 그 중지 또는 금지에서 풀려 속행되거나 가능하게 된다.

다. 개인회생채권자목록에 따른 시효중단 효력

개인회생채권자목록 제출에 따른 시효중단의 효력은 인가전 개인회생절차폐지시에도 인정된다고 본다.

2. 변제계획인가 후 개인회생절차의 폐지(법 제621조)

(1) 폐지결정의 사유

법원은 다음의 어느 하나에 해당하는 때에는 이해관계인의 신청에 의하거나 직권으로 개인회생절차폐지의 결정을 하여야 한다.

① 면책불허가결정이 확정된 때

② 채무자가 인가된 변제계획을 이행할 수 없음이 명백할 때 다만 채무자가 법 제624조 제2항의 규정에 의한 면책결정을 받은 때에는 그러하지 아니하다.

③ 채무자가 재산 및 소득의 은닉, 그밖의 부정한 방법으로 인가된 변제계획을 수행하지 아니하는 때

(2) 개인회생절차 폐지 신청

개인회생절차 폐지를 신청할 때에는 사건의 표시, 채무자신청인과 그 대리인의 표시, 개인회생절차의 폐지를 신청한 취지 및 그 사유를 기재한 서면을 법원에 제출하여야 한다.

(3) 인가 후 개인회생절차폐지의 효력

가. 이미 행한 변제의 유효

인가 후 개인회생절차의 폐지는 이미 행한 변제의 효력에 영향을 미치지 아니한다. 개인회생절차가 폐지되더라도 그 변제한 만큼의 채무를 소멸시킨 효과가 부인되는 것은 아니다. 이미 행한 변제가 유효하다는 것은 그것이 비채변제가 되어 반환을 구할 수 있는 것으로 되지 않는다는 의미이다.

변제계획인가에 의해 개인회생채권자의 채권의 내용에 변경이 생기는 것은 아니므로, 개인회생절차가 폐지되면 이미 행한 변제 부분은 당초의 채권의 원금, 이자, 지연손해금 등에 어떻게 충당되는지에 관한 매우 복잡한 계산문제가 발생하게 된다. 법은 이와 같은 충당문제에 대비한 규정을 두고 있지 않으므로, 민법의 규정에 따른 법정충당의 방법으로 처리할 수밖에 없다.

나. 개인채무자회생법 규정에 의해 생긴 효력의 유지

채무자회생및파산에관한법률 제621조 제2항은 변제계획인가후 개인회생절차의 폐지는 개인채무자회생법의 규정에 의하여 생긴 효력에는 영향을 미치지 않는다고 정하고 있다. 따라서, 예컨대 개인회생채권자목록의 제출 또는 개인회생절차참가에 대하여 부여되는 시효중단의 효력은 그대로 유지되고, 변제계획인가결정에 의한 파산절차, 화의절차, 강제집행절차, 가압류, 가처분 등의 실효도 번복되지 않는다.

개인회생채권자목록의 제출 또는 개인회생절차참가에 의하여 중단된 시효는, 폐지시부터 새로이 진행된다.

◘ 판 례 ◘

■ [개인회생]

1. 개인회생절차폐지결정이 확정된 경우 개인회생절차가 종료하는지 여부(적극)

채무자 회생 및 파산에 관한 법률(이하 '법'이라 한다) 제621조 제1항은 개인회생절차에서 변제계획인가 후 채무자가 인가된 변제계획을 이행할 수 없음이 명백한 때 등의 사유가 있는 때에는 법원은 개인회생절차를 폐지하여야 한다고 규정하고 있다. 개인회생절차에서 개인회생채권자는 변제계획에 의하지 아니하고는 변제하거나 변제받는 등 이를 소멸하게 하는 행위를 하지 못하는데(법 제582조), 개인회생채권자는 개인회생절차폐지결정이 확정된 때에는 채무자에 대하여 개인회생채권자표에 기하여 강제집행을 할 수 있어(법 제603조 제4항) 개인회생채권자가 개인회생절차폐지결정의 확정으로 절차적 구속에서 벗어나는 점 등에 비추어 보면, 개인회생절차폐지결정이 확정된 경우에 개인회생절차는 종료한다고 봄이 타당하다. 채무자 회생 및 파산에 관한 규칙 제96조가 " 법 제624조의 면책결정이 확정되면 개인회생절차는 종료한다."고 규정하고 있으나 이는 면책결정이 확정된 경우의 개인회생절차 종료사유에 관한 것이므로 개인회생절차폐지결정이 확정된 경우에도 개인회생절차가 종료한다고 판단하는 데 장애사유가 되지 아니한다.

2. 채무자 회생 및 파산에 관한 법률 제624조 제2항에 따른 면책신청의 종기(=개인회생절차 종료 전)

채무자 회생 및 파산에 관한 법률(이하 '법'이라 한다) 제624조 제2항은, 채무자가 변제계획에 따른 변제를 완료하지 못한 경우에도 채무자가 책임질 수 없는 사유로 인하여 변제계획에 따른 변제를 완료하지 못하였을 것(제1호), 개인회생채권자가 면책결정일까지 변제받은 금액이 채무자가 파산절차를 신청한 경우 파산절차에서 배당받을 금액보다 적지 아니할 것(제2호), 변제계획의 변경이 불가능할 것(제3호)의 요건을 모두 충족한 때에는, 법원은 이해관계인의 의견을 들은 후 면책결정을 할 수 있다고 규정하고 있다. 그런데 개인회생절차가 종료한 이후 채무자에게 파산원인이 있는 경우 채무자는 파산절차를 이용할 수 있는 점, 개인회생절차가 종료한 이후에도 채무자가 개인회생절차에 따른 면책신청을 할 수 있다면 개인회생절차로 말미암은 권리행사의 제한에서 벗어난 개인회생채권자의 지위가 불안정하게 되는 점, 면책결정이나 개인회생절차폐지결정이 확정되면 개인회생절차가 종료하는 점, 면책불허가결정이 확정된 때에는 개인회생절차를 폐지하여야 하는데(법 제621조 제1항 제1호), 개인회생절차폐지결정이 확정된 후에 채무자가 면책신청을 하여 법원이 면책결정 또는 면책불허가결정을 하여야 한다면, 이미 종료한 절차가 다시 종료하거나 폐지결정을 다시 하여야 하는 모순이 발생하여 법체계에 맞지 않는 점 등에 비추어 보면, 법 제624조 제2항에 따른 면책은 개인회생절차가 계속 진행하고 있음을 전제로 한 것으로 개인회생절차가 종료하기 전까지만 신청이 가능하다고 봄이 타당하다. (대법원 2012.7.12. 자 2012마811 결정)

■ 판 례 ■

■ [개인회생]

개인회생절차의 필요적 폐지 요건인 '채무자가 인가된 변제계획을 이행할 수 없음이 명백할 때'에 해당하는지가 문제된 사안에서, 변제계획 인가결정에 별지로 첨부한 변제기간이 착오로 잘못 기재된 것이라고 볼 만한 사정이 충분함에도 이를 제대로 살피지 않은 채 위 변제기간에 따라 상당 기간 동안의 납입 지체를 인정한 다음 채무자가 변제계획을 이행할 수 없음이 명백하다고 본 원심결정을 파기한 사례

[이 유]

재항고이유를 판단한다.

원심은, 채무자 회생 및 파산에 관한 법률(이하 '법'이라 한다) 제621조 제1항은 "채무자가 인가된 변제계획을 이행할 수 없음이 명백할 때(제2호)"에는 개인회생절차를 필요적으로 폐지하도록 규정하고 있다고 전제한 다음, 채무자가 2008. 1. 7. 제1심법원으로부터 2006. 7. 25.부터 2011. 6. 25.까지 60개월간 매월 246,128원씩 총 14,767,680원을 납입하기로 하는 내용의 변제계획을 인가받았음에도, 2009. 5. 25.부터 2010. 7. 25.까지 15개월분 합계 3,691,920원의 납입을 지체하면서 그 후 750,000원을 추가로 납입하였을 뿐 위 변제계획을 제대로 이행하지 아니하고 있는 사실이 인정된다는 이유로 채무자가 이 사건 변제계획을 이행할 수 없음이 명백하다 할 것이라고 판단하였다.

그러나 원심의 위와 같은 판단은 다음과 같은 이유에서 이를 수긍하기 어렵다.

기록에 의하면, 채무자는 2007. 5. 10. 제1심법원에 이 사건 개인회생

절차 개시신청을 하면서 변제기간이 '2006. 7. 25.부터 2011. 6. 25.까지 60개월간'으로 기재된 변제계획안을 제출한 다음 2회에 걸쳐 변제계획안을 수정하였으나 그 변제기간은 위와 동일하게 유지함으로써 최종 변제계획안 역시 변제기간이 '2006. 7. 25.부터 2011. 6. 25.까지 60개월간'으로 기재되어 있는 사실, 이 사건 개인회생절차를 담당한 회생위원은 2007. 11. 20. 이루어진 개인회생채권자집회에 관한 보고서를 작성, 제출하면서 채무자의 제1회 변제기일은 '2007. 7. 25.'이므로 가용소득이 적립되어 있다는 등으로 기재하는 외에 채무자가 제출한 변제계획안은 법 제614조 제2항 제2호의 '채무자가 최초의 변제일부터 변제계획에서 정한 변제기간 동안 수령할 수 있는 가용소득의 전부가 변제계획에 따른 변제에 제공될 것'이라는 요건도 충족한다는 취지로도 기재하였는바, 당시까지 적립된 금액은 1,000,000원으로 변제개시일을 '2007. 7. 25.'로 볼 경우에는 그때부터 위 보고시까지 4개월에 해당하는 가용소득이 모두 적립된 상태가 되지만 변제개시일을 '2006. 7. 25.'로 볼 경우에는 그때부터 위 보고시까지 16개월 중 약 4개월분만 적립된 상태가 되고 나머지 12개월분은 적립되었다고 볼 수 없게 되는 사실, 그런데 제1심법원은 2008. 1. 7. 채무자에 대한 변제계획을 인가하는 결정을 하면서 그 별지 변제계획으로 채무자가 제출한 최종 변제계획안을 그대로 사본하여 첨부하였던 사실, 한편 채무자는 그 무렵부터 2010. 7. 25.까지 3회를 제외하고는 매월 250,000원 가량을 납입하여 왔던 사실을 인정할 수 있고, 위 인정 사실에 따르면 변제개시일을 '2006. 7. 25.'로 볼 경우에는 채무자가 개인회생절차 개시신청일 10개월 전부터 변제를 시작하는 것이어서 이례적인 일이라 할 것인 점, 채무자는 이 사건 원심결정을 받아 보기 전에는 변제개시일을 '2007. 7. 25.'인 것으로 알고 이에 따른 변제계획을 이행하여 왔던 것으로 보이는 점 등을 알 수 있다.

위와 같은 인정 사실 등에다가 법 제611조 제4항이 "변제계획은 변제계획인가일부터 1월 이내에 변제를 개시하여 정기적으로 변제하는 내용을 포함하여야 한다."고 규정하고 있고, 개인회생사건 처리지침(재민 2004-4) 제7조 제3항이 "채무자는 법 제610조 제1항에 규정된 변제계획안을 제출하면서 변제계획안의 인가 이전이라도 변제계획안의 제출일로부터 60일 후 90일 내의 일정한 날을 제1회로 하여 매월 일정한 날에 그 변제계획안상의 매월 변제액을 회생위원에게 임치할 뜻을 기재함으로써, 그 변제계획안이 수행가능함을 소명할 수 있다."고 규정하고 있음을 아울러 살펴보면, 제1심법원이 이 사건 변제계획 인가결정에 별지로 첨부한 변제계획의 변제기간 '2006. 7. 25.부터 2011. 6. 25.까지 60개월간'은 '2007. 7. 25.부터 2012. 6. 25.까지 60개월간'으로 기재하여야 할 것을 착오로 말미암아 잘못 기재된 것으로 볼만한 사정이 충분하다고 할 것이다.

그럼에도 원심이 이를 제대로 살피지 아니한 채 이 사건 변제계획의 변제개시일을 2006. 7. 25.로 보아 채무자가 2009. 5. 25.부터 2010. 7. 25.까지 15개월분의 납입을 지체하였음을 들어 채무자가 이 사건 변제계획을 이행할 수 없음이 명백하다고 판단하고 만 것에는 논리와 경험의 법칙을 위반하여 자유심증주의의 한계를 일탈한 나머지 변제개시일과 변제계획 이행가능성에 관한 법리를 오해함으로써 재판에 영향을 미친 위법이 있다고 하지 않을 수 없다. 이를 지적하는 취지의 재항고이유는 이유 있다. (대법원 2011.5.2. 자 2011마232 결정)

3. 개인회생절차폐지결정의 공고(법 제622조)

법원은 개인회생절차폐지의 결정을 한 때에는 그 주문과 이유의 요지를 공고하여야 한다. 이 경우 송달은 하지 아니할 수 있다.

4. 개인회생절차폐지결정에 대한 즉시항고(법 제623조)

개인회생절차 폐지의 결정에 대하여는 즉시항고를 할 수 있다. 즉시항고가 제기된 경우 법원은 기간을 정하여 항고인에게 보증으로 대법원규칙이 정하는 범위 안에서 금전 또는 법원이 인정하는 유가증권을 공탁하게 할 수 있고, 항고인이 그 기간 안에 보증을 제공하지 아니하는 때에는 법원은 결정으로 항고를 각하하게 되며, 항고가 기각되고 채무자에 대하여 파산선고가 있거나 파산절차가 속행(다만, 파산절차는 변제계획인가로 실효하므로 이는 변제계획인가전에 폐지되는 경우에만 해당)되는 때에는 보증으로 제공된 금전 또는 유가증권은 파산재단에 속하게 된다.

◆ 재산이 있는 경우의 파산절차

답변】 ➡ 개인파산 및 면책제도는 신청인에게 면책절차를 통한 경제적 재기·갱생의 기회를 부여하는 것을 목적으로 하나, 그 본래적인 목적은 파산관재인을 통해 신청인의 재산을 처분하고 이를 채권자에게 평등하게 배당하는 것에 있습니다.

그러나 대부분의 개인파산사건은 파산 선고 시 채무자가 보유하고 있는 재산이 파산관재인 선임 등 절차비용에도 미치지 못하여 재산처분을 통한 배당절차를 생략하고 바로 파산절차를 폐지(채무자 회생 및 파산에 관한 법률 제317조)하여 면책절차에 들어가게 되는데, 이렇게 파산선고와 동시에 파산절차를 폐지하는 결정을 실무상 동시폐지 결정이라고 합니다. 일반적으로 동시폐지결정을 할 수 있는 파산재단 상한선은 청산절차 비용, 즉 파산관재인 선임 및 사무처리비용 등으로서, 개별적인 사안이나 법원마다 다를 수 있어 일률적으로 제시할 수는 없으나 실무상 300만원을 기준으로 동시폐지 여부를 결정하며, 이에 따라 채무자가 파산 선고 시 보유한 재산의 가액이 이를 상회한다면 법원은 파산절차를 폐지하지 아니하고 청산절차를 진행합니다.

파산절차를 폐지하지 않는 경우 법원은 신청인에게 파산관재인 선임 비용에 대하여 예납명령을 발하고 신청인이 비용을 예납하면 법원은 파산을 선고함과 동시에 미리 작성된 법원의 파산관재인 명부에 기초하여 파산관재인을 선임하는 결정을 하게 됩니다. 선임된 파산관재인은 채무자의 채권을 조사하고 재산목록 등을 작성하여 파산재단을 관리하여 채권자들에게 파산재단을 환가·배당하여 파산절차를 종결시키거나 채권자들의 동의가 있는 경우 또는 비용부족으로 청산절차를 진행할 수 없는 경우 법원에 파산폐지를 신청하여 그 결정(동시폐지와 비교하여 실무상 이를 이시( )폐지결정이라고 함)에 따라 파산절차를 종결시킵니다.

다만, ①파산절차비용을 충당하기에는 부족하나 동시폐지결정을 하기에는 많은 재산을 보유하고 있는 경우 또는 ②신청인에게 절차비용에 충당할 수 있는 재산이 있다고 하더라도 그 가액이 소액으로서 신청인이 스스로 채권자들에게 안분배당하고 이에 대한 금융자료를 제출하여 소명함으로서 일응 청산절차의 공정성을 보장할 수 있는 경우, 법원은 채무자 스스로 재산을 매각하여 채권자에게 배당할 것을 권고(실무상 이를 자주배당의 권유라고 함)하는 경우가 있습니다.

귀하의 경우 소유하고 있는 부동산인 선산이 중중으로부터 명의신탁을 받았다는 등 본인 소유가 아니라는 사실을 소명하지 못하는 이상, 원칙적으로 본인 소유 재산으로 취급되고, 법원은 귀하가 동시폐지결정으로 그 재산을 보유하게 하는 것이 적당치 않다고 평가하여 귀하에게 자주배당을 권유한 것으로 보입니다.

만일 귀하가 이러한 법원의 자주배당 권유에 불응할 경우 사안에 따라서는 위와 같이 파산관재인 선임을 통한 청산절차가 진행되어 결과적으로는 임야를 매각당해야 하는 처지에 이를 수 있고, 개인파산의 주된 목적인 면책결정까지는 상당한 시일이 소요될 것으로 우려되므로 가급적 법원의 권유에 응하는 것이 타당해 보입니다. [법률구조공단자료. 참고만 하세요]

II. 면책결정(법 제624조)

1. 면책의 의의

채무자가 변제계획에 따른 변제를 완료하면 개인회생채권자에 대한 잔여채무에 대하여 변제책임을 면하는 것을 말한다. 그런데, 변제계획에 따른 변제를 완료하지 못하게 된 경우에도 일정한 요건이 갖추어진 때에는 면책을 받을 수 있는 경우가 있다.

2. 면책의 요건과 절차

(1) 채무자가 변제계획에 따른 변제를 완료한 때(법 제624조 제1항)

가. 당사자의 신청 또는 직권에 의한 면책결정

법원은 채무자가 변제계획에 따른 변제를 완료한 때에는 당사자의 신청에 의하거나 직권으로 면책의 결정을 하여야 한다. 신청할 당사자는 당연히 채무자를 가리키는 것이고, 개인회생채권자나 회생위원을 가리키는 것은 아니다. 직권으로도 면책의 결정을 할 수 있는데, 법원이 회생위원의 보고 등을 통하여 변제계획에 따른 변제가 완료되었음을 알게 되었는데도 채무자가 면책신청을 하지 않고 있는 경우가 이에 해당한다.

나. 신청방법

면책신청을 하는 당사자는 신청서에 다음 사항을 기재하여 법원에 제출하여야 한다.

·사건의 표시

·신청인, 채무자와 그 대리인의 표시

·면책을 신청한 취지

·채무자가 변제계획에 따른 변제를 완료한 내용(변제계획에 따른 변제를 완료하지 못하고 면책을 신청하는 경우에는 법 제624조 제2항 각호에서 정한 요건을 갖춘 내용). 인지는 따로 첨부하지 아니한다.

다. 면책의 결정

면책의 결정은, 면책신청서에 첨부된 자료에 기하여 또는 직권판단의 경우라면 회생위원의 보고 등 기록상의 다른 자료에 기하여 변제계획이 완수된 사실이 인정된다면, 심문 없이 할 수 있다. 그러나, 변제계획의 완수여부가 의심스럽다거나 다투어지고 있는 경우에는, 법원은 판단을 위해 채무자에게 필요한 자료를 제출하게 하거나, 이해관계인의 의견을 청취하거나, 경우에 따라 필요하다면 채무자를 심문하게 할 수 있다. 법은 채무자가 변제계획에 따른 변제를 완료하지 못한 경우의 면책의 경우에는 이해관계인에 대한 의견청취절차를 정하여 두고 있고, 변제계획에 따른 변제를 완료한 경우의 면책에 대해서는 그러한 절차를 구체적으로 정하여 두고 있지는 않고 있으나, 변제계획을 완수한 사실이 인정되어야만 본 조 1항에 따른 면책결정을 할 수 있는 것이므로, 변제계획을 완수하였는지 여부가 불투명한 경우에는 그 인정을 위한 판단자료의 수집을 위하여 자료의 제출요구나 이해관계인에 대한 의견청취, 채무자에 대한 심문 등을 거칠 수 있음은 당연하다. 면책결정이 확정되면 개인회생절차는 종료된다.

(2) 채무자가 변제계획에 따른 변제를 완료하지 못한 경우(법 제624조 제1항)

가. 면책의 요건

법원은 채무자가 변제계획에 따른 변제를 완료하지 못한 경우에도 다음의 요건이 모두 충족되는 경우에는 이해관계인의 의견을 들은 후 면책의 결정을 할 수 있다.

① 채무자가 책임질 수 없는 사유로 인하여 변제를 완료하지 못하였을 때

② 개인회생채권자가 면책결정일까지 변제받은 금액이 채무자가 파산절차를 신청한 경우 파산절차에서 배당받을 금액보다 적지 아니할 때

③ 변제계획의 변경이 불가능할 때.

채무자가 책임질 수 없는 사유란, 예컨대 실직이나 급여의 감소 등으로 소득 자체가 감소하는 경우, 본인이나 가족들의 질병, 부상 등으로 인한 의료비지출, 출산이나 부모의 실직 등에 의한 피부양자

의 증가 기타의 사유로 가용소득이 감소하는 경우 등을 들 수 있다. 이러한 경우, 변제계획을 어느 정도 변경하여 수행케 하는 것이 가능하다면 모르되, 변제계획의 변경도 불가능한 정도의 상황이라면, 수행이 불가능한 변제계획의 수행을 계속 강요한다는 것은 무의미할 뿐만 아니라 채무자에 대하여 가혹한 처사가 되기 때문에 이같이 정한 것이다.

　나. 임의적 면책

　변제계획에 따른 변제를 완료하지 못한 경우의 면책은 본 조 제1항의 면책결정이 필수적인 것과는 달리 임의적인 것이기 때문에, 채무자는 위 가.에서 열거한 요건들이 모두 충족되었다 하더라도 반드시 면책결정을 받을 수 있는 것은 아니다. 법원은 가.의 요건들이 모두 충족되었다 하더라도 그 밖에 변제계획이 이행된 정도를 비롯한 제반 사정을 종합적으로 판단하여, 면책을 하는 것이 합당하다고 판단될 경우에 비로서 면책결정을 하게 된다.

　다. 면책신청의 방법

　채무자회생및파산에관한법률 제624조 제2항의 규정에 따라 면책의 신청을 하는 자는 다음 사항을 기재한 서면을 법원에 제출하여야 한다.

·사건의 표시

·신청인, 채무자와 그 대리인의 표시

·면책을 신청한 취지

·채무자회생및파산에관한법률 제624조 제2항 각호의 규정에서 정한 요건을 갖춘 내용

　라. 이해관계인의 의견청취

　이 경우 면책결정을 하기 위해서는 법원은 결정에 앞서 이해관계인의 의견을 청취하여야 한다. 법원은 이를 위하여 이해관계인들(특별한 사정이 없는 한 개인회생채권자들이 될 것임)에 대하여 일정한 양식의 의견청취서를 발송하고 그 답신을 취하는 방식으로 의견청

취를 실시한다.

(3) 면책불허가 사유

변제계획이 완수되었거나 또는 본조 제2항 각호의 요건이 충족된 경우에도, 다음 중 어느 한 가지에 해당하는 경우에는 법원은 면책을 불허하는 결정을 할 수 있다.

① 면책결정 당시까지 채무자가 악의로 개인회생채권자 목록에 기재하지 아니한 개인회생채권이 있음이 발견된 경우

② 채무자가 채무자회생및파산에관한법률이 정한 채무자의 의무를 이행하지 아니한 경우

(4) 면책결정의 공고 및 송달

법원은 면책의 결정을 한 때에는 그 주문과 이유의 요지를 공고하여야 한다. 이 경우 송달은 하지 아니할 수 있다(법 제624조 제4항).

(5) 면책여부의 결정에 대한 불복방법

면책결정이나 면책불허가 결정에 대하여는 즉시항고를 할 수 있다. 면책결정에 대하여는 이에 반대하는 이해관계인이, 면책불허가 결정에 대하여는 채무자가 즉시항고를 할 것이다.

면책결정의 경우 즉시항고기간은 송달일과 관계없이 공고 다음날부터 14일 이내가 됨을 유의하여야 한다.

3. 면책결정의 효력(법 제625조)

(1) 면책의 의미

면책이란, 채무에 관하여 '책임이 면제된다'는 것을 의미한다. 채무가 소멸된다는 것은 그 채무가 없어진다는 것인데 반하여, 책임

이 면제된다는 것은 채무가 없어지는 것은 아니고 다만, 그 채무를 갚으라고 추궁할 수는 없게 되는 것을 말한다. 채무의 이행을 구하는 소송을 제기하는 것이나, 채무의 이행을 확보하기 위하여 재산에 가압류를 하는 것, 채무를 강제로 실현하기 위하여 재산에 대하여 강제집행을 실시하는 것 등이 불가능하게 되지만, 채무자 자체가 없어지는 것은 아니다.

(2) 면책결정의 효력발생 시점

면책의 결정이 확정된 후에 그 효력이 생긴다. 아무런 항고가 제기되지 않고 즉시항고기간이 도과한 경우이거나, 항고가 제기되었다면 항고가 기각되는 때에 면책의 결정이 확정된다.

(3) 보증이나 담보에 미치는 효력

면책은 개인회생채권자가 채무자의 보증인 그 밖에 채무자와 더불어 채무를 부담하는 자에 대하여 가지는 권리와 개인회생채권자를 위하여 제공한 담보에는 영향을 미치지 아니한다(법 제585조 제3항).

(4) 개인회생절차의 종료

면책결정이 확정되면, 개인회생절차는 종료한다(규칙 제96조). 개인회생절차에서는 회생절차에서의 종결결정과 같은 것이 없어, 절차가 언제 종료하는지 불명확(직권 면책취소에 시한이 없는 이상 언제까지 사건을 종국 처리하고 기록보존하지 않은 채 계속중인 사건으로 관리할 것인지 알수 없음)하기 때문에 규칙에 명문의 규정을 두었다.

(5) 면책의 효력 범위

면책의 효력은 개인회생채권자에 대한 채무에 관하여 원칙적으로 효력이 미친다. 개인회생채권자 목록에 기재되고 이에 대한 개인회생채권조사확정재판 없이 이의기간을 경과하여 확정된 개인회생채권, 개인회생채권조사확정재판을 통하여 확정되었거나 개인회생채권조사확정재판에 대한 이의의 소를 거쳐 확정된 채권 중 변제되지 않고 남은 부분이 모두 면책된다.

(6) 면책에서 제외되는 채권

면책을 받은 채무자는 변제계획에 따라 변제한 것을 제외하고 개인회생채권자에 대한 채무에 관하여 그 책임이 면제된다. 다만, 다음 각호의 청구권에 관하여는 책임이 면제되지 아니한다(법 제625조 제2항).

① 개인회생채권자목록에 기재되지 아니한 청구권

② 채무자회생및파산에관한법률 제583조제1항제2호의 규정에 의한 조세 등의 청구권

③ 벌금·과료·형사소송비용·추징금 및 과태료

④ 채무자가 고의로 가한 불법행위로 인한 손해배상

⑤ 채무자가 중대한 과실로 타인의 생명 또는 신체를 침해한 불법행위로 인하여 발생한 손해배상

⑥ 채무자의 근로자의 임금·퇴직금 및 재해보상금

⑦ 채무자의 근로자의 임치금 및 신원보증금

⑧ 채무자가 양육자 또는 부양의무자로서 부담하여야 할 비용(제625조 제2항에서 규정하고 있다.)

4. 면책의 취소(법 제626조)

채무자가 면책을 받았다고 하더라도, 법원은 채무자가 기망 그 밖의 부정한 방법으로 면책을 받은 것일 때는 이해관계인의 신청에 의하거나 직권으로 면책을 취소 할 수 있다.

(1) 면책취소의 사유

채무자가 기망 그 밖의 부정한 방법으로 면책을 받은 사실(예컨대 숨겨놓은 재산의 발견)이 면책취소 사유가 된다.

(2) 면책취소의 절차

가. 신청권자

면책에 반대되는 입장을 가진 이해관계인이 면책의 취소를 신청하는 것이 보통일 것이나, 법원이 직권으로 면책을 취소할 수도 있다. 면책취소신청서에는 1,000원의 인지를 붙인다.

나. 이해관계인의 심문

법원은 면책취소 여부를 심리하기 위하여 이해관계인을 심문하여야 한다.

이해관계인의 심문은 필요한 경우 법원의 판단에 따라서 할 수 있는 것이 아니라, 반드시 하여야 하는 것으로 규정되어 있다.

이해관계인이 면책의 취소를 신청한 때에는 그 이해관계인을 심문하면 될 것이나. 법원이 직권으로 면책을 취소하려 할 때에는 어느 누구를 심문하여야 하는 것인지 해석상 분명치 않다.

필요적 심문을 정한 이 조항은 이해관계인이 면책의 취소를 신청한 경우에만 적용되고 법원이 직권으로 면책을 취소하려 할 때에는 적용되지 않는 것으로 해석하는 것이 옳다고 본다.

다. 채무자의 심문

법원은 이해관계인의 신청에 의하거나 또는 직권으로 면책취소 여부를 판단함에 있어, 채무자를 심문하여야 한다. 면책취소시의 채무자의 심문은 법에 정하여져 있지는 않으나, 면책취소사유가 "채무자가 기망 그 밖의 부정한 방법으로 면책을 받았을 것"인 이상 그러한 사실을 인정하기 위하여 채무자의 심문이 필요하다고 보일 경우에는 법원이 채무자를 심문할 수 있음은 당연하다.

라. 신청기한

면책취소의 신청은 면책결정의 확정일로부터 1년 이내에 제기하여야 한다(법 제626조 제2항). 만일 이해관계인이 면책결정의 확정일로부터 1년이 경과한 후에 면책취소의 신청을 하였다면, 법원은 신청기간의 경과를 이유로 면책취소신청을 기각할 수 있다.

그러나 한편 법원은 이해관계인의 신청에 의하지 아니하고 직권으로 면책을 취소할 수도 있고, 직권에 의한 면책취소에는 따로 시한이 정하여져 있지 않기 때문에, 만일 위와 같이 이해관계인의 면책취소 신청이 면책결정확정일로부터 1년이 경과한 후에 제기되었으나 면책취소사유가 인정된다고 판단되는 경우라면, 법원은 직권으로 면책을 취소할 수도 있다. 이런 경우에는 시한을 경과하여 제기된 이해관계인의 면책취소신청은 법원의 직권발동을 촉구하는 의미의 신청으로 받아들여야 할 것이다.

(3) 법원의 결정

채무자회생및파산에관한법률 제626조 제1항은 "면책을 취소하여야 한다"가 아니라 "면책을 취소할 수 있다"고 규정하고 있으므로, 법원은 면책취소사유가 인정되는 경우에도 반드시 면책을 취소하여야 하는 것은 아니다. 따라서 위와 같은 면책취소 사유가 있는 경우라 하더라도, 법원은 여러 가지 제반사정을 종합적으로 고려하여 면책결정을 그대로 유지하는 것이 합당하다고 판단될 경우에는 면책취소신청을 기각할 수 있다.

(4) 공 고

면책취소의 결정은 공고하여야 한다(규칙 제95조). 면책결정에 대해서와 마찬가지로 법에는 규정이 없으나, 규칙에 정하여져 있다. 또한, 송달을 하지 않을 수 있도록 정한 규정이 없으므로, 공고와 아울러 송달을 하여야 한다.

5. 면책결정 등에 대한 즉시항고(법 제627조)

면책여부의 결정과 면책취소의 결정에 대하여는 즉시항고를 할 수 있다.

제2편. 파산

제1장 파산절차의 개시

제1절 파산신청

Ⅰ. 파산신청권자(법 제294조)

1. 채권자 또는 채무자

채권자, 채무자(준채무자)에게 파산신청권을 인정하고 있고, 금융감독위원회가 일정한 범위의 금융기관에 대하여 파산신청을 할 수 있는 경우가 있다.

(1) 채권자

가. 채권자의 범위

우선권 있는 채권, 후순위 채권, 기한미도래의 채권, 장래의 채권, 정지조건 성취전의 채권의 채권자 모두 포함한다. 별제권자도 별제권을 미리 포기할 필요 없이 파산신청을 할 수 있다. 단, 재단채권에 해당하게 될 채권자의 채권자는 포함하지 않는다. 종래 우선권 있는 파산채권으로 취급된 임금채권이 재단채권으로 승격된 것과 관련하여 재단채권이 임금채권을 가진 근로자가 파산신청을 할 수 있는지에 대해서는 견해의 대립이 있으나, 실무에서는 파산절차를 통하여 평등변제가 실현될 수 있다는 점과 임금채권자를 보호하기 위하여 마련된 임금채권보장법의 취지를 충분히 살리려면 임금채권자가 파산신청을 함을 허용할 필요가 있다는 점 등을 감안하여 이를 인정하는 방향으로 해석하고 있다.

나. 파산원인의 소명

채권자가 파산신청을 하는 경우에는 파산원인을 소명하여야 한다.

◑ 파산원인에 대한 판단기준

질의】 ➡ 저는 4년제 대학교 경영학과를 졸업한 만 32세 미혼 남성으로서, 대학교 졸업 후 친구들과 벤쳐기업(법인)을 설립하여 대표이사로 회사를 운영하면서 은행으로부터 사업자금을 대출받고 이에 개인자격으로 보증을 서 준 사실이 있습니다. 그러나 법인은 매출 부진으로 인하여 투자자들이 투자를 중단하는 바람에 갑자기 자금이 경색되어 결국 폐업하게 되었고, 이로 인하여 저는 본인 개인적인 부채와 보증채무 등 합계 금 1,500만원의 채무가 남아 있는 상황입니다. 현재 저는 부모님 집에 거주하면서 다른 회사를 알아보고 있는 상황입니다. 이러한 상황에서 파산이 가능한지요?

답변】 ➡ 개인파산을 신청하기 위해서는 파산원인으로서의 지급불능 즉, 변제능력이 부족하여 변제기가 도래한 채무를 일반적·계속적으로 변제할 수 없는 객관적인 상태가 인정되어야 하며(대법원 2010. 9. 20. 선고 2010마868 결정), 단순히 채무가 보유 재산액을 초과한 것만으로는 지급불능이라고 볼 수 없습니다. 또한 지급불능은 신용, 노동력, 재산으로 평가되며, 구체적으로는 채무자의 재산, 학력, 현재 수입, 채무의 액수, 연령, 장애 유무, 부양가족수 등에 따라 지급불능 여부가 결정될 수 있습니다.

구체적으로 ①채무를 변제할 재산이 있다고 인정되거나 현재 생계비 이상의 수입이 있는 경우 ②고등교육을 받아 장차 일정한 생계비 이상의 소득이 있을 것으로 예상되는 경우 ③채무 총액이 소액으로서 특별한 사정이 없는 한 이를 변제할 수 있는 것으로 인정되는 등의 경우는 지급불능으로 평가되기 어렵습니다.

그러나, 채무자가 다른 재산이 없는 상태에서 ①고령으로 계속적인 소득활동을 할 수 없다고 인정되는 경우 ②장애가 있어 일반적인 사람들과 같은 소득을 얻을 수 없다고 인정되는 경우 ③일정한 수입이 있는 경우라도 부양가족수에 따른 생계비를 고려할 때 변제능력이 없다고 평가될 경우는 파산원인으로서 지급불능을 인정받을 수 있을 것입니다.

귀하의 경우 현재는 소득이 없다고 하더라도 4년제 대학교를 졸업하여 다른 곳에 취업하여 생계비 이상의 소득을 얻을 것으로 예상되는 점, 연령이

만 32세로서 경제적인 재기의 기회가 남아 있어 향후 계속적으로 소득활동을 할 것으로 예상되는 점, 채무 총액이 1,500만원에 불과하여 장애가 있거나 부양가족이 많다는 등 특별한 사정이 없는 한 일반적으로 이를 감당할 수 있는 것으로 보이는 점 등에 비추어 볼 때, 일반적으로 파산원인으로서 지급불능에 이른 것으로 평가되기 어려워 파산신청이 기각될 가능성이 높습니다. 다만, 이러한 판단은 일반적인 견해이며 개별적 사정에 따라 결론이 달라질 수는 있습니다. [법률구조공단자료. 참고만 하세요]

(2) 채무자

채무자도 스스로 파산신청을 할 수 있으며, 채무자 파산신청을 하는 경우에는 파산원인의 소명이 필요하지 않다. 그러나 사실상 실무에서는 신청서와 그 첨부서류에서 파산원인을 소명하는 것이 대부분이다.

(3) 금융감독위원회

금융산업의구조개선에관한법률 제2조 제1호 소정의 금융기관 및 신용협동조합 상호신용금고에 대하여는 금융감독위원회가 파산신청을 할 수 있다.

2. 법인의 파산신청권자(법 제295조, 제296조)

(1) 이사·무한책임사원(법 제295조)

민법 그 밖에 다른 법률에 의하여 설립된 법인에 대하여는 이사가 합명회사 또는 합자회사에 대하여는 무한책임사원이, 주식회사 또는 유한회사에 대하여는 이사가 파산신청을 할 수 있다.

(2) 일부 이사 등의 파산신청(법 제296조)

이사무한책임사원 또는 청산인의 전원이 하는 파산신청이 아닌 때에는 파산의 원인인 사실을 소명하여야 한다.

(3) 청산인

청산인은 청산중인 법인에 대하여 파산신청을 할 수 있다.

3. 법인 아닌 사단 또는 재단의 파산신청권자(법 제29조)

채무자가 법인인 경우 그 이사, 무한책임사원, 주식회사의 이사, 청산인 및 이에 준하는 법인의 관리인도 파산신청을 할 수 있다는 규정(법 제295조·제296조)은 법인 외의 법인과 법인 아닌 사단 또는 재단으로서 대표자 또는 관리자가 있는 그 밖의 법인에도 적용이 된다.

4. 법인해산 후의 파산신청(법 제298조)

법인에 대하여는 그 해산 후에도 잔여재산의 인도 또는 분배가 종료하지 아니하는 동안은 파산신청을 할 수 있다.

(1) 사법인의 경우

사법인은 일반적으로 파산능력이 있다고 할 수 있다. 공익법인이든 영리법인이든, 민법, 상법상의 법인이든 특별법상의 법인이든 모두 파산능력이 인정된다. 이미 해산하여 청산중에 있는 사법인도 파산능력이 있다. 노동조합도 파산능력이 있다.

(2) 권리능력 없는 사단 또는 재단

권리능력 없는 사단 또는 재단으로서 대표자가 있는 것은 파산능력을 인정하나, 민법상의 조합은 단체적 성격이 약하므로 파산능력을 부정한다.

권리능력 없는 사단 또는 재단으로서 대표자가 있는 것	파산능력 인정
민법상의 조합	단체적 성격이 약하므로 파산능력 부정

5. 상속재산의 파산신청권자(법 제299조)

파산신청 또는 파산선고가 있은 후에 상속이 개시된 경우에는 상속재산에 대하여 파산절차가 속행된다

(1) 신청권자

① 상속재산에 대하여 상속채권자 , 유증을 받은 자, 상속인, 상속재산관리인 및 유언집행자는 파산신청을 할 수 있다.

② 상속재산관리인, 유언집행자 또는 한정승인이나 재산분리가 있을 경우의 상속인은 상속재산으로 상속채권자 및 유증을 받을 자에 대한 채무를 완제할 수 없는 것을 발견한 때에는 지체없이 파산신청을 하여야 한다.

(2) 파산의 원인인 사실의 소명

상속인·상속재산관리인 또는 유언집행자가 파산신청을 하는 때에는 파산의 원인인 사실을 소명하여야 한다.

(3) 상속재산에 대한 파산신청기간(법 제300조)

상속재산에 대하여는 민법 제1045조(상속재산의 분리청구권)의 규정에 의하여 재산의 분리를 청구할 수 있는 기간(상속 개시된 날로부터 3월내)에 한하여 파산신청을 할 수 있다. 이 경우 그 사이에 한정승인 또는 재산분리가 있은 때에는 상속채권자 및 유증을 받은 자에 대한 변제가 아직 종료하지 아니한 동안에도 파산신청을 할

수 있다.

6. 외국에서 파산선고가 있은 경우(법 제301조)

파산신청 전에 채무자에 대하여 외국에서 파산선고가 있은 때에는 파산의 원인인 사실이 존재하는 것으로 추정한다.

Ⅱ. 파산신청절차

1. 신청서제출

(1) 신청서의 기재사항

파산신청은 다음 각호의 사항을 기재한 서면으로 하여야 한다.
① 신청인 및 그 법정대리인의 성명 및 주소
② 채무자가 개인인 경우에는 채무자의 성명·주민등록번호 및 주소
③ 채무자가 개인이 아닌 경우에는 채무자의 상호, 주된 사무소 또는 영업소의 소재지, 대표자의 성명
④ 신청의 취지
⑤ 신청의 원인
⑥ 채무자의 사업목적과 업무의 상황
⑦ 채무자의 발행주식 또는 출자지분의 총수, 자본의 액과 자산, 부채 그 밖의 재산상태
⑧ 채무자의 재산에 대한 다른 절차 또는 처분으로서 신청인이 알고 있는 것
⑨ 채권자가 파산신청을 하는 때에는 그가 가진 채권의 액과 원인
⑩ 주주·지분권자가 파산신청을 하는 때에는 그가 가진 주식 또는

출자지분의 수 또는 액

(2) 첨부서류

파산신청서에는 다음 각 호의 서류를 첨부하여야 한다. 다만, 신청과 동시에 첨부할 수 없는 때에는 그 사유를 소명하고 그 후에 지체없이 제출하여야 한다.

① 채권자목록

② 재산목록

③ 그 밖에 대법원규칙이 정하는 서류(규칙 제72조 제1항)

ㄱ) 채무자가 개인인 경우에는 호적등본·주민등록등본·진술서·그 밖에 소명자료

ㄴ) 채무자가 개인이 아닌 경우에는 법인등기부등본·정관·파산신청에 관한 이사회회의록, 그 밖의 소명자료

※ 신청서의 기재사항을 구체적으로 보면 다음과 같다.

Ⅰ. 채무자회사(법인)의 개요

1. 회사의 사업목적(등기부상의 목적뿐만 아니라 실제의 영업에 대한 구체적 내용을 기재)

2. 회사의 연혁

3. 자회사, 관계회사 현황

4. 회사의 자본 및 주주의 구성(지배주주 및 특수관계인 표시)

5. 회사의 임원구성 / 종업원(종업원수, 노동조합의 상황, 상부단체와의 관계 등을 기재)

6. 공장, 영업소 등의 시설(소재지, 규모, 작업내용 등을 기재)

7. 사업감독관청(특히 학교, 병원, 공원묘지, 복지시설 등 운영하는 재단법인의 경우)

Ⅱ. 업무의 상황

1. 주요영업종목

2. 거래처(구매처, 판매처, 거래은행)

Ⅲ. 자산·부채의 상황(결산서류의 계정과목의 명세에 기하여 작성)

　1. 자산

　　　- 소유부동산(평가액, 담보설정액, 잉여예상액) / 임차부동산(보증금, 연체차임금등)

　　　- 현금(보관자) / 예금(종류 및 예대상계 예상)

　　　- 매출채권(명세, 회수가능성) / 재고품·기계공구·집기비품(명세, 평가액)

　　　- 전화, 자동차, 유가증권, 출자금(명세, 평가액)

　　　- 기타(대여금, 계약금, 보험계약, 무체재산권 등)

　2. 부채

　　　- 부채총액과 채권자총수

　　　- 은행차입금 / 개인사채 기타차입금 / 일반상거래채무

　　　- 담보권자, 피담보채권액, 담보목적물

　　　- 미지급 임금·퇴직금, 체납중인 조세, 공공보험료(산재보상보험료, 의료보험료)등

Ⅳ. 파산원인의 존재 및 회사가 파산에 이르게 된 사정

　1. 지급정지상황(어음부도, 은행거래정지처분, 폐점, 도망 등)

　2. 채무초과의 사실

　3. 재정적 파탄에 이르게 된 사정 및 그 경과

Ⅴ. 신청시의 상황

　1. 사업계속의 유무

　2. 종업원의 처우(해고 유무, 퇴직금지급 유무, 노동조합의 동향)

　3. 부채정리 상황(임의정리 상황, 사적 채권자집회 유무)

　4. 자산처분 상황(자산의 보전 상황, 채권자에 의한 상환강요, 부인대상행위 유무 등)

　5. 현금, 고가품, 장부, 등기서류, 대표이사 인감 등의 소재 및 보관상황

　6. 파산관재인이 선임될 경우 파산관재인의 보조자로 일할 수 있

는 구 임직원의 범위

<채권자신청의 경우>

VI. 채권의 존재

※ 신청시에 첨부하여야 할 서류는 다음과 같다.

1. 회사등기부등본
2. 이사회 회의록(파산신청에 관한 것)
3. 정관
4. 회사안내책자
5. 주주명부
6. 회사의 조직 일람표
7. 취업규칙, 퇴직금규정, 단체협약
8. 사원명부 및 회사의 노동조합의 실정
9. 과거 3년 내지 5년간의 결산보고서
10. 비교대차대조표(3년분 이상)
11. 비교손익계산서(3년분 이상)
12. 최근의 대차대조표·손익계산서
13. 최근의 청산대차대조표·청산재산목록
14. 부동산 및 동산목록
15. 등기부등본, 등록원부
16. 외상매출금 일람표
17. 사채원부
18. 채권자명부(성명, 주소, 전화, 팩시밀리번호, 담당자, 채권액, 채권의 종류, 담보의 유무, 채무명의 유무, 소송의 계속 여부)
19. 담보물건 및 피담보채권 이람표(담보물건은 처분예정가액을 기재)
20. 계속중인 가압류, 가처분, 경매, 소송 등의 자료
21. 자회사 및 관계회사의 상업등기부등본 및 결산서류

<채권자신청의 경우>

22. 채권의 존재 소명자료(어음수표, 계약서, 공정증서, 외상매출
금장부등)

23. 채무자의 지급정지사실 소명자료(부도처리된 어음수표, 은행
거래정지처분 증명서 등)

2. 파산절차비용의 예납(법 제303조)

(1) 납부의무자

파산신청을 하는 때에는 법원이 상당하다고 인정하는 금액을 파
산절차의 비용으로 미리 납부하여야 한다. 채권자 신청의 경우에는
신청인에게 예납금 납부의무가 있고, 예납명령을 받고도 이에 응하
지 않으면 법원은 파산신청을 각하할 수 있다. 반면 자기파산신청
(준자기파산신청 포함)의 경우에는 예납금 납부의무가 없고, 국고에
서 가지급하도록 되어 있다.

(2) 실무에서의 처리

실무에서는 채무자 신청의 경우뿐만 아니라 법원이 직권으로 파
산선고를 하는 경우에도 마찬가지로 채무자에게 예납명령을 하고
있다. 다만, 채무자가 현재 현금이 없고 파산선고 후 바로 쉽게 환
가할 재산이 있는 경우에는 일부만 예납하고 추납을 허용하거나 예
납금을 기준보다 낮게 책정하여 예납하도록 하는 방법을 취하고 있
다.

(3) 예납금의 결정 기준

예납금은 채무총액을 기준으로 한 다음의 표에 따라 결정하고, 예
상되는 파산재단의 규모, 파산절차상 예상 소요기간, 재단수집의 난

이도, 채권자의 수 등을 종합적이고도 구체적으로 고려하여 가감한다. 실무상으로는 예상되는 파산재단의 규모, 예상 소요기간등을 짐작하기 어려운 경우가 대부분이므로, 특별한 사정이 없는 한 신청서에 기재된 채무총액을 기준으로 정하게 된다. 그러나 파산재단으로서는 예납금을 금융기관에 예치하는 것이 법원에 보관하는 것보다 더 이익이 되므로, 채무액이 2,500억 원을 넘더라도 예납금을 6,000만 원 이상으로 정할 필요는 없을 것이다.

부채액	개인	법인
동시폐지사건	152,800원(관보·일간지공고비)	
5억 원 미만	400만 원	600만 원
5억 원　10억 원 미만	700만 원	800만 원
10억 원 ~ 50억 원 미만	1,200만 원	1,600만원
50억 원 ~ 100억 원 미만	2,000만 원	2,400만원
100억 원 ~ 500억 원 미만	3,000만 원	
500억 원 ~ 1,000억 원 미만	4,000만 원	
1,000억 원 ~ 2,500억 원 미만	5,000만 원	
2,500억 원 이상	6,000만 원 이상	

3. 예납명령

(1) 시기

예납금의 액수를 미리 정할 수 있는 경우에는 채무자 심문 전에 예납명령을 발할 수도 있으나, 채무액이 미리 나타나 있지 않거나 채무자의 납부능력을 조사해봐야 하는 경우에는 채무자 심문 이후에 예납금을 정하여 예납명령을 발하는 것이 좋다.

(2) 금융감독위원회가 공익적 지위에서 파산신청을 하는 경우

금융감독위원회가 채권자가 될 수는 없으므로 이 경우에는 예납명령을 신청인인 금융감독위원회가 아니라 피신청인인 채무자에게 한다. 한편, 채권자 신청의 경우에는 일단 송달비용 정도를 예납받은 후 심리를 진행하면서 파산선고의 사유가 인정된다고 판단되는 시점에서 채권자에게 예납명령을 하고 있다.

4. 예납금의 사용과 반환

재단이 소집된 상태	예납금은 주로 공고, 송달비용, 파산관재인 보수 등의 절차비용으로 사용된다
재단이 소집되지 않은 상태	법원의 재단채권 승인을 거쳐 재단의 관리, 환가비용으로 사용되기도 한다

(1) 채권자가 납부한 예납금 중 지출된 부분의 반환청구권

청구권은 재단채권이 되고, 파산재단이 수집되어 절차비용을 충당하기에 충분하다고 판단되는 즉시 잔액을 반환하도록 하여야 한다.

(2) 이미 지출된 부분이 있는 경우

파산관재인으로 하여금 직접 지급하게 하는 방법과 법원에 보관금으로 예납하게 하여 이 보관금 중에서 지급하도록 하는 방법이 있다.

(3) 채무자가 납부한 예납금

예납금은 채무자(파산자)에게 반환되지 않고, 절차비용 상당분을 제외하고는 파산재단에 편입시키고 있다. 편입의 시기는 금리의 면에서 채권자에게 유리하므로 파산선고 직후(즉 공고비용 지출 후)가

적당할 것이나, 실무에서는 중간배당시 또는 최후배당시라도 무방한 것으로 운용하고 있다.

(4) 채무자가 법인인 경우

채무자가 법인인 경우, 채무자가 납부한 예납금을 파산재단에 편입하지 않은 채 파산이 폐지 또는 종결된 경우 예납금을 어떻게 처리할 것인가에 대해서 견해의 대립이 있으나, 파산이 폐지 또는 종결되더라도 청산의 목적 범위 내에서는 여전히 법인격이 존속한다고 보고 있으므로, 청산인 선임절차를 거쳐 청산인이 예납금 반환을 신청할 수 있다고 보아야 할 것이다.

5. 파산절차비용의 가지급(법 제304조)

채권자 신청의 경우에는 신청인에게 예납금 납부의무가 있고, 예납명령을 받고도 이에 응하지 않으면 법원은 파산신청을 각하할 수 있다. 반면 자기파산신청(준자기파산신청 포함)의 경우에는 예납금 납부의무가 없고, 국고에서 가지급하도록 되어 있다.

◉ 파산의 의의와 절차

> **질의】** ➡ 파산을 신청할 경우 현재 본인이 부담하고 있는 모든 빚을 쉽게 탕감 받을 수 있다고 하는데 파산이라는 제도는 무엇이고 또한 어떤 절차로 진행이 되며, 과연 모든 빚을 손쉽게 탕감 받을 수 있는 것인지요?

답변】 ➡ 파산이란 채무자의 채무가 재산을 초과하거나, 채무자가 채무를 장래에 일반적·계속적으로 변제할 수 없는 경우, 채무자의 총재산을 모든 채권자에게 공평하게 변제할 것을 목적으로 하는 사법절차를 말하며, 그 중 채무자가 법인 아닌 개인인 파산사건을 일반적으로 개인파산이라고 합니다.

개인파산은 비영업자가 소비활동의 일환으로 변제능력을 초과하여 물품

등을 구입한 결과 자신의 모든 재산으로도 채무를 완제할 수 없어 이를 해결하고자 스스로 파산을 신청하는 '소비자파산'과, 개인사업자가 영업활동을 통하여 채무를 부담하고 파탄에 이르러 파산을 신청하는 '영업자파산'을 모두 포함합니다.

파산절차는 채무자의 총재산을 환가하여 이를 채권자들에게 평등하게 분배하는 것을 본래적인 목적으로 하는 청산절차이나, 개인파산의 경우 총재산을 환가하여 분배하는 절차비용을 충당할 재산이 없는 경우가 대부분이며, 법인과 달리 개인의 경우 파산이 종결 또는 폐지된다고 하여도 여전히 사회경제의 주체로서 금융 및 소비생활을 계속하게 되므로 '성실하나 불운한' 채무자를 구제하여 갱생을 도모하는 제도가 필요하게 되는데 이러한 제도가 바로 면책제도입니다. 결국 파산제도는 청산절차로서의 파산과 채무를 변제할 책임을 소멸케하는 면책이라는 두가지 절차로 구성되어 있으며, 일반적으로 파산절차 보다는 면책절차에 채무자들의 실질적인 관심이 있다고 할 것입니다.

그러나 채무가 많다고 하여 모두 파산을 신청하여 면책을 받을 수 있는 것은 아닙니다. 파산의 경우 파산원인으로서 지급불능 즉, 채무자의 연령, 직업, 기술, 건강, 재산 및 부채의 규모 등을 종합적으로 고려하여 채무자의 재산, 노동력, 신용으로 채무를 변제할 수 없음이 일반적·계속적으로 불가능하다고 판단되어야하고, 일반적으로 소액의 채무가 있는 경우 지급불능으로 평가될 수 없어 파산 자체가 불가능할 수 있습니다. 또한 면책의 경우 낭비, 재산은닉 등 채무자 회생 및 파산에 관한 법률」에 정한 일정한 면책불허가사유가 없어야 면책허가결정을 받을 수 있으며, 이미 개인파산절차에서 면책을 받은 사실이 있다면 그 면책결정 확정일로부터 7년이 경과하지 않으면 면책 받을 수 없습니다(같은 법 제564조 제1항 제4호). 또한 면책결정이 된다 하더라도 면책의 효력을 부여하는 것이 부적당한 채권에 대하여는 면책에서 제외하고 있습니다 (같은 법 제566조 단서). 따라서 단순히 현재 갚을 능력이 없다는 사유만으로 무조건 모든 빚을 탕감받을 수 있는 것은 아니라고 할 것입니다. [법률구조공단자료. 참고만 하세요]

◈ 개인파산, 개인회생, 개인워크아웃 제도의 비교

> 질의】 ➡ 저는 중학생 자녀 한명과 배우자(가정주부)를 두고 있는 50대 남자 회사원으로서, 금융권에 부채가 8,000만원 정도 되며 친지 및 사채업자에게 진 부채가 약 1,500만원 정도 있습니다. 급여는 약 150만원 정도이며 현재 다니고 있는 회사가 폐업할 예정이어서 다른 직장을 알아보고 있는데, 대부분의 회사의 급여가 현재 회사의 급여에 미치지 못하는 실정입니다. 이곳 저곳 문의해 보니 파산을 권하는 사람이 있는 반면에 저의 경우 개인회생이나 개인워크아웃을 해야 한다는 사람도 있습니다. 저는 어떤 제도를 이용해야 하는지요?

답변】 ➡ 현재 시행되고 있는 신용회복제도는 크게 개인파산, 개인회생, 개인워크아웃이 있습니다. 위 각 제도는 다음과 같은 구체적인 점에서 차이가 있습니다.

①제도 운영주체에 있어서, 개인파산과 개인회생제도는 「채무자 회생 및 파산에 관한 법률」에 따라 법원이 재판을 통해 결정하는 방식으로 운영하고 있으나, 개인워크아웃은 금융감독위원회의 허가를 받아 설립된 신용회복위원회가 운영하고 있습니다. ②제도가 적용될 채권자의 범위에 있어서도 개인파산과 개인회생제도는 제한이 없으나 개인워크아웃제도는 협약에 가입되어 있는 금융기관만을 그 대상으로 하고 있어 개인 간 채권관계나 사채업자들을 그 대상에서 제외하고 있습니다. ③제도를 이용할 채무자의 요건으로서, 개인파산의 경우 지급불능으로 인정된다면 채무액의 제한은 없으나 개인회생의 경우 지급불능 또는 그러한 염려가 있는 급여·영업·연금소득자로서 담보채무의 경우 10억원, 무담보채무의 경우 5억원 이하이어야 하고, 개인워크아웃의 경우 연체정보가 등록된 자로 최저생계비 이상의 소득이 있거나 그 미만의 소득이 있더라도 채무상환이 가능하다고 인정된 채무자로서 5억원 이하의 채무를 부담하고 있는 경우에 한하고 있습니다. ④채무조정 내용에 있어서도 개인파산의 경우 전부 또는 일부면책을 받을 수 있으나 개인회생의 경우 원칙적으로 5년 동안 원금 일부를 변제하고 나머지를 면책 받을 수 있으며, 개인워크아웃의 경우 원칙적으로 10년 이내 원금 전부 및 이자 일부를 변제하고 나머지를 면책 받을 수 있습니다.

　　귀하의 경우 개인워크아웃을 이용한다면 친지 및 사채업자에 대한 채무를 해결할 수 없게 되어 개인파산 또는 개인회생제도의 이용을 고려해볼 수 있습니다.

　　그런데 귀하는 현재 부양가족수가 3인 가구로 평가되어 2011년 기준 보건복지부 공표 3인 가구 최저 생계비 1,173,121원의 1.5배(개인회생시 법원인정 생계비)인 금 1,759,682원[2012년 기준 보건복지부 공표 3인 가구 최저 생계비 1,218,873원의 1.5배인 금 1,828,310원]을 공제하면 남는 소득이 없을 뿐만 아니라 실직 가능성도 있어 개인회생절차를 이용하기는 어려울 것으로 보입니다. 따라서 채무증대과정에 있어서 낭비, 재산은닉 등 면책불허가 사유가 없다면 개인파산을 고려해 볼 수 있을 것입니다. [법률구조공단자료. 참고만 하세요]

제2절 파산선고 등

Ⅰ. 파산의 원인

1. 보통파산원인(법 제305조) : 지급불능

　① 채무자가 지급을 할 수 없는 때(지급불능)에는 법원은 신청에 의하여 결정으로 파산을 선고한다. 변제능력이 부족한 관계로 변제기가 도래한 채무를 일반적, 계속적으로 변제할 수 없는 객관적 상태에 있는 것을 지급불능이라 한다. 비록 재산이 없는 경우이더라도 신용을 통한 금원차입에 의한 변제가 가능하면 지급불능으로 판단하기는 어렵고, 부동산 등의 재산이 있더라도 이를 손쉽게 환가할 수 없는 때에는 지급불능으로 볼 수 있다.

　② 채무자가 지급을 정지한 경우에는 지급을 할 수 없는 것으로 추정한다.

◙ 판 례 ◙

- **[파산선고]**

1. 채무자 회생 및 파산에 관한 법률 제305조 제1항에서 정한 '채무자가 지급을 할 수 없는 때'의 의미

2. 제1심법원의 파산선고 결정에 대하여 즉시항고가 제기된 후 항고심에서 신청채권자가 신청을 취하하거나 신청채권자의 채권이 변제 등 사유로 소멸하였다는 사정만으로 항고법원이 제1심법원의 파산선고 결정을 취소할 수 있는지 여부(원칙적 소극)

[이 유]

채무자 회생 및 파산에 관한 법률(이하 '법'이라 한다) 제305조 제1항은 "채무자가 지급을 할 수 없는 때에는 법원은 신청에 의하여 결정으로 파산을 선고한다."고 규정하고 있다. 여기서 '채무자가 지급을 할 수 없는 때', 즉 지급불능이라 함은 채무자가 변제능력이 부족하여 즉시 변제하여야 할 채무를 일반적·계속적으로 변제할 수 없는 객관적 상태를 말한다 (대법원 1999. 8. 16.자 99마2084 결정 참조). (대법원 2012.3.20. 자 2010마224 결정)

▣ 판 례 ▣

- **[파산선고]**

1. 부채 초과 상태인 개인 채무자가 파산원인인 지급불능 상태에 있는지 판단하는 방법

2. 갑이 파산신청을 한 사안에서, 갑의 장래 소득·생계비·가용소득의 규모 등에 관한 구체적·객관적인 평가도 거치지 아니한 채 파산원인에 관한 소명이 부족하다고 단정한 원심결정에 채무자 회생 및 파산에 관한 법률 제305조 제1항에서 정한 파산원인에 관한 법리오해의 위법이 있다고 한 사례

3. 채무자 회생 및 파산에 관한 법률 제309조 제1항 제5호에서 파산신청의 기각사유로 정한 '신청이 성실하지 아니한 때'의

의미 및 위 법령 등에서 요구되지 않는 사항에 관한 보정명령 불이행을 이유로, 또는 불충분한 보정에 대하여 추가적인 시정 기회의 부여 없이 곧바로 파산신청을 기각하는 것이 허용되는지 여부(소극)

4. 제1심법원의 보정명령에 대하여 갑이 보정서 등을 제출하였으나 갑의 파산신청이 기각되었고, 이후 갑이 항고하면서 소명자료를 제출하였으나 원심이 갑의 신청이 성실하지 않다는 이유로 이를 기각한 사안에서, 법령상 요구되지 않는 내용에 관한 소명자료를 제출하지 못하였음을 이유로 파산신청을 기각할 수 없고, 갑이 제1심결정에 대하여 항고를 제기하면서 다시 소명자료를 제출하였음에도 원심이 아무런 추가적인 시정 기회도 주지 아니한 채 곧바로 항고를 기각하는 것도 허용되지 않는다는 이유로 원심결정을 파기한 사례 (대법원 2011.10.28. 자 2011마961 결정)

■ 판 례 ■

■ [파산선고]

1. 채무자 회생 및 파산에 관한 법률 제305조 제1항에서 말하는 '채무자가 지급을 할 수 없는 때'의 의미 및 판단 기준

2. 부채 초과 상태인 개인 채무자가 파산원인인 지급불능 상태에 있는지의 판단 방법

3. 갑이 파산원인인 지급불능 상태에 있는지가 문제된 사안에서, 갑의 장래 소득, 생계비, 가용소득의 규모 등에 관한 구체적·객관적인 평가를 거치지 아니한 채, 단지 갑이 충분한 노동능력이 있으며 부양자 수가 없다는 등의 추상적·주관적 사정에 기하여 지급불능 상태에 있지 않다고 속단한 원심결정에 채무자 회생 및 파산에 관한 법률 제305조 제1항에 정한 파산원인

에 관한 법리를 오해한 위법이 있다고 한 사례

[이 유]

채무자 회생 및 파산에 관한 법률(이하 '법'이라 한다) 제305조 제1항은 "채무자가 지급을 할 수 없는 때에는 법원은 신청에 의하여 결정으로 파산을 선고한다."고 규정하고 있는바, 여기서 '채무자가 지급을 할 수 없는 때', 즉 지급불능이라 함은 채무자가 변제능력이 부족하여 즉시 변제하여야 할 채무를 일반적·계속적으로 변제할 수 없는 객관적 상태를 말한다 (대법원 1999. 8. 16.자 99마2084 결정 참조). 그리고 채무자가 개인인 경우 그러한 지급불능이 있다고 하려면, 채무자의 연령, 직업 및 경력, 자격 또는 기술, 노동능력, 가족관계, 재산·부채의 내역 및 규모 등을 종합적으로 고려하여, 채무자의 재산, 신용, 수입에 의하더라도 채무의 일반적·계속적 변제가 불가능하다고 객관적으로 판단되어야 한다(대법원 2009. 3. 2.자 2008마1651 결정 참조).

따라서 채무자가 개인인 경우 그가 현재 보유하고 있는 자산보다 부채가 많음에도 불구하고 지급불능 상태가 아니라고 판단하기 위하여는, 채무자의 연령, 직업 및 경력, 자격 또는 기술, 노동능력 등을 고려하여 채무자가 향후 구체적으로 얻을 수 있는 장래 소득을 산정하고, 이러한 장래 소득에서 채무자가 필수적으로 지출하여야 하는 생계비 등을 공제하여 가용소득을 산출한 다음, 채무자가 보유 자산 및 가용소득으로 즉시 변제하여야 할 채무의 대부분을 계속적으로 변제할 수 있는 객관적 상태에 있다고 평가할 수 있어야 한다. 이와 같이 부채초과 상태에 있는 개인 채무자의 변제능력에 관하여 구체적·객관적인 평가 과정을 거치지 아니하고, 단지 그가 젊고 건강하다거나 장래 소득으로 채무를 일부라도 변제할 수 있을 것으로 보인다는 등의 추상적·주관적인 사정에 근거하여 함부로 그 채무자가 지급불능 상태에 있지 않다고 단정하여서는 안 된다(대법원 2009. 5. 28.자 2008마1904, 1905 결정 참조). (대법원 2011.4.29. 자 2011마422 결정)

2. 법인의 파산원인(법 제306조) : 채무초과

법인에 대하여는 그 부채의 총액이 자산의 총액을 초과하는 때에도 파산신고를 할 수 있다. 이 규정은 합명회사 및 합자회사의 존립 중에는 적용하지 않는다. 채무초과는 합명회사, 합자회사 즉 인적회사를 제외한 법인과 상속재산에 있어서 특유한 파산원인이다. 채무초과란 부채의 총액이 자산의 총액을 초과하는 것을 말한다.

　본 규정에서의 부채 및 자산의 개념이 반드시 회계상의 개념과 일치하는 것은 아니다. 이에 따라 대차대조표상 부채가 자산을 초과한다고 해서 바로 채무초과라고 할 수 있는 것은 아님을 유의해야 한다.

3. 상속재산의 파산원인(법 제307조)

　상속인이 상속재산으로 상속채권자 및 유증을 받은 자에 대한 채무를 완제할 수 없는 경우에는 법원은 신청에 의하여 결정으로 파산을 선고한다.

4. 파산신청 또는 선고 후의 상속(법 제308조)

　파산신청 또는 파산선고가 있은 후에 상속이 개시된 경우에는 상속재산에 대하여 파산절차가 속행된다.

Ⅱ. 파산신청의 기각사유(법 제309조)

　(1) 법원은 다음 각호의 어느 하나에 해당하는 때에는 파산신청을 기각할 수 있다.
　① 법원은 신청인이 절차의 비용을 미리 납부하지 아니한 때
　② 법원에 회생절차 또는 개인회생절차가 계속되어 있고 그 절차에 의함이 채권자 일반의 이익에 부합하는 때
　③ 채무자에게 파산원인이 존재하지 아니한 때
　④ 신청인이 소재불명인 때

⑤ 그 밖에 신청이 성실하지 아니한 때

(2) 법원은 채무자에게 비록 파산원인이 존재하는 경우일지라도 파산신청이 파산절차의 남용에 해당한다고 인정되는 때에는 심문을 거쳐 파산신청을 기각할 수 있다.

▣ 판 례 ▣

■ [파산선고·면책]

1. 채무자 회생 및 파산에 관한 법률 제309조 제1항 제5호에서 파산신청 기각사유로 정한 '신청이 성실하지 아니한 때'의 의미 및 법령상 요구되지 않는 내용에 관한 보정명령 불이행을 이유로 또는 불충분한 보정에 대하여 시정 기회를 제공하지 않고 파산신청을 기각하는 것이 허용되는지 여부(소극)

2. 채무자가 제1심법원의 보정 요구에 응하지 아니하여 '신청이 성실하지 아니한 때'에 해당함을 이유로 파산신청기각결정을 받은 후 즉시항고하면서 보정 요구에 응하였으나 그 내용이 법원의 요구사항을 충족시키지 못한 경우, 항고심법원이 취하여야 할 조치

[이 유]

재항고이유를 판단한다.

1. 채무자 회생 및 파산에 관한 법률(이하 '법'이라고 한다) 제309조 제1항 제5호에서 파산신청 기각사유로 규정하고 있는 '신청이 성실하지 아니한 때'란 채무자가 법 제302조 제1항에 정한 신청서의 기재사항을 누락하였거나 법 제302조 제2항 및 채무자 회생 및 파산에 관한 규칙 제72조에 정한 첨부서류를 제출하지 아니하였고, 이에 대하여 법원이 보정을 촉구하였음에도 채무자가 정당한 사유 없이 응하지 아니한 경우를 말하는 것이며, 법원이 보정을 명한 사항이 위와 같이 법령상 요구되지 않는 내용에 관한 것이라면 채무자가 그 사항을 이행하지 못하였다 하더라도 이를 이유로 파산신청을 기각하는 것은 허용되지 않고,

또한 채무자가 법원의 보정 요구에 일단 응한 경우에는 그 내용이 법원의 요구사항을 충족시키지 못하였다 하더라도 법원이 추가적인 보정 요구나 심문 등을 통하여 이를 시정할 기회를 제공하지 아니한 채 곧바로 파산신청을 기각하는 것은 허용되지 않는다 (대법원 2008. 9. 25.자 2008마1070 결정 참조). 법 제309조 제1항 제5호의 사유를 이유로 한 파산신청기각결정에 대하여 즉시항고가 제기된 경우 '신청이 성실하지 아니한 때'에 해당하는지 여부는 항고심의 속심적 성격에 비추어 항고심 결정 시를 기준으로 판단하여야 한다. 따라서 채무자가 제1심법원의 보정 요구에 응하지 아니하여 '신청이 성실하지 아니한 때'에 해당함을 이유로 파산신청기각결정을 받은 후 즉시항고하면서 보정 요구에 응하였다면, 비록 그 내용이 법원의 요구사항을 충족시키지 못할지라도 항고심법원으로서는 채무자에게 추가적인 보정 요구나 심문 등을 통하여 이를 시정할 기회를 제공한 후에 제1심결정 또는 항고이유의 당부를 판단하여야 할 것이다 . (대법원 2012.4.13. 자 2012마271,272 결정)

<h2 align="center">◙ 판 례 ◙</h2>

■ [파산선고]

1. 채무자 회생 및 파산에 관한 법률 제309조 제1항 제5호에서 파산신청 기각사유로 정한 '신청이 성실하지 아니한 때'의 의미 및 법령상 요구되지 않는 내용에 관한 보정명령의 불이행을 이유로 또는 불충분한 보정에 대하여 시정 기회를 제공하지 않고 파산신청을 기각하는 것이 허용되는지 여부(소극)

채무자 회생 및 파산에 관한 법률 제309조 제1항 제5호에서 파산신청 기각사유로 규정하고 있는 '신청이 성실하지 아니한 때'란 채무자가 같은 법 제302조 제1항에 정한 신청서의 기재사항을 누락하였거나 같은 법 제302조 제2항 및 채무자 회생 및 파산에 관한 규칙 제72조에 정한 첨부서류를 제출하지 아니하였고, 이에 대하여 법원이 보정을 촉구하였음에도 채무자가 정당한 사유 없이 응하지 아니한 경우를 말하는 것이며, 법원이 보정을 명한 사항이 위와 같이 법령상 요구되지 않는 내용에 관한 것이라면 채무자가 그 사항을 이행하지 못하였다 하더라도 이를 이유로 파산신청을 기각하는 것은 허용되지 않고, 채무자가 법원의 보정 요구에 일단 응한 경우에는 그 내용이 법원의 요구사항을 충족시키지 못하였다 하더라도 법원이 추가적인 보정 요구나 심문 등을 통하여 이를 시정할 기회를 제공하지 아니한 채 곧바로 파산신청을 기각하는 것은 허용되지 않는다.

2. 채무자가 파산신청을 하면서 아파트 처분사실을 신청서에 기재하지 아니한 것이 채무자 회생 및 파산에 관한 법률 제309조 제1항 제5호에서 정한 '신청이 성실하지 아니한 때'에 해당한다고 볼 수 없다고 한 사례

채무자가 파산신청을 하면서 채무자 소유의 아파트를 매도한 사실을 신청서에 기재하지 아니하였는데, 제1심법원은 채무자가 파산신청 당시 아파트 처분사실을 누락한 사실을 알고도 보정요구나 심문 등을 통하여 이를 시정할 기회를 제공하지 아니한 채 파산신청을 기각하였고, 원심에 이르러 채무자가 아파트 처분사실 및 경위를 설명하고 소명자료를 제출하였는데도 원심은 신청불성실을 이유로 제1심결정을 유지한 사안에서, 아파트 처분사실의 신청누락이 채무자 회생 및 파산에 관한 법률 제309조 제1항 제5호에서 정한 '신청이 성실하지 아니한 때'에 해당한다고 볼 수 없다고 한 사례. (대법원 2011.7.28. 자 2011마958 결정)

◪ 판 례 ◪

◼ [파산선고및면책기각결정에대한즉시항고]

1. 파산신청이 '채무자 회생 및 파산에 관한 법률' 제309조 제2항에 정한 일반적 파산신청 기각사유인 '파산절차의 남용'에 해당하는지의 판단 방법

'채무자 회생 및 파산에 관한 법률' 제309조 제2항에서 법원이 파산을 선고하여서는 아니 되는 사유를 개별적으로 규정하는 제309조 제1항과는 별도로 그 신청이 '파산절차의 남용에 해당하는 때'에는 일반적으로 파산신청을 기각할 수 있다고 정한다. 위 제309조 제2항이 규정하는 바는 권리남용금지원칙의 한 표현으로서, 파산신청이 '파산절차의 남용'에 해당하는지 여부는 다른 일반조항에서와 마찬가지로 그 권리의 행사에 관련되는 제반 사정을 종합적으로 고려하여 판단되어야 한다. 특히 위 법 규정의 입법 연혁이나 문언 및 규정 체계 등에 비추어 보면, 정직하고 성실한 채무자의 새로운 출발을 도모하면서도 채권자에게 보다 공평한 만족을 보장하려는 파산제도 기타 도산제도의 본래적 기능이 정상적으로 발휘될 수 있도록 하기 위하여, 채무자의 현재 및 장래의 변제능력이 무겁게 고려됨은 물론이고, 그 외에도 파산신청의 동기와 그에 이른 경위, 지급불능의 원인 및 그에 관련한 이해관계인들의 행태, 파산절차와 관련하여 제공되는 각종 정보의 정확성, 채무자가 예정하는 지출 등의 낭비적 요소 유무 등이 문제될 수 있다. 또한 파산신청이 종국적으로 채무자의 면책을 얻기 위한 목적으로 행하여지는 경우에 채무자에게 법이 정한 면책불허가사유의 존재가 인정된다면 이러한 사정도 파산절차의 남용을 긍정하는 요소로 평가될 수 있음은 물론이다. 한편 그에 있어서는 면책불허가사유가 존재하더라도 법원이 파산에 이르게 된 경위 등을 참작하여 재량으로 면책을 허가할 수 있는 점 등에 비추어, 채무자가 위와 같은 재량면책을 받을 수 있는 기회를 부당하게 상실하는 것이 아닌지 하는 점에도 유념할 것이다.

2. 채무자가 면책불허가사유에 해당하는 행위를 저지르면서 한 파산신청을 파산절차의 남용으로 보아 '채무자 회생 및 파산에 관한 법률' 제309조 제2항에 따라 그 파산신청을 기각한 원심판단은 수긍할 수 있고, 그러한 판단이 섣불리 파산신청을 기각하여 채무자에게 재량면책을 받을 기회를 부당히 상실하게 하는 것이라고 볼 수 없다고 한 사례

채무자가 채권자에게 채무를 부담하고 있는 상황에서 배우자의 상속재산에 관한 자신의 상속지분 일체를 포기하여 장남으로 하여금 단독으로 상속받도록 하고, 장남이 그 상속재산을 단독으로 상속한 후 일부 상속재산을 처분하기까지 하였음에도 파산신청서에 그 내용을 기재하지 않았을 뿐만 아니라 상속재산이 없다고 기재하여 본인의 재산상태에 관하여 허위의 진술을 하는 등 면책불허가사유에 해당하는 행위를 저지르면서 한 파산신청을 파산절차의 남용행위로 보아 '채무자 회생 및 파산에 관한 법률' 제309조 제2항에 따라 그 파산신청을 기각한 원심판단은 수긍할 수 있고, 그러한 판단이 섣불리 파산신청을 기각하여 채무자에게 재량면책을 받을 기회를 부당히 상실하게 하는 것이라고 볼 수 없다고 한 사례. (대법원 2011.1.25. 자 2010마1554,1555 결정)

◧ 판 례 ◧

■ [파산선고·면책]

1. 부채 초과 상태인 개인 채무자가 파산원인인 지급불능 상태에 있는지 여부의 판단 방법

채무자 회생 및 파산에 관한 법률 제305조 제1항에서 파산원인으로 규정하는 '채무자가 지급을 할 수 없는 때', 즉 지급불능이라 함은 채무자가 변제능력이 부족하여 즉시 변제하여야 할 채무를 일반적·계속적으로 변제할 수 없는 객관적 상태를 말한다. 채무자가 개인인 경우 그가 현재 보유하고 있는 자산보다 부채가 많음에도 불구하고 지급불능 상태가 아니라고 판단하기 위하여는, 채무자의 연령, 직업 및 경력, 자격 또는 기술, 노동능력 등을 고려하여 채무자가 향후 구체적으로 얻을 수 있는 장래 소득을 산정하고, 이러한 장래 소득에서 채무자가 필수적으로 지출하여야 하는 생계비 등을 공제하여 가용소득을 산출한 다음, 채무자가 보유 자산 및 가용소득으로 즉시 변제하여야 할 채무의 대부분을 계속적으로 변제할 수 있는 객관적 상태에 있다고 평가할 수 있어야 한다. 이와 같이 부채 초과 상태에 있는 개인 채무자의 변제능력에 관하여 구체적·객관적인 평가 과정을 거치지 아니하고, 단지 그가 젊고 건강하다거나 장래 소득으로 채무를 일부라도 변제할 수 있을 것으로 보인다는 등의 추상적·주관적인 사정에 근거하여 함부로 그 채무자가 지급불능 상태에 있지 않다고 단정하여서는 아니 된다.

2. 채무자 회생 및 파산에 관한 법률 제309조 제2항에서 규정하는 '파산신청이 파산절차의 남용에 해당한다'의 의미

파산면책제도의 목적과 다른 도산절차와의 관계, 채무자 회생 및 파산에 관한 법률 제309조 제2항의 입법 연혁과 조문 체계 등에 비추어 보면, 채무자가 개인인 경우 '파산신청이 파산절차의 남용에 해당한다'는 것은, 채무자가 현재는 지급불능 상태이지만 계속적으로 또는 반복하여 일정한 소득을 얻고 있고 이러한 소득에서 필수적으로 지출하여야 하는 생계비, 조세 등을 공제한 가용소득으로 채무의 상당 부분을 계속적으로 변제할 수 있기 때문에, 회생절차·개인회생절차 등을 통하여 충분히 회생을 도모할 수 있다고 인정되는 경우를 주로 의미한다. 따라서 채무자가 회생절차·개인회생절차를 신청한다면 그 절차를 통하여 충분히 회생을 도모할 수 있는 상태에 있는지 여부를 전혀 심리하여 보지도 아니한 상태에서 채무자에게 장래 소득이 예상된다는 사정만에 터잡아 함부로 채무자의 파산신청이 파산절차의 남용에 해당한다고 단정하여서는 아니 된다.　(대법원 2009.5.28. 자 2008마1904,1905 결정)

Ⅲ. 파산선고

1. 파산결정서의 기재사항(법 제310조)

파산결정서에는 파산선고의 연월일뿐 아니라 시각도 기재하여야 한다. 이처럼 정확한 시간을 요구하는 것은 파산선고의 효력발생시기가 그 결정의 확정을 기다리지 않고 선고시부터 효력을 발생하므로, 그 시점을 명확하게 할 필요가 있기 때문이다.

2. 파산의 효력발생시기(법 제311조)

파선선고는 그 결정의 확정을 기다리지 않고 선고시부터 효력을 발생한다.

3. 파산선고와 동시에 정하여야 하는 사항(법 제312조)

법원은 파산선고와 동시에 파산관재인을 선임하고 채권신고의 기간, 제1회 채권자집회의 기일, 채권조사의 기일을 정하여야 한다.

(1) 파산관재인 선임

파산선고와 파산관재인을 동시에 선임하는 때에는 파산결정문에 그 취지를 기재한다. 파산선고 직후에 파산결정 정본을 파산관재인에게 송달하고, 파산관재인 자격증명서(선임증)의 원본을 교부한다.
파산관재인을 선임하는 경우에는 파산관재인의 성명과 주소를 공고하고, 채권자에게 이를 기재한 서면을 송달한다. 실무상 관재업무의 편의를 위하여 결정문 등에는 파산관재인의 주소를 기재하기보다는 파산관재인의 사무실 소재지를 기재하는 경우가 더 많다.

(2) 채권신고기간, 제1회 채권자집회 기일, 채권조사기일 결정

① 채권신고의 기간 - 파산선고일로부터 2주 이상 3월이하
② 제1회 채권집회의 기일 - 파산선고일로부터 4월 이내
③ 채권조사의 기일 - 채권조사의 기일과 채권신고기간의 말일 사이에는 1주 이상 1월 이하의 기간이 있어야 한다.

(3) 실무에서의 처리

실무에서는 통상 채권신고기간은 파산선고일로부터 4주 전후로, 제1회 채권자집회와 채권조사기일은 채권신고기간 말일로부터 4주 전후로 정하고 있다. 채권자 수가 매우 많거나 하는 등 다른 사정이 있는 경우에는 이보다 더 늘려잡을 수 있다. 제1회 채권자집회와 채권조사기일은 특별한 사정이 없는 한 병합한다.

4. 파산선고의 공고 및 송달(법 제313조)

(1) 공고

법원은 파산선고를 한 때에는 즉시 다음의 사항을 공고하여야 한다.

① 파산결정의 주문

② 파산관재인의 성명 및 주소 또는 사무소

③ 채무자회생및파산에관한법률 제312조의 규정에 의한 기간 및 기일

④ 파산선고를 받은 채무자의 채무자와 파산재단에 속하는 재산의 소유자는 파산선고를 받은 채무자에게 변제를 하거나 그 재산을 교부하여서는 아니된다는 뜻의 명령

⑤ 파산선고를 받은 채무자와 파산재단에 속하는 재산의 소유자에 대하여 다음의 각 사항을 일정한 기간 안에 파산관재인에게 신고하여야 한다는 뜻의 명령

ㄱ) 채무를 부담하고 있다는 것

ㄴ) 재산을 소지하고 있다는 것

ㄷ) 소지자가 별제권을 가지고 있는 때에는 그 채권을 가지고 있다는 것

영업자 파산사건이든 비영업자 파산사건이든 나누지 않고 관보와 법원이 지정하는 일간신문에 공고하여야 한다. 또한 전자통신매체(대법원 홈페이지, 법원공고란)를 이용하여 할 수 있다.

(2) 송달

법원은 알고 있는 채권자, 채무자 및 재산소지자에게는 공고사항을 기재한 서면을 송달하여야 한다. 실무상으로는 파산관재인이 선임되는 즉시 채권자들의 성명, 주소 등을 정확히 파악하도록 한 후

에 파산관재인 또는 그 보조자들의 도움을 얻어 발송하도록 하고 있다. 송달방법으로는 등기우편에 의한 발송송달을 이용하고 있다. 이 때 채권자들에 대한 통지서외에 채권신고서 용지, 채권신고에 관한 주의사항 및 채권자집회기일 소환장을 동봉한다.

5. 등본

법원은 금융기관이 채권자인 면책신청사건의 경우 전국은행연합회의 장에게 다음 각 호에 따라 통보하여야 한다.
① 면책결정이 확정된 경우
통보할 사항 : 사건번호, 채무자의 성명, 주민등록번호, 면책결정일, 면책결정확정일
② 면책취소결정이 확정된 경우
통보할 사항 : 사건번호, 파산선고를 받은자의 성명, 주민등록번호, 면책취소결정일, 면책취소결정확정일

6. 파산선고의 통지

(1) 법인파산의 통지(법 제314조)

법인에 대하여 파산선고를 한 경우 그 법인의 설립이나 목적인 사업에 관하여 행정청의 허가가 있는 때에는 법원은 파산의 선고가 있음을 주무관청에 통지하여야 한다. 이는 파산취소 또는 파산폐지의 결정이 확정되거나 파산종결의 결정이 있는 경우에 관하여 준용한다.

(2) 검사에 대한 통지(법 제315조)

법원은 필요하다고 인정하는 경우에는 파산선고한 사실을 검사에게 통지할 수 있다.

7. 파산신청에 관한 재판에 대한 즉시항고(법 제316조)

(1) 즉시항고

파산신청에 관한 재판에 대하여는 즉시항고를 할 수 있다.

채권신청의 경우	파산자, 신청인 외의 다른 채권자
자기파산(준자기파산)의 경우	채권자, 신청인 이외의 이사, 청산인 등 임원

(2) 항고기간

파산선고 공고의 효력이 발생한 날(일간신문에 게재한 날의 다음 날 오전 0시)부터 2주간이다.

(3) 집행정지의 효력 불인정

파산신청에 관한 재판에 대한 즉시항고는 집행정지의 효력이 없다.

8. 파산선고와 동시에 하는 파산폐지결정에 대한 즉시항고(법 제317조)

법원은 파산재단으로 파산절차의 비용을 충당하기에 부족하다고 인정되는 때에는 파산선고와 동시에 파산폐지의 결정을 하여야 한다. 이 결정에 대하여는 즉시항고를 할 수 있고, 이 즉시항고는 집행정지의 효력이 없다.

9. 파산선고와 동시에 하는 파산폐지(법 제317조)

(1) 요건

파산선고시에 파산재단으로써 파산절차의 비용을 충당하기에는 충분하지 않다고 인정되는 경우에는 파산선고와 동시에 파산폐지의 결정을 한다. 이것을 실무상 동시폐지라고 하고, 선고 후에 폐지되는 이시폐지와 구별된다. 동시폐지의 결정에 의하여 파산절차는 장래를 향하여 해지된다.

파산선고와 동시에 파산폐지의 결정	동시폐지
파산선고 후에 파산폐지의 결정	이시폐지

(2) 유의할 점

소비자파산과 달리, 개인사업자 또는 법인이 파산한 때에는 부채액도 다액인 경우가 대부분이고, 추심하여야 할 매출금채권 등이 존재하거나 부인대상의 행위가 발견되는 경우도 있을 수 있는 경우가 많으므로, 이들의 조사를 위하여 파산관재인을 선임하여야 할 필요가 있는 경우가 많다. 그러므로 개인사업자 또는 법인이 파산한 경우에는 소비자파산보다는 더 엄격하게 요건을 적용하여 부도 후 상당한 기간을 경과하여 재단이 형성될 가망이 전혀 없음이 분명한 경우에만 동시폐지를 해야한다.

(3) 공 고

파산선고와 동시에 하는 파산폐지의 결정을 한 때에는 파산결정의 주문과 파산폐지결정의 주문 및 이유의 요지를 공고하여야 한다.

(4) 동시파산폐지의 예외(법 제318조)

파산절차의 비용을 충당하기에 충분한 금액을 미리 납부한 때에는 동시파산폐지의 결정을 할 수 없다. 절차비용이 부족하여 동시폐지를 하여야 할 경우에는 채권자가 채무자에 갈음하여 예납금을 납부할 수도 있으므로, 채권자에게 예납금을 납부할 의사가 있는지 확인하여야 한다.

10. 채무자 등의 구인

(1) 파산선고를 받은 채무자의 구인(법 제319조)

법원은 필요하다고 인정하는 때에는 파산선고를 받은 채무자를 구인하도록 명할 수 있다. 구인은 실무상 파산관재인에 대한 설명에 파산선고를 받은 채무자 등이 응하지 않는 경우이거나, 법원의 심문을 위한 소환에 응하지 않는 때에 행하여진다. 구인장은 법원이 발부하며, 형사소송법상 구인의 규정이 준용된다. 구인결정에 대하여는 즉시항고를 할 수 있다.

(2) 파산선고를 받은 채무자의 법정대리인 등의 구인(법 제320조)

파산선고를 받은 채무자의 법정대리인, 이사, 지배인과 상속재산에 대한 파산의 경우 상속인과 그 법정대리인 및 지배인은 채무자회생및파산에관한법률 제319조를 준용하여 구인할 수 있다.

(3) 파산선고 전의 구인(법 제322조)

파산의 신청이 있는 때에는 법원은 파산선고 전이라도 채무자와 채무자의 법정대리인, 이사, 지배인과 상속재산에 대한 파산의 경우 상속인과 그 법정대리인 및 지배인의 구인을 명할 수 있다.
이 경우의 구인에도 형사소송법의 구인에 관한 규정이 준용되며, 즉시 항고할 수 있다.

11. 채무자 등의 설명의무(법 제321조)

채무자 및 그 대리인, 이사, 지배인, 상속재산의 경우 그 대리인·상속재산관리인 및 유언집행자는 파산관재인, 감사위원, 채권자집회의 요청에 의하여 파산에 이르게 된 사정, 파산재단, 환취권, 별제권, 파산채권, 부인권 등 파산에 관하여 필요한 설명을 해야 한다. 설명의무를 부담하는 자가 위의 설명의무를 위반하는 경우 처벌되고, 면책불허가 사유로도 된다. 파산선고 전에 위와 같은 자격을 가지고 있던 자에게도 적용된다.

◈ 파산선고를 받을 경우 어떤 불이익이 있는지

질의】 ➡ 저는 40대 초반의 여성으로서 남편의 사업 실패로 인한 생활비 부족으로 신용카드를 발급받아 사용하면서 부채가 증대되었고 이후 남편까지 사망하여 현재 식당에서 홀 써빙을 하면서 초등학교, 중학교에 재학중인 자녀들과 근근이 생계를 유지하고 있어 파산을 신청하고자 합니다. 그런데 사람들의 말에 의하면 파산을 할 경우 가족관계증명서에 빨간 줄이 가서 평생 파산자로 낙인찍혀 금융기관도 전혀 이용할 수 없고 주소도 함부로 옮길 수 없으며, 자녀들에게도 영향이 있다고 합니다. 파산을 하면 어떤 불이익이 있으며 정말 가족관계증명서에 파산자로 기재가 되는지요?

답변】 ➡ 파산을 선고받을 경우 민법 등 개별 법률에 의하여 다음과 같은 법률상 불이익이 있습니다.

첫째, 사법상의 불이익으로서 민법상 후견인, 친족회원, 유언집행자, 신탁법상 수탁자가 될 수 없고, 상법상 합명회사, 합자회사 사원의 퇴사원인이 되고, 주식회사, 유한회사의 이사의 경우 위임관계가 종료되어 당연 퇴임하게 됩니다.

둘째, 공법상 불이익으로서 공무원, 변호사, 공증인, 공인회계사, 공인노무사, 세무사, 변리사, 국공립·사립학교 교수, 전임강사 및 교사, 증권거래소 임원, 상장법인의 상근감사, 등이 될 수 없거나, 그 직을 계속 수행할 수 없습니다. 그러나 위와 같은 신분상의 공·사법상 제한은 복권이 되면 없어지며, 면책 결정이 확정되면 당연히 복권이 됩니다.

한편 과거 의사, 한의사, 간호사, 약사, 건축사 등에 대한 자격제한은 해당 법률의 개정으로 삭제되어 파산선고를 받더라도 결격사유에 해당되지 않습니다. 그러나 공인중개사의 경우 자격제한은 없으나 복권되지 않은 경우 중개사무소 개설등록을 할 수 없고 소속공인중개사 또는 중개보조원이 될 수 없습니다.

신원증명사항과 관련하여, 개인파산 및 면책신청사건의 처리에 관한 예규 제6조 제1항은 "법원은 개인인 채무자에 대하여 다음 각호의 사유가 있는 때에는 채무자의 신원증명업무 관장자인 등록기준지 시(구가 설치된 시에 있어서는 구)·읍·면의 장에게 그 사실을 통보하여야 한다. 다만 제2호 내지 제4호의 사실은 제1호의 사실이 통보된 채무자에 한하여 통보한다.

1.파산선고가 확정된 때. 다만 채무자가 법 제556조제1항에 따른 면책신청을 하거나 동조제3항에 따라 면책신청을 한 것으로 보는 경우에는 그 면책신청이 각하·기각되거나 면책불허가결정이 내려지거나 면책취소의 결정이 확정된 때에 한하여 통보한다.

2.법 제574조제1항 제1· 2호의 사유가 발생된 때

3.복권결정이 확정된 때

4.면책취소의 결정이 확정된 때"라고 규정하고 있어 여러 가지 사회적 평가 상의 불이익을 받을 소지를 줄였습니다.

금융기관과의 거래와 관련하여, 파산을 선고받아 면책결정이 확정된 경우 법원은 전국은행연합회장에게 사건번호, 채무자의 성명 및 주민등록번호 등을 통보하고(동 예규 제5조), 전국은행연합회는 채무자의 기존 연체등록정보(구 신용불량정보)를 공공정보로 변경 등록하고(신용정보관리규약 제11조 제1항 제8호), 등록사유 발생일로부터 5년간 공공정보를 1201 코드로 관리하게 됩니다. 특수기록정보 등록자라고 하더라도 일반적인 통장개설은 가능하며, 최근에는 체크카드의 발급도 가능하게 되었습니다. 그러나 신용카드 발급이나 대출 등 신용거래는 각 금융기관이 개별적으로 정할 내용으로서 일반적으로 다시 신용이 발생하기 전까지는 어렵다고 볼 수 있습니다.

결론적으로 ①파산을 선고받더라도 면책결정이 확정될 경우 가족관계등록부나 신원증명사항에 어떠한 기재도 하지 않으며, 만일 면책결정을 받지 못하더라도 가족관계등록관서가 관리하고 있는 신원증명사항에 기재될 뿐, 가족관계등록부에 직접 파산자로 기재되지는 않고 ②금융기관 이용과 관련하여 특수기록정보 등록자로서 신용거래는 불가능할 것으로 보이나 일반적인 통장개설 등의 금융기관 이용이 제한 당하지는 않으며 ③파산 및 면책으로 인한 불이익은 신청 당사자에게만 효력이 있으므로, 자녀들에게 불이익이 발생하는 일은 없습니다. [법률구조공단자료. 참고만 하세요]

Ⅳ. 파산선고 전의 보전처분(법 제323조)

1. 보전처분의 필요성 등

(1) 보전처분의 필요성

채무자는 파산신청 있은 후에도 파산선고결정이 있기 전까지는 그 신상에 아무런 구속을 받지 않고(개인의 경우), 자기 재산에 대한 관리처분권도 잃지 않으므로, 파산신청 후 심리 중에도(개인의 경우), 자기 재산에 대한 관리처분권을 잃게 되지 않으므로, 재산은닉, 일부 채권에 대한 편파변제, 재산의 양도, 담보의 제공 등을 하여 재산을 산일시키는 경우가 자주 있다. 또 일부 채권자들이 채무자에게 변제, 담보의 제공을 요구하거나 강제집행, 가압류, 가처분 등에 의해 개별적으로 채권을 추심하려고 하게 되어 타 채권자들의 이익이 침해되는 경우도 발생하게 된다.

따라서 법 제323조 제1항은 "법원은 파산선고 전이라도 이해관계인의 신청에 의하거나 직권으로 채무자의 재산에 관하여 가압류·가처분 그 밖에 필요한 보전처분을 명할 수 있다"고 규정하고 있다.

(2) 실무에서의 처리

실무상으로는 보전처분을 발령하지 않고, 파산신청에서 파산선고에 이르는 기간이 짧으므로 파산신청 후 가능한 한 신속히 파산선고를 하는 것으로 처리하고 있다.

(3) 동시폐지가 예상되는 사건의 경우

동시폐지가 예상되는 사건에서는 보전할 재단이 없으므로 보전처분을 할 수가 없다.

2. 절차

(1) 관할

파산법원의 전속관할이다

(2) 신청권자

가. 인적보전처분의 경우

인적보전처분은 이해관계인에게 신청권이 없고, 이해관계인이 신청을 하더라도 법원의 직권발동을 촉구하는 의미밖에 없다.

나. 물적보전처분의 경우

물적보전처분을 신청할 수 있는 자는 신청인, 채무자, 이해관계인이다. 이해관계인에는 파산채권자, 재단채권자, 별제권자, 이사 등 채무자 법인의 임원, 종업원 등도 포함된다. 신청인인 채권자가 보전처분을 신청하는 경우에는, 채권자가 채무자를 압박하여 채권을 회수한 후 신청을 취하하는 경우가 있을 수 있으므로, 보전처분 발령 여부의 판단에 신중을 기하여야 할 것이다.

다. 직권에 의한 보전처분

법원이 직권으로도 보전처분을 할 수 있다. 그리고 파산신청이 있는 경우에 보전처분을 할 수 있다고 규정하고 있으나, 실무상으로는 관련파산의 경우에도 직권으로 보전처분을 하고 있다. 즉 채무자회생이 폐지되는 경우에 채권자들이 선행절차의 폐지 이후부터는 앞다투어 추심에 나서고 채무자는 재산을 은닉하려는 경우가 있기 때문이다.

(3) 담보

보전처분은 개별채권자의 이익을 위한 것이 아니라 총채권자의 이익을 위한 것이고, 실무상 보전처분이 발령되는 경우에는 대부분 파산선고가 되고 있기 때문에 담보는 원칙적으로 제공되지 않게 하고 있다. 그렇지만 발령하는 보전처분의 내용에 따라 채무자에게 큰 손해가 발생할 가능성이 있는 경우도 있을 수 있으므로 담보를 제공하게 할 수도 있을 것이다.

(4) 심리 및 재판

가. 소명

자기파산의 경우에는 소명을 할 필요가 없지만 자기파산을 제외하고는 파산원인에 관한 소명이 필요하다. 특히 채권자 신청 사건에서는 채무자의 재산상태가 불분명하고 채권자 자신의 채권회수만을 목적으로 보전처분을 신청하는 경우가 많을 것이므로 파산원인의 판단을 신중하게 하여야 한다.

원칙적으로는 보전의 필요성에 관하여도 소명이 필요하지만, 일반적으로 파산원인이 인정되는 경우에는 보전의 필요성도 인정된다고 하여야 할 것이다. 피보전권리의 존재도 요구되지 않는다.

나. 법원의 보전처분의 결정

법원의 보전처분의 결정은 보전처분신청의 내용에 구속되지 아니하므로 심리를 거쳐 필요하다고 인정되는 내용의 보전처분을 발령하면 되는 것이고, 신청한 보전처분과 다른 내용의 보전처분을 부가하여 발령하는 것도 가능하다.

(5) 불복신청

보전처분에 대하여는 즉시항고를 할 수 있으며, 이 즉시항고에는 집행정지의 효력이 없다. 그러나 실무상 즉시항고가 있고 그것이 이유 있다고 판단되면 법원이 보전처분을 변경, 취소하는 것으로 처리하는 것이 간편하다.

(6) 집행

집행은 민사집행법상 보전처분의 집행례에 의한다. 부동산의 처분

금지가처분과 같이 법원이 할 수 있는 것 외에는, 신청인이 집행관에게 집행을 위임하고 그 결과를 법원에 보고하게 된다. 총채권자를 위한 보전처분이므로 민사집행법상의 집행기간의 제한은 받지 않는다.

3. 내용

(1) 인적 보전처분

인적 보전처분으로는 구인, 감수가 있다. 신체의 자유를 구속하는 보전처분이므로 그 발령 신중을 기하여야 한다. 실무상 그 예가 드물다.

(2) 물적 보전처분

실무례에서 보이는 물적 보전처분의 예로는, 변제금지, 차재금지, 자동차 또는 부동산 처분금지 가처분, 동산 가압류, 채권압류 등이 있다.

Ⅴ. 책임제한절차

1. 책임제한절차의 정지명령(법 제324조)

① 법원은 파산신청이 있는 경우 필요하다고 인정하는 때에는 이해관계인의 신청 또는 직권으로 파산신청에 대한 결정이 있을 때까지 「상법」 제5편(해상) 및 「선박소유자 등의 책임제한절차에 관한 법률」에 의한 책임제한절차의 정지를 명할 수 있다. 그러나 책임제한절차개시의 결정이 있는 때에는 그러하지 아니하다.

② ①의 책임절차의 정지명령을 취소할 수 있다.

2. 책임제한절차폐지의 결정이 확정될 때까지의 파산절차의 정지(법 제326조)

파산선고를 받은 채무자를 위하여 개시한 책임제한절차의 폐지결정이 있는 때에는 그 결정이 확정될 때까지 파산절차를 정지한다.

3. 책임제한절차폐지의 경우의 조치(법 제327조)

(1) 채권신고의 기간·채권조사의 기일의 결정

파산선고를 받은 채무자를 위하여 개시된 책임제한절차의 폐지결정이 확정된 때에는 법원은 제한채권자를 위하여 다음 사항을 정하여야 한다.

가. 채권신고의 기간

책임제한절차폐지의 결정이 확정된 날부터 1주 이상 2월 이하로 하여야 한다.

나. 채권조사의 기일

이 경우 채권조사기일과 채권신고기간의 말일과의 사이에 1주 이상 1월 이하의 기간을 두어야 한다.

(2) 공고 및 송달

가. 공고

법원은 채권신고의 기간과 채권조사의 기일을 공고하여야 한다.

나. 송달

법원은 알고 있는 채권자에 대하여는 다음 사항을 기재한 서면을 송달하여야 한다.

① 채권신고의 기간 및 채권조사의 기일
② 파산결정의 주문
③ 파산관재인의 성명 및 주소 또는 사무소

제3절 법률행위에 관한 파산의 효력

Ⅰ. 총 칙

1. 해산한 법인의 존속 간주(법 제328조)

해산한 법인은 파산의 결정이 있기 전까지 파산의 목적의 범위 안에서는 법인이 아직 존속하는 것으로 본다.

2. 채무자의 파산선고 후의 법률행위의 효력(법 제329조)

파산선고가 내려진 경우에 파산자는 파산재단을 구성하는 재산에 관한 관리처분권을 잃고, 이 관리처분권은 파산관재인에게 전속하게 된다. 따라서 파산선고 후 파산자가 재단 소속 재산에 관하여 한 법률행위는 권한 없는 행위가 되어 파산채권자에 대항할 수 없다.(상대적 무효)

그리고 채무자가 파산선고일에 한 법률행위는 파산선고 후에 한 것으로 추정한다.

3. 파산선고 후의 법률행위에 의하지 아니한 권리취득의 효력 (법 제330조)

채무자에 대한 파산선고가 있으면 파산재단에 속하는 재산에 관하여 채무자의 법률행위에 의하지 아니하고 권리를 취득한 경우에도 그 취득은 파산채권자에게 대항할 수 없다. 파산선고일에 권리를 취득한 행위는 파산선고 후에 한 것으로 추정한다.

4. 파산선고 후의 등기·등록 등의 효력(법 제331조)

부동산 또는 선박에 관하여 파산선고 전에 생긴 채무의 이행으로

서 파산선고 후에 한 등기 또는 가등기는 파산채권자에게 대항할
수 없다. 다만, 등기권리자가 파산선고의 사실을 알지 못하고 한 등
기에 관하여는 그러지 않는다. 이는 권리의 설정·이전 또는 변경에
관한 등록 또는 가등록에 관하여 준용한다.

5. 파산선고 후 채무자에 대한 변제(법 제332조)

　파산선고 후에 그 사실을 알지 못하고 채무자에게 한 변제는 이
로써 파산채권자에게 대항할 수 있다. 파산선고 후에 그 사실을 알
고 채무자에게 한 변제는 파산재단이 받은 이익의 한도 안에서만
파산채권자에게 대항할 수 있다.

파산선고 후 선의로 채무자에게 한 변제	파산채권자에게 대항할 수 있다
파산선고 후 악의로 채무자에게 한 변제	받은 이익의 한도내에서 파산채권자에게 대항할 수 없다

6. 파산선고 후의 어음의 인수 또는 지급(법 제333조)

　① 환어음의 발행인 또는 배서인이 파산선고를 받은 경우 지급인
또는 예비지급인이 그 사실을 알지 못하고 인수 또는 지급을 한 때
에는 이로 인하여 생긴 채권에 관하여 파산채권자로서 그 권리를
행사 할 수 있다.

　② 발행인 또는 배서인이 파산선고를 받은 경우 지급인 또는 예
비지급인이 그 사실을 알지 못하고 수표와 금전 그 밖의 물건에 대
해 인수 또는 지급을 한 때에는 파산채권자로서 그 권리를 행사 할
수 있다.

7. 선의 또는 악의의 추정(법 제334조)

　법 제331조(파산선고 후의 등기·등록 등), 제332조(파산선고 후의

채무자에 대한 변제), 제333조(파산선고 후의 어음의 인수 또는 지급)의 규정을 적용하는 때에는 파산선고의 공고 전에는 파산선고의 사실을 알지 못한 것으로 추정하고, 파산선고의 공고 후에는 파산선고의 사실을 안 것으로 추정한다.

Ⅱ. 중요 법률행위에 관한 파산의 효력

1. 쌍방미이행 쌍무계약

(1) 파산관재인의 계약의 해제·해지 또는 상대방에 대한 이행청구(법 제335조 제1항)

쌍무계약에 관하여 채무자 및 그 상대방이 모두 파산선고 당시 아직 이행을 완료하지 아니한 때에는 파산관재인은 계약을 해제 또는 해지하거나 채무자의 채무를 이행하고 상대방의 채무이행을 청구할 수 있다.

■ 판 례 ■

■ [소유권이전등기]

1. 임대의무기간이 지난 공공건설 임대주택을 임대사업자의 부도, 파산 등 이유로 2008. 3. 21. 법률 제8966호로 전부 개정된 임대주택법 제21조 제2항에 따라 분양전환하는 경우, 임대사업자가 유주택자인 임차인에게도 임대주택을 우선 분양전환할 의무가 있는지 여부(적극)

2008. 3. 21. 법률 제8966호로 전부 개정된 임대주택법(이하 '법'이라 한다) 제21조 제1항은, 임대사업자가 임대의무기간이 지난 후 주택법 제16조에 따라 사업계획승인을 받아 건설한 주택 중 주택법 제60조에 따라 국민주택기금의 자금을 지원받아 건설하거나 공공사업으로 조성된 택지에 건설하는 임대주택(이하 '공공건설 임대주택'이라 한다)을 분양전환하는 경우에는 같은 항 제1호 내지 제5호의 어느 하나에 해당하는 임차인에게 우

선 분양전환하여야 한다고 규정하면서 그 중 국가기관 또는 법인인 임차인(제5호)을 제
외한 나머지 임차인의 경우 모두 분양전환 당시 '무주택자'일 것을 요구하고 있고, 제2항
은 " 제1항에도 불구하고 임대사업자의 부도, 파산 그 밖에 대통령령으로 정하는 경우에
는 분양전환 당시 해당 임대주택에 거주하는 임차인에게 우선 분양전환할 수 있다."고
규정하여 제1항과 달리 우선 분양전환 대상 임차인의 주택 소유 관계를 문제 삼고 있지
않다. 위 각 조항의 규정 내용과 형식, 법의 입법 목적과 개정 경위, 다른 관련 규정과의
관계 등 여러 사정을 종합하여 보면, 법 제21조 제2항은 임대의무기간이 지난 공공건설
임대주택에 있어서 임대사업자의 부도, 파산 등의 경우에는 분양전환 당시 해당 임대주
택에 거주하는 임차인은 유주택자라 하더라도 이를 우선 분양전환받을 권리가 있고, 임
대사업자는 그 임차인에게 우선 분양전환할 의무가 있음을 규정한 것으로 해석함이 타당
하다.

2. 공공건설 임대아파트의 임대사업자인 갑 주식회사가 부도 후 파산선고까지 받았는데도 임차인들의 분양전환 요구에 응하지 않자, 임차인대표자회의가 관할 구청장한테서 직접 분양전환 승인을 받아 임대사업자에게 승인된 분양전환가격에 따른 임대아파트 매도를 청구한 사안에서, 갑 회사의 파산관재인은 승인된 분양전환가격으로 성립한 매매계약에 따라 임차인들에게 해당 아파트에 관한 소유권이전등기절차 등을 이행할 의무가 있다고 한 사례

공공건설 임대아파트의 임대사업자인 갑 주식회사가 부도 후 파산선고까지 받았는데도
임차인들의 분양전환 요구에 응하지 않자, 임차인대표자회의가 관할 구청장한테서 직접
분양전환승인을 받아 임대사업자에게 승인된 분양전환가격에 따른 임대아파트 매도를 청
구한 사안에서, 임대사업자인 갑 회사가 부도, 파산하였으므로 분양전환 당시 임대아파트
에 거주하는 임차인들은 주택 소유 여부와 관계없이 2008. 3. 21. 법률 제8966호로 전
부 개정된 임대주택법(이하 '법'이라 한다) 제21조 제2항에 따라 해당 아파트를 우선 분
양전환받을 권리가 있고, 이러한 임차인들이 법 제21조 제5항, 제8항이 정한 절차에 따
라 직접 분양전환승인을 받아 매도청구권을 행사한 이상 갑 회사의 소송수계인인 파산관
재인은 승인된 분양전환가격으로 성립한 매매계약에 따라 임차인들에게 해당 아파트 건
물에 관한 소유권이전등기절차 및 대지 지분에 관한 체비지 대장상의 매수인 명의변경절
차를 이행할 의무가 있다고 한 사례.

3. 파산채권에 해당하기 위한 요건 및 청구권 발생에 대한 단순한 기대권이 파산채권에 해당하는지 여부(소극)

채무자 회생 및 파산에 관한 법률 제423조는 "채무자에 대하여 파산선고 전의 원인으로

생긴 재산상의 청구권은 파산채권으로 한다."고 규정하고 있다. 이때 '파산선고 전의 원인으로 생긴 청구권'은 파산선고 당시 이미 청구권의 내용이 구체적으로 확정되거나 변제기가 도래하였을 것까지 요하는 것은 아니고, 적어도 청구권의 주요한 발생원인이 파산선고 전에 갖추어져 있으면 족한데, 청구권 발생에 대한 단순한 기대권에 불과하다면 파산채권에 해당하지 아니한다.

4. 공공건설 임대아파트의 임대사업자인 갑 주식회사가 파산선고를 받았는데 그 후 시행된 2008. 3. 21. 법률 제8966호로 전부 개정된 임대주택법의 신설 규정에 따라 을 등 임차인들이 관할구청장에게서 직접 분양전환승인을 받아 갑 회사를 상대로 해당 아파트에 관한 매도청구권을 행사하자, 갑 회사의 파산관재인이 매도청구권 행사로 성립된 매매계약은 채무자 회생 및 파산에 관한 법률 제335조에서 정한 '미이행 쌍무계약'에 해당하므로 파산관재인이 매매계약의 이행이나 해제를 선택할 수 있다고 주장한 사안에서, 위 매매계약은 채무자 회생 및 파산에 관한 법률 제335조에서 정한 '미이행 쌍무계약'에 해당하지 않으므로 위 조항은 적용될 여지가 없다고 한 사례

공공건설 임대아파트의 임대사업자인 갑 주식회사가 파산선고를 받았는데 그 후 시행된 2008. 3. 21. 법률 제8966호로 전부 개정된 임대주택법의 신설 규정에 따라 을 등 임차인들이 관할 구청장한테서 직접 분양전환승인을 받아 갑 회사를 상대로 해당 아파트에 관한 매도청구권을 행사하자, 갑 회사의 파산관재인이 매도청구권 행사로 성립된 매매계약은 채무자 회생 및 파산에 관한 법률 제335조에서 정한 '미이행 쌍무계약'에 해당하므로 파산관재인이 매매계약의 이행이나 해제를 선택할 수 있다고 주장한 사안에서, 을 등 임차인들의 매도청구권 행사로 성립된 매매계약에 기한 해당 아파트 건물 등에 관한 소유권이전등기청구권 등은 갑 회사에 대한 파산선고 전의 원인으로 생긴 것이 아님이 분명하고 파산선고 당시에는 아직 이러한 매매계약이 성립조차 되지 않았으므로, '쌍방 모두 파산선고 당시 아직 이행을 완료하지 아니한 쌍무계약'에 해당할 것을 전제로 한 채무자 회생 및 파산에 관한 법률 제335조에서 정한 파산관재인의 계약해제 선택권은 위 매매계약에 관하여 적용될 여지가 없다고 한 사례.

5. 공공건설 임대주택의 임대사업자가 임대주택 소유권을 관리·보존하기 위하여 신탁회사와 신탁기간을 '분양전환 완료 시'까지로 하는 부동산관리신탁계약을 체결하여 신탁회사 앞으로 임대주택 건물 등에 관한 신탁등기 및 소유권이전등기 등을

마쳤는데, 그 후 임대사업자가 파산선고를 받았음에도 분양전환 요구에 응하지 않자 임차인들이 직접 분양전환승인을 받아 임대주택의 매도를 청구한 사안에서, 신탁계약 종료 사유인 '분양계약 완료'는 '임차인과 임대사업자 사이에 분양전환을 위한 매매계약이 성립된 것'을 의미하는 것으로 해석하여야 한다고 한 사례

공공건설 임대주택의 임대사업자가 임대주택 소유권을 관리·보존하기 위하여 신탁회사와 신탁기간을 '분양전환 완료 시'까지로 하는 부동산관리신탁계약을 체결하여 신탁회사 앞으로 임대주택 건물 등에 관한 신탁등기 및 소유권이전등기 등을 마쳤는데, 그 후 임대사업자가 파산선고를 받았음에도 분양전환 요구에 응하지 않자 임차인들이 직접 분양전환승인을 받아 임대주택의 매도를 청구한 사안에서, 매도청구권 행사로 임차인들과 임대사업자 사이에 분양전환을 위한 매매계약이 성립된 이상 임차인들이 부담하는 분양전환가격에 따른 매매대금 지급의무와 임대사업자가 부담하는 임대주택 건물 등에 관한 소유권이전등기의무 등은 동시이행의 관계에 있게 되어 임대사업자가 소유권이전등기 등 의무를 이행하려면 먼저 신탁회사에 신탁한 임대주택을 반환받을 필요가 있는데, 신탁계약의 종료 사유인 '분양전환 완료'의 의미를 매매계약에 따라 동시이행관계에 있는 위 각 의무의 이행까지 마쳐지는 것으로 해석하면 분양전환을 위한 매매계약의 성립만으로는 아직 신탁이 종료되지 아니하여 임대사업자가 임대주택을 반환받을 수 없게 되고, 이는 사실상 임차인들에게 매매대금의 선이행을 강제하는 결과를 초래하게 되므로, 신탁의 목적인 분양전환의 원만한 이행이라는 측면에서 신탁계약에서 정한 신탁종료 사유인 '분양전환 완료'는 '임차인과 임대사업자 사이에 분양전환을 위한 매매계약이 성립된 것'을 의미하는 것으로 해석하여야 한다고 한 사례.

6. 임대주택에 관하여 분양전환 완료 시까지 소유권을 보존·관리하기 위한 목적으로 부동산관리신탁이 설정된 경우, '임대사업자가 임대주택을 신탁회사로부터 반환받을 권리'가 입질 대상이 될 수 있는지 여부(원칙적 소극)

임대사업자가 임대주택에 관하여 분양전환 완료 시까지 소유권을 보존·관리하기 위하여 이를 신탁회사에 신탁하였다고 하여 수익권자인 임대사업자가 임대주택을 신탁회사로부터 반환받을 권리를 자신의 채권자에게 입질하는 것까지 허용된다고 하면 질권자의 질권실행에 따라서는 임대사업자가 해당 임대주택의 소유권을 회복할 수 없게 될 위험에 처할 수 있고, 이는 결국 임대주택에 대한 신탁이 오히려 임차인의 우선 분양전환권을 해하는 수단으로 변질될 수 있다는 점에서 부당하다고 하지 않을 수 없다. 따라서 저당권설정 등 처분제한 및 금지사항 부기등기 제도의 입법 목적과 신탁이 설정된 경우에는 부

기등기에 대한 예외를 인정해 준 규정 취지 등에 비추어 보면, 임대주택의 분양전환 완료 시까지 소유권을 보존·관리하기 위한 목적의 부동산관리신탁이 설정된 경우에 특별한 사정이 없는 한 임대사업자가 임대주택을 신탁회사로부터 반환받을 권리는 그 성질상 입질의 대상이 될 수 없고, 이러한 권리를 목적으로 하는 권리질권은 효력이 없다.

7. 갑 주식회사가 을 조합과 토지구획정리사업에 관한 도급계약을 체결하여 공사대금을 체비지로 지급받기로 약정한 다음 그 약정에 따라 을 조합한테서 공사대금에 상당하는 체비지에 관하여 체비지 매매대장의 매수인 명의를 이전받아 그 중 일부에 공공건설 임대아파트를 건설하였는데, 그 후 갑 회사가 도급공사의 공정률이 74.791%인 상태에서 부도를 내고 공사를 중단하였다가 파산선고를 받자, 을 조합이 채무자 회생 및 파산에 관한 법률 제335조에 따라 갑 회사 파산관재인에게 도급계약 이행 또는 해지 여부의 선택에 관한 확답을 최고한 사안에서, 위 도급계약은 파산선고 당시에 쌍방 미이행의 쌍무계약이라 할 수 없어 채무자 회생 및 파산에 관한 법률 제335조는 적용할 여지가 없다고 한 사례

갑 주식회사가 을 조합과 토지구획정리사업에 관한 도급계약을 체결하여 공사대금을 체비지로 지급받기로 약정한 다음 그 약정에 따라 을 조합한테서 공사대금에 상당하는 체비지에 관하여 체비지 매매대장의 매수인 명의를 이전받아 그 중 일부에 공공건설 임대아파트를 건설하였는데, 그 후 갑 회사가 도급공사의 공정률이 74.791%인 상태에서 부도를 내고 공사를 중단하였다가 파산선고를 받자, 을 조합이 채무자 회생 및 파산에 관한 법률 제335조에 따라 갑 회사 파산관재인에게 도급계약 이행 또는 해지 여부의 선택에 관한 확답을 최고한 사안에서, 을 조합은 도급계약에서 정한 내용에 따라 공사대금 지급에 갈음하여 동액 상당의 체비지를 수급인인 갑 회사 앞으로 이전하여 줌으로써 도급인으로서 채무를 전부 이행한 것으로 보아야 하고, 이 경우 도급계약은 파산선고 당시에 쌍방 미이행의 쌍무계약이라고 할 수 없으므로 이에 관하여 채무자 회생 및 파산에 관한 법률 제335조는 처음부터 적용의 여지가 없다고 한 사례. (대법원 2012.11.29. 선고 2011다84335 판결)

(2) 상대방의 확답의 최고

파산관재인에 대하여 상대방은 상당한 기간을 정하여 그 기간 안에 계약의 해제 또는 해지나 이행여부를 확답할 것을 최고할 수 있다. 파산관재인이 그 기간 안에 확답을 발하지 않는 경우에는 해제 또는 해지한 것으로 간주된다.

(3) 쌍무계약의 의미

채무자 회생 및 파산에 관한 법률 제335조 소정의 쌍무계약이란 쌍방당사자가 상호 대등한 대가관계에 있는 채무를 부담하는 계약으로서, 쌍방의 채무 사이에는 성립·이행·존속상 법률적·경제적으로 견련성을 갖고 있어서 서로 담보로써 기능을 하는 것을 가리킨다(대판 2004. 2. 27. 2001다52759). 미이행의 정도는 문제되지 않는다. 전혀 이행하지 않은 경우와, 일부만 이행된 경우도 포함하고, 일부만 이행된 경우일지라도 그 비율은 문제되지 않는다. 종된 급부만의 불이행이라도 적용된다. 불완전 이행도 여기서 말하는 미이행에 포함되며, 미이행의 원인은 묻지 않으므로 기한 미도래 또는 이행지체에 의한 경우는 물론, 동시이행의 항변권이 행사된 경우도 포함하고, 나아가 이행불능인 경우도 포함된다.

(4) 소유권유보부매매에도 법 제335조가 적용되는지 여부

소유권유보부매매는 매도인의 이행행위가 원칙적으로 목적물을 매수인에게 인도한 시점에서 완료되므로 그 시점 이후에는 본 조의 적용이 없다. 다만 매도인의 소유권유보부 매매중에서 부동산, 중기, 자동차 등 등기 또는 등록을 요하는 물건은 위 등기, 등록이 없으면 권리이전의 효과가 발생하지 않기 때문에, 대금의 완제와 상환으로 등기, 등록이 없으면 권리이전의 효과가 발생하지 않기 때문에, 대금의 완제와 상환으로 등기, 등록의 이전이 되기까지는 매도인의 채무는 남아 있는 것이 되어 본 조가 적용된다.

(5) 파산관재인의 선택권 행사

파산관재인은 미이행 쌍무계약의 이행 선택권을 파산재단에 유리하게끔 되도록 행사하여야 한다. 파산관재인이 이행을 선택한 경우에는 상대방에 대한 이행의 청구는 법원의 허가(또는 감사위원의 동의)사항이다. 파산관재인이 이행을 선택하기로 한 경우 법원(또는 감사위원)에 이행의 선택이 파산재단에 유익하다는 점을 소명하여야 한다.

계속적 공급계약을 해제하는 경우에는 그 효과가 원칙적으로 계약의 전체에 미치는 것이 아니라 아직 당사자 쌍방이 이행하지 않은 부분에만 미친다. 또한 계약의 성질상, 양 당사자의 급부가 가분이고 그 일부의 급부라도 여전히 의미가 있다고 인정되는 경우에는 당사자의 일방이라도 이행한 부분에 관하여는 해제할 수가 없지만, 쌍방이 미이행하고 남은 부분에 관하여는 이를 해제할 수 있다.

가. 해제를 선택한 경우

해제로 인한 상대방의 손해배상청구권은 파산채권이 된다. 원칙적으로는 이러한 손해배상청구권은 후순위 파산채권으로 되어야 할 것이지만, 공평을 기하기 위해서 일반파산채권으로 승격시킨 것이다. 파산선고 전에 상대방이 채무의 일부를 이행하고 있고, 급부를 받은 물건이 파산재단 중에 현존하는 경우일 때에는 상대방은 환취권으로서 인정되어 환취권을 행사하여 그 반환을 청구할 수 있을 것이고, 현존하지 않는 경우에는 그 가액의 배상을 재단채권자로서 청구할 수 있다. 이 경우 파산관재인은 법원(또는 감사위원)으로부터 환취권 또는 재단채권의 승인 허가를 받아야 한다.

나. 이행을 선택한 경우

파산관재인이 이행을 선택한 경우 상대방의 청구권은 재단채권이 된다. 상대방의 청구권은 원칙적으로는 파산채권이지만, 상대방의 채권이 본시 동시이행의 항변권을 가지는 입장을 반영하여, 재단채권으로 격상시킨 것이다.

다. 계속적 공급계약의 피공급자가 파산한 경우

이와 같은 경우에는 파산재단의 권리와 환가에 필요하여 이행을 선택하여야 하는 경우가 많이 있다. 파산관재인이 이행을 선택한 경우에는 파산선고 전의 미지급 대금채권에 대해서는 재단채권이 아니고 파산채권이라는 것이 다수설이다. 그러나 실무상으로는 이를 재단채권으로 승인하여 지출하고 있다.

(6) 파산관재인의 해제 또는 해지를 한 경우 상대방의 권리(법 제337조)

① 파산관재인이 계약을 해제 또는 해지한 때에는 상대방은 손해배상에 관하여 파산채권자로서 권리를 행사할 수 있다.

② 또 계약을 해제 또는 해지한 경우 채무자가 받은 반대급부가 파산재판 중에 현존하는 때에는 그 가액에 관하여 재단채권자로서 권리를 행사할 수 있다.

(7) 임차인 파산에 의한 해지 등에의 준용

법 제335조(쌍방미이행 쌍무계약에 관한 선택)의 규정은 민법 제637조(임차인의 파산과 해지통고), 제663조(사용자파산과 해지통고), 제674조(도급인의 파산과 해제권)의 규정에 의하여 상대방 또는 파산관재인이 갖는 해지권 또는 해제권의 행사에 관하여 준용한다.

2. 매매계약

(1) 매도인이 파산한 경우

가. 매도인의 인도의무, 매수인의 대금지급의무가 모두 미이행인 경우

　이러한 경우에는 쌍방미이행 쌍무계약이 되므로 파산관재인은 채무의 이행 또는 계약의 해제를 선택할 수 있다. 파산관재인은 법원의 허가 또는 감사위원의 동의를 얻어 이행을 선택할 수 있다. 또한 상대방은 파산관재인에 대하여 이행 여부에 대해서 최고를 할 수 있고, 확답이 없는 경우에는 계약은 해제된 것으로 간주된다.

　나. 파산관재인의 선택권 행사

파산관재인이 이행을 선택한 경우	상대방의 청구권은 재단채권이 된다
파산관재인이 해제를 선택한 경우	상대방의 손해배상청구권은 파산채권이 된다
파산선고 전에 상대방이 채무의 일부를 이행하고 그 급부물이 파산재단 중에 현존한 경우	1. 급부물이 파산재단 중에 현존하는 경우 급부물의 반환을 청구할 수 있다. 2. 급부물이 현존하지 않는 경우 가액의 배상을 재단채권자로서 청구할 수 있다.

　다. 매도인의 인도의무가 미이행이고 매수인의 대금지급의무가 이행 완료된 경우

　이러한 경우에는 매수인의 목적물 인도청구권은 파산채권이 되고 금전화될 수밖에 없게 된다. 파산선고 전에 일부 매매대금의 지급의무를 지체한 매수인의 매매대금 반환청구권 또는 목적물 인도청구권(이행되는 경우)은 재단채권으로 행사할 수 있으나, 매매대금 전액을 지급한 매수인은 파산채권자로서 배당을 받는 데 만족해야 하므로, 예컨대 동일한 아파트의 분양자 사이에서도 매도인의 파산선고에 의하여 법률상 지위가 크게 달라지게 되는 결과가 된다.

매도인의 파산선고 전에 일부의 매매대금이라도 지급의무를 지체한 매수인	매수인의 매매대금 반환청구권 또는 목적물 인도청구권은 재단채권으로 행사할 수 있다
매도인의 파산선고 전에 매매대금 전액을 지급한 매수인	매수인은 파산채권자가 되고 배당을 받는데 만족해야 한다

　라. 매도인의 인도의무가 이행 완료되고 매수인의 대금지급의무가 미이행인 경우

매도인이 가지는 매매대금채권은 파산재단에 귀속되므로, 파산관재인은 매수인에 대하여 매매대금의 지급을 청구할 수 있다.

(2) 매수인이 파산한 경우

매도인의 인도의무와 매수인의 대금지급의무가 모두 미이행 상태인 경우 쌍방 미이행 쌍무계약이므로 본조가 적용된다.

가. 매도인의 인도의무가 미이행이고 매수인의 대금지급의무가 이행 완료된 경우

매수인이 가지는 목적물 인도청구권은 파산재단에 귀속되므로, 파산관재인은 매도인에 대하여 그 이행을 청구할 수 있다.

나. 매도인의 인도의무가 이행 완료되고 매수인의 대금지급의무가 미이행인 경우

매매대금채권은 파산채권으로 되고, 매도인은 파산절차에 의하여 이를 행사하여야 한다. 매도인이 매수인의 대금 미지급을 이유로 파산관재인에 대하여 매매계약을 해제할 수 있는가에 대해서 견해의 대립이 있지만 파산선고 후에는 파산절차에 의해서만 매도인은 대금채권을 행사할 수 있으므로 매수인의 대금 미지급은 위법성이 없어서 이행지체에 있다고 볼 수 없으므로 해제할 수 없다고 해석된다. 한편 채무불이행에 기하여 파산선고 전에 해제권이 발생하여 해제권을 행사한 경우에는 파산선고 후에도 해제의 효력을 주장할 수 있다고 본다.

(3) 거래소의 시세있는 상품의 정기매매(법 제338조)

거래소의 시세있는 상품의 매매에 관하여 일정한 일시 또는 일정한 기간 안에 이행을 하지 아니하면 계약의 목적을 달성하지 못하는 경우에 이행시점의 시기가 파산선고 후에 도래하는 때에는 계약의 해제가 있은 것으로 본다. 이 경우 손해배상액은 이행지에서 동종의 거래가 동일한 시기에 이행되는 때의 시세와 매매대가와의 차

액에 의하여 정한다.

3. 지급결제제도 등에 대한 특칙(법 제336조)

채무자회생및파산에관한법률 제120조(지급결제제도 등에 대한 특칙)의 규정에서 지급결제제도 또는 청산결제제도의 참가자 또는 적격금융거래의 당사자 일방에 대하여 파산선고가 있는 경우에도 이를 적용한다.

4. 임대차계약(법 제340조)

임대차계약은 전형적인 쌍무계약으로서 본조가 적용되고, 파산관재인으로 하여금 계약의 해지 또는 이행을 선택하게 하여 계약관계를 처리하는 것이 원칙이다. 그러나 임차인이 파산한 경우에는 민법 및 주택임대차보호법의 규정에 따라 위 원칙이 적용되지 않는 경우가 있다.

(1) 임대인이 파산한 경우

가. 파산관재인의 임대차계약 해지 여부

임대인이 파산한 경우 그 후 임대차계약의 처리에 관하여는 우선 파산관재인이 임대차계약을 해제할 수 있는가 여부와 관련하여 임차보증금이 있는 경우의 처리방법이 문제된다. 임대차도 쌍무계약이므로 법 제335조의 규정에 따라 파산관재인은 임대차계약을 해지할 수 있다.

나. 파산관재인이 임대차계약을 해지할 수 없는 경우

임대인이 파산선고를 받은 경우에 임차인이 다음의 어느 하나에 해당하는 때에는 법 제335조의 규정을 적용하지 아니한다. 따라서 파산관재인은 임대차계약을 해지하지 못한다.

① 주택임대차보호법 제3조 제1항의 대항요건을 갖춘 때

② 상가건물임대차보호법 제3조의 대항요건을 갖춘 때

파산관재인이 해지하지 못하는 임대차라고 하더라도 파산절차의 원활할 진행을 위하여 보증금을 반환할 필요가 있다고 인정 되는 경우에는 임대차계약을 해지한 후, 파산관재인은 보증금 상당액을 퇴거비용으로 지급한다는 취지의 화해계약을 체결하고 퇴거비용을 재단채권으로서 지급하면 될 것이다. 또 대항력 있는 임대차의 경우 일지라도 파산관재인은 이행지체 기타 정당한 사유에 의한 해지 또는 갱신거절은 가능하다고 할 것이다.

다. 임대차계약이 계속되는 경우

이와 같은 경우 임차인은 파산관재인에 대하여 차임지급의무를 부담한다. 파산관재인이 임대차계약을 해지하는 경우에 있어서 해지의 효력은 민법 제635조의 기간 경과를 기다리지 않고 즉시 발생하게 된다.(민법 제637조의 반대해석) 임차인이 명도와 임대차보증금 반환채권의 동시이행을 주장할 수 있는가에 대하여 논란이 있으나, 파산절차라하여 실무는 실체법상의 권리가 당연히 상실된다고 볼 수 없으므로 배당액과 상환으로 명도하는 것으로 해석하고 있다.

라. 임차보증금의 처리

임차보증금반환채권은 정지조건부 파산채권으로서 임대차계약에 부수하여 파산선고 전부터 성립되어 있는 채권으로서 임대차계약이 종료되고 임차물의 명도가 완료된 후에 미지급 차임 등이 없는 경우에만 현실로 반환을 청구할 수 있다.

그러나 일정한 범위에서 차임과의 상계가 인정되고 있으므로 이 한도에서는 사실상 우선권이 보장되어 있다고 할 수 있다.

마. 선급 차임 또는 차임채권의 처분시의 파산관재인에 대한 대항력

임대인이 파산선고를 받은 경우에 차임의 전급 또는 차임채권의 처분은 파산선고시의 당기 또는 차기에 관한 것을 제외하고는 이로써 파산채권자에게 대항 할 수 없다. 즉 차임을 매월말 지급하는 것

으로 정한 경우 임차인이 1년분의 차임을 선급한 경우이더라도, 임차인은 파산관재인이 파산선고를 받은 달과 그 다음 달 이후의 차임을 청구한 경우에는 이를 이중지급이라는 이유로 거절할 수 없다. 이로 인하여 손해를 입은 임차인 또는 채권양수인은 그 손해배상채권을 파산채권으로 하여 파산절차에 참가할 수 있다.

(2) 임차인이 파산한 경우

가. 민법의 적용

임차인의 파산에 관한 민법 제637조가 본 조의 특칙이므로, 계약기간이 정하여져 있는 경우라 할지라도 파산관재인뿐만 아니라 임대인도 파산을 이유로 민법 635조의 규정에 의하여 계약을 해지할 수 있다. 이 경우 상대방에 대하여 해지로 인한 손해의 배상을 청구하지 는 못한다. 다만 주택임대차보호법 제4조의 임대차기간에 관한 강행규정이 적용되는 경우에는 해지가 제한된다. 민법 제635조 제2항 소정의 기간이 경과하면 임대차는 종료한다.

나. 파산선고 후에도 임대차가 계속되는 경우

임차인이 파산선고를 받았으나 관재업무의 편의상 파산관재인이 계속하여 임차하는 경우에 파산선고 전의 차임은 파산채권이고, 파산선고 후의 차임은 재단채권이 된다.

다. 계약을 해지하는 경우

해지의 경우에도 마찬가지로 파산선고 전의 미지급 차임은 파산채권이고, 파산선고일부터 계약이 해지에 의하여 종료하는 날까지의 차임 및 그 이후의 명도시까지의 차임 상당 손해배상금은 재단채권이 된다.

파산관재인은 특별한 사정이 없는 한 조기에 임대차를 해지하는 것이 좋다고 할 수 있다. 그리고 임대인 및 파산관재인은 상대방에 대하여 이행 또는 해지의 선택을 상당 기간 내에 확답하여야 한다는 취지의 최고를 할 수 있고, 그 기간 내에 상대방의 확답이 없으면 해지된 것으로 간주된다.

5. 도급계약(법 제341조)

도급계약도 일종의 쌍무계약으로서 본 조가 적용되는 것이 원칙이다.

민법에 도급인 파산에 관하여 특칙이 있고, 그 밖에 도급의 특수성에서 비롯되는 예외적인 취급이 문제되는 경우가 있다.

(1) 도급인이 파산한 경우

도급인이 파산한 경우에는 민법 제674조가 본 조의 특칙으로서 적용된다. 따라서 수급인 및 파산관재인 양 쪽 모두 파산을 이유로 계약을 해제할 수 있다. 계약이 해제된 경우에는 해제시까지 기성부분에 대한 수급인의 보수 및 비용청구권은 파산채권이 되고, 해제시까지의 완성된 결과는 도급인 즉 파산재단에 귀속한다.

가. 계약이 해제된 경우

해제시까지 기성부분에 대한 수급인의 보수 및 비용청구권	파산채권이 된다
해제시까지의 완성된 결과	파산재단에 귀속한다

나. 수급인 및 파산관재인이 계약의 이행을 선택하여 수급인이 일을 완성한 경우

그 일의 결과는 파산재단에 귀속하고, 수급인의 보수청구권은 파산선고 전의 공사분도 포함되며 모두 재단채권이 된다. 수급인은 상사유치권에 기초하여 별제권을 행사하여 미지급 공사대금채권을 회수할 수 있는 방법도 있지만, 그 실효성은 거의 없다.

한편 하수급인의 지위 보장과 건설공사의 충실한 시행을 기한다는 취지하에, 도급인은 하도급대금을 하수급인에게 직접 지급함으로써, 하수급인에게 지급한 한도에서 수급인에 대한 채무는 소멸한 것

으로 간주하는 특별규정이 있다.(건설산업기본법 제35조 제1항, 하도급공정화에관한법률 제14조, 동 시행령 제4조)

(2) 수급인이 파산한 경우

수급인이 파산한 경우에는 제335조가 적용된다. 이에 따라 파산관재인에게 계약의 해제 또는 이행의 선택권이 있다. 파산자의 개인적 노무의 제공을 목적으로 하는 계약의 경우라도 파산관재인은 이행의 선택을 함으로써, 또는 파산재단의 이익을 위한 개입권의 행사를 통해파산자에게 일의 완성을 구하거나 또는 제 3자로 하여금 이를 완성하게 할 수 있다. 파산자의 노무제공의 완성에 따른 보수청구권은 파산재단에 귀속하고, 일을 한 파산자 또는 제3자의 노임은 재단채권이 된다.

계약의 해제로 손해를 입은 손해배상청구권	파산채권이 된다
도급이 공사에 제공한 재료나 교부한 선금	도급인은 반환을 구하거나 그 가액에 관하여 재단채권으로서 청구할 수 있다

(3) 파산관재인이 이행을 선택한 경우 도급인의 해제

파산관재인이 채무자회생및파산에관한법률 제335조에 의하여 이행을 선택한 경우 일지라도 도급인은 민법 제637조에 의한 해제권을 상실하는 것이 아니므로 공사가 완성되기 전일 경우에는 손해를 배상하고 계약을 해제할 수 있다.

6. 위임계약(법 제342조)

(1) 위임자가 파산한 경우

가. 수임자가 파산선고를 통지받지 아니하고 파산선고 사실도 알지 못하고 위임사무를 처리한 때

이 경우에는 위임사무 처리로 인하여 파산선고를 받은 자에게 생긴 채권에 관하여 수임자는 파산채권자로서 그 권리를 행사할 수 있다.

나. 위임자의 파산사실의 수임자에 대한 통지

위임자의 파산에 의한 위임계약의 종료는 수임자에 대하여 파산의 사실을 통지하거나 수임자가 그 사실을 안 때가 아니면 이로써 수임자에게 대항하지 못한다(민법 제692조). 수임자가 위임자의 파산에 관한 통지를 받지 못하고, 파산선고의 사실도 알지 못한 채 위임사무를 처리한 때 발생한 비용상환청구권이나 보수청구권 등의 채권은 파산선고 후에 생긴 청구권이지만 파산채권이다. 또 위임자의 파산에 따른 계약 종료시에 긴박한 사정이 있는 경우에는 수임자는 위임자 또는 그 파산관재인이 위임사무를 처리할 수 있는 시점이 될 때까지 필요한 긴급처분을 하여야 한다.

(2) 수임자가 파산한 경우

가. 위임관계의 종료

수임자가 파산한 경우에도 위임관계는 종료한다(민법 제690조 전문). 위임계약에 기하여 수임자에게 수여되어 있던 대리권도 소멸한다(민법 제127조 제2호). 그렇지만 수임자의 파산에 관하여는 수임자의 재산상태가 위임관계의 중요한 요소로 되어 있는 경우를 제외하고 위임계약이 당연히 종료한다고 해석하여서는 안된다는 견해도 있다. 또 수임자가 파산선고를 받아도 이것을 위임계약의 종료원인으로 하지 않는다는 취지의 특약을 맺은 경우에는 파산자라도 수임자가 될 수 있으므로 유효하다고 해석된다.

나. 수임자의 파산사실의 위임자에 대한 통지

수임자의 파산에 기한 위임의 종료도, 위임자에게 파산 사실을 통지하거나 위임자가 이를 알지 못하면 이를 위임자에게 대항할 수 없다. 또 수임자가 파산한 경우 수임자에게 긴급처분 의무가 있는 것은 위임자가 파산한 경우와 같다(제691조 전문).

주식회사의 이사로 있던 자가 파산한 경우 회사와의 위임관계는 당연히 종료하고(상법 제382조 제2항, 민법 제690조 전문), 복권될 때까지 이사에 취임할 수 없다.

7. 상호계산(법 제343조)

상호계산은 당사자의 일방이 파산선고를 받은 때에는 종료한다. 상호계산을 하고 있던 양당사중 어느 일방이 파산선고를 받은 경우 각 당사자는 계산을 폐쇄하고 잔액의 지급을 청구할 수 있다. 이 청구권을 채무자가 가지는 때에는 파산재단에 속하고, 상대방이 가지는 때에는 파산채권이 된다.

파산자가 청구권을 가지는 경우	청구권은 파산재단에 속하게 된다
상대방이 청구권을 가지는 경우	파산채권이 된다

8. 공유자의 파산(법 제344조)

공유자 중에 파산선고를 받은 자가 있는 때에는 분할하지 아니한다는 약정이 있는 때에도 파산절차에 의하지 아니하고 그 분할을 할 수 있다.

파산선고를 받은 자가 아닌 다른 공유자는 상당한 대가를 지급하고 그 파산선고를 받은 자의 지분을 취득할 수 있다.

9. 배우자 등의 재산관리(법 제345조)

민법」 제829조(부부재산의 약정과 그 변경)제3항 및 제5항의 규정은 배우자의 재산을 관리하는 자가 파산선고를 받은 경우에, 같은 법 제924조(친권상실의 선고)의 규정은 친권을 행사하는 자가 파산선고를 받은 경우에 관하여 각각 준용한다.

10. 파산과 한정승인 및 재산분리(법 제346조)

상속인이나 상속재산에 대한 파산선고는 한정승인 또는 재산분리에 영향을 미치지 아니한다. 다만, 파산취소 또는 파산폐지의 결정이 확정되거나 파산종결의 결정이 있을 때까지 그 절차를 중지한다.

Ⅲ. 파산재단에 속하는 재산에 관한 소송수계(법 제347조)

1. 파산재단에 속하는 재산에 관한 소송수계

(1) 수계를 할 수 있는 자

파산재단에 속하는 재산에 관하여 파산선고 당시 법원에 계속되어 있는 소송은 파산관재인 또는 상대방이 이를 수계할 수 있다. 법 제335조 제1항의 규정에 의하여 파산관재인이 채무를 이행하는 경우에 상대방이 가지는 청구권에 관한 소송의 경우에도 또한 같다.

(2) 실무에서의 처리

실무에서는 파산선고 직후 파산관재인으로 하여금 소송이 진행중인 법원에 수계신청을 하도록 지도하고 있다. 파산선고 전부터 소송대리인이 선임되어 있던 때에는 그 기초가 되는 위임계약은 파산선고로 말미암아 실효하게 되고 대리권도 소멸하므로, 다시 위임계약을 체결하여야 한다.

(3) 파산관재인의 처리

파산관재인은 수계 후 계속 소송을 진행하는 것이 파산재단에 실질적으로 이익이 되는지 검토하여 불필요하고 무익한 소송, 패소가능성이 높은 소송은 취하 또는 화해 등으로 신속히 종결하여야 한다.

파산관재인이 소송을 수계한 경우에는 대항요건의 흠결, 부인권의 행사 등 파산관재인 고유의 공격방어방법을 제출할 수 있다. 파산관재인이 수계한 소송에 대하여 소송비용의 부담을 명받은 경우, 상대방의 소송비용 수계 전의 부분도 상환청구권에 포함하여 재단채권이 된다.

(4) 수계의 방법

파산채권에 관한 소송은 파산관재인이 당연히 수계하는 것이 아니라, 상대방의 채권신고와 그에 대한 채권조사의 결과에 따라 처리한다. 상대방의 채권이 신고되고 채권조사기일에 파산관재인 또는 파산채권자의 이의가 진술되지 아니하면 파산채권은 확정되게 되므로, 중단되어 있던 소송은 확정판결에 저촉되는 것으로 간주되어 각하되어야 한다.

위와 같은 경우에는 중단하고 있던 소송은 채권확정소송으로 청구취지 등이 변경되어 속행된다. 통상은 파산채권자가 이의자를 상대방으로 하여 수계하지만 채무명의 있는 채권의 경우에는 반대로 이의자가 파산채권자를 상대방으로 하여 수계하여야 한다.

채무명의 없는 채권의 경우	파산채권자가 이의자를 상대방으로 하여 소송을 수계한다
채무명의 있는 채권의 경우	이의자가 파산채권자를 상대방으로 하여 수계한다

(5) 파산채권에 관한 제1심의 종국판결 선고 후에 파산선고가 있은 경우

위와 같은 경우에도 신고된 파산채권에 대한 이의자가 수계신청을 하여야 한다.

2. 채권자대위소송, 채권자취소소송이 중단된 경우

위와 같은 경우파산관재인이 원고측을 수계한다. 채권자취소소송에 관하여 상대방의 수계신청이 있는 경우 파산관재인은 종전의 소송상태를 판단하여 수계를 거절할 수 있다고 해석된다. 그 이유로는 첫째, 원고 패소의 판결은 파산자를 구속하지 않는데도 파산관재인이 불리한 소송상태를 승계하도록 하는 것은 부당하고, 둘째, 파산관재인은 파산재단 전체를 고려하여 위소송이 파산재단의 증식에 유익한 경우에만 수계하여야 하고, 일개 채권자가 제기한 소송에 관하여 파산관재인에게 불리한 소송상태를 승계하도록 하는 것은 부당하기 때문이다. 채권자대위소송에 관하여도 마찬가지의 이유로 상대방의 수계신청을 거절할 수 있다고 해석된다.

3. 중단된 소송이 수계되지 않고 있는 사이에 파산취소, 파산폐지, 종결 등에 의하여 파산절차가 해지된 경우

위와 같은 경우에 파산자는 당연히 소송절차를 수계하고 소송이 다시 진행된다. 이 경우 수계신청은 필요하지 않고, 당해 법원은 파산해지의 증명이 있으면 다시 기일을 지정하여 소송을 진행하면 되고, 특히 그 재판을 할 필요는 없다. 수계 후에 이들 해지사유가 발생하면 소송은 다시 중단되고 파산자가 소송절차를 수계하게 되며, 상대방도 수계신청을 할 수 있다.

IV. 강제집행 및 보전처분에 대한 효력(법 제348조)

1. 파산재단에 속하는 재산에 대한 강제집행 등의 효력 상실

파산선고가 내려지면 파산채권자의 개별적인 권리행사가 금지된다. 파산선고 전에 파산재단 소속의 재산에 대하여 파산채권에 기하여 한 강제집행, 보전처분은 파산재단에 대하여는 그 효력을 잃는다.

따라서 파산관재인은 기존의 강제집행처분에 구속 받지 아니하고 파산재단 소속 재산을 파산법원의 허가를 얻어 자유로이 관리 처분할 수 있다.

실무상으로는 집행처분의 외관을 없애기 위한 목적으로 집행기관에 대하여 파산선고 결정 등본을 취소원인 서면으로 소명하여 사정변경을 이유로 하는 강제집행, 보전처분의 집행취소신청을 하여야 한다. 부동산에 대한 가압류 또는 처분금지 가처분 등기는 집행법원의 등기말소촉탁에 의하여 말소할 수 있다.

2. 파산관재인의 강제집행절차의 속행

파산관재인이 종전의 강제집행절차를 속행하는 편이 신속하고 고가로 매각하여 파산재단에 도움이 되겠다고 판단한 경우에는 그 강제집행절차를 스스로 속행할 수 있다.

이럴 경우 집행기관에 대하여 파산관재인은 채무자가 파산선고를 받았고 파산관재인이 선임된 사실을 알리고 소명자료를 첨부하여 강제집행절차를 속행하겠다는 취지의 신청을 하여야 한다.

파산관재인이 강제집행의 절차의 속행을 하는 때의 비용은 재단채권으로 하고, 강제집행에 대한 제3자 이의의 소에서는 파산관재인을 피고로 한다.

제3자이의의 소의 계속 시기는 파산선고 직후를 묻지 않는다. 이미 계속되어 있는 경우에는 피고의 지위를 파산관재인이 수계하여야 한다.

3. 기타

파산채권에 기하지 않은 강제집행, 보전처분 예컨대 소유권에 기한 인도청구 및 명도청구의 집행 또는 그 보전을 위한 가처분, 기타 이사의 직무집행정지 가처분, 파산채권 외의 임시지위를 정하는 가처분 등은 파산선고로 실효되지 않고, 파산재단에 속하는 재산을 대상으로 하는 경우 파산관재인을 상대방으로 하여 속행된다.

4. 파산선고 전에 이미 집행이 완료된 경우

종류	종료 사유
동산, 부동산	배당액을 지급하거나 매각대금 또는 수익금을 교부
채권의 집행	1. 추심명령의 경우 　추심신고가 있는 때 2. 전부명령의 경우 　제3채무자에게 전부명령이 송달된 때

5. 강제집행의 실효의 범위

파산선고에 기한 강제집행의 실효는 파산절차와의 관계에서 상대적으로 생기는 것이다. 압류의 단계에서 파산선고가 되었으나 파산관재인이 환가하지 않은 채 파산이 해지되면, 집행채권자는 그대로 집행절차를 속행할 수 있다. 실효한 가압류의 경우일지라도 목적물이 파산자의 소유에 남아 있으면 부활하게 된다. 파산선고와 동시에 파산절차가 폐지되는 때에는 파산재단 자체가 처음부터 성립하지 않으므로, 본 조가 적용되지 않는다. 따라서 파산선고 전에 파산자 소유재산에 관하여 진행중인던 강제집행, 가압류, 가처분은 실효되지 않고 그대로 진행된다.

6. 담보권실행경매

파산재단 소속 재산에 관한 저당권 등의 담보권 실행경매는 파산선고가 있었어도 실효되지 않고 파산관재인에게로 채무자의 지위가 승계되어 소송절차가 계속 진행된다. 파산관재인은 파산선고 및 파산관재인 선임사실을 소명할 수 있는 자료를 첨부하여 담당 재판부에 신고하여야 한다.

V. 체납처분에 대한 효력(법 제349조)

1. 파산선고 전에 체납처분을 한 경우

파산선고 전에 파산재단에 속하는 재산에 대하여 국세징수법 또는 지방세징수법에 의하여 징수할 수 있는 청구권(국세징수의 예에 의하여 징수할 수 있는 청구권으로서 그 징수순위가 일반 파산채권보다 우선하는 것을 포함)에 기한 체납처분을 한 때에는 파산선고는 그 처분의 속행을 방해하지 않는다(법 제349조 제1항). 조세채권은 재단채권으로서 수시변제를 받을 수 있고, 공익적 성격이 강하다는 점이 고려되어 파산선고 전에 착수한 것에 한하여 체납처분의 속행을 인정한 것이다.

2. 파산선고 후의 체납처분의 가부

파산선고 후에는 파산재단에 속하는 재산에 대하여 국세징수법 또는 지방세징수법에 의하여 징수할 수 있는 청구권(국세징수의 예에 의하여 징수할 수 있는 청구권 포함)에 기한 체납처분을 할 수 없다.

VI. 행정사건에 대한 효력(법 제350조)

파산재단 소속 재산에 관하여 파산선고 당시 행정청에 사건이 계속되어 있는 경우에는 그 절차가 파산관재인에 의한 수계 또는 파산절차의 해지가 있을 때까지 중단된다. 파산재단에 속하는 재산이란 반드시 실질적으로 파산재단에 속할 것을 요하는 것은 아니며 그 재산이 형식상 파산재단에 속한 것이라고 인정되면 족하다. 행정

청에 계속하는 사건의 예로는 행정청의 처분에 대한 불복신청사건,
특허심판사건, 노동위원회에 계속중인 부당노동행위 심사에 관한 사
건, 토지수용위원회의 재결에 대한 불복사건 등을 들 수 있다. 중단
될 절차는 파산관재인 또는 상대방이 수계할 수 있으며, 그 절차비
용은 재단채권이 된다.

◈ 파산선고로 인하여 근무관계가 종료되는지

질의】 ➡ 저는 약 20년 간 대기업 건설회사에서 근무해 오고 있습
니다. IMF 이전 처남이 부동산 시행업을 하면서 처남의 부탁으
로 은행에 보증을 서 준 것이 있는데 처남의 사업 실패로 인하
여 본인도 수 천 만원의 보증채무를 부담하게 되어 현재 개인파
산을 고려하고 있습니다. 그런데 회사 인사규정에 의하면 '파
산자로서 복권되지 아니한 자'를 당연퇴직 사유로 규정하고 있
어 파산을 신청한다면 회사를 더 이상 다니지 못할 것 같아 몇
년째 파산을 신청하지 못하고 있습니다. 저와 같은 경우 파산을
한다면 정말 회사를 그만 두어야 하는지요?

답변】 ➡ 파산선고와 관련하여 공무원, 변호사, 공증인, 공인회계사, 공인노무
사, 세무사, 변리사, 국공립·사립학교 교수, 전임강사 및 교사, 증권거래소 임
원, 상장법인의 상근감사 등의 경우, 각 개별법에서 "파산을 선고받아 복권
되지 아니한 자"를 당연퇴직사유 또는 면허·등록의 임의적 또는 필요적 취소
사유로 규정하고 있고(국가공무원법 제33조 제1항 제2호, 제69조 등), 법원
은 파산선고가 그 면허·등록의 임의적 또는 필요적 취소사유로 되어 있는 자
격을 가지고 있는 채무자에 대해 면책신청이 각하·기각되거나 면책불허가 또
는 면책취소결정이 확정된 때 면허·등록의 주무관청에 이를 통지하고 있습니
다.
　　결국 위와 같이 법률에 퇴직 또는 등록·면허 취소 사유에 해당하는 경우
법률의 규정에 따라 근로관계가 종료되거나 면허 등이 박탈될 수 있습니다.
　　그러나 본 사안과 같이 법률의 규정이 아닌 근로계약, 취업규칙, 인사규정
에 근거하여 당연퇴직사유로 규정되어 있는 경우에도 위 법률의 규정에 근거

한 경우와 같이 근로관계가 당연히 종료되는지 여부에 관하여, 채무자 회생 및 파산에 관한 법률」 제32조의2는 "누구든지 이 법에 따른 회생절차·파산절차 또는 개인회생절차 중에 있다는 사유로 정당한 사유 없이 취업의 제한 또는 해고 등 불이익한 처우를 받지 아니한다."라고 규정하고 있으나 그 적용 문제와 관련하여 다툼이 있습니다.

이에 대하여 최근 하급심 판례는 "①인사규정에 근거한 당연퇴직사유는 근로자의 의사와 관계없이 사용자 측에서 일방적으로 근로관계를 종료시키는 것으로서 성질상 이는 해고에 해당하며 「근로기준법」 제23조 소정의 정당한 이유가 있어야 하고 ②당연퇴직규정은 「채무자 회생 및 파산에 관한 법률」 제32조의2 규정의 취지에도 명시적으로 반하여 직원의 근로의 권리, 직업행사의 자유를 과도하게 침해하는 것으로, 결국 그 사회통념상 상당성을 인정하기 어렵다."라고 판시하여 해고가 무효임을 확인한 바 있습니다(서울중앙지방법원 2006. 7. 14. 선고 2006가합17954 판결).

따라서 귀하가 파산을 신청하여 파산선고를 받는 경우에도 위 하급심 판결 이유에서 제시한 바와 같이 회사는 귀하의 파산선고사실을 근거로 당연퇴직(해고)시킬 수 없다고 보이며, 만일 회사가 귀하를 당연퇴직(해고) 시킬 경우 귀하는 관할법원에 해고무효확인소송을 제기하거나, 관할 지방노동위원회에 부당해고구제를 신청해 해고의 효력을 다툴 수 있다고 보입니다. [법률구조공단자료. 참고만 하세요]

제4절 법인의 이사등의 책임

I. 법인의 이사등의 재산에 대한 보전처분(법 제351조)

1. 보전처분의 대상

① 법원은 법인인 채무자에 대하여 파산선고가 있는 경우 필요하다고 인정하는 때에는 파산관재인의 신청에 의하거나 직권으로 채무자의 발기인·이사(「상법」 제401조의2제1항의 규정에 의하여 이사로 보는 자를 포함한다), 감사·검사인 또는 청산인(이하 이 조 내지 제353조에서 "이사 등"이라 한다)에 대한 출자이행청구권 또는

이사등 의 책임에 기한 손해배상청구권을 보전하기 위하여 이사 등의 재산에 대한 보전처분을 할 수 있다.

② 파산관재인이 위의 청구권이 있음을 알게 된 경우에는 법원에 재산에 대한 보전처분을 신청하여야 한다.

③ 그리고 법원은 긴급한 필요가 있다고 인정하는 때에는 파산선고 전이라도 채무자의 신청에 의하거나 직권으로 이사 등의 재산에 대한 보전처분을 할 수 있다.

2. 보전처분의 취소·변경

법원은 관리위원회의 의견을 들어 위 1.의 ① ～ ③의 보전처분을 변경하거나 취소할 수 있다.

3. 즉시항고

이사 등의 재산에 대한 보전처분과 법원의 보전처분에 대한 변경과 취소 결정에 대하여는 즉시항고를 할 수 있다. 즉시항고에는 집행정지의 효력은 없다.

4. 송달

이사 등의 재산에 대한 보전처분이나 보전처분에 대한 취소 또는 변경결정과 이에 대한 즉시항고에 대한 재판이 이루어지는 경우에는 그 결정서를 당사자에게 송달하여야 한다.

Ⅱ. 손해배상청구권 등의 조사확정재판(법 제352조)

1. 요건

① 법원은 법인인 채무자에 대하여 파산선고가 있는 경우 필요하다고 인정하는 때에는 파산관재인의 신청에 의하거나 직권으로 이

사등에 대한 출자이행청구권이나 이사등의 책임에 기한 손해배상청구권의 존부와 그 내용을 조사확정하는 재판을 할 수 있다. 손해배상청구권 등의 조사확정재판신청서(파산절차)에는 1,000원의 인지를 붙인다.

② 파산관재인은 이사등에 대한 출자이행청구권이나 이사등의 책임에 기한 손해배상청구권이 있음을 알게 된 때에는 법원에 손배상청구권의 존부와 그 내용을 조사확정하는 재판을 신청하여야 한다.

2. 재판절차

(1) 원인되는 사실의 소명

파산관재인은 위의 신청을 하는 때에는 그 원인되는 사실을 소명하여야 한다.

(2) 법원의 조사확정절차의 개시결정

법원은 직권으로 조사확정절차를 개시하는 때에는 그 취지의 결정을 하여야 한다.

(3) 시효의 중단

손해배상청구권의 존부와 그 내용을 조사확정하는 재판의 신청이 있거나 조사확정절차 개시결정이 있은 때에는 시효의 중단에 관하여는 재판상의 청구가 있은 것으로 본다.

(4) 조사확정의 재판

조사확정의 재판과 조사확정의 신청을 기각하는 재판은 이유를 붙인 결정으로 하여야 한다.

조사확정의 결정을 하는 때에는 미리 이해관계인을 심문하여야 한다.

조사확정의 재판에 대한 이의의 소가 제기기간 내에 제기되지 않거나 취하된 때 또는 각하된 때에는 조사확정 재판은 이행을 명한 확정판결과 동일한 효력이 있다(법 제354조).

(5) 송달

조사확정결정이 있은 때에는 그 결정서를 당사자에게 송달하여야 한다.

3. 조사확정절차의 종료

조사확정절차(조사확정결정이 있은 후의 것을 제외한다)는 파산절차가 종료한 때에는 종료한다.

4. 이의의 소(법 제353조)

(1) 이의제기 기간

손해배상청구권의 존부와 그 내용의 조사확정 재판에 불복이 있는 자는 결정을 송달받은 날부터 1월 이내에 이의의 소를 제기할 수 있다.

이의의 소를 제기할 수 있는 기간은 불변기간으로 한다.

(2) 피고가 되는 자

이의를 제기하는 자가 이사 등인 때에는 파산관재인을, 파산관재인인 때에는 이사 등을 각각 피고로 하여야 한다.

이의 제기권자	피고가 되는 자
이사 등인 때	파산관재인
파산관재인인 때	이사

(3) 관할법원

이의의 소는 파산법원(파산사건이 계속되어 있는 지방법원을 말한다.)의 관할에 전속하고, 변론은 결정을 송달받은 날부터 1월의 기간이 경과한 후가 아니면 개시할 수 없다.

(4) 변론의 병합

여러 개의 소가 동시에 계속되어 있는 때에는 법원은 변론을 병합하여야 한다.

(5) 결정

손해배상청구권 등의 조사확정의 결정에 대한 이의의 소에 대한 판결에서는 동 결정을 인가·변경 또는 취소한다. 다만, 소를 부적법한 것으로 각하하는 때에는 그러하지 아니하다.

(6) 조사확정의 결정에 대한 인가 또는 변경판결의 효력

조사확정의 결정을 인가하거나 변경하는 판결은, 강제집행에 관하여는 이행을 명한 판결과 동일한 효력이 있다.

제2장 파산절차의 기관

제1절 파산관재인

Ⅰ. 파산관재인의 선임

1. 선임절차(법 제355조)

채무자심문 등을 통하여 파산관재인 선임이 필요하다고 판단된 경우에는 비용 예납 여부를 확인한 후 즉시 파산관재인 선정에 착수한다. 법원이 이처럼 파산관재인을 선임하는 경우 관리위원회의 의견을 들어 선임한다. 법인도 파산관재인이 될 수 있는데, 이 경우 그 법인은 이사 중에서 파산관재인의 직무를 행할 자를 지명하고 이를 법원에 신고해야 한다.

2. 파산관재인의 수(법 제356조)

(1) 원칙적으로 1인 선임, 예외적으로 수인 선임

파산관재인은 1인으로 하는 것을 원칙으로 한다. 다만, 법원이 필요하다고 인정하는 때에는 수인을 선임할 수 있다. 파산관재인이 여럿인 사례는 다음과 같다.

① 예금보험공사 또는 그 임직원을 파산관재인으로 선임하도록 규정하고 있는 공적자금관리특별법 제20조 제1항과 채무자회생및파산에관한법률 제356조 단서에 따라 예금보험공사 소속직원과 변호사가 공동으로 파산관재인으로 선임된 경우

② 복수의 파산관재인을 선임하는 것이 필요한 경우로는 이해관계인이 다수이고 전국적으로 분포되어 있어 그 권리관계가 복잡하고, 파산재단 소속 재산도 전국 여러 곳에 분산되어 있어 그 형태의

대형 파산사건

③ 영업을 계속하는 대형 건설회사에서 그 사례를 볼 수 있다.

(2) 파산관재인이 여럿인 경우의 직무집행(법 제360조)

① 파산관재인이 여럿인 때에는 공동으로 그 직무를 수행한다. 이 경우 법원의 허가를 받아 직무를 분장할 수 있다.

② 파산관재인이 여럿인 때에는 제3자의 의사표시는 그 중 1인에 대하여 하면 된다.

3. 자격증명서(법 제357조)

파산관재인은 따로 선임 결정서를 작성하지는 않는다. 다만 파산관재인은 파산선고와 동시에 선임되고, 파산선고 결정서 가운데 기재하면 된다. 다만 파산관재인의 성명 및 주소는 공고 및 송달의 내용이 되고, 그 변경이 있는 경우에도 공고 및 송달의 내용이 된다. 법원은 파산관재인에게 그 선임을 증명하는 서면을 교부하여야 한다.

파산선고일에 파산관재인은 법원에 출석하여 선임증을 법원으로부터 교부받음과 동시에 그 직에 취임한다. 파산관재인이 직무를 행함에 있어서 이해관계인으로부터 청구가 있는 경우에는 위 선임증을 제시하여야 한다. 이에 따라 법원은 파산선고 전에 선임증을 미리 작성하여 소속 법원장의 직인을 받아두도록 한다.

4. 파산관재인에 대한 법원의 감독(법 제358조)

파산관재인은 법원의 감독을 받는다. 법원은 파산관재인에 대한 일반적 감독권을 갖고있다. 일반적 감독권을 통해 정기보고와 기타 관재업무의 수행 상황의 보고를 명할 수 있고, 파산관재인은 이 명령에 응하여 보고할 의무가 있다.

Ⅱ. 당사자적격(법 제359조)

파산관재인은 파산선고 후 즉시 파산재단의 점유관리에 착수하고, 파산재단에 관한 소송에 관하여는 당사자로서 소송행위를 한다. 즉, 파산관재인이 원고 또는 피고가 된다.

Ⅲ. 파산관재인의 의무 등(법 제361조)

1. 선관주의의무

(1) 의의

파산관재인은 선량한 관리자로써 그 직무를 행하여야 한다. 즉 적정하고 신속한 직무수행에 관하여 파산관재인으로서 일반적, 평균적으로 요구되는 주의의무를 다하여야 한다.

(2) 선관주의의무 위반의 효과 : 손해배상 책임

① 파산관재인이 선량한 관리자로서의 주의를 게을리 한 때에는 이해관계인에게 손해를 배상할 책임이 있다.

② 이 경우 주의를 게을리한 파산관재인이 여럿 있는 때에는 연대하여 손해를 배상할 책임이 있다.

2. 중립의무 및 충실의무

(1) 중립의무

파산관재인은 모든 이해관계인에 대하여 공정 중립을 유지하여야 하며 다수의 이해관계인의 이해를 조절하면서 재판상 절차로서의 파산절차를 중심적으로 수행하는 공적 상설기관이므로 그 지위, 직책상 그 직무의 집행에 있어서 본 법에 그 직접적인 근거는 없지만, 그 지위의 성격에서 나오는 당연한 의무라고 하겠다.

(2) 충실의무

파산관재인은 파산법원의 위탁을 받아 그 업무를 수행하므로, 민법 및 상법상 자기거래의 금지 등 충실의무에 관한 규정이 유추적용 되는 것으로 해석한다.

3. 보고의무

(1) 채권자집회에 대한 보고

파산관재인은 제1회 채권자집회에서 파산선고에 이르게 된 사정 및 파산자와 파산재단에 관한 경과와 현상에 관하여 보고하여야 한다. 실무에서는 파산관재인 보고서를 작성하게 하여, 여기에 재산목록 및 대차대조표를 첨부하여 제출하게 한다.

(2) 보고의 목적

보고의 목적은, 파산채권자를 위하여 파산재단에 속한 재산의 다과, 파산관재업무의 집행방침, 재단수집의 난이도와 전망, 파산재단 환가의 비용과, 소요기간, 배당률의 예측 등의 자료를 제공하는데 있다. 따라서 법원에서는 제1회 보고서에 이들 사항에 관하여 기재하도록 하고 있다.

(3) 파산관재인의 임무가 종료한 경우

채권자집회에 계산의 보고를 하여야 하고, 채권자집회가 정하는 바에 따라 파산재단의 상황에 관하여 보고하여야 한다.

(4) 법원에 대한 보고

법원은 파산관재인에 대한 일반적 감독권을 가지므로 그 감독의 전제로서 정기보고 기타의 형식으로 관재업무 수행 상황의 보고를 명할 수 있다. 파산관재인은 이 명령에 응하여 보고할 의무가 있다.

(5) 감사위원에 대한 보고

감사위원이 설치된 때에는 채권자집회의 결의에 따라 감사위원에게도 파산재단의 상황에 관하여 보고를 하여야 하며, 감사위원의 요구에 따라서도 파산재단에 관한 보고를 하여야 한다.

4. 의무 위반의 효과

(1) 해임사유

파산관재인이 위 의무를 게을리 한 경우에는 해임사유가 된다.

(2) 손해배상청구권

의무위반으로 인하여 이해관계인에게 손해를 가한 경우에는 손해배상책임을 진다. 파산관재인의 의무 위반으로 발생한 손해배상청구권은 재단채권으로서, 파산재단도 손해배상책임을 지게 된다. 파산관재인 개인의 손해배상책임과 파산재단의 손해배상책임은 부진정연대채무의 관계에 있다.

(3) 국가배상법 적용여부

파산관재인의 불법행위로 인한 손해배상책임은 민법의 규정에 따르지만, 파산관재인의 직무집행에 관하여 한 불법행위도 파산재단에 관하여 한 행위로서 이로 인한 손해배상청구권은 재단채권이 될 것이다. 그러나 파산관재인이 공무원은 아니기 때문에, 그 고의, 과실을 이유로 하는 손해배상에 관하여 국가배상법의 적용은 없다.

Ⅳ. 파산관재인대리(법 제362조)

1. 파산관재인대리의 취지

파산관재인의 직무는 광범위하고 복잡하고 단기에 끝나는 경우가 거의 없고 장기간에 걸치는 경우가 많으므로 그 직무집행 중 예기치 못한 질병 기타 사유로 업무 수행에 지장이 생기는 예가 생길 수 있다. 이에 따라 파산관재인이 미리 법원의 인가를 얻어 대리인을 선임한 것은 파산관재인을 의미한다.

2. 선임절차

(1) 파산관재인이 자기의 책임으로 선임

파산관재인은 필요한 때에는 그 직무를 행하게 하기 위하여 자기의 책임으로 대리인을 선임할 수 있다.

(2) 법원의 허가

대리인의 선임은 법원의 허가를 받아야 한다.

(3) 대리인 선임에 관한 등기의 촉탁

채무자가 법인인 경우에는 법원의 선임허가가 있는 때에는 법원사무관 등은 지체없이 촉탁서에 결정서의 등본을 첨부하여 대리인의 선임에 관한 등기를 촉탁하여야 한다. 대리인의 선임에 관한 허가가 변경 또는 취소된 때에도 또한 같다.

(4) 법원의 결정

 법원은 대리인 선임 인가신청에 있어서 파산관재인이 직접 업무를 수행하기 곤란한 개인적인 사정 외에, 당해 사건의 규모, 내용 등에 비추어 보아 파산관재 업무가 복잡하고 광범위한 경우인지, 파산관재인이 대리인에게 관재업무를 전담시킬 우려가 없는지를 구체적으로 검토하여 인가 여부를 결정한다.

3. 대리인의 자격

 대리인으로는 변호사를 선임하는 것이 원칙이지만 그 외에도 원격지 소송 수행의 대리를 위하여 파산자의 보조인을 상시대리인으로의 선임을 허가한 예가 있다. 대리인으로 하여금 소송대리를 하게끔 할 경우에는 파산법의 상시대리인 선임결정 등본과 파산관재인의 위임장을 당해 법원에 제출하여야 한다.

4. 대리인의 권한

 파산관재인의 대리인은 파산관재인에 갈음하여 재판상 또는 재판 외의 모든 행위를 할 수 있다.

V. 파산관재인의 사임 및 해임

1. 파산관재인의 사임(법 제363조)

 파산관재인은 정당한 사유가 있으면 그 임무를 사임할 수 있다. 단 법원의 허가를 받아야 한다. 실무상 "정당한 사유"에는 건강상 이유, 유학, 파산사건과 이해관계가 생긴 경우, 부정행위 등뿐만 아니라 일부 채권자의 횡포, 관재업무에 대한 방해 등으로 관재업무 수행의 의욕을 상실한 경우 등도 포함되는 것으로 본다.

 법원은 파산관재인이 사임허가신청서를 제출하면 정당한 사유 여부에 대해서 확인을 한 후 사임허가결정을 한다.

2. 파산관재인의 해임(법 제364조)

(1) 해임절차

법원은 채권자집회의 결의, 감사위원의 신청 또는 직권으로 파산관재인을 해임할 수 있다. 이 경우 법원은 그 파산관재인을 심문하여야 한다.

(2) 해임사유

해임사유에 관하여는 특별한 규정이 없다. 그러나 법원의 신뢰를 배반하는 것으로 파악되는 파산관재인의 직무상 의무 위반 행위가 있으면 해임할 수 있을 것이다. 그러나 실제로 해임사유가 있는지 판단하는 것은 쉬운 일이 아니고, 파산관재업무에 중대한 차질을 가져오게 될 수 있으므로, 파산관재인의 선임시에 부적격자를 배제하고, 선임된 파산관재인의 감독을 철저히 하여 해임 문제가 생기지 않도록 하는 것이 바람직할 것이다. 해임사유가 인정되는 경우에는 파산관재인의 사임을 권고할 수도 있을 것이다.

(3) 해임결정에 대한 즉시항고

파산관재인의 해임결정에 대하여는 즉시항고를 할 수 있다. 이 즉시항고는 집행정지의 효력이 없다.
해임결정에 대한 즉시항고는 파산관재인이 하고, 해임신청기각결정에 대하여는 파산채권자·감사위원이 즉시항고를 할 수 있다.

VI. 계산의 보고의무(법 제365조)

파산관재인의 임무가 종료한 때에는 파산관재인 또는 그 상속인은 지체없이 채권자집회에 계산의 보고를 하여야 한다.

1. 채권자집회의 소집신청

파산관재인의 소집신청이 있으면 법원이 기일을 정하고, 회의의 목적인 사항을 공고한다.

집회기일은 실무상으로는 공고일로부터 3주 내지 4주 후로 정하고 있다. 기일의 통지에 관하여 명문의 규정은 없으나, 파산관재인으로 하여금 적당한 방법으로 이해관계인에게 통지하도록 하고 있다.

2. 계산보고서 제출

(1) 제출기한

파산관재인은 이해관계인의 열람을 위하여, 채권자집회기일 3일전까지 법원에 계산보고서를 제출하여야 한다. 실무에서는 집회기일 7일 내지 5일 전에 미리 계산보고서의 초안을 법원에 제출하도록 하고 있다.

(2) 계산보고서의 내용

계산보고서의 내용에 관하여 특별한 규정은 없다. 그렇지만 계산보고서는 파산자, 파산채권자가 이에 대하여 이의를 진술하는 방법 등으로 파산관재인의 책임을 묻게 되는 실질적 근거가 되는 서류이기 때문에 관재사무 전반을 알 수 있도록 상세하게 기재하여야 한다. 실무상으로는 보통 수지계산서와 최종업무보고서를 함께 제출하도록 하고 있다. 수지계산서에는 수입과 지출의 내역과 금액을 항목별로 기재하게 하고 최종업무보고서에는 파산선고시부터 최후배당시까지의 파산관재 업무 전반에 관한 상세한 내역을 기재하도록 하고 있다. 이 계산보고서에는 관련된 소명자료를 첨부하여야 한다.

3. 계산보고집회의 진행

(1) 보고와 이의진술

파산관재인은 채권자들에게 수지계산서와 최종업무보고서를 배포하고, 그 내용을 계산보고집회에서 설명하여야 한다. 법원은 이 보고에 대하여 채권자들에게 이의할 기회를 준다. 계산에 대한 채권자의 승인 또는 이의는 기일에 구두로 진술하여야 한다. 기일에 출석을 하지 않거나 이의를 진술하지 않은 경우에는 파산관재인의 계산보고를 승인한 것으로 간주한다. 이의를 진술한 채권자가 있는 경우 이에 관하여 석명하거나 증거서류 등을 제출하게 하고, 속행기일을 열어 계산내용의 보정을 하도록 할 수도 있다.

(2) 이의진술 채권자가 있는 경우

이의를 진술한 채권자가 있을지라도 법원이 파산종결 결정을 하는 데에 있어서는 실질적으로 지장이 없고, 다만 이의한 채권자와 파산채권자 사이의 손해배상청구 등의 문제만 남게 된다.

4. 재산의 처분

이 기일에서는 파산관재인이 가치 없다고 판단하여 미처 환가하지 아니한 재산의 처분에 관하여 결의를 하여야 한다. 채권자집회가 이와 같은 계산을 가치 있다고 판단하고 환가할 것을 결의한 때에는 파산관재인은 이 결의에 따라야 한다. 결의를 실행에 옮긴 경우에 파산관재인에게 그 환가의 결과를 보고하도록 하기 위해 기일을 속행하여야 한다. 실무상으로는 권리를 포기함으로서 법원의 허가를 얻는 방법으로 처리하고 있고, 따로 계산보고집회에서 이 결의를 하고 있지는 않다.

VII. 임무종료시의 긴급처분(법 제366조)

파산관재인의 임무가 종료한 경우 급박한 사정이 있는 때에는 파산관재인 또는 그 상속인은 후임의 파산관재인 또는 채무자가 재산을 관리할 수 있게 될 때까지 필요한 처분을 하여야 한다.

제2절 채권자집회

Ⅰ. 채권자집회의 의의 및 권한

1. 채권자집회의 의의

(1) 개념

채권자집회는, 파산채권자의 집회로서 파산채권자의 의견을 파산절차에 반영시키기 위하여, 법원의 지휘 하에 개최되어 파산법원이 소집하고 법정 사항을 결의하거나 파산관재인 및 파산자 또는 이에 준하는 자로부터 보고 및 설명을 들을 수 있는 권한을 가진다.

(2) 채권자집회의 종류

명문의 규정으로 소집이 규정되어 있는 집회로는 제1회 채권자집회, 감사위원의 동의에 갈음하는 결의를 위한 집회, 파산관재인의 임무종료에 의한 계산보고집회, 강제화의의 결의를 위한 집회, 재단부족에 의한 폐지의 의견을 듣기 위한 집회가 있다.

소집이 명문으로 규정되어 있는 집회 외의 것은 파산관재인, 감사위원 또는 파산법원이 평가한 총 채권액의 5분의 1에 해당하는 파산채권자의 신청 또는 파산법원의 직권으로 소집된다.

2. 권한

채권자집회는 파산관재인의 해임, 감사위원회 설치, 선임, 해임, 감사위원의 동의에 갈음하는 결정, 부조료의 지급, 영업의 폐지 또는 존속, 고가품의 보관방법의 결정, 환가되지 못한 재산의 처분, 제공에 관하여 결의할 수 있다.

그리고 채권자집회는 파산자, 그 대리인 등으로부터 필요한 설명을 듣고, 파산관재인으로부터 파산에 이르게 된 사정, 파산자 및 파산재단에 관한 경과와 현상 등에 관하여 보고를 받고, 파산관재인이 임무를 종료하는 경우에는 파산관재인 또는 상속인으로부터 계산보고를 받을 권한이 있다.

Ⅱ. 채권자집회의 소집절차

1. 소집권자 : 법원

법원은 파산관재인 또는 감사위원의 신청에 의하거나 직권으로 채권자집회를 소집한다. 신고를 한 총채권에 관하여 법원이 평가한 액의 5분의 1 이상에 해당하는 파산채권자의 신청이 있는 때에도 또한 같다(법 제367조).

2. 기일

제1회 채권자집회는 파산선고일로부터 2월 이내에 소집하여야 한다.

강제화의의 경우 일반조사기일 종료 전 또는 최후배당허가 후에는 결의할 수 없으며, 기일 결정의 공고일로부터 30일 내로 기일을 정하여야 한다. 그 외에는 따로 특별한 규정을 두고 있지 않다.

3. 기일 및 회의목적의 공고(법 제368조)

법원은 채권자집회의 기일 및 회의의 목적사항을 공고하여야 한다. 채권자집회의 연기 또는 속행에 관하여 선고가 있는 때에는 송달 또는 공고를 하지 아니할 수 있다.

결의는 공고한 사항에 관해서만 이루어 져야 하며 공고하지 않은 사항에 관한 결의는 위법한 것으로 무효이다.

제1회 채권자집회의 목적인 사항은 법정되어 있지만 실무상으로는 이해관계자들의 편의를 위하여 회의 목적사항을 일시 및 장소와 함께 공고하고 있는 경우가 대부분이다.

4. 소집장소의 공개여부

공개원칙이 적용되는 구두변론절차가 아니므로 반드시 공개할 필요는 없다(비송사건절차법 제13조 참조)

Ⅲ. 법원의 지휘(법 제369조)

1. 지휘의 내용

채권자집회는 법원이 지휘한다. 개회 및 폐회의 선고, 발언의 허부 및 제한, 토론에 붙일 것인가의 결정, 결의 결과의 집계 및 가결여부의 선언, 연기, 속행기일의 선고 등 회의의 진행 뿐 아니라 장내 질서의 유지, 법정경찰권 등을 행사할 수 있다. 의사의 내용에 관하여 간섭하는 것은 허용 되지 않지만 적절한 조언을 하는 것은 필요하다.

2. 채권자가 불출석한 경우의 처리

채권자가 1인만 출석한 경우라 할지라도 개회하고 결의할 수 있

다. 그러나 의결권 있는 채권자가 1인도 없을 경우에는 결의는 할
수 없고, 일단 기일을 열고 연기하여 연기된 기일을 선고한다. 그러
나 단순히 보고를 받거나 의견을 표명하는 집회는 채권자가 아무도
출석하지 않는 경우라 할지라도 유효하게 성립한다고 해석된다.

Ⅳ. 채권자집회의 결의

1. 결의의 성립요건(법 제370조)

(1) 의결권자

채권신고를 한 파산채권자 중, 채권조사에 있어서 파산관재인 또
는 파산채권자가 그 의결권에 관하여 이의하지 않은 자에 한하여
의결권이 인정된다.

(2) 의결권의 부여방법

의결권은 확정된 채권액에 따라 부여된다. 파산채권자는 후순위
채권에 대하여는 의결권이 없다. 미확정채권, 정지조건부 채권, 장래
의 청구권, 별제권의 행사에 의하여 변제받을 수 없는 채권액에 관
하여 파산관재인 또는 파산채권자가 의결권에 관하여 이의를 제기
할 수는 없고, 법원은 의결권을 행사하게 할 것인가의 여부 및 어떤
금액에 관하여 이를 행사하게 할 것인가를 정한다. 이 결정에 대하
여는 불복신청은 허용되지 않으나, 법원이 이해관계인의 신청에 의
하여 변경할 수는 있다. 실무에서는 채권조사기일에서 부인된 채권
액은 전액 의결권을 부여하지 않는 것을 관행으로 하고 있다.

(3) 정족수

채권자집회의 결의에는 의결권을 행사할 수 있는 출석파산채권자

의 총채권액의 2분의 1을 초과하는 채권을 가진 자의 동의가 있어야 한다(법 제370조 제1항).

2. 의결권의 행사방법

파산채권자 본인 또는 그 대리인이 의결권을 행사할 수 있다. 대리인은 변호사일 필요는 없으나, 그 대리권을 증명하는 서면을 법원에 제출하여야 한다.

3. 의결권 행사의 제한

(1) 특별이해관계인의 배제

채권자집회의 결의에 관하여 특별한 이해관계를 가진 자는 의결권을 행사할 수 없다(법 제370조 제2항). 이와 같은 규정을 둔 취지는 특별한 이해관계를 가진 채권자를 결의에 참가시키면 공정성을 해할 우려가 있기 때문이다.

(2) 특별이해관계인의 의미

특별한 이해관계를 가진 자란, 당해 결의사항에 관한 결의에 참가하는 것이 공정을 해칠 우려가 있는 자를 말하는데, 예컨대 강제화의의 결의에 관하여 파산채권자이면서 파산회사의 주주인 자, 파산관재인의 법률행위에 관한 결의에 있어서 그 상대방인 파산채권자, 소 제기에 관한 결의에 있어서 그 상대방인 파산채권자가 이에 해당한다.

감사위원 선임 결의에 있어서 그 후보자가 된 파산채권자 및 그 소속 직원이 특별한 이해관계를 가지는가에 관하여는 견해의 대립이 있으나, 실무에서는 결의의 공정을 해할 우려가 있다는 점과 주식회사의 감사 선임결의에 있어서의 의결권제한의 취지 등을 참작하여 특별한 이해관계가 있는 것으로 운용하고 있다.

특별한 이해관계를 가진 자는 대리인에 의해서도 의결권을 행사할 수 없고, 타인의 대리인으로서도 의결권을 행사할 수 없다.

4. 결의의 성립

결의가 성립하기 위해서는 의결권을 가진 출석채권자의 과반수와 그 채권액이 출석파산채권자의 총 채권액의 반액을 넘는 자의 동의가 필요하다. 실무상으로는 의결권의 분할행사는 허용하지 않고 있다.

채권액으로는 반액이 넘었는데 채권자 수로는 과반수에 미달하는 경우에 법원은 결의가 있는 것으로 보는 결정을 할 수 있다. 결의의제 제도의 취지는 그 결의의 내용이 정당한데도 소수의 다액채권자가 다수의 소액채권자의 반대로 과반수를 얻지 못하여 부결되는 경우를 구제하기 위한 것이다.

5. 결의의 효력

유효한 결의는 그 결의에 동의하지 않은 채권자, 출석하지 않은 파산채권자, 파산관재인도 구속한다. 결의의 절차에 위법이 있는 경우, 예컨대 소집절차, 결의의 방법, 결의사항이 법률에 위반한 때, 특별이해관계인이 결의에 참가한 때, 결의가 부정한 방법에 의하여 성립한 때에는 결의집행금지의 결정을 하거나 채권자집회를 다시 열어 이전의 결의를 변경하도록 하여야 한다.

6. 결의의 집행금지

유효한 결의라 할지라도 결의의 내용이 파산채권자 일반의 이익에 반하는 것으로 판단될 경우에는 법원이 그 결의의 집행을 금지할 수 있다. 파산채권자 일반의 이익에 반하는지 여부는 구체적으로 판단해야 한다. 그 예로 부당한 다액의 부조료 지급결의, 재단에 불이익한 영업의 계속 결의, 일부 채권자에게 부당한 이익을 주는 환가처분 등을 들 수 있다.

V. 의결권 행사

1. 의결권의 불통일 행사(법 제371조)

파산채권자는 의결권을 통일하지 아니하고 행사할 수 있다. 파산채권자들의 의결권 행사가 반드시 통일적으로 행사할 필요는 없으나, 불통일행사를 하려는 경우에는 채권자집회 7일 전까지는 서면으로 신고하도록 되어있다. 그러나 의결권의 분할행사가 권리남용에 해당된다고 보이는 경우에는 이를 허용할 수는 없는 것이다.

2. 의결권의 대리행사(법 제372조)

의결권은 파산채권자 본인 또는 그 대리인이 행사할 수 있다. 대리인은 변호사일 필요는 없으나, 그 대리권을 증명하는 서면을 법원에 제출하여야 한다. 대리인이 위임받은 의결권을 통일하지 않고 행사하는 경우에는 채무자회생및파산에관한법률 제371조 제2항을 준용한다.

3. 의결권을 행사할 수 있는 채권액(법 제373조)

(1) 확정채권액에 따른 의결권의 행사

파산채권자는 확정채권액에 따라 의결권을 행사할 수 있다. 미확정채권, 정지조건부채권, 장래의 청구권 또는 별제권의 행사에 의하여 변제를 받을 수 없는 채권액에 관하여 파산관재인 또는 파산채권자의 이의가 있는 때에는 법원은 의결권을 행사하게 할 것인가의 여부와 의결권을 행사할 금액을 결정한다.

(2) 결정에 대한 변경

법원은 이해관계인의 신청에 의하여 언제든지 미확정채권·정지조 건부채권·장래의 청구권 또는 별제권행사에 의하여 변제받을 수 없 는 채권액에 대한 의결권 행사의 여부와 의결권을 행사할 금액의 결정에 대한 변경을 할 수 있다.

(3) 송달여부

위 (1), (2)의 결정은 그 선고가 있는 때에는 송달을 하지 아니할 수 있다.

4. 의결권 행사의 제한

파산채권자는 후순위파산채권에 관하여는 의결권을 행사할 수 없 다.

확정채권액은 채권자 집회에서 의결권행사의 기준액이 되지만, 파 산관재인 및 출석채권자의 이의가 없는 경우에는 미확정채권으로도 의결권 행사를 할 수 있도록 법원이 허용할 수 있다. 후순위채권에 대하여는 채권자집회에서 의결권이 부여되는 것이 아니고, 일반채권 이 완제된 후에야 배당할 수 있다.

Ⅵ. 감사위원의 동의에 갈음하는 채권자집회 결의의 효력(법 제374조)

감사위원은 파산관재인이 하는 행위에 대한 동의권을 가진다. 이

감사위원의 동의는 채권자집회의 결의로 대신할 수도 있다. 채권자
집회의 결의가 감사위원의 의견과 다를 때에는 그 결의에 따른다.

Ⅶ. 결의집행의 금지(법 제375조)

1. 요 건

채권자집회의 결의가 파산채권자 일반의 이익에 반하는 경우에는
법원은 파산관재인·감사위원 또는 파산채권자의 신청에 의하거나 직
권으로 그 결의의 집행을 금지할 수 있다.

의결권이 없었던 파산채권자가 결의집행의 금지 신청을 하는 때
에는 파산채권자임을 소명하여야 한다. 금지결정의 선고가 있는 때
에는 송달을 하지 않을 수 있다.

2. 파산채권자 일반의 이익에 반하는지 여부의 판단의 기준

파산채권자 일반의 이익에 반하는지 여부는 구체적이고 객관적으
로 판단하여야 할 것이나, 부당한 다액의 부조료 지급결의, 재단에
불이익한 영업의 계속 결의, 일부 채권자에게 부당한 이익을 주는
환가처분 등을 그 예로 들 수 있다.

3. 실무에서의 처리

실무에서는 감사위원 설치 및 선임 결의에 관하여 파산재단의 규
모, 채권자 수, 권리관계의 복잡성 등 여러 사정에 비추어 감사위원
을 설치하는 것이 파산재단을 위하여 무익하고 절차만 지연시킬 우
려가 있다고 판단하여 그 집행을 금지한 사례가 있다.

제3절 감사위원

Ⅰ. 감사위원의 의의 및 설치

1. 감사위원 제도의 의의

감사위원이란 파산절차에서 파산채권자 전체의 권리를 보호하기 위한 목적으로, 채권자집회에서 선임되어 파산관재인의 직무집행을 감시하고 보조하는 것을 임무로 한 합의제 기관이다.

2. 감사위원의 설치(법 제376조)

제1회 채권자집회에서 감사위원의 설치가 필요하다는 제안이 있는 경우에는 그 설치여부 및 감사위원의 수를 의결할 수 있다. 다만, 제1회 후의 채권자집회에서 그 결의를 변경할 수 있다. 다만 법원은 감사위원을 설치하는 취지의 채권자집회의 결의가 오히려 파산채권자 일반의 이익에 반한다고 인정되어 그 결의의 집행을 금지한 사례가 있다. 실무에서는 파산재단의 규모, 채권자의 수, 권리관계의 복잡성 등에 비추어 감사위원의 설치가 불필요하고 비용의 낭비만 가져오는 것이 명백한 경우에 감사위원 설치 및 선임 결의의 집행을 금지한 예가 있다.

Ⅱ. 감사위원의 선임

1. 선임기관

감사위원은 채권자 집회에서 선임한다. 제1회 채권자집회에서 감사위원 설치의 제안이 가결되는 경우, 감사위원의 수, 감사위원으로 될 자에 관하여 결의하여야 한다.

2. 감사위원의 수

통상 감사위원의 수는 3인으로 한다.

3. 감사위원의 자격

감사위원은 법률이나 경영에 관한 전문가로서 파산절차에 이해관계가 없는 자 이어야 한다. 파산자 및 준파산자, 파산관재인의 보증인 등은 감사위원으로 되기에는 적당하지 않다. 법인이 감사위원으로 될 수 있는가에 관하여는 견해의 다툼이 있으나, 아직 법인이 감사위원으로 선임된 예는 없고, 채권자인 법원의 직원이 감사위원으로 선임된 예가 있다.

4. 법원의 인가

감사위원 선임의 결의는 법원의 인가를 받아야 한다. 감사위원 선임결의가 있은 후에 피선임자가 수락하면(통상 미리 취임승낙서를 받아 둔다)법원은 피선임자가 채권자 전체의 대표자로서 공정하게 직무를 수행할 수 없다고 판단하지 않는 이상 이를 인가하고 있다. 파산관재인이 감사위원의 구성원을 제안하는 경우에는 미리 그 이력서를 제출받고, 특별히 문제가 있다고 생각되는 사람은 감사위원으로 제안하지 않도록 미리 지도하여 인가단계에 이르기 전에 부적격자를 배제할 수 있도록 하여야 한다.

Ⅲ. 감사위원의 직무집행

1. 직무집행의 방법(법 제378조)

(1) 의결정족수

감사위원이 3인 이상 있는 경우에 감사위원의 직무집행은 그 과반수의 찬성으로 의결한다. 파산관재인이 감사위원을 소집하여 협의를 거쳐 표결하는 방법이 원칙이다. 그러나 일상적인 동의 업무는 전원이 모여 협의 표결할 필요는 없고, 회람 등의 보다 간이한 방법으로도 처리할 수 있다.

(2) 특별이해관계인의 배제

결의에 있어서 특별한 이해관계가 있는 감사위원은 표결에 참가할 수 없다.

(3) 감사위원의 정족수 부족이 발생한 경우

감사위원은 3인 이상으로 구성되는 합의체 기관이므로 사망, 사임, 해임 등으로 3인에 미달하게 되면 행위능력을 결하게 되어 직무의 집행이 불가능하다. 이럴 경우에는 후임 감사위원을 선임하기 위한 채권자집회를 소집하여야 한다. 파산관재인은 그 때까지 감사위원이 설치되지 않은 경우에 준하여 법원의 허가를 얻어 관재업무를 처리한다.

(4) 비용 및 보수

감사위원은 비용을 미리 받거나 보수 또는 특별보상금을 받을 수 있다. 이 경우 보수 및 특별보상금의 액은 법원이 정한다(법 제381조, 제30조 제1항). 실무상으로 감사위원에 대하여 따로 비용을 지급하지는 않는다. 감사위원 선임결의 전에 보수포기서를 받고, 보수를 지급하지 않는 것을 원칙으로 한다. 소액채권자의 보호를 위하여 파산자 또는 그 채권자와 이해관계가 없는 변호사를 감사위원으로 선임할 경우에는 본인이 보수를 포기하지 않는 한 보수를 지급한다.

보수는 월급 또는 정기급으로 할 수도 있고 일시급으로 하는 경우도 있는데, 실무에서는 월급으로 100만원 이내의 금액을 지급하도록 한 예가 있다.

2. 감사위원의 직무의 내용(법 제379조)

(1) 파산관재인의 직무집행의 감사

감사위원은 파산관재인의 직무집행을 감사한다. 각 감사위원은 언제든지 파산재단에 관한 보고를 요구하거나 파산재단의 상황을 조사할 수 있다.

(2) 법원 또는 채권자집회에의 보고의무

감사위원은 파산채권자에게 현저하게 손해를 미칠 사실을 발견한 때에는 지체 없이 법원 또는 채권자집회에 보고하여야 한다.

3. 조사위원의 선관주의의무 및 손해배상책임

① 감사위원은 선량한 관리자의 주의로써 그 직무를 행하여야 한다.

② 감사위원이 선량한 관리자의 주의를 게을리한 때에는 이해관계인에게 손해를 배상할 책임이 있다. 이 경우 주의를 게을리한 감사위원이 여럿 있는 때에는 연대하여 손해를 배상할 책임이 있다.

IV. 감사위원의 해임

감사위원의 임무는 파산절차의 종료, 감사위원의 사망, 사임, 해임에 의하여 종료한다.

1. 사임

감사위원은 파산관재인과는 달리 언제라도 사임할 수 있다. 파산법원에 사임서를 제출함으로써 바로 사임의 효력이 발생하고, 법원의 인가가 따로 필요한 것은 아니다.

2. 해임(법 제380조)

(1) 채권자집회에 의한 해임

감사위원은 언제든지 채권자집회의 결의로 해임할 수 있다. 법원은 감사위원 해임결의가 있는 사실을 당해 감사위원에게 통지한 후, 감사위원이 통지를 받으면 해임의 효력이 발생하게 된다. 감사위원 해임결의를 위한 채권자집회에 감사위원이 출석한 때에는 해임결의가 있는 사실을 따로 고지할 필요는 없으므로 해임결의가 있은 즉시 해임의 효력이 발생한다.

(2) 법원에 의한 해임

법원은 상당한 이유가 있는 때에는 이해관계인의 신청에 의하여 감사위원을 해임할 수 있으며, 이 경우에는 감사위원을 심문하여야 한다. 이해관계인에는 파산채권자 뿐 아니라 파산관재인도 포함된다. 상당한 이유란 감사위원이 공정한 직무집행을 기대할 수 없는 사유를 말하고, 감사위원의 파산선고, 행위능력의 상실, 감사위원의 의무 해태, 부정행위 등을 그 예로 들 수 있다.

(3) 법원의 해임 재판에 대한 즉시항고

법원이 상당한 이유가 있어 이해관계인의 신청에 의하여 감사위원을 해임하는 재판에 대하여는 즉시항고를 할 수 있다. 이 즉시 항고는 집행정지의 효력이 없다.

해임결정	당해 감사위원
해임신청 기각결정	신청한 이해관계인 및 기타 이해관계인

제3장 파산재단의 구성 및 확정

제1절 파산재단의 구성

Ⅰ. 파산재단(법 제382조)

1. 파산재단의 의의

파산선고가 있었던 경우 파산선고시에 파산자가 가진 모든 재산이 파산재단이 된다. 그리고 파산선고 파산절차는 파산재단에 속하는 재산을 대상으로 이루어진다.

파산재단에 속하는 재산이란 파산선고시에 파산자에 속한 적극재산을 의미하는 것으로서 압류가 가능한 것을 의미하며 이 재산은 대한민국 내에 소재하고 있어야 한다.

압류금지재산, 파산자가 파산선고 후에 취득한 재산은 파산재단에 속하지 않는 재산이며 자유재산이라고 한다. 자연인의 경우와 달리 법인의 경우에 자유재산의 개념을 인정할 수 있는가에 관하여는 다툼이 있다.

2. 파산재단에 속하지 아니하는 재산(법 제383조)

(1) 압류할 수 없는 재산

압류할 수 없는 재산은 파산재단에 속하지 아니한다.
민사집행법상 압류할 수 없는 재산은 다음과 같다.
가. 압류가 금지되는 물건(동법 제195조)
① 채무자 및 그와 같이 사는 친족(사실상 관계에 따른 친족포함)의 생활에 필요한 의복·침구·가구·부엌가구, 그 밖의 생활필수품
② 채무자 등의 생활에 필요한 2월간의 식료품·연료 및 조명재료

③ 채무자 등의 생활에 필요한 1월간의 생계비로서 대통령령이 정하는 액수의 금전

④ 주로 자기 노동력으로 농업을 하는 사람에게 없어서는 아니될 농기구·비료·가축·사료·종자, 그 밖에 이에 준하는 물건

⑤ 주로 자기 노동력으로 어업을 하는 사람에게 없어서는 아니될 고기잡이 도구·어망·미끼·새끼고기, 그 밖에 이에 준하는 물건

⑥ 전문직종사자·기술자노무자, 그 밖에 주로 자기의 정신적 또는 육체적 노동으로 직업 또는 영업에 종사하는 사람에게 없어서는 아니될 제복·도구, 그 밖에 이에 준하는 물건

⑦ 채무자 또는 그 친족이 받은 훈장·포장·기장, 그 밖에 이에 준하는 명예증표

⑧ 위패·영정·묘비, 그 밖에 상례·제사 또는 예배에 필요한 물건

⑨ 족보·집안의 역사적인 기록·사진첩, 그 밖에 선조숭배에 필요한 물건

⑩ 채무자의 생활 또는 직무에 없어서는 아니될 도장·문패·간판, 그 밖에 이에 준하는 물건

⑪ 채무자의 생활 또는 직업에 없어서는 아니될 일기장·상업장부, 그 밖에 이에 준하는 물건

⑫ 공표되지 아니한 저작 또는 발명에 관한 물건

⑬ 채무자 등이 학교·사찰, 그 밖의 교육기관 또는 종교단체에서 사용하는 교과서·교리서·학습용구, 그 밖에 이에 준하는 물건

⑭ 채무자 등의 일상생활에 필요한 안경·보청기·의치·의수족·지팡이·장애보조용 바퀴의자, 그 밖에 이에 준하는 신체보조기구

⑮ 채무자 등의 일상생활에 필요한 자동차로서 자동차관리법이 정하는 바에 따른 장애인용 경형자동차

⑯ 재해의 방지 또는 보안을 위하여 법령의 규정에 따라 설비하여야 하는 소방설비·경보기구·피난시설, 그 밖에 이에 준하는 물건

　나. 압류금지채권(동법 제246조 제1항)

① 법령에 규정된 부양료 및 유족부조료(遺族扶助料)

② 채무자가 구호사업이나 제3자의 도움으로 계속받는 수입

③ 병사의 급료

④ 급료·연금·봉급·상여금·퇴직연금, 그 밖에 이와 비슷한 성질을 가진 급여채권의 2분의 1에 해당하는 금액. 다만, 그 금액이 국민기초생활보장법에 의한 최저생계비를 감안하여 대통령령이 정하는 금액에 미치지 못하는 경우 또는 표준적인 가구의 생계비를 감안하여 대통령령이 정하는 금액을 초과하는 경우에는 각각 당해 대통령령이 정하는 금액으로 한다.

⑤ 퇴직금 그 밖에 이와 비슷한 성질을 가진 급여채권의 2분의 1에 해당하는 금액

(2) 파산재단에서 면제되는 재산

가. 면제되는 재산의 범위

법원은 개인채무자의 신청에 의하여 다음의 어느 하나에 해당하는 재산을 파산재단에서 면제할 수 있다.

① 채무자 또는 그 피부양자의 주거용으로 사용되고 있는 건물에 관한 임차보증금반환청구권으로서 주택임대차보호법 제8조(보증금 중 일정액의 보호)의 규정에 의하여 우선변제를 받을 수 있는 금액의 범위안에서 대통령령이 정하는 금액을 초과하지 아니하는 부분(즉, 주택임대차보호법상 보호되는 소액보증금)

② 채무자 및 그 피부양자의 생활에 필요한 6월간의 생계비에 사용할 특정한 재산으로써 대통령령이 정하는 금액을 초과하지 아니하는 부분(6개월간 최고 720만원)

나. 면제신청 방법

면제신청은 파산신청일 이후 파산선고 후 14일 이내에 면제재산목록 및 소명에 필요한 자료를 첨부한 서면으로 하여야 한다.

다. 법원의 결정

① 법원은 파산선고 전에 면제신청이 있는 경우에는 파산선고와 동시에, 파산선고 후에 신청이 있는 경우에는 신청일로부터 14일 이내에 면제여부 및 그 범위를 결정하여야 한다.

② ①의 결정이 있는 때에는 법원은 채무자 및 알고 있는 채권자에게 송달하여야 한다.

라. 즉시항고

면제여부 및 그 범위에 관한 결정에 대하여는 즉시항고를 할 수 있다. 이 즉시항고는 집행정지의 효력이 없다.

마. 면제재산에 대한 강제집행 등의 중지 또는 금지

법원은 파산선고 전에 면제신청이 있는 경우에 채무자의 신청 또는 직권으로 파산선고가 있을 때까지 면제재산에 대하여 파산채권에 기한 강제집행, 가압류 또는 가처분의 중지 또는 금지를 명할 수 있다. 그리고 면제결정이 확정된 때에는 중지한 절차는 그 효력을 잃는다.

바. 면책신청시까지 면제재산에 대한 강제집행 등의 금지

면제결정에 의하여 면제되는 재산에 대하여는 법 제556조 제1항의 규정에 따라 면책신청을 할 수 있는 기한까지는 파산채권에 기한 강제집행, 가압류 또는 가처분을 할 수 없다.

◈ 면제재산제도

질의】 ➡ 저는 남편의 상습적인 폭행으로 협의이혼 하면서 위자료와 양육비 한 푼 받지 못하고 두 자녀를 모두 데리고 나와, 친정의 도움으로 간신히 보증금 1,000만원에 월세 15만원 하는 집에서 생활하면서 할인마트 판매원으로 매월 100여 만원의 급여를 받으며 중·고등학생 두 자녀와 생계를 유지하고 있습니다. 현재 저의 재산으로는 위 보증금 1,000만원 이외에 매월 5만원씩 불입하고 있는 적금 600만원이 전 재산입니다. 제가 파산을 신청한다면 보증금과 적금을 모두 처분해야 하는지요?

답변】 ➡ 개인파산제도는 본래 파산 선고 시 채무자가 보유하고 있는 재산 즉, 파산재단을 환가하여 채권자들에게 평등 배당하는 것을 제도적인 취지로 하고 있습니다. 따라서 파산재단의 가액이 청산절차 비용(일반적으로 300만원)을 초과할 경우 법원은 파산선고와 동시에 파산관재인을 선임하는 결정을 하고, 이에 따라 선임된 파산관재인은 채무자의 채권을 조사하고 재산목록 등을 작성하여 파산재단을 관리하여 채권자들에게 파산재단을 환가·배당하는 절차를 진행하며 그에 따라 청산절차가 종결된 이후 법원은 면책심리에 나아가게 됩니다.

그러나 최소한 생계유지에 필요한 의식주가 보장되지 않는다면 면책제도의 취지인 채무자의 경제적 재기·갱생의 보장은 이루어 질 수 없게 되므로 「채무자 회생 및 파산에 관한 법률」은 면제재산제도를 신설하여, 특정재산에 대하여는 파산재단에서 제외하도록 하고 있습니다. 면제대상 재산으로는 ①채무자 또는 그 피부양자의 주거용으로 사용되고 있는 건물에 관한 임차보증금반환청구권 중 일정 부분(주택가격의 1/2을 초과하지 않는 범위에서 수도권 중 과밀억제권역은 1,600만원까지, 군지역과 인천광역시를 제외한 광역시는 1,400만원까지, 그 밖의 지역은 1,200만원까지)과 ②채무자 및 그 피부양자의 생활에 필요한 6월간의 생계비에 사용할 특정한 재산으로서 일정 부분(금 720만원까지)입니다(같은 법 제 383조, 같은 법 시행령 제16조 제1항, 제2항).

그런데 같은법 제383조 제2항의 규정상 채무자는 위에서 제시한 면제재산 중 어느 하나만을 선택하여 신청할 수 있는 것으로 해석될 여지가 있으나, 이는 구 「개인채무자회생법」에 규정된 면제재산의 규정 중 "각 호의 1에 해당하는 재산"을 풀어 쓴 것에 지나지 않으므로 두 재산 모두가 면제재산이 될 수 있고, 따라서 수도권 중 과밀억제권역은 최대 2,320만원의 범위까지 면제재산결정을 받을 수 있다는 것이 서울중앙지방법원 파산부의 입장으로 보입니다.

구체적으로 위 면제재산을 인정받기 위해서는 파산을 신청한 법원에 그 신청일로부터 파산 선고 후 14일 이내에 면제재산목록 및 소명에 필요한 자료를 첨부한 서면을 제출해야 합니다(같은 법 제383조 제3항). 또한 파산을 신청하려고 하거나 이미 신청한 경우에 위 면제재산에 대하여 채권자가 강제집행, 가압류, 가처분을 할 염려가 있거나 이미 이를 실행한 경우, 법원은 채무자의 신청 또는 직권으로 파산선고가 있을 때까지 위 면제재산에 대한 강제집행, 가압류 또는 가처분의 중지 또는 금지를 명할 수 있으므로(같은 법 제383조 제8항), 이러한 경우 채무자는 면제재산신청과 동시 또는 그 이후에 강제집행 등의 중지 또는 금지를 신청하여 면제재산에 대한 집행을 저지시킬 수 있습니다.

따라서 귀하의 경우 귀하의 임대보증금 및 적금이 면제재산 범위 내에 속하므로 별도의 처분을 할 필요는 없어 보입니다. [법률구조공단자료. 참고만 하세요]

Ⅱ. 파산재단의 관리 및 처분권(법 제384조)

1. 관리처분권자

파산선고에 의하여 파산자는 파산재단을 구성하는 재산에 관한 관리처분권을 잃게 되고, 이 관리처분권은 파산관재인에게 전속하다. 이에 따라 파산선고 후 파산자가 파산재단 소속 재산에 관하여 한 법률행위에 대하여는 파산채권에 대항할 수 없다.

파산관재인은 파산선고 후 즉시 파산재단의 점유관리에 착수해야 하며, 재단에 관한 소송에 관하여는 당사자로서 소송행위를 한다.

2. 파산자의 잔존 권리

재단 소속 재산의 소유권에 있어서는 여전히 파산자에게 그 소유권이 있고, 파산자의 자유재산에 대한 관리처분권은 그대로 보유할 수 있으며, 파산절차에 관한 재판에 대하여는 즉시항고 할 수도 있고, 재단에 관한 소송 이외의 소송(예컨대 파산자 주주총회결의 무효의 소)에 관하여는 당사자로서의 지위를 잃지 않는다는 사실에 유의해야 한다.

Ⅲ. 파산과 재산상속

1. 파산선고 후의 재산상속

(1) 파산선고 후의 단순승인의 효력(법 제385조)

파산선고 전에 채무자가 상속인이 되는 상속개시가 있었던 경우 채무자가 파산선고 후에 단순승인을 한 경우 파산재단에 대하여는 단순승인의 효력이 나타나지 않고 한정승인의 효력을 갖게 된다.

상속재산에서 소극재산이 적극재산을 초과하는 경우 파산재단에 불의의 피해를 줄 수 있기 때문에 이와 같이 규정하였다.

한정승인이란 상속인이 상속받을 재산의 한도 내에서만 피상속인의 채무를 변제할 것을 유보하고 상속을 승인하는 것을 말하고, 단순승인이란 이러한 유보를 붙이지 않고 피상속인의 적극재산과 소극재산(부채)의 일체를 승계할 것을 승인하는 것을 말한다.

(2) 파산선고 후의 상속포기(법 제386조)

가. 채무자의 상속포기

파산선고 전에 채무자가 상속인이 되는 상속개시가 있었던 경우 채무자가 파산선고 후에 상속포기를 하는 때에도 파산재단에 대하여는 한정승인의 효력을 가진다.

나. 파산관재인의 상속포기

위 (1)의 규정에도 불구하고 파산관재인은 상속포기의 효력을 주장할 수 있다. 단 상속포기가 있은 것을 안 날부터 3개월 이내에 그 뜻을 법원에 신고하여야 한다.

(3) 파산과 포괄적 유증(법 제387조)

채무자회생및파산에관한법률 제385조 (파산선고 후의 단순승인), 제386조 (파산선고 후의 상속포기)의 규정은 포괄적 유증에 관하여 준용한다. 포괄적 유증의 승인 또는 포기의 효과가 상속재산의 승인 또는 포기의 경우와 동일하다.

(4) 파산과 특정유증(법 제388조)

파산선고 전에 채무자를 위하여 특정유증이 있었던 경우 채무자가 파산선고 당시 승인 또는 포기를 하지 아니한 때에는 파산관재인이 채무자에 갈음하여 그 승인 또는 포기를 할 수 있다. 이 경우 민법」 제1077조(유증의무자의 최고권)의 규정을 준용한다.

2. 상속재산의 파산(법 제389조)

(1) 상속재산에 속하는 모든 재산이 파산재단을 구성

상속재산에 대하여 파산선고가 있는 경우 상속재산에 속하는 모든 재산을 파산재단으로 한다. 상속재산에 대하여 파산선고가 있는 경우에는 혼동의 예외로서 피상속인이 상속인에 대하여 가지는 권리와 상속인이 피상속인에 대하여 가지는 권리는 소멸하지 않는다.

(2) 한정승인을 한 것으로 간주

상속재산에 대하여 파산선고가 있는 경우 상속인은 한정승인한 것으로 본다. 다만 상속인이 민법 제1026조 제3호에 의하여 단순승인한 것으로 보는 경우에는 한정승인이 아닌 단순승인을 한 것으로 본다.

3. 상속인의 재산처분후의 상속재산에 대한 파산선고(법 제390조)

(1) 반대급부를 취득하지 않은 경우

상속인이 상속재산의 전부 또는 일부의 재산에 대해 처분한 후에 상속재산에 대하여 파산선고가 있는 때에는 상속인이 상속재산의 처분으로 얻게 되는 반대급부에 대하여 가지는 권리는 파산재단에 속하게 된다.

(2) 반대급부를 취득한 경우

상속인이 반대급부를 이미 취득한 경우에는 이를 전부 파산재단에 반환하여야 한다. 다만, 반대급부를 받은 상속인이 파산의 원인인 사실 또는 파산신청이 있은 것을 알지 못한 때에는 그 이익이 현존하는 한도 안에서 반환하면 된다.

상속인이 악의로 반대급부를 취득한 경우	반대급부 전부를 반환하여야 한다
상속인이 선의로 반대급부를 취득한 경우	이익이 현존하는 한도 안에서 반환하면 된다

제2절 부인권

Ⅰ. 부인권의 의의 등

1. 의의

부인권이란 파산관재인이 행하는 파산법상의 권리로서 파산선고 전에 파산자가 파산채권자를 해하는 행위를 한 경우 그 행위의 효력을 부인하고 일탈된 재산을 파산재단에 회복하기 위하여 행하는 권리이다.

2. 취지

　개인의 경우이든 기업의 경우이든 도산상태에 빠지게 되면 파산을 둘러싼 다수의 이해관계인들이 서로 자신의 이익을 최대한 확보하기 위하여 앞 다투어 채권회수에 나선다. 일부 채권자들이 채무자와 결탁하여 다른 채권자들을 배제하고 먼저 변제를 받거나 담보를 제공받으려 하거나 채무자 역시 자신의 재산을 스스로 은닉하거나 부당하게 염가로 처분하려는 시도를 통해 파산채권자에 해를 끼치는 행위를 하게 된다. 부인권은 그와 같은 경우 채무자의 행위를 부인하여 일탈된 재산을 파산재단에 회복시키는 역할을 함으로써 파산채권자에 대한 공평한 배당을 가능하게 하기 위해 규정한 제도이다.

3. 부인권과 채권자취소권의 비교

　본 법상의 부인권과 민법 제406조의 채권자취소권은 채무자를 해하는 행위의 효력을 부인하고 일탈된 공동담보의 회복을 도모하여 채권자들을 보호한다는 점에서 제도적 취지를 같이하고 있다. 그러나 채권자취소권은 집단적인 채무처리절차의 개시를 전제로 하는 것이 아니라 개별적으로 채권자에게 인정되는 권리로서, 취소대상의 행위나 행사의 방법 등이 매우 제한적이다. 반면 집단적 채무처리절차인 파산법상의 부인권은 채권자간의 공평한 처우를 위하여 행사권한이 파산관재인에게 전속하고 대상행위, 요건, 행사의 방법 등이 완화된 강력한 권리이다.

민법 제406조의 채권자취소권	개별적으로 채권자에게 인정되는 권리로서, 취소대상의 행위나 행사의 방법 등이 매우 제한적이다.
본 법상의 부인권	대상행위, 요건, 행사의 방법 등이 완화된 강력한 권리이다.

4. 법적 성질

부인권의 법적 성질에 관하여 통설은 "부인권의 행사는 파산재단을 원상으로 회복시킨다"고 규정하여 부인의 효과인 원상회복을 부인권 행사의 행사 효과로 하고 있다. 통설은 부인권의 법적 성질에 대해서는 이를 사권으로 파악하여 파산관재인이 부인의 대상이 되는 행위의 효력을 부인하는 의사표시를 하여야 한다는 형성권설을 취하고 있다.

5. 부인유형과 상호관계

(1) 부인의 유형

부인의 유형은 여러 가지로 나눌 수 있으나 일반적으로 파산자가 파산채권자를 해할 것을 알면서 한 행위를 부인하는 고의부인, 파산자가 지급의 정지 등 경제적 파탄이 표면화된 시기에 한 행위를 부인하는 위기 부인으로, 위기부인은 다시
① 파산자의 의무에 속한 행위를 부인하는 본지행위부인
② 파산자의 친족등을 상대로 한 본지행위부인
③ 파산자의 의무에 속하지 않는 행위를 부인하는 비본지행위 부인으로 나누어 진다.
파산자가 한 무상행위 내지 이와 동일시 해야하는 유상행위를 부인하는 무상부인으로 나눌 수 있다. 그밖에 특수한 부인인 대항요

건, 효력요건부인, 집행행위부인이 있다.

(2) 각 부인간의 관계

본 법은 고의부인, 위기부인, 무상부인을 별도의 요건을 정하여 규정하고 있지만 상호 배타적인 관계에 있는 것은 아니고 상호 관련을 맺고 있으므로 1개의 행위가 각 부인유형에 해당하는 경우 어느 것이라도 주장하여 부인할 수 있고, 법원 또한 당사자가 주장하는 부인유형에 구속되지 않는다.

6. 부인권의 일반적 성립요건

부인권은 부인할 행위의 내용, 시기, 상대방에 따라 고의부인, 위기부인, 무상부인의 3종의 유형을 인정하고 있는데, 각 유형마다의 특유한 성립요건 외에 공통되는 일반적 성립요건이 있다.

(1) 행위의 유해성

부인의 대상이 되는 행위는 기본적으로 파산채권자에게 해를 끼치는 행위이어야 한다. 파산채권자에게 해를 끼치는 행위에는 파산자의 일반재산을 절대적으로 감소시키는 사해행위와 채권자간의 평등을 저해하는 편파행위도 포함된다. 사해행위이든 편파행위이든 당해 행위로 말미암아 채권자들의 배당률이 낮아질 때 행위의 유해성이 인정된다고 설명할 수 있겠다. 이하에서는 행위의 유해성이 문제되는 몇 가지 행위유형에 대하여 살펴본다.

가. 부동산의 매각행위

부동산의 매각에 있어서 부당한 가격으로 매각한 경우는 물론이고, 적정한 가격으로 소비하기 쉬운 금전으로 환가하는 것은 재산의 일반담보력을 저하시키게 될 것이므로 원칙적으로 일반채권자를 해하는 행위라고 본다. 그러나 부동산에 비하여 담보력이 적은 동산의 매각행위는 부당한 염가매각으로 평가받지 않는 이상 부인의 대상이 되지 않는다.

나. 변제행위

변제행위와 관련하여 문제되는 것은 본지변제와 고의부인, 차입금에 의한 변제와 부인, 담보권자에 대한 변제, 대물변제, 제3자에 의한 변제와 부인이 문제된다.

1) 본지변제와 고의부인

변제기가 도래한 채권을 변제하는 본지변제행위가 형식적 위기시기에 이루어진 경우에는 불평등 변제가 되는 경우로서 위기부인의 대상이 될 수 있다는 점에 대해서는 이론의 여지가 없으나 나아가 고의부인의 대상이 되는지에 대해서는 견해의 대립이 있다. 통설은 고의부인의 대상에 포함시키고 있다. 그에 대한 근거로는 본조 제1호에서 말하는 '행위'에 본지변제가 제외되어 있다고 인정할 수 없고, 그와 같이 해석하더라도 당해 변제를 수령한 특정채권자의 이익을 부당하게 해하는 것이 아니라는 것을 이유로 한다.

2) 차입금에 의한 변제

파산자가 제3자로부터 자금을 차입하여 특정채권자에게만 변제를 한 때에는 다른 채권자와의 평등을 해하게 되어 그것은 원칙적으로 부인의 대상이 된다고 보는 것이 일반적이다. 문제는 이와 같은 자금의 차입이 전적으로 특정채무의 변제를 위하여 차입을 하고 변제가 행하여진 경우이다. 국내에서는 이에 대한 판례가 나와 있지 않으나 최근의 일본 판례는 일정한 사정을 언급하면서 변제가 예정된 특정채무를 변제하여도 채권자의 공동담보를 감소시키지 않아 채권자를 해하는 행위가 아니라고 판시하고 있다.

3) 담보권자에 대한 변제, 대물변제와 부인

파산절차에서는 별제권자인 담보권에 대한 변제는 부인의 대상이 될 수 없는 것은 당연하며 대물변제의 경우에도 피담보채권과 목적물의 가액이 균형을 잃지 않은 이상 부인의 대상이 되지 않는다. 따라서 목적물의 가약이 피담보채권을 초과하는 경우에는 그 초과부분에 대한 대물변제행위는 부인권을 행사하여 차액에 대한 상환을 구할 수 있다.

4) 제3자에 의한 변제

제3자에 의한 변제가 부인의 대상이 될 수 있는가에 대한 문제는 파산자 이외의 자의 행위를 부인할 수 있는 가에 관한 논의가 그대로 적용된다고 할 수 있을 것이다. 통설인 파산자의 행위뿐만 아니라 이와 동일시 할 수 있는 제3자의 행위도 부인할 수 있다는 입장이라면 제3자의 변제가 이에 해당할 때 부인할 수 있다.

다. 담보권의 실행행위 및 담보권의 실행행위와 부인

1) 담보권의 설정행위

담보권의 설정과 관련하여 논의되는 것은 기존 채무에 대한 담보권의 설정이 아니라 신규차입을 위하여 담보권을 설정하는 행위가 부인의 대상이 될 수 있다.

2) 담보권의 실행행위

파산절차에서는 회생절차와는 달리 담보권자는 파산절차에 의하는 것이 아니라 별제권을 행사하여 소유권을 회복할 수 있다. 따라서 그 담보권설정행위 자체가 부인되지 않는 이상 담보권자에 대한 변제나 대물변제와 같이 담보권의 실행행위가 부인의 대상으로 되는 것은 아니다.

라. 어음, 수표의 발행, 인수, 배서행위

파산자가 기존채무의 변제에 갈음하여 또는 변제를 위하여 어음 등을 발행, 인수 또는 배서하는 경우 부인의 대상이 될 수 있는지에 대해서는 견해의 대립이 있다. 통설은 어음채권에는 강력한 권리추정의 효력이 인정되어 채권자확정소송에서 입증책임을 전환시키는 등 어음채권이 양도된 경우에는 채무자인 파산자가 가지는 인적항변이 절단될 수 있으므로 부인의 여지를 인정하는 것으로 해석하고 있다.

마. 재산분할

　실무상 경제적 위기상태에 빠진 채무자가 이혼을 하면서 배우자에게 금전, 주식, 부동산 등을 재산분할의 명목으로 증여하는 경우가 있을 수 있다. 일반적으로 재산권을 목적으로 하지 않는 법률행위(결혼, 이혼, 입양, 파양, 상속의 승인 또는 포기) 등은 그것이 간접적으로 채무자 재산의 감소를 가져오는 행위라고 하더라도 부인의 대상으로는 될 수 없다. 다만　이혼에 수반한 재산분할 등은 신분관계의 설정이나 폐지와 직접 관계없는 재산처분행위이므로 부인대상이 된다.

　그러나 실제로는 부인권을 행사함에 있어서 재산분할로 증여된 부동산에 시가를 크게 넘는 담보권이 설정되어 있는 경우가 있을 수 있고, 일방 배우자가 재산분할을 받았으면서도 경제적으로 곤궁한 상태에서 벗어나지 못하는 등 재산 증식이나 회수 가능성의 측면에서 그 실익이 없는 경우도 있을 수 있다.

(2) 법률적으로 유효한 것에 한하는지 여부

　부인의 대상이 되는 행위는 반드시 법률적으로 유효한 것일 필요가 있는 것은 아니다. 허위표시, 착오, 사회질서위반의 법률행위 등과 같이 무효 또는 취소의 사유가 있더라도 무방하다. 파산자의 급부가 불법원인급여에 해당하는 경우에 해당하여 채무자인 파산자가 반환을 청구할 수 없다고 하더라도 파산관재인은 이를 부인하면서 그 반환을 청구할 수 있다. 파산관재인은 행위의 무효, 취소와 부인의 주장을 동시에 할 수도 있고 부인의 주장만을 할 수도 있다.

◈ 부인권(否認權) 대상행위

질의】 ➡ 저는 농업 실패로 인하여 그 동안 이자만 갚아 왔던 은행 대출금 5,000만원을 전혀 변제하지 못하는 상황에 이르게 되었고, 이에 은행에서는 연체이자라도 빨리 갚으라고 독촉하며 그렇지 않을 경우 전세보증금에 압류를 하겠다고 하였습니다. 저는 당장의 급한 불을 끄기 위해 일간지에 사채 광고를 보고 연락하여 유일한 재산인 금 3,000만원의 전세보증금 계약서를 담보로 약 2,000만원의 사채를 사용하게 되었는데 그 돈도 다른 채무 및 사채이자 변제, 생활비에 사용하고 나니 한 푼도 남지 않게 되었습니다. 사채업자는 제 전세계약서를 가지고 제 명의로 집주인에게 전세보증금채권 양도통지를 한 후 제가 전셋집을 나가면 보증금을 자기가 갖는다고 합니다. 저와 같은 경우 파산 신청을 하면 어떻게 되는지요?

답변】 ➡ 파산절차란 채권자의 개별적 집행대신 채무자가 파산 선고 시 보유하고 있는 재산 즉, 파산재단을 환가하여 채권자들에게 평등 배당하는 것을 제도적인 취지로 하고 있습니다. 채무자에게 파산절차비용을 초과하는 재산이 있는 경우 법원은 파산재단을 환가하여 배당하는 업무를 수행할 파산관재인을 선임하고 청산 및 배당절차를 진행시키게 됩니다.

그러나 파산관재인은 채무자가 보유한 재산 뿐 아니라 파산선고 전 채무자가 파산채권자들을 해하는 행위를 한 경우 그러한 행위의 효력을 부인하여 일탈한 재산을 파산재단에 회복시키는 권리를 행사할 수 있는데 이러한 권리를 부인권(否認權)이라고 합니다(채무자 회생 및 파산에 관한 법률 제391조). 채무자에게 파산선고 당시 청산절차를 진행할 비용을 넘는 재산이 없다고 하더라도 채권자를 해하는 행위가 있는 경우 부인권 행사를 위하여 법원은 파산관재인을 선임하고 파산재단을 충실히 한 후 이를 환가하여 배당하게 됩니다.

파산관재인이 부인할 수 있는 채무자의 행위는 ①채무자가 파산채권자를 해한다는 사실을 알고 한 행위(고의부인) ②채무자의 사해의사와 관계없이,

채무자가 지급정지나 파산신청 등 위기의 시기에 한 담보제공, 변제 등 채무소멸에 관한 행위로 인하여 다른 파산채권자의 이익을 해하는 행위(위기부인) ③채무자가 지급정지 또는 파산신청이 있는 또는 그 전 6월 이내에 한 무상행위 및 이와 동일시할 수 있는 유상행위(무상부인)으로 나눌 수 있습니다. 다만 ①②의 경우 채무자의 행위로 이익을 받은 자가 그 행위 당시 파산채권자를 해하게 되는 사실을 알지 못한 경우 또는 지급정지나 파산신청이 있은 것을 알지 못하는 경우 부인 대상행위에 해당하지 않습니다.

부인 대상행위에 해당할 경우 법원은 파산채권자의 신청 또는 직권으로 파산관재인에게 부인권의 행사를 명할 수 있고, 파산관재인은 파산선고가 있은 날로부터 2년, 부인 대상행위가 있은 날로부터 10년 내 부인의 소, 부인의 청구 또는 부인의 항변의 방법으로 부인권을 행사합니다(같은 법 제396조, 제405조). 적법한 부인권 행사에 의하여 일탈되었던 재산은 파산재단에 당연히 복귀하는 것으로 해석되고 있습니다.

귀하의 경우, 채무초과로 지급불능상태에서 사채업자에게 유일한 재산인 전세보증금반환채권을 담보로 제공하고 자금을 차용하여 기존의 채무 중 일부 채무자에 대하여 변제를 하고 나머지는 생활비로 사용하였다고 하므로 이는 다른 파산채권자가 귀하의 책임재산을 평등하게 배당받아 갈 권리를 해한 것으로서 귀하도 사해의사가 있었다고 볼 수 있고, 그렇지 않다고 하더라도 귀하가 객관적으로 변제가 불가능하게 되었던 시기 이후에 다른 파산채권자들을 해하는 행위를 한 것으로 판단되어 부인대상행위로서 위기부인에 해당할 수 있다고 보입니다. 다만 고의부인에 있어서 사채업자가 담보를 제공 받음으로써 귀하에 대한 다른 채권자들을 해한다는 사실을 알지 못한 경우, 위기부인에 있어서 사채업자가 귀하의 지급불능 사실을 알지 못한 경우에는 파산관재인은 귀하의 담보제공행위를 부인할 수 없게 됩니다. [법률구조공단자료. 참고만 하세요]

7. 개별적 성립요건

(1) 고의부인

가. 의의

파산자가 파산채권자를 해한다는 사실을 알면서 한 행위에 대하여 부인하는 것을 고의부인이라 한다. 파산자의 사해의사를 요건으로 하는 부인으로서 민법상의 사해행위취소권과 실질을 같이 한다.

나. 고의부인의 성립요건

① 객관적 요건 : 파산채권자를 해하는 행위가 있어야 한다(사해행위)

② 주관적 요건 : 파산자가 행위 당시 그 행위에 의하여 파산채권자를 해한다는 사실을 알고 있어야 한다(사해의사).

③ 입증책임 : 사해행위와 사해의사에 대한 입증책임은 파산관재인이 부담한다.

다. 사해행위의 범위

사해행위란 파산채권자에게 손해를 주는 행위로서 파산자의 재산을 감소시키는 행위는 물론 파산채권자들 사이에 불공평을 생기게 하는 행위도 포함한다. 파산자의 행위가 위와 같은 요건을 충족하더라도 행위의 상대방인 수익자가 파산채권자를 해한다는 사실을 알지 못하였을 때, 즉 수익자가 선의인 때에는 부인할 수 없다. 선의의 입증책임은 수익자가 부담한다. 선의인 이상 그에 대하여 과실이 있는지 여부는 묻지 않는다.

라. 사해행위의 구체적 사례

① 유동성부족으로 예금인출사태를 겪고 있는 회사(금융기관)가 채권자(다른 금융기관)에게 제3자 발생의 약속어음을 담보로 제공한 경우.

② 부도유예 대상기업으로 지정된 후 수개월간 채권의 행사가 유예됨에도 담보조로 채권양도를 한 경우, 부도 5일 전에 단기대여금 채권을 이율이 높은 환매대금채권으로 전환한 경우, 지급정지 후 전세금 반환채무를 담보하기 위하여 근저당권을 설정한 경우.

(2) 본지행위에 의한 위기부인

가. 의의

파산자가 지급정지 등 위기의 시기에 한 담보제공, 채무소멸에 관한 행위, 기타 채권자의 이익을 해하는 행위를 파산자의 사해의사의 존부와 관계없이 부인하는 것을 위기부인이라 한다.

나. 위기부인과 고의부인등과의 구별

위기부인은 어느 것이나 채무자의 사해의사를 요건으로 하지 않는다는 점에서 고의부인 또는 사해행위취소권과 다르다.

다. 위기부인의 구분

위기부인은 채무자회생및파산에관한법률 제391조 제2호 내지 4호에서 규정하고 있다. 각 호별 행위를 나누면 다음과 같다.

① 제2호는 파산자가 자신의 의무에 기하여 담보의 제공, 채무소멸에 관한 행위 등을 함으로서 파산채권자를 해하는 행위를 한 경우

② 제3호는 파산자가 의무가 없음에도 불구하고 담보의 제공, 채무소멸에 관한 행위를 함으로써 파산채권자를 해하는 행위를 한 경우

라. 본지행위에 대한 제2호 부인의 성립요건과 입증책임

① 객관적 요건 : 담보의 제공, 채무의 소멸에 관한 행위 기타 파산채권자를 해하는 행위여야 한다.

② 주관적 요건 : 수익자가 행위 당시 지급정지 등의 사실을 알고 있어야 한다.

③ 시기적 요건 : 파산자가 지급정지 또는 파산신청이 있은 후에 한 행위여야 한다.

④ 입증책임 : 위와 같은 세 가지 요건에 대한 입증책임은 모두 파산관재인이 부담한다.

(3) 비본지행위에 대한 위기부인

가. 의의

비본지행위에 대한 위기부인은 담보의 제공 또는 채무의 소멸에 관한 행위를 부인의 대상으로 한다는 점에서 제2호의 부인과 같은 점이 있으나 파산자의 의무에 속하지 아니하는 행위(비본지행위)를 부인의 대상으로 한다는 차이가 있다.

나. 조건의 완화

법은 제2호의 부인보다 시기적 요건을 완화하여 부인대상을 지급 정지 등이 있기 이전 60일 내에 이루어진 행위까지 확대하고, 선의의 입증책임도 수익자에게 부담시키고 있다.

다. 성립요건

① 객관적 요건 : 담보의 제공 또는 채무의 소멸에 관한 행위로서 그 행위자체나 방법 또는 시기가 파산자의 의무에 속하지 아니하는 행위라야 한다.

② 시기적 요건 : 파산자가 지급정지 또는 파산신청이 있은 후 또는 그 전 60일 내에 한 행위라야 한다.

③ 입증책임 : 성립요건에 대한 입증책임은 파산관재인이 부담한다.

라. 구체적 사례

① 행위 자체가 파산자의 의무에 속하지 아니하는 예로는 파산자가 기존의 채무에 대하여 담보를 제공하기로 하는 약속이 없음에도 담보제공을 하는 경우

② 방법이 의무에 속하지 아니하는 예로는 본래 약정이 없음에도 대물변제를 하는 경우

③ 시기가 의무에 속하지 아니하는 예로는 변제기 전에 채무를 변제하는 경우

마. 수익자 보호

수익자는 그 행위 당시 지급정지 등의 사실 또는 파산채권자를 해하게 되는 사실을 알지 못하였음을 입증하여 선의자로서 보호받을 수 있다.

본 호의 부인을 인정한 사례로는 규정 내용이 유사한 회생절차상의 부인과 관련하여 다수의 판결이 선고되고 있다(2001다16852).

(4) 무상부인

가. 의의

무상부인이란 파산자가 한 무상행위 또는 이와 동일시하여야 할 유상행위를 부인하는 것을 말한다. 무상행위 또는 이와 동일시할 정도의 유상행위에 대해서는 파산채권자를 해할 위험성이 현저한 반면 상대방의 이익을 고려할 필요성은 적으므로 수익자의 악의도 요건으로 하지 않고, 시기적 요건도 보다 완화하고 있다.

나. 무상행위 및 이와 동일시할 수 있는 유상행위의 의의

① 무상행위란 파산자가 대가를 받지 않고 재산을 감소시키거나 채무를 증가시키는 일체의 행위를 말한다. 무상행위로는 증여, 유증, 채무면제, 권리포기, 시효이익의 포기, 사용대차 등의 법률행위와 청구의 포기와 인낙, 소송상의 화해와 같은 소송행위도 포함한다.

② 무상행위와 동일시해야할 유상행위란 상대방의 출연이 너무나 작아 대가로서의 의미가 없는 경우를 말한다.

③ 무상행위의 판단기준 : 무상행위인지 여부는 파산자를 기준으로 하여 판단해야 하지 수익자의 입장에서 무상성이 있는지를 판단해서는 안된다. 따라서 파산자의 인적보증 또는 물상보증 행위는 그것이 채권자의 주채자무에 대한 출연의 직접적인 원인이 되는 경우에도 파산자가 그 대가로서 경제적인 이익을 받지 아니하는 한 무상행위에 해당하고, 주채무자가 계열파산자 내지 가족파산자라고 하여 달리 볼 것은 아니다.

다. 성립요건

① 객관적 요건 : 파산자의 행위가 무상행위 또는 이와 동일시하여야 할 유상행위라야 한다.

② 시기적 요건 : 파산자가 지급정지 및 파산신청이 있은 후 또는 그 전 6개월 내에 한 행위라야 한다.

③ 입증책임 : 성립요건에 대한 입증책임은 파산관재인이 부담한다.

라. 무상부인의 구체적 사례

① 무상부인의 긍정 예 : 계열회사에 대한 지급보증, 대가없는 약속어음 배서행위, 부도 후 부동산을 증여한 경우 등이 있다.

② 무상부인의 부정 예 : 무상부인을 부정한 사례로는 파산자가 최초 어음할인 당시 연대보증을 하고 이후 대환에 의하여 주채무가 계속 연장됨에 따라 최초의 대출거래시기가 파산자의 지급정지일로부터 6개월 전에 해당하고 최종 연장행위는 6개월 내에 해당되는 경우가 있다.

8. 특수관계인을 상대방으로 한 경우의 특칙

① 채무자회생및파산에관한법률 제391조 제2호 단서(이로 인하여 이익을 받은 자가 그 행위 당시 지급정지 또는 파산신청이 있은 것을 알고 있은 때에 한한다)의 규정을 적용하여 이익을 받는 자가 채무자와 대통령령이 정하는 범위의 특수관계에 있는 자인 때에는 그 특수관계인이 행위 당시 지급정지 또는 파산신청이 있을 것을 알고 있었던 것으로 추정한다.

② 동법 제391조 제3호의 규정을 적용하는 경우 특수관계인을 상대방으로 하는 행위에 대하여는 동법 제391조 제3호의 본문에 규정된 60일을 1년으로 하고, 그 행위 당시 지급정지 또는 파산신청이 있은 것과 파산채권자를 해하는 사실을 알고 있었던 것으로 추정한다.

③ 동법 제391조 제4호의 규정을 적용하는 경우 특수관계인을 상대방으로 하는 행위인 때에는 같은 호에 규정된 '6월'을 '1년'으로 한다.

9. 어음지급의 예외(법 제393조)

(1) 어음채무의 지급에 관한 부인의 제한

채무자회생및파산에관한법률 제393조 제1항은 "제391조의 규정은 파산자로부터 어음의 지급을 받은 자가 그 지급을 받지 아니하였으면 채무자의 1인 또는 수인에 대한 어음상의 권리를 상실하게 되었을 경우에는 이를 적용하지 아니한다"고 규정하여, 어음금 채무의 변제의 경우에는 일정한 요건 아래에서는 제391조에서 규정한 부인유형에 해당하더라도 부인권을 행사하여 이를 부인할 수 없도록 하고 있다.

(2) 취지

어음 소지인이 채무자가 어음금을 제공함에도 이를 수령하지 않을 경우 소구권을 상실하게 되고, 따라서 변제를 받을 수밖에 없음에도 나중에 파산절차에서 그 변제가 부인된다면 그 때는 이미 거절증서작성기간이 도과되어 역시 소구권을 상실하게 되는 불합리한 결과를 초래하게 되고 어음거래의 안전을 해하게 되어 전득자의 권리가 지나치게 불안하게 되기 때문에 부인의 대상에서 제외한 것이다.

(3) 본 제도 적용의 제한

경우에 따라서는 이를 어음금의 변제를 받는 방법으로 악용하여 우선변제를 받을 수 있으므로 이를 제한하기 위하여 동조 제2항은

"전항의 경우에도 최종의 상환의무자 또는 어음의 발행을 위탁한 자가 발행 당시 지급의 정지 또는 파산신청이 있음을 알았거나 과실로 인하여 알지 못한 때에는 파산관재인은 그로 하여금 파산자가 지급한 금액을 상환할 수 있다"고 규정하고 있다. 예를 들어 채권자가 자기를 수취인으로 한 약속어음을 파산자에게 발행하도록 한 다음 제3자에게 배서 양도하여 대가를 받고, 제3자는 파산자에 어음을 제시하여 어음금을 지급받은 경우나 채권자가 파산자에게 위탁하여 파산자를 발행인, 제3자를 수취인으로 한 약속어음을 발행하게 하고 제3자로부터 배서 양도받아 파산자로부터 어음금을 지급받은 경우이다.

Ⅱ. 특수한 유형의 부인

1. 권리변동의 성립요건 또는 대항요건의 부인(법 제394조)

(1) 대항요건 또는 효력요건의 부인

채무자회생및파산에관한법률 제394조는 대항요건 등의 구비행위를 권리변동의 원인행위와 분리하여 그 원인행위를 부인할 수 없는 경우라도 독자적으로 대항요건 등의 구비행위를 부인할 수 있도록 규정하고 있다.

가. 성립요건의 부인

지급정지 또는 파산신청이 있은 후에 권리의 설정·이전 또는 변경의 효력을 생기게 하는 등기 또는 등록이 행하여진 경우, 그 등기 또는 등록이 그 원인인 채무부담행위가 있은 날부터 15일을 경과한 후에 지급정지 또는 파산신청이 있음을 알고 행한 것인 때에는 이를 부인할 수 있다. 다만 가등기 또는 가등록을 한 후 이에 의하여 본등기 또는 본등록을 한 때에는 그러하지 아니하다.

나. 대항요건의 부인

지급정지 또는 파산신청이 있은 후에 권리의 설정·이전 또는 변경을 제3자에게 대항하기 위하여 필요한 행위를 한 경우 그 행위가 권리의 설정·이전 또는 변경이 있은 날부터 15일을 경과한 후에 지급정지 또는 파산신청이 있음을 알고 행한 것인 때에도 이를 부인할 수 있다.

(2) 취지

대항요건 등의 구비행위에 대한 부인을 인정하는 취지는 원인행위가 있었음에도 상당기간 대항요건 등의 구비행위를 하지 않고 있다가 지급정지 등이 있은 후에 그 구비행위를 한다는 것은 일반채권자들에게 예상치 않았던 손해를 주기 때문에 이를 부인할 수 있게 한 것이다.

(3) 법 제391조와의 관계

제394조의 부인규정과 제391조의 관계에 대하여 견해가 대립하고 있으나 통성과 판례는 대항요건 등의 구비행위도 통상적인 법 제391조에 따라 부인할 수 있는 것이나 그 행위는 권리변동의 효력을 완성시키는데 지나지 않고 원인행위에 부인사유가 존재하지 않는 이상 가능하면 대항요건 등을 구비시키는 것이 바람직하므로 법 제391조의 적용을 제한한 것이 본조라는 것이다. 다만 본조에서 부인대상이 되는 대항요건 등의 구비행위는 위기시기 이후에 이루어진 것이므로 법 제391조의 각 부인 중 위기부인만이 본 조에 의하여 적용이 제한된다고 본다. 따라서 대항요건 등의 구비행위에 고의부인의 사유가 있는 경우에는 법 제391조 제1호에 의하여 부인할 수 있다고 한다.

| 법 제394조 | 원인행위에 부인사유가 존재하지 않는 이상 가능하면 대항요건 등을 구비시키는 것이 바람직하므로 법 제391조의 적용을 제한한 것 |
| 법 제391조 | 권리변동의 효력을 완성시키는 효과 |

(4) 입증책임

본 조에 의한 부인의 성립요건은 다음과 같고, 입증책임은 파산관재인에게 있다.

(5) 부인권의 성립요건

가. 객관적 요건

권리의 설정, 이전 또는 변경의 효력발생요건 또는 대항요건을 구비하는 행위가 있어야 한다. 즉 부동산의 등기, 동산의 인도, 채권의 양도와 입질에 관한 통지와 승낙, 지시채권의 배서, 교부, 선박의 등기. 자동차의 등록 등을 구비하는 행위를 가리킨다.

나. 주관적 요건

주관적 요건으로서는 수익자가 지급정지 등이 있음을 알고 있어야 한다.

다. 시기적 요건

권리의 설정, 이전, 변경이 있은 날로부터 15일을 경과한 후에 대항요건 등의 구비행위가 이루어져야 한다. 유의해야할 점은 15일의 기산점이 원인행위가 이루어진 날이 아니라 원인행위의 효력이 발생한 날을 의미한다는 것이다.

(6) 지급정지 등이 있기 전에 이루어진 가등기에 기한 본등기에 대한 예외

가등기 또는 가등록을 한 후에 이에 의하여 본등기 또는 본등록을 한 때에는 이를 부인할 수 없다. 이미 가등기가 경료된 때에는 당해재산이 채무자의 일반재산으로부터 일탈될 가능성을 대외적으로 공시하고 있는 것이기 때문에 가등기에 기초하여 본등기가 이루어지더라도 일반 채권자들이 예상하지 못한 손해를 준다고 할 수 없기 때문이다.

2. 집행행위의 부인(법 제395조)

(1) 의의

집행행위의 부인은 부인하고자 하는 행위에 관하여 상대방이 이미 채무명의를 가지고 있는 경우이거나 그 행위가 집행행위로서 이루어진 경우일지라도 부인하는 것을 말한다.

(2) 본조의 부인의 성격

통설은 본 조가 새로운 부인의 유형을 규정한 것이 아니라 집행행위도 부인에 관한 일반조항인 법 제391조 각 호의 부인대상이 된다는 것을 주의적으로 규정한 것에 불과하다고 해석한다.

(3) 부인의 대상이 되는 행위

부인권은 부인하고자 하는 행위에 관하여 집행력있는 집행권원이 있는 때 또는 그 행위가 집행행위에 의한 것인 때에도 행사할 수 있다.

가. "부인하고자 하는 행위에 관하여 집행력 있는 집행권원이 있는 때"와 관련하여 부인의 대상이 되는 행위는 다음과 같다.

① 채무명의의 내용을 이루는 의무를 발생시키는 파산자의 원인행위

② 채무명의의 내용을 이루는 의무를 이행하는 행위

③ 채무명의 자체를 성립시킨 파산자의 소송행위

나. "부인하고자 하는 행위가 집행행위에 기한 것인 때"와 관련하여 부인의 대상은 집행행위에 의하여 실현되는 실체법상의 효과가 아니라 집행행위 자체라는 것이 통설이다.

Ⅲ. 부인권의 행사

1. 부인할 수 있는 행위(법 제391조)

파산관재인은 파산재단을 위하여 다음 각 호의 어느 하나에 해당하는 행위를 부인할 수 있다.

① 채무자가 파산채권자를 해하는 것을 알고 한 행위. 다만, 이로 인하여 이익을 받은 자가 그 행위 당시 파산채권자를 해하게 되는 사실을 알지 못한 경우에는 그러하지 아니하다.

② 채무자가 지급정지 또는 파산신청이 있은 후에 한 파산채권자를 해하는 행위와 담보의 제공 또는 채무소멸에 관한 행위. 다만 이로 인하여 이익을 받은 자가 그 행위 당시 지급정지 또는 파산신청이 있은 것을 알고 있은 때에 한한다.

③ 채무자가 지급정지나 파산신청이 있은 후 또는 그 전 60일 이내에 한 담보의 제공 또는 소멸에 관한 행위로서 채무자의 의무에 속하지 아니하거나 그 방법 또는 시기가 채무자의 의무에 속하지 아니하는 것. 다만, 채권자가 그 행위 당시 지급정지나 파산신청이 있은 것 또는 파산채권자를 해하게 되는 사실을 알지 못한 경우를 제외한다.

④ 채무자가 지급정지 또는 파산신청이 있은 후 또는 그 전 60일 이내에 한 무상행위 및 이와 동일시할 수 있는 유상행위

▣ 판 례 ▣

■ [양수금·양수금]

1. 채무자 회생 및 파산에 관한 법률 제391조 제1호에서 정한 부인의 대상으로 되는 행위인 '채무자가 파산채권자를 해하는 것을 알고 한 행위'에 이른바 편파행위도 포함되는지 여부(적극)

채무자 회생 및 파산에 관한 법률 제391조 제1호에서 정한 부인의 대상으로 되는 행위인 '채무자가 파산채권자를 해하는 것을 알고 한 행위'에는 총 채권자의 공동담보가 되는 채무자의 일반재산을 파산재단으로부터 일탈시킴으로써 파산재단을 감소시키는 행위뿐만 아니라, 특정한 채권자에 대한 변제나 담보의 제공과 같이 그 행위가 채무자의 재산관계에 영향을 미쳐 특정한 채권자를 배당에서 유리하게 하고 이로 인하여 파산채권자들 사이의 평등한 배당을 저해하는 이른바 편파행위도 포함된다.

2. 채권자 또는 제3자의 행위도 부인의 대상이 될 수 있는지 여부(한정 적극)

채무자 회생 및 파산에 관한 법률 제391조 제1호에 의하면, 부인의 대상은 원칙적으로 채무자의 행위라고 할 것이나, 다만 채무자의 행위가 없었다고 하더라도 예외적으로 채무자와의 통모 등 특별한 사정이 있어서 채권자 또는 제3자의 행위를 채무자의 행위와 동일시할 수 있는 사유가 있는 경우에는 예외적으로 채권자 또는 제3자의 행위도 부인의 대상으로 할 수 있다.

3. 갑 주식회사가 예금부족으로 1차 부도가 났는데, 을 주식회사에 교부한 약속어음의 지급기일을 연장받으면서 그에 대한 담보로 갑 회사의 병 등에 대한 채권을 을 회사에 양도하기로 하는 내용의 약정을 체결하였고, 을 회사가 갑 회사로부터 교부받은 채권양도계약서와 채권양도통지서의 백지 부분을 보충하여 병 등에게 채권양도통지를 하였는데, 을 회사가 예약완결 의사표시를 한 당일 갑 회사가 2차 부도가 난 사안에서, 위 약정은 이른바 '예약형 집합채권의 양도담보'에 해당하는

것으로서 특정 채권자에게만 담보를 제공함으로써 파산절차에서 채권자평등의 원칙을 회피하는 편파행위에 해당하고, 을 회사의 예약완결 의사표시는 실질적으로 갑 회사의 행위와 동일시할 만한 특별한 사정이 있으므로, 채무자 회생 및 파산에 관한 법률 제391조 제1호에 정한 부인의 대상에 해당한다고 본 원심판단을 수긍한 사례

갑 주식회사가 예금부족으로 1차 부도가 났는데, 을 주식회사로부터 세척사를 공급받으면서 대금에 관하여 약속어음을 교부하여 오다가 을 회사로부터 지급기일을 연장받으면서 그에 대한 담보로 갑 회사의 거래처 병 등에 대한 레미콘 대금 채권을 을 회사에 양도하기로 하는 내용의 약정을 체결하였고, 을 회사가 갑 회사에 대한 세척사 대금을 지급받기 위하여 위 약정 당시 갑 회사에게서 교부받은 채권양도계약서와 채권양도통지서의 백지 부분을 보충하여 병 등에게 채권양도통지를 하였는데, 을 회사가 예약완결 의사표시를 한 당일 갑 회사가 2차 부도가 났으며 당일 영업을 중단하였고 이후 여신거래정지처분을 받은 사안에서, 위 약정은 갑 회사의 을 회사에 대한 세척사 대금 채무를 담보하기 위하여 갑 회사의 병 등에 대한 레미콘 대금 채권에 관하여 채권양도를 목적으로 하는 이른바 '예약형 집합채권의 양도담보'에 해당하는 것으로서, 예약을 일방적으로 완결할 수 있는 예약완결권을 을 회사에 부여함과 동시에 갑 회사의 대금 채권 중에서 대물변제로서 양도·양수할 대금 채권을 선택할 수 있는 선택권을 을 회사에 부여하기로 하는 한편 을 회사가 선택권과 예약완결권을 행사하는 경우 실효성과 편의를 위하여 을 회사로 하여금 갑 회사를 대리하여 제3채무자들에게 채권양도사실을 통지할 수 있도록 갑 회사가 을 회사에 대리권을 부여한 계약이고, 이와 같은 예약형 집합채권의 양도담보 계약의 경우, 그로 인한 권리변동의 효력은 약정이 이루어짐으로써 즉시 발생하는 것이 아니고 예약완결권이 행사됨으로써 비로소 발생하는 것이기는 하지만, 이에 의하여 예약완결권, 양도·양수할 대금 채권에 대한 선택권, 채권양도사실 통지 대리권한까지 채권자에게 부여되는 것이므로, 특정 채권자에게만 담보를 제공함으로써 파산절차에서 채권자평등의 원칙을 회피하는 편파행위에 해당하고, 한편 을 회사의 예약완결 의사표시 당시 갑 회사는 자금사정이 급격히 악화된 상태였고, 을 회사도 이러한 사정을 잘 알면서도 자신의 채권을 미리 우선적으로 확보하기 위하여 갑 회사와 통모하여 갑 회사로부터 병 등에 대한 대금 채권 관련 정보를 제공받아 예약완결권과 선택권을 행사하는 등 을 회사의 예약완결 의사표시가 실질적으로 갑 회사의 행위와 동일시할 만한 특별한 사정이 있었다고 보아 그 행위가 채무자 회생 및 파산에 관한 법률 제391조 제1호에 정한 부인의 대상에 해당한다고 본 원심판단을 수긍한 사례.

4. 파산절차상 부인의 대상이 되는 행위가 사회적으로 상당하고 불가피하여 일반 파산채권자가 파산재단의 감소나 불공평을 감수하여야 한다고 볼 수 있는 경우, 부인권 행사의 대상이 되는지 여부(소극) 및 행위의 상당성 유무에 관한 판단 기준

파산절차상 부인의 대상이 되는 행위가 파산채권자에게 유해하다고 하더라도 행위 당시 개별적·구체적 사정에 따라서는 당해 행위가 사회적으로 필요하고 상당하였다거나 불가피하였다고 인정되어 일반 파산채권자가 파산재단의 감소나 불공평을 감수하여야 한다고 볼 수 있는 경우가 있을 수 있고, 그와 같은 예외적인 경우에는 채권자 평등, 채무자 보호와 파산 이해관계의 조정이라는 법의 지도이념이나 정의관념에 비추어 채무자 회생 및 파산에 관한 법률 제391조에서 정한 부인권 행사의 대상이 될 수 없다고 보아야 하며, 여기에서 행위의 상당성 유무는 행위 당시 채무자의 재산 및 영업 상태, 행위의 목적·의도와 동기 등 채무자의 주관적 상태를 고려함은 물론, 변제행위에서는 변제자금의 원천, 채무자와 채권자와의 관계, 채권자가 채무자와 통모하거나 동인에게 변제를 강요하는 등 영향력을 행사하였는지 등을 기준으로 하여 신의칙과 공평의 이념에 비추어 구체적으로 판단하여야 한다.

5. 갑 주식회사가 예금부족으로 1차 부도가 났는데, 을 주식회사에 교부한 약속어음의 지급기일을 연장받으면서 그에 대한 담보로 갑 회사의 병 등에 대한 채권을 을 회사에 양도하기로 하는 내용의 약정을 체결하였고, 을 회사가 갑 회사로부터 교부받은 채권양도계약서와 채권양도통지서의 백지 부분을 보충하여 병 등에게 채권양도통지를 하였는데, 을 회사가 예약완결 의사표시를 한 당일 갑 회사가 2차 부도가 난 사안에서, 위 약정이 사회적으로 상당하고 불가피하여 일반 파산채권자가 그로 인한 파산재단의 감소나 불공평을 감수하여야 할 경우라고 볼 수 없다고 한 사례

갑 주식회사가 예금부족으로 1차 부도가 났는데, 을 주식회사로부터 세척사를 공급받으면서 대금에 관하여 약속어음을 교부하여 오다가 을 회사로부터 지급기일을 연장받으면서 그에 대한 담보로 갑 회사의 거래처 병 등에 대한 레미콘 대금 채권을 을 회사에 양

도하기로 하는 내용의 약정을 체결하였고, 을 회사가 갑 회사에 대한 세척사 대금을 지급받기 위하여 위 약정 당시 갑 회사로부터 교부받은 채권양도계약서와 채권양도통지서의 백지 부분을 보충하여 병 등에게 채권양도통지를 하였는데, 을 회사가 예약완결 의사표시를 한 당일 갑 회사가 2차 부도가 났으며 당일 영업을 중단하였고 이후 여신거래정지처분을 받은 사안에서, 갑 회사가 거액의 약속어음을 결제하지 못하여 부도에 이를 것이 예상되는 상황에서 을 회사에 교부하였다가 지급기일을 연장한 약속어음의 지급기일이 도래하지 않았음에도 채권자 중의 1인인 을 회사와 위 약정을 체결한 행위를 사회적으로 상당하고 불가피하여 일반 파산채권자가 그로 인한 파산재단의 감소나 불공평을 감수하여야 할 경우라고 볼 수 없다고 한 사례.

6. 채무자 회생 및 파산에 관한 법률 제391조 제1호에서 정한 부인의 대상이 되는 행위 당시 수익자가 파산채권자 등을 해하는 사실을 알지 못하였는지에 대한 증명책임의 소재(=수익자)

채무자 회생 및 파산에 관한 법률 제391조 제1호에서 정하는 부인의 대상이 되는 행위라고 하더라도 이로 인하여 이익을 받은 자가 행위 당시 파산채권자를 해하게 되는 사실을 알지 못한 경우에는 부인할 수 없으나, 그와 같은 수익자의 악의는 추정되므로, 수익자 자신이 선의에 대한 증명책임을 부담한다.　(대법원 2011.10.13. 선고 2011다56637,56644 판결)

2. 부인권을 행사 할 수 있는 자

부인권을 행사할 수 있는 자는 파산관재인으로 한정되어 있다. 따라서 파산채권자가 부인권을 대위하여 행사할 수는 없고, 파산채권자는 법원에 대하여 파산관재인에게 부인권의 행사를 명하도록 신청할 수 있는 권리가 있을 뿐이다.

3. 부인권의 행사기간(법 제405조)

부인권은 파산선고가 있은 날부터 2년이 경과한 때에는 행사할 수 없다. 법 제391조 각 호의 행위를 한 날부터 10년이 경과한 때에도 또한 같다.

4. 행사방법

(1) 부인소송

부인권은 소 또는 항변에 의하여 재판상 행사한다. 어느 수단을 선택할지는 파산관재인이 판단한다. 부인권의 상대방은 수익자 또는 전득자 중 어느 일방 또는 쌍방을 상대로 하여 행사할 수 있다. 쌍방을 상대로 소를 제기하는 경우 필요적 공동소송이 아니라 통상의 공동소송이 된다.

(2) 부인소송의 법적성질

부인소송의 법적성질에 대하여 근래의 학설과 판례는 이행, 확인소송설을 취하고 있다. 우리나라의 경우 대법원 판례는 없으나 하급심 판결 중에는 그와 같이 취한 판례가 다수 보인다.

(3) 상대방이 제기한 소에 대한 항변으로 부인의 의사표시 제출

파산관재인은 상대방이 제기한 소송에 대하여 항변으로 부인의 의사표시를 제출하여 그 청구의 기각을 구하거나, 상대방의 항변에 대하여 재항변으로 부인의 의사표시를 제출하여 그 배척을 구할 수 있다.

(4) 인지첩부

부인의 청구서에는 1,000원의 인지를 붙이며, 부인의 청구인용결정에 대한 이의의 소(파산절차)의 소장에는 민사소송등인지법 제2조 소정액의 인지를 붙인다.

Ⅳ. 부인권행사의 효과(법 제397조)

1. 파산재단의 원상회복

부인권의 행사의 효과는 파산재단을 원상으로 회복시킨다. 즉 부인권행사는 물권적으로 발생하게 되고 파산관재인의 부인권 행사에 의하여 일탈되었던 재산은 상대방의 행위를 기다리지 않고 바로 파산자에 복귀한다. 다만 그 효과는 상대적으로 발생하므로 파산관재인과 부인의 상대방 사이에서만 생기고 제3자에 대해서는 효력을 미치지 않는다.

(1) 금전교부행위가 부인된 경우

원상회복을 함에 있어서 금전교부행위가 부인된 경우일 때에는 상대방은 파산자로부터 교부받은 액수와 동액의 금전 및 교부받은 날 이후의 지연이자를 반환하면 된다.

(2) 등기 및 대항요건이 필요한 경우

원상회복되는 권리의 변동에 등기 등의 공시방법이 필요하거나 채권양도 통지 등의 대항요건이 필요한 경우에 그 권리취득의 원인행위 또는 대항요건의 구비행위 자체가 부인되면 파산관재인은 부인의 등기 등을 하거나 통지 등에 의한 대항요건을 구비하여야 한다.

(3) 가액배상

파산관재인이 부인권을 행사할 당시 이미 그 대상이 되는 재산이 물리적으로 멸실, 훼손되거나 상대방이 제3자에게 처분하여 현존하지 않는 경우면 가액배상을 청구할 수 있다. 채무자회생및파산에관한법률상으로는 가액배상을 직접적으로 명문상 규정하고 있는 것은 아니지만 인정하고 있는 것이 통설이다.

(4) 무상부인의 선의자의 보호

채무자가 지급정지 또는 파산신청이 있은 후 또는 그 전 6월 이내에 한 무상행위 및 이와 동일시 할 수 있는 유상행위가 부인된 경우 상대방이 그 행위 당시 선의인 때에는 이익이 현존하는 한도 안에서 상환하면 된다. 무상부인의 경우에는 상대방의 선의, 악의를 묻지 않으므로 상대방에게 예상하지도 못했던 사항에 관해서 가혹한 결과를 초래할 수 있다. 파산법은 선의의 상대방을 보호하기 위하여 반환의 범위를 경감하여 이익이 현존하는 한도 내에서 상환하도록 하고 있다. 전득자에 대해서도 전득 당시 선의이었다면 역시 이익이 현존하는 범위 내에서 상환하도록 규정하고 있다.

상대방 또는 전득자가 선의	이익이 현존하는 범위 내에서 상환
상대방 또는 전득자가 악의	전액 상환

2. 상대방의 지위(법 제398조)

(1) 채무자가 받은 반대급부의 반환청구

부인권의 취지는 파산재단을 부인의 대상이 되는 행위 이전의 상태로 원상회복을 시켜 파산채권자들의 권익을 보호하는데 있는 것이지 파산자로 하여금 부당하게 이익을 얻게 하려는 것이 아니다. 따라서 파산자의 행위가 부인된 경우 파산자의 급부에 대하여 한 상대방의 반대이행은 파산재단으로부터 반환되어야 한다.
반환방법은 상대방이 한 반대급부가 파산재단에 현존하고 있는지 여부에 따라 달라진다.

가. 상대방이 한 반대급부가 파산자의 재산 중에 현존하고 있는

경우

채무자의 행위가 부인된 경우 그가 받은 반대급부가 파산재단 중에 현존하는 때에는 상대방은 그 반환을 청구할 수 있으며, 반대급부로 인하여 생긴 이익이 현존하는 때에는 그 이익의 한도 내에서 채권자로서 그 권리를 행사할 수 있다. 상대방은 파산관재인에 대하여 동시이행의 항변권을 행사할 수 있다.

나. 반대급부로 인하여 생긴 이익이 현존하지 않는 경우

채무자의 행위가 부인된 경우 반대급부로 인하여 생긴 이익이 현존하지 아니하는 때에는 상대방은 그 가액의 상환에 관하여 파산채권자로서 권리를 행사할 수 있다. 반대급부의 가액이 현존하는 이익보다 큰 경우 그 차액에 관하여도 또한 같다.

3. 상대방의 채권의 회복(법 제399조)

채무의 이행행위가 부인된 경우 상대방이 그 받은 이익을 반환하거나 그 가액을 상환한 때에는 상대방의 채권이 부활한다.

(1) 상대방의 선이행의무

상대방의 선이행의무를 명시하고 있는데, 이는 상대방의 의무를 선이행시켜 먼저 파산재단을 현실적으로 원상회복시킨 후에야 비로서 상대방의 채권을 부활시키겠다는 것이다. 따라서 상대방은 부활한 채권을 자동채권으로 하고 반환채무와 상계하는 것도 허용되지 않는다.

(2) 부활된 채권에 대한 소멸시효의 중단

파산자가 한 변제 등 채무소멸행위가 부인되는 경우 상대방이 파산자로부터 받은 급부를 반환하거나 그 가액을 상환하면 상대방의 채권은 법률상 당연히 부활되거나 부활된 상대방의 채권은 변제 등

에 의하여 소멸한 때부터 부인에 의하여 부활할 때까지의 사이에 소멸시효가 진행하지 않고 제척기간의 계산시에도 그 중간기간은 공제된다. 한편 일부의 급부가 반환된 경우에는 상대방의 채권도 그 비율에 따라 부활한다.

(3) 인적·물적담보의 부활여부

파산자의 변제행위가 부인되어 상대방의 채권이 부활하는 경우에는 종전의 물적담보와 인적담보도 부활하는지 여부가 문제되는데 국내에는 이와 관련된 판례가 아직 없으나 통설과 일본의 판례는 이를 긍정한다.

V. 기 타

1. 상속재산의 파산의 경우의 부인권(법 제400조)

채무자회생및파산에관한법률 제391조·제392조·제393조·제398조 및 제399조의 규정은 상속재산에 대하여 파산선고가 있은 경우 피상속인·상속인·상속재산관리인 및 유언집행자가 상속재산에 관하여 한 행위에 관하여 준용한다.

2. 유증을 받은 자에 대한 변제 등의 부인(법 제401조)

상속재산에 대하여 파산선고가 있은 경우 유증을 받은 자에 대한 변제 그 밖의 채무의 소멸에 관한 행위가 그 채권에 우선하는 채권을 가진 파산채권자를 해하는 때에는 이를 부인할 수 있다.

3. 부인의 상대방에 대한 변제(법 제402조)

상속재산에 대하여 파산선고가 있은 경우 피상속인·상속인·상속재산관리인 및 유언집행자가 상속재산에 관하여 한 행위가 부인된 때에는 상속채권자에게 변제한 후 부인된 행위의 상대방에게 그 권리의 가액에 따라 잔여재산을 분배하여야 한다.

4. 전득자에 대한 부인권(법 제403조)

(1) 의의

부인권의 실효성을 확보하기 위해서는 전득자에 대해서도 부인의 효과가 미치도록 해야할 필요성이 있으나 이를 관철할 경우 거래의 안전을 해칠 우려가 있다. 본 조는 일정한 요건 아래 부인의 효력을 전득자에게 주장할 수 있도록 규정하여 전득자를 보호하도록 하고 있다.

전득자에 대하여 부인권을 행사한다는 의미는 부인의 대상이 되는 행위가 파산자와 수익자 사이의 행위이고 다만 그 효과를 전득자에게 주장한다고 보는 것이 통설과 일본의 판례이다.

(2) 요건

다음의 어느 하나에 해당하는 때에는 전득자에 대하여도 부인권을 행사할 수 있다.

① 전득자가 전득 당시 각각 그 전자(前者)에 대한 부인의 원인이 있음을 안 때

② 전득자가 법 제292조의 규정에 의한 특수관계인인 때. 다만, 전득 당시 각각 그 전자(前者)에 대한 부인의 원인이 있음을 알지 못한 때에는 그러하지 아니하다.

③ 전득자가 무상행위 또는 이와 동일시할 수 있는 유상행위로 인하여 전득한 경우 각각 그 전자에 대하여 부인의 원인이 있는 때

(3) 입증책임

전득자가 파산자의 친족 또는 동거자일 때에는 전득자가 자신의 선의임을 입증해야 하며, 무상부인의 경우에는 그 전자에 대하여 부인의 원인이 있으면 족하다.

5. 지급정지를 안 것을 이유로 하는 부인의 제한(법 제404조)

파산선고가 있은 날부터 1년 전에 한 행위는 지급정지의 사실을 안 것을 이유로 하여 부인할 수 없다.

6. 채권자취소소송의 중단(법 제406조)

채권자취소소송(민법 제 406조)은 파산자인 채무자를 피고로 하는 것은 아니지만, 그 소송의 결과는 파산재단에 직접적인 영향이 있고, 이를 부인소송으로 변경하여 파산관재인이 통일적으로 수행할 필요가 있으므로 중단된다.

제3절 환취권

Ⅰ. 환취권의 의의 및 성격

1. 환취권의 의의

파산선고와 동시에 선임된 파산관재인은 재산의 일탈을 방지하기 위하여 선임과 동시에 파산재단의 점유, 관리를 개시할 필요가 있는데, 파산자가 점유하고 있는 동산이나 파산자의 명의로 되어 있는 부동산은 전부가 파산관재인의 점유, 관리하에 들어가게 되며, 그 중에는 파산자(법정재단)에게 속하지 아니하는 재산이 혼입될 수 있다. 이 경우에 당해 재산에 관하여 권리를 주장하는 제3자가 파산재단으로부터 이를 환취하는 것이 허용되는데 이를 환취권이라 한다.

법 제407조는 "파산선고는 파산자에 속하지 아니하는 재산을 파산
재단으로부터 환취하는 권리에 영향을 미치지 아니한다."라고 규정
하여 파산자의 소유에 속하지 아니하는 재산을 파산절차에 의하지
아니하고 파산관재인으로부터 환취할 권리를 보장하고 있다.

2. 환취권의 성격

환취권은 파산법에 의하여 창설된 새로운 권리가 아니며 목적물
에 대하여 제3자가 가지는 실체법상의 권리의 당연한 효과에 지나
지 아니한 것으로서 어떠한 권리에 대하여 환취권이 인정되는가는
민법, 상법 그 밖의 실체법의 일반원칙에 의하여 결정된다. 그 예로
는 소유권, 무체재산권, 점유권, 용익물권을 들 수 있다.

Ⅱ. 유형별 환취권 행사

1. 운송 중인 매도물의 환취(법 제408조)

매도인이 매매의 목적인 물건을 매수인에게 발송하였으나 매수인
이 그 대금의 전액을 변제하지 아니하고, 도달지에서 그 물건을 수
령하지 아니한 상태에서 매수인이 파산선고를 받은 때에는 매도인
은 그 물건을 환취할 수 있다. 다만, 파산관재인이 대금지급을 완료
하여 그 물건의 인도를 청구한때에는 매도인이 그 물건을 환취할
수 없다.

2. 위탁매매인의 환취권(법 제409조)

운송 중인 매도물의 환취의 규정(법 제408조 제1항)은 위탁매매
인이 그 물품을 위탁자에게 발송한 경우에 준용한다.

3. 대체적 환취권(법 제410조)

파산자 또는 파산관재인이 환취권의 목적물을 처분한 경우에는 환취권자의 대상적 환취권을 승인한다. 채무자가 파산선고 전에 환취권의 목적인 재산을 양도한 때에는 환취권자는 반대급부의 이행청구권의 이전을 청구할 수 있다. 파산관재인이 환취권의 목적인 재산을 양도한 때에도 또한 같다. 이 경우 파산관재인이 반대급부의 이행을 받은 때에는 환취권자는 파산관재인이 반대급부로 받은 재산의 반환을 청구할 수 있다.

제4절 별제권

Ⅰ. 별제권의 의의 등

1. 별제권의 의의

(1) 별제권의 개념

채무자가 파산선고 당시에 가진 모든 재산을 파산재단이라고 하는데 이 파산재단에 속하는 특정의 재산에 대하여 파산채권자에 우선하여 채권의 변제를 받을 권리를 별제권이라 한다.

(2) 별제권과 파산채권과의 비교

별제권을 채무자 회생 및 파산에 관한 법률 제441조에서 규정하고 있는 우선권 있는 파산채권과 비교해보면 일반우선권 있는 파산채권은 파산재단채권과 마찬가지로 파산재단소속의 특정재산에 착안하는 것이 아니라 파산재단 전체 위에 행사하는 권리로써, 단순히 파산채권 중에서 우선순위를 인정받고 있는데 불과하므로 파산절차

에 참가하여 파산절차 내에서 변제를 받아야 하지만, 별제권은 파산
재단에 속하는 특정재산에 대하여 우선적, 개별적으로 변제를 받는
점이 다르다.

2. 별제권자의 권리행사방법

별제권자의 피담보채권이 파산자에 대한 채권인 경우에 별제권자
는 우선 별제권을 행사하여야 하고 그에 의하여 채권 전액의 만족
을 얻을 수 없는 경우에 한해서 부족액에 관하여 파산채권자로서
권리를 행사할 수 있다. 물론 채권자로서는 별제권의 행사를 포기하
고 파산채권자로서만 권리를 행사할 수도 있다.

별제권자가 파산채권자로서 신고하는 경우에 소정의 파산신고기
간 내에 통상의 신고를 하여야 하며, 별제권의 목적 및 그 예상부족
액도 신고하여야 한다.

3. 별제권자 및 준별제권자

(1) 별제권자(법 제411조)

파산재단에 속하는 재산상에 존재하는 유치권·질권·저당권 또는 전
세권을 가진 자는 그 목적인 재산에 관하여 별제권을 가진다.

(2) 준별제권자(법 제414조)

파산재단에 속하지 아니하는 채무자의 재산상에 질권 또는 저당
권을 가진 자는 그 권리의 행사에 의하여 변제받을 수 없는 채권액
에 한하여 파산채권자로서 그 권리를 행사할 수 있다.

Ⅱ. 별제권의 행사등

1. 별제권의 행사방법(법 제412조)

별제권은 파산절차에 의하지 아니하고 행사한다.

2. 별제권자의 파산채권행사(법 제413조)

별제권자는 그 별제권의 행사에 의하여 변제를 받을 수 없는 채권액에 관하여만 파산채권자로서 그 권리를 행사할 수 있다.

별제권을 포기한 채권액에 관하여 파산채권자로서 그 권리를 행사하는 것에 영향을 미치지 아니한다.

3. 주택임차인 등의 별제권 행사(법 제415조)

(1) 주택임차인의 우선변제권

가. 요건

주택임대차보호법」 제3조(대항력 등)제1항의 규정에 의한 대항요건을 갖추고 임대차계약증서상의 확정일자를 받은 임차인은 파산재단에 속하는 주택(대지를 포함한다)의 환가대금에서 후순위권리자 그 밖의 채권자보다 우선하여 보증금을 변제받을 권리가 있다.

나. 소액보증금의 우선변제권

「주택임대차보호법」 제8조(보증금중 일정액의 보호)의 규정에 의한 임차인은 같은 조의 규정에 의한 보증금을 파산재단에 속하는 주택(대지를 포함한다)의 환가대금에서 다른 담보물권자보다 우선하여 변제받을 권리가 있다. 이 경우 임차인은 파산신청일까지 「주택임대차보호법」 제3조(대항력 등)제1항의 규정에 의한 대항요건을 갖추어야 한다.

(2) 상가건물임차인의 우선변제권

제1항 및 제2항의 규정은 「상가건물 임대차보호법」 제3조(대항력 등)의 규정에 의한 대항요건을 갖추고 임대차계약증서상의 확정일자를 받은 임차인과 같은 법 제14조(보증금중 일정액의 보호)의 규정에 의한 임차인에 관하여 준용한다.

제5절 상계권

Ⅰ. 상계의 의의 및 기능

1. 상계의 의의

상계는 채무자가 채권자에 대하여 자기도 또한 동종의 채권을 가지는 경우에 그 채권과 채무를 대등액에서 소멸시키는 채무자의 일방적 의사표시이다. 여기서 상계하는 측의 채권을 자동채권이라 하고, 상계를 당하는 측의 채권을 수동채권이라고 한다.

2. 상계의 기능

상계는 다음과 같은 기능을 가진다.

첫째, 채권을 각 당사자가 따로 청구하고 집행하는 번거로움을 피할 수 있다.

둘째, 공평을 실현하는 기능을 가진다. 예컨대 파산채권자가 파산선고 당시에 파산자에 대하여 채무를 부담하는 때에 자신은 그 채무를 이행하고 자신의 채권은 파산채권으로써 배당을 받게 하는 것은 공평에 반하는 것이므로, 채무자 회생 및 파산에 관한 법률에서는 파산절차에 의하지 아니하고 상계할 수 있는 것으로 규정한 것이다(법 제416조).

셋째, 상대방의 자산상태가 악화된 경우에 다른 채권자에 우선하여 자기 채권의 회수를 확보할 수 있다는 담보적 기능(예컨대 은행이 고객에 대한 대출금을 고객의 예금과 상계하는 경우)

Ⅱ. 상계권의 행사

1. 상계권 행사의 방법(법 제416조)

파산채권자는 파산선고시에 파산자에 대하여 채무를 부담하고 있는 때에는 파산절차에 의하지 않고 상계를 할 수 있다. 상계에 의하여 채권자는 자기가 가진 자동채권을 수동채권의 한도에서 확실하고도 실질적으로 회수할 수 있으므로, 이와 같은 상계의 담보적 기능이 가장 잘 발휘되는 것이 바로 채무자가 파산한 경우다.

2. 시기적 제한

상계권의 행사는 시기적 제한이 따로 없어서 파산절차가 진행 중인 동안에도 가능하고, 파산관재인에 대하여 재판상 또는 재판 외에서의 의사표시로도 할 수 있다. 이 경우 민법 기타 실체법상의 상계요건이 파산절차와의 관계에서 완화되기도 하지만 파산채권자 사이의 공평의 관점에서 강화되기도 한다.

3. 기한부 및 해제조건부 등 채권채무의 상계(법 제417조)

파산채권자의 채권이 파산선고시에 기한부 또는 해제조건부이거나 비금전채권인 경우에도 상계할 수 있다. 채무가 기한부나 조건부인 때 또는 장래의 청구권에 관한 것인 때에도 같다. 즉, 파산선고시에 기한미도래의 기한부채권, 해제조건부채권, 비금전채권, 금액불

확정의 금전채권, 외국통화로 된 금전채권, 금액 또는 존속기간이 불확정한 정기금채권 등도 모두 자동채권이 될 수 있다. 이들 채권은 파산선고로 인하여 금전화, 현재화되고, 파산은 청산절차이므로 이들 채권의 채권자가 상계에 대하여 가지는 기대는 한층 크다고 할 수 있다.

4. 자동채권의 상계액(법 제420조)

파산채권자의 채권이 이자 없는 채권 또는 정기금채권인 때에는 다음에 해당하는 부분을 공제한 액의 한도 안에서 상계할 수 있다.

① 기한이 파산선고 후에 도래하는 이자 없는 채권의 경우 파산선고가 있은 때부터 그 기한에 이르기까지의 법정이율에 의한 원리의 합계액이 채권액이 될 계산에 의하여 산출되는 이자의 액에 상당하는 부분

② 기한이 불확정한 이자 없는 채권의 경우 그 채권액과 파산선고 당시의 평가액과의 차액에 상당하는 부분

③ 채권액 및 존속기간이 확정된 정기금채권인 경우 각 정기금에 관하여 ①에 준하여 산출되는 이자의 합계액에 상당하는 부분과 각 정기금에 관하여 ①에 준하여 산출되는 원본의 합계액이 법정이율에 의하여 그 정기금에 상당하는 이자가 생길 원본액을 초과하는 때에는 그 초과액에 상당하는 부분

5. 해제조건부 채권의 상계(법 제419조)

자동채권이 해제조건부채권인 경우에도 채권 자체는 이미 발생하고 있는 것으로서, 이것으로 상계할 수 있다. 그러나 파산절차 중 해제조건이 성취하면 그 채권은 소멸하게 되고 상계액을 파산재단에 반환하도록 하여야 한다. 이 때 파산채권자가 무자력인 경우에 있다면 파산재단은 손해를 입게 된다. 이를 피하기 위하여 파산채권

자가 상계하는 경우 파산채권자는 상계액에 관하여 담보를 제공하
거나 임치하도록 하여야 한다. 해제조건이 최후배당 제척기간 내에
성취하지 않으면 이 담보 또는 임치금은 채권자에게 반환한다.

6. 정지조건부채권 및 장래의 청구권과의 상계(법 제418조)

　자동채권이 정지조건부채권 또는 장래의 청구권인 경우, 이것을
바로 상계에 공할 수 는 없지만, 파산절차 중에 조건이 성취하는 경
우에는 상계를 할 수 있는 경우에 있게 되므로, 이에 대비하여 파산
채권자가 자기의 채무를 변제하는 경우에는 그 액을 한도로 하여
변제액의 임치를 청구할 수 있게 하였다. 만약 최후배당의 제척기간
내에 조건이 성취하지 않은 경우에는 그 임치금은 다른 채권자의
배당에 공하게 된다. 임차인이 보증금반환청구권을 자동채권으로 하
여 상계하는 경우 파산선고시의 당기, 차기 뿐 아니라 그 후의 차임
에 관하여도 상계할 수 있다. 또 파산선고 전에 발생한 파산자의 차
임상당 손해금채권 내지 부당이득반환채권과도 상계할 수 있다고
해석된다.

7. 차임·보증금 및 지료의 상계(법 제421조)

　파산채권자가 임차인인 때에는 파산선고시의 당기 및 차기의 차
임에 관하여 상계를 할 수 있다. 보증금이 있는 경우 그 후의 차임
에 관하여도 또한 같다. 이 규정은 지료에 관하여 준용한다.

8. 수동채권

　수동채권이 되기 위해서는 금전채권이거나 자동채권과 같은 목적
의 채권이어야 한다. 그러나 수동채권이 기한부채권, 조건부채권 또
는 장래의 청구권인 경우에는 파산채권자는 스스로 기한의 이익 또
는 조건성부의 기회를 포기하여 이를 현재화시켜 상계에 공할 수

있다. 이 경우 법420조는 적용되지 않으므로 파산채권자는 액면 금액으로 상계하여야 한다.

Ⅲ. 상계의 금지(법 제422조)

다음의 어느 하나에 해당하는 때에는 상계를 할 수 없다.

(1) 파산채권자가 파산선고 후에 파산재단에 대하여 채무를 부담한 때

(2) 파산채권자가 지급정지 또는 파산신청이 있었음을 알고 채무자에 대하여 채무를 부담한 때. 다만, 다음 각목의 어느 하나에 해당하는 때를 제외한다.

가. 그 부담이 법정의 원인에 의한 때

나. 파산채권자가 지급정지나 파산신청이 있었음을 알기 전에 생긴 원인에 의한 때

다. 파산선고가 있은 날부터 1년 전에 생긴 원인에 의한 때

(3) 파산선고를 받은 채무자의 채무자가 파산선고 후에 타인의 파산채권을 취득한 때

(4) 파산선고를 받은 채무자의 채무자가 지급정지 또는 파산신청이 있었음을 알고 파산채권을 취득한 때. 다만, (2)의 가, 나, 다 중 어느 하나에 해당하는 때를 제외한다.

제4장 파산채권 및 재단채권

제1절 파산채권

Ⅰ. 파산채권의 의의 및 행사방법

1. 파산채권의 의의(법 제423조)

파산자에 대하여 파산선고 전의 원인으로 생긴 재산상의 청구권은 파산채권으로 한다. 파산절차참가의 비용도 파산채권으로 한다(법 제439조).

2. 파산채권의 행사방법(법 제424조)

(1) 파산절차에 의한 행사

파산절차에 의하지 아니하고는 파산채권을 행사할 수 없다. 한편 파산선고 후에 파산채권자가 다른 채무자로부터 일부 변제를 받거나 다른 채무자에 대한 회생절차 내지 파산절차에 참가하여 또는 배당을 받았다 하더라도 그에 의하여 채권자가 채권 전액에 대하여 만족을 얻은 경우가 아닌 이상 파산채권액의 감소를 불러오는 것은 아니므로, 채권자는 여전히 파산선고시의 채권 전액으로써 계속하여 파산절차에 참가할 수 있다.

(2) 파산채권 변제의 우선 순위

파산채권은 파산재단으로부터 공평하게 만족을 받을 수 있는 권리이고 파산채권 간에는 기본적으로 그 채권액에 따라 안분하여 변제를 받는 것이 원칙이다. 그러나 채무자회생및파산에관한법률의 실체법상의 성격 등을 고려하여 일반 파산채권 외에 일반우선권이 있는 우선적 파산채권과 파산채권에 대한 파산선고 후의 이자와 같이 일반 파산채권이 완전히 변제를 받은 후에 변제가 허용되는 후순위 파산채권을 구분하여 그 변제순위에 차등을 두고 있다.

(3) 파산채권 행사의 절차

파산채권자는 그 채권을 일정 기간 내에 파산법원에 신고한 후, 채권조사기일에서의 조사를 거쳐 확정된 액 및 순위에 따라 배당을 받아야 하고, 파산자의 자유재산에 대하여는 강제집행 할 수 없다.

3. 기한부채권의 변제기도래(법 제425조)

기한부채권은 파산선고시에 변제기에 이른 것으로 본다.

II. 파산채권액 확정

1. 비금전채권 등의 파산채권액(법 제426조)

(1) 채권의 목적이 금전이 아니거나 그 액이 불확정한 때나 외국의 통화로 정하여진 때

위와 같은 경우에는 파산선고시의 평가액을 파산채권액으로 한다.

(2) 정기금채권의 금액 또는 존속기간이 확정되지 아니한 때

위와 같은 경우에도 파산선고시의 평가액을 파산채권액으로 한다.

2. 조건부채권 등의 파산채권액(법 제427조)

조건부채권은 그 전액을 파산채권액으로 한다. 장래의 청구권에 대해서도 마찬가지이다.

3. 전부의 채무를 이행할 의무를 지는 자가 파산한 경우의 파산채권액(법 제428조)

여럿의 채무자가 각각 전부의 채무를 이행하여야 하는 경우 그 채무자의 전원 또는 일부가 파산선고를 받은 때에는 채권자는 파산선고시에 가진 채권의 전액에 관하여 각 파산재단에 대하여 파산채권자로서 권리를 행사할 수 있다.

위와 같은 경우에는 주채무자의 변제자력의 유무를 묻지 않고 파산선고 당시의 채권액의 전액으로써 바로 파산재단에 대하여 권리행사를 할 수 있으며, 주채무 또는 보증채무의 변제기 도래 여부는 묻지 않는다.

4. 보증인이 파산한 경우의 파산채권액(법 제429조)

(1) 보증인이 파산한 경우

가. 채권전액에 대해 권리행사

보증인이 파산선고를 받은 때에는 채권자는 파산선고시에 가진 채권의 전액에 관하여 파산채권자로서 그 권리를 행사할 수 있다. 보증인이 파산한 경우에 채권자는 주채무자의 변제자력의 유무를 묻지 않고 파산선고 당시의 채권액의 전액으로써 바로 파산재단에 대하여 권리행사를 할 수 있도록 하고 있다.

나. 변제기 도래여부

주채무 또는 보증채무의 변제기 도래 여부는 묻지 않는다. 따라서 보증인이 파산자인 경우 채권자가 파산선고 당시 채권액을 신고하면 파산관재인은 이를 전액 시인하여야 한다.

(2) 주채무자와 보증채무자가 둘다 모두 파산선고를 받은 경우

채권자는 채권전액으로 각 파산재단으로부터 배당받을 수 있으며, 이 때 양 재단으로부터 받은 배당액의 합계가 채권액을 넘게 되는 경우에는 최후에 배당한 재단과의 관계에서 부당이득이 된다.

(3) 채권자가 주채무자 또는 다른 보증인으로부터 파산선고 전에 채무의 일부를 변제받은 때

채권액의 기준시는 파산선고시다. 따라서 이의가 있는 변제부분에 대해서는 이의를 하여야 한다. 그러나 파산선고 후 채권조사기일까지 다른 보증인으로부터 일부변제를 받았더라도 채권자의 권리행사에 아무런 영향을 미치지 않으므로 전액 시인하여야 한다.

채권자와 보증인의 연명으로 일부변제 부분에 관하여 보증인을 채권자로 하는 신고명의 변경신고가 있거나, 채권자가 일부 변제 금액만큼 신고를 취하하고 보증인이 구상금을 신고한 경우에는 변경된 내용에 따라 시인하여야 한다.

5. 장래의 구상권자의 채권액(법 제430조)

(1) 보증인의 사전구상권

여럿의 채무자가 각각 전부의 채무를 이행하여야 할 경우 채무자의 전원 또는 일부가 파산선고를 받은 때에는 그 채무자에 대하여 장래의 구상권을 가진 자는 그 전액에 관하여 각 파산재단에 대하여 파산채권자로서 그 권리를 행사할 수 있다. 다만 채권자가 그 채권의 전액에 관하여 파산채권자로서 그 권리를 행사한 때에는 예외로 한다(법 제430조 제1항).

(2) 보증인의 사후구상권

구상권을 가진 자가 변제를 한 때에는 그 변제의 비율에 따라 채권자의 권리를 취득한다(법 제430조 제2항).

가. 파산선고 후 채권조사기일까지 사이에 보증인이 일부변제를 하고 보증인이 구상권을 신고하여 온 경우

위와 같은 경우 그 인부에 관하여는 본 조 제2항의 해석과 관련하여 다툼의 여지가 있다.

① 이 규정을 문리해석하여 일부변제를 한 전부의무자도 그 변제액의 비율에 따라 채권자의 권리를 취득한다고 볼 수 있다는 견해

② 위와 같이 해석하면 채권자는 파산선고 후의 일부 만족을 이유로 대위의 비율에 의하여 감축된 액을 기준으로 하는 배당을 감수하여야 하게 되어, 파산선고 당시의 채권액을 기준으로 하는 권리행사를 인정하는 원칙에 어긋나게 되므로, 이 규정은 복수의 구상권자가 일부씩 변제하고 그 변제액을 합산하면 파산채권의 전액을 변제하는 것으로 되는 경우에 비로서 각자가 변제한 비율에 따라서 파산채권을 행사하는 것을 정한 것이라고 보는 견해가 있다. 실무에서는 보통 이의 견해를 따르고 있다.

나. 보증인이 전부변제를 한 경우

위와 같은 경우에는 채권자의 채권신고를 취하하게 하고 보증인의 구상권 신고를 시인하든지, 보증인을 신채권자로 변경하는 명의변경절차를 밟도록 하여야 한다. 또 수인의 보증인이 있고 변제를 행한 보증인의 변제액이 그 보증인의 부담부분을 넘는 때에도 그 부분에 상응하는 구상을 위한 대위권이 발생하게 되므로 위와 같이 처리한다.

다. 준용

이상은 물상보증인이 장래 가지게 될 사후구상권(민법 제341조, 제370조)에도 준용된다. 다만 물상보증에 대하여 민법428조를 준용

하는 규정이 없으므로, 파산선고 후에 담보권 실행에 의해 채권자가
그 채권의 일부의 만족을 얻은 경우에는 그 한도에서 채권자가 파
산절차에 있어서 행사할 수 있는 채권액은 감액되고, 물상보증인은
그 부분의 채권자의 권리를 취득하여 파산절차에 참가할 수 있다.

(3) 기타

파산선고 후에 전부이행의무자가 상계에 의하여 만족을 준 경우
상계적상이 파산선고 전에 있었던 때에는, 채권채무의 소멸이 상계
적상시로 소급하게 되어 선고시 현존액이 감소하게 되므로, 채권자
는 신고액을 변경시켜야 한다.

6. 여럿이 일부보증을 한 때의 파산채권액(법 제431조)

채무자회생및파산에관한법률 제428조, 제429조 및 제430조제1
항·제2항의 규정은 여럿의 보증인이 각각 채무의 일부를 보증하는
때에 그 보증하는 부분에 관하여 준용한다.

7. 무한책임사원의 파산시의 파산채권액(법 제432조)

법인의 채무에 관하여 무한책임을 지는 사원이 파산선고를 받은
때에는 법인의 채권자는 파산선고시에 가진 채권의 전액에 관하여
그 파산재단에 대하여 파산채권자로서 그 권리를 행사할 수 있다.

8. 유한책임사원의 파산(법 제433조)

법인의 채무에 관하여 유한책임을 지는 사원 또는 그 법인이 파
산선고를 받은 때에는 법인의 채권자는 유한책임을 지는 사원에 대
하여 그 권리를 행사할 수 없다. 다만, 법인은 출자청구권을 파산채
권으로서 행사할 수 있다.

9. 상속과 파산채권액

(1) 상속인이 파산선고를 받은 경우의 파산채권액(법 제434조)

상속인이 파산선고를 받은 경우에는 재산의 분리가 있는 때에도 상속채권자 및 유증을 받은 자는 그 채권의 전액에 관하여 파산재단에 대하여 파산채권자로서 그 권리를 행사할 수 있다.

(2) 상속재산 및 상속인의 파산시의 파산채권액(법 제435조)

상속재산 및 상속인에 대하여 파산선고가 있는 때에는 상속채권자 및 유증을 받은 자는 그 채권의 전액에 관하여 각 파산재단에 대하여 파산채권자로서 그 권리를 행사할 수 있다.

(3) 상속인의 한정승인(법 제436조)

채무자회생및파산에관한법률 제434조 및 제435조의 경우 파산선고를 받은 상속인이 한정승인을 한 때에는 상속채권자와 유증을 받은 자는 그 상속인의 고유재산에 대하여 파산채권자로서 그 권리를 행사할 수 없다. 제385조 또는 제386조제1항의 규정에 의하여 한정승인의 효력이 있는 때에도 또한 같다.

(4) 상속인의 피상속인에 대한 채권 등(법 제437조)

상속재산에 대하여 파산선고가 있는 때에는 상속인은 그 피상속인에 대한 채권 및 피상속인의 채무소멸을 위하여 한 출연에 관하여 상속채권자와 동일한 권리를 가진다.

(5) 상속인의 채권자(법 제438조)

상속재산에 대하여 파산선고가 있는 때에는 상속인의 채권자는 그 파산재단에 대하여 파산채권자로서 그 권리를 행사할 수 없다.

Ⅲ. 파산채권의 우선순위

1. 동일순위자에 대한 평등변제(법 제440조)

동일순위로 변제하여야 하는 채권은 각각 그 채권액의 비율에 따라 변제한다.

2. 우선권 있는 파산채권(법 제441조)

(1) 일반우선권 있는 파산채권

파산재단에 속하는 재산에 대하여 일반의 우선권이 있는 파산채권은 다른 채권에 우선한다. 일반우선권 있는 파산채권은 다른 채권에 우선하여 배당받을 수 있는 권리가 있으므로, 채권신고서에도 우선권을 기재하여야 하고, 채권조사에 있어서 채권신고서에 우선권의 기재가 없는 경우에는 우선권 없는 일반 채권으로서 시인하면 된다. 우선권 없는 채권으로서 시인되어 확정된 후 우선권을 주장하는 것은 허용되지 않는다.

파산관재인 또는 파산채권자가 우선권 부분에 대하여만 이의를 진술하는 것도 가능하고, 이때 채권확정소송의 소송물은 우선권의 유무와 범위가 될 것이다.

(2) 상속채권자의 우위(법 제443조)

상속재산에 대하여 파산선고가 있는 때에는 상속채권자의 채권은 유증을 받은 자의 채권에 우선권을 인정하여 상속채권자의 채권에 대해 수증자보다 우선채권을 인정하고 있다.

(3) 상속인이 파산한 경우의 채권자간의 순위(법 제444조)

상속재산에 대한 파산신청기간안의 신청에 의하여 상속인에 대한 파산선고가 있는 때에는 상속인의 채권자의 채권은 그 고유재산에 대하여 상속채권자 및 유증을 받은 자의 채권에 우선하고, 상속채권자 및 유증을 받은 자의 채권은 상속재산에 대하여 상속인의 채권자의 채권에 우선한다.

(4) 상속재산 및 상속인의 파산재단의 순위(법 제445조)

상속재산 및 상속인에 대하여 파산선고가 있는 때에는 상속인의 채권자의 채권은 상속인의 파산재단에 대하여는 상속채권자 및 유증을 받은 자의 채권에 우선한다.

3. 우선권의 기간계산(법 제442조)

일정한 기간 안의 채권액에 관하여 우선권이 있는 경우 그 기간은 파산선고시부터 소급하여 계산한다.

4. 후순위파산채권(법 제446조)

(1) 법정 후순위채권

다음의 채권은 다른 파산채권보다 후순위파산채권으로 한다.
가. 파산선고 후의 이자
후순위 채권 중 실무상 가장 자주 문제되는 것은 파산선고 후의 이자에 관한 부분이다.
1) 파산선고일 기준에 따른 채권의 종류

파산선고일 전일까지의 이자	일반파산채권
파산선고일 이후의 이자	후순위파산채권

2) 채권자가 후순위 부분을 구분하지 않고 신고한 경우
파산관재인은 파산선고 후의 이자 부분을 계산하여 그 금액에 관

하여 이의를 진술하도록 하거나 후순위채권으로 시인하여야 한다. 파산선고 후에 이행기가 도래하는 경우 파산선고 후 이행기까지의 중간이자 부분도 후순위채권으로서 이 때에도 위와 같이 처리하여야 한다.

나. 파산선고 후의 불이행으로 인한 손해배상액 및 위약금

다. 파산절차 참가비용

후순위채권으로 되는 파산절차 참가의 비용이란 파산채권신고서 작성비용, 그 제출비용, 채권자집회 또는 조사기일에 출석하기 위한 비용 등을 의미한다.

라. 벌금·과료·형사소송비용·추징금 및 과태료

벌금, 과료, 형사소송비용, 추징금 및 과태료는 일응 정당한 것으로 인정되므로 채권신고가 되더라도 채권조사기일에서 조사하는 것은 아니다. 파산관재인이 이의를 한 경우에도 파산자가 할 수 있는 소송 등의 불복 방법으로 다투어야 하고, 기관의 경과 등으로 다툴 수 없는 것은 채권표에 기재함으로써 신고 내용대로 확정된다.

마. 기한이 파산선고 후에 도래하는 이자 없는 채권의 경우

이 경우에는 '파산선고가 있은 때부터 그 기한에 이르기까지의 법정이율에 의한 원리의 합계액이 채권액이 될 계산에 의하여 산출되는 이자의 액에 상당하는 부분'이 후순위파산채권이 된다.

바. 기한이 불확정한 이자 없는 채권의 경우

이 경우에는 '그 채권액과 파산선고 당시의 평가액과의 차액에 상당하는 부분'이 후순위파산채권이 된다.

사. 채권액 및 존속기간이 확정된 채권의 경우

이 경우에는 '각 정기금에 관하여 위 마.의 규정에 준하여 산출되는 이자의 액의 합계액에 상당하는 부분과 각 정기금에 관하여 위 마.의 규정에 준하여 산출되는 원본의 액의 합계액이 법정이율에 의하여 그 정기금에 상당하는 이자가 생길 원본액을 초과하는 때에는 그 초과액에 상당하는 부분'이 후순위파산채권이 된다.

(2) 약정 후순위파산채권

채무자가 채권자와 파산절차에서 다른 채권보다 후순위로 하기로 정한 채권은 그 정한 바에 따라 다른 채권보다 후순위로 한다.

제2절 파산채권의 신고 및 조사

Ⅰ. 파산채권의 신고

1. 파산채권의 신고의 효과

파산채권의 신고는 파산법원에 대하여 파산절차에 참가를 신청하는 형식으로서 이루어진다. 파산채권자는 이 신고에 의하여 절차상의 파산채권자가 되는 것이며, 파산절차에 참가하여 파산재단으로부터 배당받을 수 있는 기회가 부여된다. 또한 파산채권 신고에 의하여 실체법상으로도 소멸시효가 중단되는 효과가 생긴다.(민법 제171조, 제168조 제1호)

2. 신고인

파산채권의 신고는 대리인도 할 수 있으나, 대리인이 반드시 변호사일 필요가 있는 것은 아니다. 파산채권을 신고할 수 있는 자는 파산채권에 관하여 추심권을 취득한 채권자 또는 채권자대위권자도 포함된다. 파산채권이 가압류되어 있는 때에는 가압류채권자가 아니라 파산채권자가 신고권자이다.

3. 신고절차

(1) 신고할 사항

가. 파산채권자는 신고기간 안에 다음 각호의 사항을 신고하고 증거서류 또는 그 등본이나 초본을 제출하여야 한다.(법 제447조 제1항)

① 그 채권액 및 원인

② 일반의 우선권이 있는 때에는 그 권리

③ 후순위파산채권(법 제446조 제1항)의 어느 하나에 해당하는 청구권을 포함하는 때에는 그 구분

나. 파산채권자가 법 제447조의 규정에 따라 채권을 신고할 때에는 다음 각 호의 사항을 함께 신고하여야 한다(규칙 제73조 제1항).

① 채권자 및 대리인의 성명 또는 명칭과 주소

② 통지 또는 송달을 받을 장소(대한민국 내의 장소로 한정한다) 및 전화번호·팩시밀리번호·전자우편주소

③ 집행력 있는 집행권원 또는 종국판결이 있는 파산채권인 때에는 그 뜻

(2) 신고서에 첨부할 서류

가. 파산채권

신고서에는 다음 각 호의 서류를 첨부해야 한다(규칙 제73조 제2항).

① 채권자가 대리인에 의하여 채권을 신고할 때에는 대리권을 증명하는 서면

② 파산채권이 집행력 있는 집행권원 또는 종국판결이 있는 것일 때에는 그 사본

③ 채권자의 주민등록등본 또는 법인등기부등본

나. 채권을 신고할 때에는 채권신고서 및 첨부서류의 부본을 2부 제출하여야 한다(규칙 제74조 제1항).

(3) 신고사항의 변경(규칙 제75조)

① 파산채권자는 신고한 사항에 관하여 다른 파산채권자의 이익을 해하지 않는 내용의 변경이 생긴 때에는 증거서류 또는 그 사본을 첨부하여 지체없이 그 변경의 내용 및 원인을 법원에 신고하여야 한다.

② 법원사무관등은 제1항의 규정에 따른 신고가 있는 때에는 그 신고 내용을 파산채권자표에 기재하여야 한다.

(4) 명의의 변경(규칙 제76조 제1항·제2항)

가. 신고된 파산채권을 취득한 자는 채권조사의 기일 후에도 신고명의를 변경할 수 있다.

나. 위 가.의 규정에 따른 명의변경을 하고자 하는 자는 증거서류 또는 그 사본을 첨부하여 다음 각 호의 사항을 법원에 신고하여야 한다.

① 신고명의를 변경하고자 하는 자 및 대리인의 성명 또는 명칭과 주소

② 통지 또는 송달을 받을 장소(대한민국 내의 장소로 한정한다 및 전화번호·팩시밀리번호·전자우편주소

③ 취득한 권리와 그 취득의 일시 및 원인

4. 채권신고기간

파산선고의 결정과 함께 채권신고기간을 정하는데, 그 기간은 파산선고일로부터 2주 이상 4개월 이하로 하여 법원이 정한다. 금융산업의구조개선에관한법률의 적용을 받는 금융기관의 경우에는 파산선고 전에 미리 파산참가기관(예금보험공사 또는 금융감독원)에 의견조회를 하여 그 결과를 참작하여 신고기간을 정한다(동법 제18

조).

5. 채권신고서의 기재 및 첨부서류에 흠결이 있는 경우

(1) 채권의 원인의 기재방법

채권의 원인이란 채권의 발생원인인 사실을 의미 하는 것으로서, 다른 채권과 구분하여 채권의 동일성을 인식할 수 있을 정도로 그 발생원인사실을 표시하면 된다. 채권의 발생원인의 기재가 없는 채권신고는 부적법하여 각하되어야 하는 것이 원칙이지만, 채권조사기일 전에 보정이 가능한 채권신고에 대하여는 파산관재인이 추완 또는 사실상의 정정을 촉구한다. 또한 첨부된 증거서류에 의하여 원인이 분명하게 나타나고 있는 경우에는 각하하는 것보다는 적합한 채권신고로 인정하는 것이 타당하다.

(2) 보정의 요구

우선권이나 후순위 채권의 구분 표시가 없거나, 별제권의 목적이나 예정부족액의 표시가 없는 경우, 채권액의 오기 또는 위산 등이 발견되는 경우

파산관재인으로서는 가능한 한 전화 또는 팩시밀리 등의 방법으로 보정을 요구하고, 보정에 응하지 않으면 신고요건 흠결을 이유로 조사기일에서 부인할 수 있다. 다만 단순한 오기 또는 위산이 신고서와 첨부자료를 대조하여 분명하게 파악될 수 있는 경우에는, 그 정확한 액수의 범위에서 인부를 하면 될 것이다.

(3) 첨부서류의 흠결이 있는 경우

첨부서류의 경우 법인등기부등본, 신고대리인의 위임장 등이 첨부되어 있지 않거나, 증거서류가 첨부되어 있지 않거나 첨부되어 있어

도 내용이 부실한 경우가 많이 있다. 본조 제1항은 증거서류 또는 그 등본이나 초본을 제출하도록 하고 있는데, 실무상으로는 사본을 제출하여도 무방한 것으로 보고 있다. 다만 어음, 수표 등의 채권은 그 원본을 파산관재인에게 제출하여 원본확인을 받고 그 사본을 증거서류로 첨부하여야 한다. 증거서류를 첨부하지 않았다고 해서 채권신고 자체가 무효로 되는 것은 아니지만, 채권조사에 반드시 필요하므로, 파산관재인은 신고인에게 보정을 촉구하고, 이에 응하지 않으면 채권조사기일에서 증거불충분으로 이의를 진술한다.

6. 파산채권자표의 작성(법 제448조)

(1) 작성할 사항

법원사무관등은 다음 각호의 사항을 기재한 파산채권자표를 작성하여야 한다.
① 채권자의 성명 및 주소
② 채권액 및 원인
③ 일반의 우선권이 있는 때에는 그 권리
④ 채무자회생및파산에관한법률 제446조제1항 각호의 어느 하나에 해당하는 청구권을 포함하는 때에는 그 구분
⑤ 별제권자가 채무자회생및파산에관한법률 제447조제2항의 규정에 의하여 신고한 채권액

(2) 파산채권자표 등본의 교부

법원사무관등은 파산채권자표의 등본을 파산관재인에게 교부하여야 한다.

(3) 파산채권자표 및 채권신고서류의 비치(제449조)

법원은 파산채권자표 및 채권의 신고에 관한 서류를 이해관계인
이 열람할 수 있도록 법원에 비치하여야 한다. 법원사무관등은 채권
자의 신청이 있는 경우 그 채권자의 채권에 관한 파산채권자표의
초본을 교부하여야 한다.

Ⅱ. 파산채권의 조사

1. 채권조사의 대상(법 제450조)

채권조사 기일에는 신고한 각 채권에 대하여 다음의 사항을 조사
한다.
　① 채권자의 성명 및 주소
　② 채권액 및 원인
　③ 일반의 우선권이 있는 때에는 그 권리
　④ 후순위파산채권에 해당하는 청구권을 포함하는 때에는 그 구
분
　⑤ 별제권자가 법 제447조 제2항(별제권의 목적과 그 행사에 의
하여 변제받을 수 없는 채권액)의 규정에 의하여 신고한 채권액

2. 조사기일의 절차

(1) 파산자의 출석

파산자는 조사기일에 출석하여 의견을 진술할 의무가 있지만, 출
석하지 않더라도 조사기일의 진행에 지장이 있는 것은 아니다. 실무
상 파산자가 조사기일에 출석하여 파산관재인의 조사결과에 대하여
의견을 진술하는 예는 거의 없다.

(2) 파산관재인

조사기일에 파산관재인은 채권조사결과표를 출석채권자에게 배포하고, 조사결과를 구두로 진술한다. 이의를 진술하는 경우에 그 이유를 반드시 붙여야 하는 것은 아니지만, 실무상 채권표의 비고란에 간략한 이유를 기재한다. 그러나 이유를 붙였다고 하더라도 후일 채권확정소송에서 이에 대해 구속력이 인정되는 것은 아니다.

(3) 파산채권자의 의견진술

법원은 파산관재인의 조사결과 진술이 끝나면 각 파산채권자에게 파산과재인의 조사결과에 대한 의견진술의 기회를 부여하고 있다. 파산채권의 확정과는 무관한 절차이지만, 간혹 조사과정의 착오가 이 과정에서 드러나는 경우가 있을 수도 있고, 법원으로서는 파산관재인의 답변을 통하여 파산관재인이 얼마나 성실히 채권조사에 임하였는지 알 수 있는 기회로서도 유용하다.

(4) 파산자의 의견진술

파산채권자의 의견진술을 마치면, 파산자에게도 이의 진술의 기회를 부여한다. 자주 있는 경우는 아니지만 채무자가 파산채권자의 채권에 이의를 진술하는 경우도 있다. 이의진술의 취지를 보아 의문점을 제기하는 것인지 아니면 정식으로 이의를 진술하는 것인지 나누어 판단하여, 전자라면 파산관재인에게 설명을 하도록 하여 의문점을 해소시키면 되고, 후자인 경우에만 이의를 진술한 것으로 인정하여 조서에 이의자의 성명과 이의의 내용을 기재하고, 채권표에도 이를 기재하도록 한다.

3. 관계인의 출석

(1) 출석할 수 있는 자(법 제451조)

채무자, 신고한 파산채권자 또는 그 대리인은 채권조사기일에 출석하여 의견을 진술 할 수 있다. 파산채권의 신고는 대리인도 할 수 있으나, 대리인이 반드시 변호사일 필요는 없다. 파산채권에 관하여 추심권을 취득한 채권자 또는 채권자대위권자도 신고할 수 있다. 파산채권이 가압류되어 있는 경우에는 가압류채권자가 파산채권의 신고를 하는 것이 아니라 파산채권자가 신고권자이다.

(2) 파산관재인의 출석(법 제452조)

채권의 조사는 파산관재인이 출석하지 아니하면 할 수 없다.

4. 신고기간 후에 신고한 채권의 조사(법 제453조)

(1) 채권신고기간 후이지만 일반의 채권조사기일을 마치지 않은 경우

파산관재인 및 출석채권자의 동의를 얻어 동 조사기일에 조사를 할 수 있다.

(2) 동의를 얻지 못한 경우 또는 일반의 채권조사기일 후에 채권신고가 된 경우

신고기간에는 채권신고의 실권효가 없으므로, 조사기일에 조사를 하는 것이 아니라 특별조사기일을 개최하여 채권조사를 한다. 신고가 최후배당의 제척기간 만료 후에 이루어진 경우에는 채권조사의 여지는 없고 배당으로부터 제척된다.

(3) 최후배당 직전에 된 채권신고의 처리

당해 신고채권에 관하여 다른 파산채권자가 이의를 할 가능성이 없는 채권이라고 인정되며, 파산절차가 최후배당의 단계에 있고 종

결의 지연을 회피할 수 있는 경우, 파산절차가 최후배당의 단계에 있으며 종결의 지연을 회피할 수 있는 경우에는, 화해에 의하여 신고를 취하하도록 하는 처리가 허용될 수 있다.

5. 파산채권자의 이익을 해하는 변경(법 제454조)

채무자회생및파산에관한법률 제453조의 규정(신고기간 후에 신고한 채권의 조사)은 파산채권자가 신고한 사항에 관하여 신고기간 후에 다른 파산채권자의 이익을 해할 변경을 가한 경우에 관하여 준용한다.

6. 일반기일 후의 채권신고(법 제455조)

(1) 특별기일의 지정

파산채권자가 채권조사의 일반기일 후에 채권을 신고한 경우에는 채권조사를 하기 위하여 특별기일을 정하여야 한다. 파산법상 신고의 종기를 제한하는 명문의 규정이 없으므로, 최후배당의 제척기간까지의 채권신고는 유효하다. 그러나 최후배당 제척기간 만료 직전에 채권신고를 하더라도, 제척기간 만료까지 특별조사기일이 개최되고 그 채권이 확정되어야 하므로, 사실상 이러한 채권은 배당에 참가할 수 없게 되는 결과가 된다. 따라서 늦어도 최후배당 제척기간 만료 전에, 신고채권이 이의 없이 확정되는 경우거나 이의가 있는 경우 채권의 확정을 위한 절차를 취할 정도의 시간적 여유가 있는 날까지는 신고를 하도록 하여야 한다.

(2) 이의여부에 따른 분류

① 채권신고기간이 경과한 후 일반조사기일 전까지 신고된 채권은 파산관재인 및 파산채권자의 이의가 없는 경우에는 일반조사기

일에 조사를 할 수 있다.

② 이의가 있거나 일반조사기일 이후에 신고된 채권은 특별기일을 열어 조사하여야 한다.

(3) 특별조사기일을 여는 경우의 비용

특별조사기일을 여는 경우의 채권조사에 소요되는 비용은 신고기간 후에 신고한 파산채권자의 부담으로 한다. 이 예납금을 내지 않으면 채권신고를 각하하게 되므로, 만약 신고채권액이 소액인 경우에는 그 예상배당액보다 예납금이 많게 되는 경우에 파산관재인이 그 사유를 설명하고 신고를 취하하도록 유도하는 것도 절차를 간명하게 하는 방법이다.

(4) 인부를 유보한 다른 채권이 있는 경우

일반조사기일을 속행하여, 그 속행기일에 신고기간 경과 후 신고된 채권도 함께 인부할 수 있다. 이 때 속행기일을 정함에 있어서는 속행기일까지 다시 채권신고가 있을 것을 예상하여 1, 2개월 정도의 기간을 두고 있다. 속행기일은 제1회 일반조사기일에서 선고하고, 공고 및 송달을 따로 하지 않는다.

(5) 특별기일의 공고 및 송달(법 제456조)

채권조사의 특별기일을 정하는 결정은 이를 공고하여야 하며 파산관재인, 채무자 및 신고한 파산채권자에게 송달하여야 한다.

7. 채권조사기일의 변경 등(법 제457조)

채무자회생및파산에관한법률 제456조(특별조사기일의 공고 및 송달)의 규정은 채권조사기일의 변경과 채권조사의 연기 및 속행에 관하여 준용한다. 다만, 선고가 있는 때에는 공고 및 송달을 하지 아니하여도 된다.

Ⅲ. 채권의 확정(법 제458조)

1. 확정되는 사항

채권조사기일에서의 이의 유무는 채권표에 기재되는데, 관재인 또는 파산채권자로부터 이의가 없으면 신고한 내용대로 파산채권(채권액, 우선권, 채무자회생및파산에관한법률 제446조 제1항 각 호(후순위파산채권)의 어느 하나에 해당하는 청구권의 구분)으로서 확정되고, 이는 확정판결과 동일한 효력을 가진다.

2. 확정의 효력

확정한 파산채권을 가지는 채권자는 그 확정액에 따라서 채권자집회에서 의결권을 행사할 수 있고, 배당을 받을 수 있는 자격을 취득하게 된다.

3. 채권표의 기재가 채권조사기일의 결과와 다른 경우

경정결정을 구하는 신청을 할 수 있다. 채권표의 기재내용자체를 다투기 위해서는 확정판결에 대한 불복신청과 마찬가지의 방법(재심, 청구이의의 소)에 의하여만 가능하다.

4. 조사결과의 파산채권자표 기재(법 제459조)

(1) 조사결과의 기재

법원사무관 등은 채권조사의 결과 및 파산자가 진술한 이의를 파산채권자표에 기재하여야 한다. 법원사무관 등은 확정된 채권의 증서에 확정된 뜻을 기재하고 법원의 인을 찍어야 한다.

　(2) 어음, 수표 등의 유가증권 또는 차용증서 등의 채권증서

　어음, 수표 등의 유가증권 또는 차용증서 등의 채권증서가 있으면 그 증서에 확정된 뜻을 기재하고 법원인을 압날하여야 한다. 그러나 실무상으로는 채권자가 증서의 원본을 제출하는 경우는 매우 드물고 실제로 그의 효용도 크지 않은 것으로 판단되기 때문에 법원인을 압날하는 경우는 거의 없다.

5. 확정채권에 관한 파산채권자표 기재의 파산채권자에 대한 효력(법 제460조)

　채권표에 기재되면 확정판결과 동일한 효력(불가쟁력)이 부여된다. 확정채권에 관하여 파산채권자표에 기재한 때에는 그 기재는 파산채권자 전원에 대하여 확정판결과 동일한 효력이 있다.

6. 파산채권의 이의에 관한 통지(법 제461조)

　파산채권자가 채권조사기일에 출석하지 아니한 경우 그 채권에 관하여 이의가 있는 때에는 법원은 그 사실을 파산채권자에게 통지하여야 한다. 이 통지는 서류를 우편으로 발송할 수 있다.
출석하지 않은 파산채권자에게 이의가 진술된 경우에만 이의통지를 하도록 정하고 있지만, 실무에서는 출석 여부를 가리지 않고 전부 통지하고 있다. 실무에서는 이의통지서를 등기우편에 의한 발송송달의 방법으로 송달하고 있다. 파산참가기관이 금융산업의구조개선에 관한법률 제21조에 의하여 신고한 예금채권에 대하여 이의를 진술한 경우에는 파산참가기관에 이의통지서를 송달한다.

Ⅳ. 파산채권 조사확정의 재판

1. 관할

파산채권확정의 소는 파산법원의 전속관할이다. 여기에서의 파산법원은 현재 파산사건이 계속되어 있는 지방법원(광의의 파산법원)을 가리키고, 파산사건을 담당하는 재판부일 필요가 있는 것은 아니다. 파산채권조사확정재판 신청서에는 1,000원의 인지를 붙인다.

(1) 무명의채권의 경우

이의가 진술된 무명의채권에 관하여 파산선고 전부터 파산채권자와 파산자 사이에 계속되어 있다가 파산선고에 의하여 중단된 소송이 수계된 경우에는 파산선고 당시 계속되어 있던 법원의 관할에 속한다.

(2) 유명의채권

유명의채권에 대하여 이의가 진술된 경우의 채권확정소송은 파산자가 취할 수 있는 소송절차(예컨대 청구이의의 소, 재심의 소)의 관할법원에서 하여야 한다.

무명의채권에 관하여 파산선고 전부터 파산채권자와 파산자 사이에 계속되어 있다가 파산선고에 의하여 중단된 소송이 수계된 경우	파산선고 당시 계속되어 있던 법원의 관할에 속한다
유명의채권에 대하여 이의가 진술된 경우의 채권확정소송	파산자가 취할 수 있는 소송절차(예컨대 청구이의의 소, 재심의 소)의 관할법원에서 하여야 한다

영업자 파산사건의 경우	민사합의부
소비자 파산사건의 경우	민사단독

2. 재판절차(법 제462조)

(1) 신청원인 및 방법

파산채권의 조사에서 신고한 파산채권의 내용에 대하여 파산관재인 또는 파산채권자가 이의를 한 때에는 그 파산채권을 보유한 파산채권자는 그 내용의 확정을 위하여 이의자 전원을 상대방으로 하여 법원에 채권조사확정의 재판을 신청할 수 있다. 다만, 법 제464조(이의채권에 관한 소송의 수계) 및 제466조(집행권원이 있는 채권에 대한 이의주장 방법)의 경우에는 그러하지 아니하다.

(2) 청구원인의 제한

파산채권확정소송에는 파산채권의 신고가 소송요건이고, 파산채권자는 채권표에 기재된 사항에 관하여만 청구원인으로 할 수 있으므로, 예컨대 채권표에 기재된 것과 다른 발생원인이나 그보다 다액의 채권액 등을 주장할 수 없다. 따라서 채권표에 기재되지 않은 권리, 액, 우선권의 유무 등의 확정을 구하는 파산채권확정소송 또는 채권표에 기재되지 않은 권리에 관하여 소송이 계속되어 있는 경우의 그 수계신청 등은 모두 부적법하다.

(3) 신청기간

채권조사확정의 재판의 신청은 이의가 있은 파산채권에 관한 조사를 위한 일반조사기일 또는 특별조사기일부터 1월 이내에 하여야 한다.

(4) 이의자 심문

법원은 채권조사확정재판을 하는 때에는 이의자를 심문하여야 한다.

(5) 재판

채권조사확정재판에서는 이의가 있는 파산채권의 존부 및 그 내용을 정한다.

(6) 결정서의 송달

법원은 채권조사확정재판의 결정서를 당사자에게 송달하여야 한다.

(7) 채권확정판결의 효력

채권의 확정에 관한 소송의 판결은 당사자로 된 자에게 영향을 미칠 뿐만 아니라 파산채권자전원 및 파산관재인에게도 미친다. 이러한 판결효력의 확장은 파산절차를 원활하게 하기 위한 것이므로 파산채권의 신고를 하지 않은 파산채권자도 이에 구속된다.

3. 소송비용

(1) 파산관재인이 이의를 진술하였으나 패권확정소송에서 패소한 경우

위와 같은 경우에는 재단채권으로서 파산재단에서 지출된다.
이의자가 파산채권자인 경우에는 파산채권자 자신이 부담하게 된다.

(2) 파산채권자가 이의를 진술하고 수행한 채권확정소송에서 이

의자가 승소한 경우

위와 같은 경우 그 소송비용은 파산재단이 이익을 받은 한도에서 재단채권으로 승인하여 이의자에게 지급 하도록 한다.

"파산재단이 이익을 받은 한도"라고 하지만 결국은 다른 채권자에 대한 배당액이 증가되는 결과가 되는 것이므로 파산재단에 승소로 인한 이익이 종국적으로 귀속되는 것은 아니다. 예를 들어 확정소송에서 우선권이 배척되어 일반파산채권으로 배당되게 된 경우, 우선변제를 받을 수 있었던 배당액과 일반파산채권으로서 배당받게 될 배당액의 차액, 파산채권 그 자체가 배척된 경우에 있어서는 그 예상배당액이 파산재단이 이익을 받을 한도가 된다고 할 수 있을 것이다.

4. 파산채권확정소송 확정 후의 절차

파산채권확정소송이 확정되면 파산관재인 또는 파산채권자의 신청(판결문과 확정증명이 첨부되어야 한다)을 기다려 그 신청이 이유 있다고 판단되면 그 결과를 채권표에 기재한다. 신청이 이유 없는 경우에는 이를 기각할 수 있고, 신청인은 즉시항고 할 수 있다.

5. 채권조사확정재판에 대한 이의의 소(법 제463조)

파산관재인, 신고채권자 및 파산자는 일반 또는 특별의 채권조사기일에 신고채권에 대하여 이의를 할 수 있고, 파산관재인 및 파산채권자의 이의는 채권의 확정을 저지한다. 채권조사확정재판에 불복하는 자는 그 결정서의 송달을 받은 날부터 1개월 이내에 이의의 소를 제기할 수 있다. 이의의 소는 파산법원의 관할에 전속하며, 소를 제기하는 자가 이의채권을 보유하는 파산채권자인 때에는 이의자 전원을 피고로 하고 이의자인 때에는 그 파산채권자를 피고로 하여야 한다. 동일한 채권에 관하여 여러개의 소가 계속되어 있는 때에는 법원은 변론을 병합하여야 하며, 소에 대한 판결은 소를 부적법한 것으로 각하하는 경우를 제외하고는 인가하거나 변경한다. 파산채권조사확정재판에 대한 이의의 소 소장에는 민사소송등인지법 제2조 소정액의 인지를 붙인다.

6. 이의채권에 관한 소송의 수계(법 제464조)

이의채권에 관하여 파산선고 당시에 소송이 계속되어 있는 경우 채권자가 그 권리의 확정을 구하고자 하는 때에는 이의자 전원을 그 소송의 상대방으로 하여 소송을 수계하여야 한다.

채권자별 소송수계는 다음과 같다.

① 집행력 있는 채무명의 또는 종국판결 있는 채권(유명의채권) 이의를 진술한 파산관재인 또는 채권자

② 무명의 채권

신고채권자가 소송을 제기하거나 소송을 수계하여야 한다.

채무명의 또는 종국판결 있는 채권 (유명의 채권)	이의를 진술한 파산관재인 또는 채권자
채무명의 또는 종국판결 없는 채권 (무명의채권)	신고채권자

7. 집행권원이 있는 채권에 대한 이의주장방법(법 제466조)

(1) 채무자가 할 수 있는 소송절차에 의해서만 이의주장

집행력 있는 집행권원이나 종국판결 있는 채권에 관하여 이의가 있는 자는 채무자가 할 수 있는 소송절차에 의해서만 이의를 주장할 수 있다(법 제466조 제1항).

집행력 있는 채무명의 또는 종국판결이 있는 채권(이른바 유명의 채권)은, 이에 대하여 파산관재인 또는 다른 파산채권자가 이의를

진술하고, 파산자가 할 수 있는 판결이 확정되어 있는 소송절차에 의하여 이의를 주장하여도, 그 이의가 이유 있다고 하는 판결이 확정되지 않는 한 배당에 참가할 수 없다.

(2) 이의주장방법

위 (1)의 규정에 의한 파산채권에 관하여 파산선고 당시 법원에 소송이 계속되어 있는 경우 이의자가 이의를 주장하고자 하는 때에는 이의자는 그 파산채권을 보유한 파산채권자를 상대방으로 하는 소송절차를 수계하여야 한다.

8. 파산채권의 확정에 관한 소송결과의 기재(법 제467조)

파산채권확정소송이 확정되면 파산관재인 또는 파산채권자의 신청(판결문과 확정증명이 첨부되어야 한다)을 기다려 그 신청이 이유 있다고 판단되면 그 결과(채권조사확정재판에 대한 이의의 소가 법 제463조 제1항의 규정에 의한 기간 안에 제기되지 아니하거나 각하된 때에 그 재판의 내용을 말한다.)를 파산채권표에 기재하여야 한다. 신청이 이유 없다고 판단되는 경우에는 이를 기각할 수 있고, 신청인은 즉시항고할 수 있다.

9. 파산채권의 확정에 관한 소송의 판결 등의 효력(법 제468조)

(1) 파산채권자 전원에 대한 효력

파산채권의 확정에 관한 소송에 대한 판결은 파산채권자 전원에 대하여 그 효력이 있다. 채권의 확정에 관한 소송의 판결은 신고된 자 뿐 아니라 파산채권자 전원 및 파산 관재인에게도 그 효력이 미친다. 이러한 판결효력의 확장은 파산절차를 원활하게 하기 위한 것이므로 파산채권의 신고를 하지 않은 파산채권자도 이에 구속된다.

 (2) 이의의 소가 제기되지 않거나 각하된 경우

 채권조사 확정재판에 대한 이의의 소가 채권조사확정재판의 결정서가 송달된 날부터 1월 내에 제기되지 아니하거나 각하된 때에는 그 재판은 확정판결과 동일한 효력이 있다

▣ 판 례 ▣

■ [청구이의]

1. 채무자 회생 및 파산에 관한 법률 제468조 제1항에서 정한 '파산채권의 확정에 관한 소송'에 집행권원이 있는 채권에 대해 이의자 등이 제기하거나 수계한 소송이 포함되는지 여부(적극)

2. 채권자가 채권 전액에 관하여 파산채권자로서 권리를 행사하는 경우, 채무자 회생 및 파산에 관한 법률 제430조 제1항에서 정한 장래의 구상권자가 같은 법 제468조 제1항에 따라 판결의 효력을 받게 되는 '파산채권자'에 해당하는지 여부(소극)

3. 갑 주식회사와 을이 공동으로 병에게 약속어음을 발행하면서 강제집행 인낙의 취지가 기재된 공정증서를 작성하였는데, 갑 회사가 병을 상대로 공정증서에 기한 강제집행의 불허를 구하는 소송을 제기한 뒤 파산 선고를 받게 되자 파산관재인으로 선임된 정이 병이 파산채권으로 신고한 공정증서 채권에 대해 이의를 하는 한편 위 소송을 수계하였고, 을이 정의 승소를 보조하기 위하여 제1심소송 계속 중 보조참가하였다가 일부 패소판결이 선고되자 공동소송참가를 신청함과 아울러 항소를 제기한 사안에서, 위 소송은 채무자 회생 및 파산에 관한 법률 제468조 제1항에서 규정하는 '파산채권의 확정에 관한 소

송'에 포함되지만, 공정증서의 채권자인 병이 채권 전액에 관하여 파산채권자로서 권리를 행사하고 있는 이상 장래의 구상권자에 불과한 을로서는 그에 대한 판결의 효력을 받게 되는 파산채권자에 해당하지 아니하므로 을의 공동소송참가신청은 참가 요건을 갖추지 못하여 부적법하고, 그 보조참가는 공동소송적 보조참가가 아니라 통상의 보조참가에 해당한다고 한 사례

[이 유]

상고이유(상고이유서 제출기간 도과후 제출된 상고이유보충서는 상고이유를 보충하는 범위 내에서)를 판단한다.

1. 상고이유 제4, 5점에 대하여

채무자 회생 및 파산에 관한 법률(이하 '법'이라 한다) 제468조 제1항은 "파산채권의 확정에 관한 소송에 대한 판결은 파산채권자 전원에 대하여 그 효력이 있다."고 규정하고 있는바, 여기서 '파산채권의 확정에 관한 소송'에는 채권조사확정재판에 대한 이의의 소(법 제463조)나 이의채권에 관하여 파산채권자가 수계한 소송(법 제464조)뿐만 아니라 집행권원이 있는 채권에 대해 이의자 등이 제기 또는 수계한 소송(법 제466조)도 포함된다. 그리고 여럿의 채무자가 각각 전부의 채무를 이행하여야 하는 경우 그 채무자의 전원 또는 일부가 파산선고를 받은 때에는 그 채무자에 대하여 장래의 구상권을 가진 자는 원칙적으로 그 전액에 관하여 각 파산재단에 대하여 파산채권자로서 그 권리를 행사할 수 있지만, 채권자가 그 채권의 전액에 관하여 파산채권자로서 권리를 행사한 때에는 예외로 하므로(법 제430조 제1항), 채권자가 그 채권의 전액에 관하여 파산채권자로서 권리를 행사하고 있다면, 장래의 구상권자는 위 법 제468조 제1항에 의하여 판결의 효력을 받게 되는 '파산채권자'에 해당하지 아니한다. (대법원 2012.6.28. 선고 2011다63758 판결)

10. 소송비용의 상환(법 제469조)

파산재단이 파산채권의 확정에 대한 소송(채권조사확정재판 포함)으로 이익을 받은 때에는 이의를 주장한 파산채권자는 그 이익의 한도 안에서 재단채권자로서 소송비용의 상환을 청구할 수 있다.

(1) 파산관재인이 이의를 진술하였으나 채권확정소송에서 패소한 경우

소송비용은 재단채권으로서 파산재단에서 지출되고, 이의자가 파산채권자인 때에는 파산채권자 자신이 부담하게 된다.

(2) 파산채권자가 이의를 진술하고 수행한 채권확정소송에서 이의자가 승소한 경우

소송비용은 파산재단이 이익을 받을 한도에서 재단채권으로 승인하여 이의자에게 지급한다.

"파산재단이 이익을 받을 한도"라고 하지만 결국은 다른 채권자에 대한 배당액이 증가하게 되는 결과가 되는 것이므로 파산재단에 승소로 인한 이익이 종국적으로 귀속되는 것은 아님을 유의해야 한다. 예컨대 확정소송에서 우선권이 배척되어 일반파산채권으로 배당되게 된 경우에는, 우선변제를 받을 수 있었던 배당액과 일반파산채권으로서 배당받게 될 배당액의 차액, 파산채권 그 자체가 배척된 경우에는 그 예상배당액은 파산재단이 이익을 받은 한도가 된다.

11. 파산채권확정소송의 목적의 가액(법 제470조)

(1) 결정의 기준

파산채권의 확정에 관한 소송의 목적의 가액은 배당예정액을 표준으로 하여 파산법원이 정한다. 이미 계속되어 있는 소송이 수계된 경우에도 마찬가지로 당해 심급이 종결된 후 상소장의 첩부인지액 산출을 위하여 소가결정을 할 수 있다.

(2) 관할법원

소가는 수소법원이 정하도록 되어 있는데, 실무에서는 수소법원의 의미를 최대한 넓게 해석하여 파산사건을 담당하는 재판부에서 소가결정을 하고 있다.

(3) 배당예상액의 결정

배당예상액은 제1회 채권자집회에서의 파산관재인 보고서에 기재된 예상배당율을 참조하여 결정하고, 예상배당율이 기재되어 있지 않는 경우에는 위 보고서에 기재된 환가가능한 재산의 총액을 시인된 채권액으로 나누어 계산한 비율을 참조하여 결정하게 된다. 실무상으로는 청구금액에 예상배당율을 곱한 다음 그 절반을 소가로 결정한다.

(4) 기타의 경우

그 밖에 채권조사에서 시인되었으나 그 채권표 기재의 효력을 뒤집기 위해 제기한 채권표 기재 무효확인의 소, 청구이의의 소 등에 있어서도 그 결과가 채권의 확정에 영향을 미치는 것이므로 본조가 적용된다고 보고 소가결정을 하고 있다.

12. 벌금 등의 신고(법 제471조)

(1) 신고대상

벌금·과료·형사소송비용·추징금 및 과태료에 관한 청구권을 가진 자는 지체없이 그 액 및 원인을 법원에 신고하여야 한다.

법원사무관 등은 신고된 청구권을 파산채권자표에 기재하여야 한다.

파산관재인이 이의를 한 경우에도 파산자가 할 수 있는 소송 등의 불복방법으로 다투어야 할 것이고, 기간의 경과 등으로 다툴 수 없는 것은 채권표에 기재함으로써 신고 내용대로 확정되는 결과가 된다.

(2) 신고한 청구권의 원인이 행정심판 또는 행정소송의 대상인 경우(법 제472조)

신고한 청구권의 원인이 행정심판 또는 행정소송의 대상이 되는 처분인 때에는 법원은 지체 없이 그 청구권의 금액 및 원인을 파산관재인에게 통지하여야 한다.

(3) 준용규정

채무자회생및파산에관한법률 제466조(집행권원이 있는 채권에 대한 이의주장방법) 내지 제468조(파산채권의 확정에 관한 소송의 판결 등의 효력)의 규정은 파산관재인이 이의를 주장하는 경우에 관하여 준용한다.

제3절 재단채권

I. 재단채권의 의의 및 범위

1. 재단채권과 파산채권의 차이

재단채권은 파산채권과는 달리 파산절차에 의하지 않고 파산관재인이 수시 변제하여야 한다.

파산관재인은 법원에 재단채권 승인 및 임치금반환 허가서를 제출하여 그 허가를 받아야 하며, 이 허가서 등본을 임치금 보관장소에 제시하고 금원을 인출하여 재단채권을 변제해야 한다. 허가서에는 재단채권으로 승인하여야 하는 사유, 그 금액, 인출할 보관장소 등을 기재한다.

2. 재단채권의 범위

재단채권은 일반적으로 채무자회생및파산에관한법률 제473조에서 열거하고 있는 일반재단채권과 그 밖의 규정에 따른 특별재단채권으로 구분하는데, 이 구분에 따라 그 변제의 순서가 달라지는 것은 아니고, 변제의 순서는 법 제477조에서 따로 정하고 있다. 다음의 청구권은 재단채권으로 한다.

(1) 일반재단채권

가. 파산채권자의 공동의 이익을 위한 재판상의 비용

파산신청비용, 파산선고의 공고비용, 채권자집회 소집비용, 배당에 관한 비용, 파산종결에 관한 재판비용 등을 가리킨다. 채권자신청의 경우에는 채권자가 예납한 예납금도 여기에 포함된다. 파산신청을 위하여 위임한 변호사의 보수도 채무자회생및파산에관한법률 제473조 제1호의 재판상의 비용에 해당할 것인가의 여부에 대해서는 문제되는데, 소송비용에 산입되는 범위 내의 보수는 이를 긍정하는 것이 보다 타당할 것이다.

나. 국세징수법 또는 국세징수의 예에 의하여 징수할 수 있는 청구권.

국세징수의 예에 의하여 징수할 수 있는 청구권으로서 그 징수우선순위가 일반 파산채권보다 우선하는 것을 포함하며 법 제446조의 규정에 의한 후순위파산채권을 제외한다.

　다만 파산선고 후의 원인으로 인한 청구권은 파산재단에 관하여 생긴 것에 한한다.

　국세, 지방세 등 지방자치단체의 징수금, 관세와 가산금, 산업재해 보상보험료, 의료보험료 등이 이에 해당한다.

파산재단에 관한 파산선고 후의 원인으로 인한 조세 및 공과금은 파산재단의 관리비용에 해당하는 것으로 파산채권자를 위한 공익적인 지출로서 공동으로 부담하는 것이 타당하기 때문에 재단채권으로 한 것이다. 여기에 해당하는 것으로서는 종합토지세, 재산세, 자동차세, 등록세, 면허세, 인지세, 균등할주민세 등이 있다.

　다. 파산재단의 관리, 환가, 배당에 관한 비용

　파산관재인 또는 감사위원의 보수, 매각수수료, 공고 통지 비용, 재산목록과 대차대조표 작성비용, 임차인이 파산한 경우 파산선고 후의 차임 등이다. 파산절차의 수행에 있어서 불가결한 공익적 비용 중 제1호에 포섭되지 않는 것은 전부 여기에 해당한다.

　라. 파산재단에 관하여 파산관재인이 한 행위로 인하여 생긴 청구권

　파산관재인이 행한 소비대차, 임대차, 위임, 도급, 화해 등에 의하여 상대방이 취득한 채권뿐만 아니라 파산관재인의 불법행위로 인하여 상대방이 취득한 손해배상청구권 등이 이에 해당한다. 또한 파산관재인의 불법행위는 부작위에 의한 것도 포함된다. 예컨대 파산선고 후 재단소속 건물이 타인의 토지를 불법점유하고 있는 경우 상대방의 파산선고 후의 손해배상청구권은 본 호에 해당한다. 파산관재인이 허가를 얻지 않고 은행으로부터 예금을 인출한 경우에 은행에 과실이 있다면 은행은 파산재단에 대하여 2중 지급을 면할 수 없다. 한편 은행은 파산재단에 대하여 위 인출금에서 과실상계비용을 공제한 금액의 손해배상청구권을 취득하게 되고, 이 손해배상청구권은 본 호의 재단채권에 해당하게 된다.

　마. 사무관리 또는 부당이득에 의하여 파산재단에 대하여 생긴 청

구권

　파산선고 후에 발생한 것에 한한다. 환취권의 대상인 주식의 명의가 파산회사로 남아 있어서 파산관재인이 그 배당금을 받은 때, 파산재단에 속하지 않는 환취권의 대상물을 파산관재인이 매각하고 그 매각대금을 파산재단에 편입한 때, 환취권자는 본 호의 재단채권자로서 권리행사를 할 수 있다. 저당 부동산이 경매되었을 때 다른 채권자에게 배당되어야 할 금액이 파산관재인에게 교부되어 위 배당금이 파산재단에 편입된 경우 그 채권자도 본 호의 재단채권이다.

　바. 위임의 종료 또는 대리권의 소멸 후에 급박한 필요에 의하여 한 행위로 인하여 파산재단에 대하여 생긴 청구권,

　민법 제691조는 수임인 등의 위임 종료 후의 긴급처리의무를 정하고 있는데, 위 의무에 기하여 한 행위로 인하여 발생한 비용상환청구권 또는 보수청구권은 재단채권으로서 보호된다. 그러나 급박한 필요에 의한 행위가 아닌 경우에는 파산채권이 될 뿐이다.

　사. 법 제335조 제1항의 규정에 의하여 파산관재인이 채무를 이행하는 경우에 상대방이 가지는 청구권

　쌍방 미이행의 쌍무계약에 관하여 파산관재인이 채무의 이행을 선택하면 상대방의 채무 이행으로 파산재단이 이익을 얻게 될 것이므로 이에 대응하여 상대방의 반대급부청구권을 재단채권으로 한 것이다.

　수급인이 그 의무의 이행을 완료하지 않고 있는 사이에 도급인이 파산선고를 받은 후 수급인도 파산관재인도 계약을 해제하지 않고, 수급인이 일을 완성하여 목적물을 파산관재인에게 인도한 경우에 수급인의 대금청구권은 재단채권이 된다.

　아. 파산선고로 인하여 쌍무계약이 해지된 경우에 그 종료할 때까지 생긴 청구권

　임대차나 고용 등의 계속 계약에 있어서는, 임차인 또는 사용자의 파산을 이유로 하는 해지통보가 인정되고 있다(민법 제637조, 제

663조). 그리고 해지 통보가 있은 후 법에 정한 일정한 기간이 경과한 후(민법 제635조, 근로기준법 제32조) 이들 계약이 종료한다. 본 호는 이들 계약에 관하여, 파산선고 후 계약 종료시까지 생긴 청구권을 재단채권으로 한 것이다. 본조 제8호는 이점에 대해서 명문상으로는 분명하게 표현하고 있지는 않지만, 다음과 같이 해석하는데 이론이 없다.

1) 재단채권으로 하는 이유

이것을 재단채권으로 하는 이유는 해지 통보가 있은 때부터 계약이 종료할 때까지의 사이에 파산재단은 상대방으로부터 급부를 받는데 대하여, 상대방의 반대급부청구권을 파산채권으로 하는 것은 불공평하기 때문이다.

2) 실무에서의 처리

예컨대 임대차계약의 경우에 있어서 임차인이 파산한 경우에는, 그 파산관재인은 임대차계약 해지의 통지를 할 수 있는데(민법 제637조), 그 해지의 효력이 발생한 날까지 발생한 차임채권이 본 호의 재단채권이 되는 것이다. 실무상으로는 파산선고일로부터 임대차계약이 종료할 때까지의 차임 뿐 만 아니라 임차물을 인도할 때까지의 차임상당 손해금도 본 호의 재단채권에 포함된다고 파악하는 것이 타당할 것이다. 임차인이 상당 손해금도 본 호의 재단채권에 포함된다고 보는 것이 타당할 것이다. 임차인이 파산선고 전에 부담하고 있던 연체차임은 재단채권이 되는 것이 아니라 임대인의 파산채권이다. 임대차가 해지되지 않은 채 존속 되는 경우의 차임채권은 법 제335조 제7호의 유추에 의하여 재단채권으로 된다고 해석한다.

자. 파산자 및 그 부양을 받는 자의 부조료

파산자의 자유재산만으로는 파산자와 그 가족의 생활이 현저히 곤란한 경우에는 공적 부조를 통하여 이들을 구제하는 것보다는 파산재단에서 생활비를 지급하는 것이 타당하다는 취지에서 부조료를 재단채권으로 정한 것이다. 법인파산의 경우 파산회사 자신의 인격적 활동을 위한 비용도 채무자회생및파산에관한법률 제335조 제9호의 재단채권에 해당한다고 해석된다.

부조료의 지급에 있어서는 제1회 채권자집회의 결의가 필요하고, 채권자집회 전에는 법원의 허가가 필요하다.

　　차. 파산자의 피용자의 급료, 퇴직금 및 재해보상금

　　카. 파산선고 전의 원인으로 생긴 파산자의 피용자의 임치금과 신원보증금의 반환청구권

　　과거에는 파산선고 전에 임금은 모두 우선파산채권이 되고, 파산선고 후의 임금에 한하여 소정의 재단채권이 되는 것으로 해석하였다. 한편, 주식회사와 유한회사의 경우 신원보증금반환채권 기타 회사와 사용인간의 고용관계로 인한 채권도 우선파산채권에 지나지 않았다.(상법 제468조, 제583조 제2항). 그러나 개정 파산법에서는 이들 채권은 모두 재단채권으로 승격되었다.

파산선고 후 고용계약이 해지된 경우 퇴직금은 선고 전까지의 근로에 대한 부분은 우선파산채권으로, 선고 후 해고일까지의 근로에 대한 부분은 제8호에 의한 재단채권으로 본다고 하였으나, 개정된 법은 퇴직금을 재단채권으로 하였다.

(2) 특별재단채권

가. 부담있는 유증의 부담의 청구권(법 제474조)

1) 재단채권이 되는 요건

파산관재인이 부담부 유증의 이행을 받은 때에는 부담의 이익을 받을 청구권은 유증목적의 가액을 초과하지 아니하는 범위 내에서 재단채권으로 한다.

2) 취지

부담부 유증의 수유자는 유증의 효력발생시부터(민법 제1073조 제1항) 그 부담을 이행할 책임이 있는 것이므로(민법 제1088조 제1항), 수유자가 파산한 경우 부담수익자의 채권은 파산채권이 되어야

할 것이지만, 재산을 증여하는 대신 수유자에게 그 부담을 이행시키려는 유언자의 의사를 존중하여 쌍방 미이행 쌍무계약에 관하여는 파산관재인이 이행을 선택한 경우와 동일하게 취급하도록 한 것이다.

나. 가액의 청구권

파산관재인이 쌍무계약을 해제한 경우에 파산자가 받은 반대급부가 파산재단 중에 현존하지 아니하는 경우의 가액의 청구권도 재단채권이 된다.

상대방에게 완전한 원상회복을 부여하기 위한 취지의 것이므로, 원물의 멸실로 인해 반환불능이 된 경우에도 적용된다. 가액의 산정기준시는 급부 당시라고 해석한다.

다. 상대방의 소송비용청구권

파산재단에 속하는 재산에 관하여 파산선고 당시 계속하는 소송을 파산관재인이 수계한 경우에 상대방의 소송비용청구권은 재단채권이다.

수계 전에 발생한 채권을 모두 포함하여 재단채권으로 된다. 파산재단의 증식을 위하여 지출된 것이므로, 파산채권자 공동의 이익을 위하여 생긴 재판상 비용으로서 재단채권으로 한 것이다.

라. 집행비용

파산채권에 관하여 파산재단에 속하는 재산에 대하여 행하여진 강제집행을 파산관재인이 속행시킨 경우의 집행비용도 재단채권이다. 재단의 이익을 위하여 지출된 것이므로 파산재단의 환가에 관한 비용의 일종으로서 재단채권으로 한 것이다. 속행 전에 발생한 집행비용도 재단채권이 된다.

마. 파산자의 행위가 부인된 경우에 반대급부에 의하여 생긴 이익이 현존하는 경우

그 이익의 한도에서 상대방은 재단채권자로서 반환청구를 할 수 있고, 반대급부에 의하여 생긴 이익이 현존하지 않는 때에는 상대방

은 그 가액의 상환청구권을 파산채권으로서 행사한다.

반대급부에 의하여 생긴 이익이 현존하는 경우	이익의 한도에서 상대방은 재단채권자로서 반환청구를 할 수 있다
반대급부에 의하여 생긴 이익이 현존하지 않는 경우	그 가액의 상환청구권을 파산채권으로서 행사한다

바. 부인된 행위가 쌍무계약의 경우

부인제도의 목적은 어디까지나 파산재단의 원상회복에 있고 상대방에게 제재를 가하는 데 있는 것이 아니므로, 부인된 행위가 쌍무계약인 때에는, 파산자가 받은 반대급부 내지 그에 기한 재산상의 이익이 현재 파산재단 이익으로 파산재단 중에 존재하는 경우에 이것을 파산재단에 남겨두는 것은 부인권의 목적을 초과하는 것이 된다.

현물이 존재하는 경우	반환하여야 한다
현물에 의한 이익이 현존하는 경우	이익상환청구권이 재단채권으로 된다
이익이 현존하지 않는 때	상대방이 가지는 그 가액의 상환청구권은 파산채권이 된다

사. 파산재단이 채권확정에 관한 소송으로 인하여 이익을 받은 경우

이의를 주장한 파산채권자는 이익의 한도에서 재단채권자로서 그 소송비용의 상환을 청구할 수 있다. 채권자의 이의로 인하여 무권리자의 배당 참가가 저지되고, 다른 파산채권자의 이익이 보호되는 점에서 공익비용의 성질을 가진다고 판단 할 수 있으므로 재단채권으로 정한 것이다. 변호사 보수는 이 소송비용에 포함되지 않는다.

  - 상황별 파산재단이 받은 이익의 한도의 범위

신고채권의 부존재 또는 파산채권으로서의 부적격이 확정된 경우	그에 대한 예상배당액
우선권이 부정된 경우	우선파산채권으로서의 예상배당액과 일반파산채권으로서의 예상배당액의 차액

아. 파산선고에 이르기 전에 회생절차가 선행하여 실패하고 난후 결국 파산선고가 행하여진 경우, 이러한 선행절차를 진행하기 위하여 생긴 채권 및 절차비용

위와 같은 비용은 재단채권으로 된다. 특히 채무자의 회생계획이 인가된 후 폐지결정이 확정되어 파산절차로 이행하게 된 경우 근로자의 급료, 퇴직금은 재단채권이 되는 반면 회생절차를 거치지 않고 바로 파산선고를 하게 되는 경우에는 파산채권이 되어, 회생절차를 거쳤는지 여부에 따라 동일한 채권이 달리 취급되는 문제점이 있었으나, 개정법은 근로자의 급료, 퇴직금을 재단채권으로 하고 있으므로 이에 따르면 이와 같은 문제점은 생기지 않을 것이다.

Ⅱ. 재단채권의 변제

1. 변제방법(법 제475조)

재단채권은 파산절차에 의하지 아니하고 수시로 변제한다.

2. 재단채권의 우선변제(법 제476조)

재단채권은 파산채권보다 먼저 변제하는 것이 원칙이다.

3. 재단부족의 경우의 변제방법(법 제477조)

(1) 변제하지 아니한 채권액의 비율에 따른 변제

파산재단이 재단채권의 총액을 변제하기에 부족한 것이 분명하게
된 때에는 재단채권의 변제는 다른 법령이 규정하는 우선권에 불구
하고 아직 변제하지 아니한 채권액의 비율에 따라 한다. 다만, 재단
채권에 관하여 존재하는 유치권·질권·저당권 및 전세권의 효력에는
영향을 미치지 아니한다.

 (2) 변제순위

파산재단이 재단채권의 총액을 변제하기에 부족한 것이 분명하게
된 때의 변제순위에 관하여는 다음과 같이 정하고 있다.
가. 재단채권에 관하여 존재하는 유치권, 질권, 저당권 및 전세권
이 있을 때에는 이 재단채권이 우선한다.
파산재단이 소유하고 있는 건물을 임대하면서 그 임대차보증금에
관하여 질권을 설정해 주는 경우가 있을 수 있는데, 재단부족이 예
상되는 경우에는 재단채권에 관하여 담보권의 설정을 허가하지 않
는 것이 바람직하다.
나. 채무자회생및파산에관한법률 제473조 제1호 내지 제7호 및
제10호의 재단채권은 다른 재단채권에 우선한다.
그러나 법 제473조 제1호 내지 제7호, 제10호의 재단채권 중 제
1호와 제3호는 파산절차내의 공익비용의 성질을 가지는 것으로서
제2호, 제4호 내지 제7호, 제10호의 재단채권과는 성질을 달리 하
므로 가장 먼저 변제하여야 하는 것으로 해석된다(국세기본법 제35
조 제1항 제2호 참조).
1) 최우선 지급되는 비용
파산신청비용, 공고, 우편비용, 관재사무 비용, 파산관재인 보수
등이 재단채권 중에서 최우선으로 지급된다. 한편, 회생절차 등 선
행절차가 실패하게 되어 파산절차로 이행한 때에는 선행절차에 있
어서 발생한 채권 및 절차비용에 있어서도 그 비용의 발생원인을
구체적으로 검토하여 그 중에서 제1호나 제3호에 해당하는 채권을

우선하여 변제하여야 한다는 견해가 있다.

2) 파산절차로 이행한 경우의 실무에서의 처리

채무자가 회생절차를 거쳐 파산절차로 이행한 경우 파산재단으로 재단채권을 전부 변제할 수 없게 되는 경우가 대부분이고, 이 때 재단채권의 대부분을 조세와 임금채권이 차지하게 되는 경우가 대부분이다. 실무에서는 이 때의 조세채권은 법 제473조 제2호 소정의 재단채권이고 임금채권은 회생절차를 거쳤는지의 여부와 관계없이 같은 조 제10호 소정의 재단채권인바, 법 제473조 제2항은 제1호 내지 제7호 및 제10호에 열거된 재단채권 사이에 우열을 두고 있지 아니하므로 각 그 채권액의 비율에 따라 안분 변제한다.

파산절차에서는 최종 3개월분의 임금채권이라고 하여 달리 취급하지 아니함에 유의하여야 한다.

다. 동순위의 재단채권 사이의 변제방법

법령이 규정하는 우선권에 불구하고 아직 변제하지 아니한 채권액의 비율에 따라 변제한다.

따라서 파산관재인은 조세채권의 징수에 관한 이른바 압류(교부청구) 선착주의(국세기본법 제36조 제1항, 지방세법 제34조 제1항), 당해세 우선(국세기본법 제35조 제1항 제3호, 동 시행령 제18조 제1항, 지방세법 제31조 제2항 제3호, 동 시행령 제14조의 4 참조)등의 순위를 무시하고, 그 밖의 동일 순위에 재단채권과 함께 아직 변제하지 않은 채권액의 비율에 따라 안분하여 평등하게 변제하면 된다.

4. 파산채권에 관한 규정의 준용(법 제478조)

(1) 준용규정

채무자회생및파산에관한법률 제425조(기한부채권의 변제기 도래)·제426조(비금전채권 등의 파산채권액) 및 제427조제1항의 규정(조건부채권 등의 파산채권액)은 제473조(재단채권의 범위)제7호 및 제474조(부담있는 유증의 부담의 청구권) 의 규정에 의한 재단채권에 관하여 준용한다.

(2) 파산채권인 경우

위에서 열거한 기한부채권, 비금전채권, 조건부채권이 재단채권 규정이 적용된 경우 재단채권이 이자 없는 채권 또는 정기금채권인 때에는 만약 그 채권이 파산채권이라면 제446조(후순위채권)제1항 제5호 내지 제7호의 규정에 의하여 다른 파산채권보다 후순위로 될 부분에 해당하는 금액을 공제한 액을 그 가액으로 한다.

제5장 파산재단의 관리·환가 및 배당

제1절 파산재단의 관리 및 환가

I. 파산재단의 점유 및 관리등

1. 파산재단의 의의와 범위

파산재단이란 파산자가 파산선고시에 가지는 일체의 재산을 의미한다. 이것을 환가하여 재단채권의 변제 및 파산채권자의 배당을 행한다. 파산재단의 성질에 관하여는 견해가 나뉘지만, 현재의 통설은 이 재단에 법인격을 인정하고, 파산관재인은 자기의 이름으로 관재업무를 행하지만 파산재단의 대표자 또는 대리인이라고 한다. 선고 전에 생긴 원인에 기하여 장래 행사할 청구권도 파산재단에 속한다. 채무자회생및파산에관한법률은 속지주의를 원칙으로 정하고 있으므로 외국에 있는 재산은 원칙적으로는 파산재단에 속하지 않는다.

2. 파산재단의 점유 및 관리(법 제479조)

파산관재인은 취임 직후 지체없이 파산재단에 속하는 물건 및 권리에 관하여 점유 및 관리에 착수하여야 한다. 점유란 파산재단에 속하는 물건을 현실로 파산관재인의 지배하에 두는 것을 의미하고, 관리란 파산재단에 속하는 재산을 보전하고 그 효용에 따라 이용하여 증식하는 것을 의미한다. 재산의 조사, 매출채권의 회수, 시효의 중단, 파산재단에 관한 소송의 처리, 부인권의 행사, 예금이자 기타 과실의 증대 등도 포함된다.

실무상으로 파산재단에 대한 점유 착수는 파산선고일에 파산관재인이 파산자의 사무실에 가서 파산재단에 속하는 일체의 재산이 파산관재인의 점유에 귀속한다는 취지의 공고문을 부착하는 방법으로 한다. 파산자의 영업소, 공장이 다수 있는 경우에는 미리 상시대리인 또는 파산관재인의 임시대리인을 선임하여 가능한 한 동시에 점유에 착수할 수 있도록 한다.

3. 봉인(법 제480조)

파산관재인은 필요하다고 인정하는 때에는 법원사무관 등·집행관 또는 공증인으로 하여금 파산재단에 속하는 재산에 봉인을 하게 할 수 있다. 이 경우 봉인을 한 자는 조서를 작성하여야 한다. 봉인을 제거하는 경우에도 또한 마찬가지이다.

(1) 봉인의 대상

파산관재인은 파산재단의 보전을 위하여 파산관재인 사무소로 이전할 수 있는 것(현금, 어음, 주권, 장부 등)은 이전하여 오고, 현실적으로 점유를 이전할 수 없는 것(집기, 비품, 기계, 원재료의 재고, 금고 등)은 집행관 또는 파산법원의 사무관 등에게 봉인신청을 한다.

동산은 물론이고 부동산에 대하여도 봉인을 할 수 있다.

(2) 봉인의 방법

부동산은 공시방법이 등기지만, 등기만으로는 현실의 점유나 관리를 부동산 자체로부터는 알 수가 없기 때문이다. 봉인의 방법은 개개의 물건마다 봉인표를 붙이는 것이 원칙이지만, 금고나 창고 등은 그 내용물을 확인하고 시정한 후, 문과 자물쇠 부분에 봉인표를 붙인다. 부동산은 출입구의 열쇠를 바꾼 후 그 출입구에 파산관재인이 봉인표를 부착하거나(건물의 경우), 봉인표를 부착한 팻말을 세운다(토지의 경우).

(3) 봉인후의 조치

가. 조서의 작성봉인기관은 봉인 후 조서를 작성하여야 한다

언제 어느 재산을 봉인하였는가를 기재하고 파산관재인, 입회인의 서명날인을 받는다. 봉인조서는 기록에 편철한다.

나. 환가 또는 필요가 없게 된 때

봉인된 물건을 환가하거나 그것이 제3자의 권리에 속하는 것으로 판명되는 등 봉인의 필요가 없게 된 때에는 파산관재인은 집행관 또는 법원사무관에게 봉인제거의 신청을 하고 집행관 또는 법원사무관은 이를 제거하여야 한다. 실무상으로는 파산관재인이나 그 보조인이 사실행위로서 봉인을 제거하고 집행관 또는 법원사무관에게 연락한다. 봉인을 제거한 경우에도 조서를 작성하여 기록에 편철해야 한다.

4. 재산장부의 폐쇄(법 제481조)

파산관재인은 파산선고 후 지체없이 채무자의 재산에 관한 장부를 폐쇄하고 그 취지를 기재한 후 기명날인하여야 한다.

폐쇄대상인 장부는 통상 상업장부, 주식회사의 경우 계산서류 등이다. 컴퓨터 등에 의하여 회계가 관리되는 회사의 경우에는 통상의 장부에 준하여 물리적으로 가능한 범위에서 보전하고 폐쇄하거나 봉인한다.

5. 재산의 가액의 평가(법 제482조)

(1) 의의

파산관재인은 지체없이 법원 서기관, 파산자 등의 입회 하에 재단에 속하는 모든 재산의 파산선고 당시의 가액을 평가하여야 한다.

채무자회생및파산에관한법률상 재산가액의 평가는, 그 결과를 환가의 목표가격 설정, 배당 예정율의 추정을 위한 자료로 활용하게 될 뿐 아니라 파산재단의 회계관리를 철저히 한다는데 의의가 있다.

(2) 평가 시기

채무자회생및파산에관한법률은 파산선고 후 지체없이 하도록 정하고 있다. 실무상으로도 파선선고 후 점유, 관리의 착수를 마친 다음 바로 평가하도록 권하고 있다. 적어도 제1회 채권자집회 전에 마쳐서, 위 집회에서 채권자들에게 그 결과를 보고하도록 한다. 그러나 제1회 채권자집회 전에 평가를 마칠 수 없는 경우에는 평가 전의 재추제표를 기준으로 보고할 수밖에 없다.

(3) 평가방법

동산은 각 장소마다 소재한 물건의 이름, 수량, 취득일, 취득가액, 내용연수, 현재의 장부가 등을 기재한 표를 만들고, 파산관재인이 하나씩 물건의 현물을 확인하면서 평가한다.

부동산, 기타 감정 등을 요하는 물건은 현지에서 현물을 확인한 후, 감정결과에 따르거나 공시지가 또는 인근부동산업자의 시가확인서 등을 근거로 평가한다.

현금, 예금 등에 관하여는 장부잔고와 예금통장 및 은행 등의 잔고증명과 현금을 대조한다.

약속어음, 주식 기타 유가증권도 장부와 현물을 대조하고 회수가능성, 상장여부 등을 감안하여 평가한다.

채권은 상대방 채무자의 확인이 있으면 되지만, 그렇게 할 수 없는 단계에서는 장부와 증거를 대조하여 평가한다. 이 경우에도 회수가능성을 고려한다.

(4) 자산의 평가기준

　파산의 경우 자산의 평가기준은 각 자산을 처분할 때의 가격이다. 이후에 실제 환가한 결과와 평가액이 큰 차이가 생기게 되면 관재업무의 성실성에 의문을 제기하는 채권자가 있게 되므로, 가능한 한 보수적으로 평가하여야 한다.

　(5) 평가기준일

　평가기준일은 파산선고일이다.

　(6) 처분가액의 구체적인 예

　가. 현금, 예금 등은 현실의 보유액
　그대로 평가액이 된다.
　나. 약속어음, 매출금, 대여금 등 채권
　부실채권을 제외한 회수가능액이 평가액이 된다.
　다. 상품, 반제품, 원재료 등은
　원칙적으로 처분 가능성에 따라 판단해야 할 것인데, 달리 전용할 수 없는 반제품, 가공재료 등은 폐기처분 가액이 될 것이다. 때로는 평가액이 영이 될 수도 있다. 실무상 이러한 자산들의 실제 처분가액이 장부가의 10%에도 못 미치는 경우가 대부분이고, 오히려 처리비용이 필요할 때도 있다.
　라. 토지, 건물 등
　토지, 건물 등은 처분을 목적으로 하는 예상 최저경매가격을 평가액으로 채용하는 경우가 많다.
　마. 공장재단의 경우
　공장재단을 구성하는 각 재산의 평가액의 합산액이다.
　바. 기계, 기구, 전화사용권, 차량 등은
　전문업자 사이의 시장가격을 평가액으로 한다. 그러나 실무상 기계, 기구의 경우에는 이러한 가격을 알 수 없는 경우가 대부분이고 역시 폐기처분되는 경우가 많다.

잡기 비품은 장부가(파산선고일까지의 감가상각이 끝난 것)와 강제집행될 경우의 예상 최저경매가격을 참고로 하지만, 실무상으로는 가치가 없다고 평가하는 경우가 대부분이다.

6. 재산목록 및 대차대조표의 작성(법 제483조)

파산관재인은 장부의 폐쇄, 재산의 평가를 거쳐 재산평가의 결과를 이른바 청산재산목록, 청산대차대조표의 형식으로 정리하고, 이를 법원에 제출하여 이해관계인이 열람할 수 있도록 하여야 한다. 법원은 이들 계산서류를 기초로 파산관재인이 하는 재산의 환가 또는 포기의 적정 여부를 판단한다.

◈ 파산신청서의 재산목록 작성 방법

질의】 ➡ 파산신청서의 재산목록 작성과 관련하여 다음의 경우에는 각각 어떻게 해야 하는지요?
①자녀가 보험계약을 체결하고 보험료를 납부하고 있으며 본인은 피보험자 또는 보험수익자인 경우.
②배우자 또는 자녀, 부모님 명의로 임대차계약이 체결된 경우.
③본인이 과거에 직장동료에게 빌려 준 돈 2,000만원이 있는데 직장동료는 이를 갚지 않고 현재 그 소재를 알 수 없는 상황인 경우.
④종중의 선산을 본인 명의로 소유하고 있는 경우 및 그 시가증명 방법.
⑤차량을 담보로 채권자에게 넘겨주거나 차량구입 명의 대여로 인하여 차량등록 명의인은 본인이나, 해당 차량은 제3자에게 전전 양도되어 그 소재를 알 수 없는 경우(일명 대포차가 된 경우).
⑥본인과 상관없이 형성된 친족의 재산의 경우.

답변】 ➡ 파산신청서의 재산목록은 파산재단 즉, 파산선고 당시 채무자가 보유하고 있는 총 재산으로서 채권들에게 배당할 재산의 목록을 의미하며, 파산재단의 환가액이 파산 절차비용에도 미치지 못하는 경우 파산선고와 동시에 파산절차를 폐지하는 결정(동시폐지 결정)을 하고, 파산절차 비용을 충당하고도 남는 재산이 있거나 고의로 파산채권자를 해하는 재산처분행위를 한 경우와 같이 부인권 대상행위가 있다고 평가되는 경우 파산관재인 선임을 통해 청산절차를 진행합니다.

이와 같이 채무자가 제출한 재산목록은 동시폐지 또는 파산관재인 선임 여부를 결정하는 중요한 내용으로서 재산목록의 허위 기재는 면책불허가사유가 될 뿐 아니라(채무자 회생 및 파산에 관한 법률 제 564조 제1항 제3호), 면책결정을 받아 확정된 경우라도 면책취소사유로서 부정한 방법으로 면책을 받은 경우에 해당하므로(같은 법 제569조 제1항 후문) 그 기재에 있어서 오류가 없어야 합니다.

①보험의 경우, 보험을 재산목록에 기재하는 이유는 보험계약을 해지할 경우 그 해약반환금을 재산으로 파악하기 위함이며, 해약반환금은 원칙적으로 보험계약자가 보험계약을 해지할 경우 발생하므로 신청인 본인이 보험계약자일 경우 이를 재산목록에 기재하고 보험증권 사본과 보험자가 발행하는 해약반환금 예상액 확인서를 첨부하여야 합니다. 다만 해약반환금을 담보로 약관대출을 받은 경우 이를 일종의 별제권(채권질권)으로 보아 해약반환금에서 약관대출금을 공제한 금액을 신청서의 해약반환금 란에 기재합니다.

②임차보증금의 경우, 임대차계약기간 만료 기타 임대차계약관계가 종료될 경우 임차인은 임대인에 대하여 보증금반환채권을 취득하므로 그에 대한 재산적 가치를 재산목록에 기재합니다. 임대차계약서의 임차인 명의가 신청인 아닌 배우자, 부모, 자녀 등일 경우 원칙적으로 신청인은 임차보증금채권자가 아니므로 이를 기재할 필요가 없으나, 추심 회피를 위해 신청인의 재산을 타인 명의로 임대차계약을 체결한 경우 또는 부부가 공동으로 형성한 재산으로 볼 수 있는 경우에는 그러한 사유를 재산목록 하단이나 별지로 진술서를 통해 작성하는 것이 바람직합니다.

「채무자 회생 및 파산에 관한 법률」은 면제재산제도를 신설하여, 채무자 또는 그 피부양자의 주거용으로 사용되고 있는 건물에 관한 임차보증금반환청구권으로서 일정액(최고 1,600만원까지) 부분을 채무자의 신청 또는 직권으로 파산재단에서 면제할 수 있도록 하여 파산신청인의 최소한의 주거생활을 보장하고 있습니다(같은 법 제383조 제2항 제1호, 같은 법 시행령 제16조 제1항).

③대여금의 경우, 역시 신청인이 그 대여금 채무자로부터 일정액을 수령할 경우 이를 재산적 가치로 평가하여 파산재단에 편입하고 청산가치를 파악해야 할 필요성이 있으므로 이를 재산목록에 기재합니다. 다만 대부분의 경우 해당 금원을 돌려받지 못하는 사정이 있어 파산 신청에 이르게 되므로 신청인의 입장에서는 이를 재산으로 생각하지 않고 재산목록에 기재하지 않는 경우가 많습니다. 그러나 회수가 어려운 경우라도 신청인인 이를 재산목록에 기재하되, 회수가능금액 란에 실제 회수 가능한 금액을 기재하고, 회수가 어려운 사정을 진술한 진술서와 소명자료(형사고소장, 재산명시신청에 따른 재산목록, 말소자주민등록 초본 등)를 첨부하여 이를 소명해야 합니다.

④부동산의 경우, 채무자 소유 부동산에 근저당권자나 대항력 있는 임차인 등이 있어 그 가치가 근저당권자 등에 의해 이미 파악되어 있는 경우 해당 부동산의 평가액에서 담보채권이나 임차보증금을 공제한 금액이 청산가치로 파악되므로, 이렇게 평가된 부동산의 가치가 크지 않을 경우 청산절차 없이 파산절차가 폐지되고 면책될 수도 있습니다(다만, 면책을 받은 경우라도 근저당권자의 임의경매신청을 막을 수는 없습니다). 본 사안과 같이 종중의 선산을 신청인이 명의로 소유하고 있는 경우 일반적으로 명의신탁관계로 해석되어 실질적으로는 종중이 소유권자라고 할 수 있으나, 그러한 명의신탁관계를 인정받을 소명자료(종중과 본인이 확인한 소유권 귀속에 관한 인증서 등)를 제출하여 소명하지 못한다면 결국 해당 부동산은 신청인의 소유로 해석될 수밖에 없으며, 부동산의 가액이 상당하다면 파산관재인을 통한 청산절차를 진행해야 하는 경우도 있을 것입니다. 부동산의 시가 산정은 인터넷 부동산 사이트에서 일반적으로 평가된 거래 시세를 화면 출력하여 제출하거나 인근 부동산중개업소의 확인서를 제출하되, 이러한 자료를 제출할 수 없는 경우 구청이나 군청에서 발급받은 개별공시지가나 공동주택가격 확인서와 위 자료를 제출할 수 없는 사유를 기재한 진술서를 제출하는 것이 바람직합니다.

⑤자동차의 경우에도 등록된 근저당권에 의해 이미 그 가치가 파악되어 있어 이를 공제한 차량 가액이 근소하거나, 근저당등록이 없어도 차량 자체의 가액이 근소한 경우에는 부동산의 경우와 같이 동시폐지결정에 의해 청산절차를 거지치 않을 수 있고 결과적으로 차량의 보유가 허락되는 경우가 있습니다.

문제는 본 사안과 같이 신청인에게 차량등록 명의만이 남아 있을 뿐, 실재 차량의 소재를 알 수 없는 경우(소위 대포차의 경우) 이를 신청인의 재산으로 재산목록에 기재해야 하는지 문제됩니다. 위에서와 같이 차량 가액이 근소한 경우는 이를 재산목록에 기재하고 차량의 소재를 알 수 없다는 취지의 진술서를 작성하여 제출할 수 있으며, 차량가액이 상당한 경우에는 위 진술서 이외에 차량의 소재를 알 수 없게 된 사유를 소명하는 자료(차량양도계약서, 고소장 및 접수증명, 과태료 독촉장 등)를 첨부해야 할 것입니다. 다만 이러한 경우 일부 채권자에게 편파적으로 변제하거나 담보를 제공한 것 또는 신용거래 상품을 현저히 불이익한 조건으로 처분한 것으로 해석되어 면책불허가사유의 하나로 삼을 수는 있습니다.

⑥가족 재산의 경우, 배우자·부모·자녀 중 1인 명의로 1,000만원 이상의 재산이 있는 경우에 해당 재산의 내용 및 취득 경위를 진술해야 하고, 그 재산 취득 시점이 신청인이 지급불능 시점 2년 이내일 경우 구체적인 재산 취득 자금에 관한 금융자료 등 소명자료를 첨부해야 합니다. 이는 파산신청인이 지급불능 시점 전 후로 재산을 친족 명의로 허위양도하거나 상속재산을 포기하는 등 은닉한 사실이 있는지 여부를 확인하고 이에 대한 납득할 만한 소명이 없는 경우 일응 부인대상행위가 존재하는 것으로 보아 부인권 행사를 위한 파산관재인을 선임할 것입니다. 이러한 경우에 해당할 사안이라면 법원은 특별한 사정이 없는 한 파산관재인 선임 등 절차비용으로 300만원에서 500만원 정도의 예납명령을 발하고, 신청인이 이를 예납한 경우 파산선고와 동시에 파산관재인을 선임하여 해당 파산관재인으로 하여금 부인권을 행사하도록 하나, 신청인이 위 예납명령에 불응한 경우 법원은 채무자의 파산신청을 기각합니다(채무자 회생 및 파산에 관한 법률 제309조 제1항 제1호).

따라서 친족 스스로 그 재산을 형성해 오는 등 신청인에게 위와 같은 사유가 없다면 이에 대한 진술서와 그에 따른 소명자료를 제출하고, 그렇지 않을 경우 파산신청을 재고하는 것이 타당할 것입니다.

7. 우편물의 관리(법 제484조)

(1) 의의

법원은 파산선고와 동시에 파산자 소재지의 관할 우체국에 파산자에게 보내지는 우편물을 파산관재인에게 배달할 것을 촉탁할 수 있다. 파산관재인은 파산자에게 오는 우편물을 직접 점검하여, 은닉재산이나 부인대상행위 등을 발견해 낼 수 있다.

다른 지역에 있는 부동산에 관한 재산세 납부통지, 보험의 해약에 의한 정산통지, 골프장, 콘도 등의 이용안내 등 각종 재산의 관리와 처분에 관한 것이다. 직접 이들 재산에 관한 것은 아니더라도 단순한 서신 가운데서도 파산자가 숨긴 주소나 영업소를 알 수 있고, 이를 단서로 은닉한 재산을 발견할 수도 있다. 과거의 자금수지에 비하여 재산이 감소한 경우에는 특히 주의하여 우편물을 관리하여야 한다.

(2) 우편물 등의 열람

파산관재인은 그가 수령한 우편물·전보 그 밖의 운송물을 열어 볼 수 있다.

(3) 채무자의 열람·교부요구

채무자는 파산관재인이 수령한 우편물·전보 그 밖의 운송물의 열람을 요구할 수 있으며, 파산재단과 관계없는 것의 교부를 요구할 수 있다.

(4) 우편물관리의 해제(법 제485조)

　법원은 채무자 또는 파산관재인의 신청에 의하여 우편물의 관리의 규정에 의한 촉탁을 취소하거나 변경할 수 있다.

　파산취소나 파산폐지의 결정이 확정되거나 파산종결의 결정이 있는 때에는 법원은 우편물 관리의 규정에 의한 촉탁을 취소하여야 한다.

8. 영업의 계속(법 제486조)

(1) 의의

　파산관재인은 법원의 허가를 받아 채무자의 영업을 계속할 수 있다. 영업을 계속할 것인가 폐지할 것인가는 파산채권자에게 중요한 사항이므로 제1회 채권자집회에서 이를 최종적으로 결정하지만, 파산선고시부터 제1회 채권자집회시까지 영업을 계속할 필요가 있는 경우에는 임시로 법원이 이를 허가할 수 있다.

(2) 영업의 계속 여부의 허가기준

　영업의 계속은 파산선고를 전제로 하여 파산재단을 유리하게 환가하기 위한 하나의 방법으로서 일정한 범위에서 예외적으로 인정되는 것이다. 따라서 신규영업은 원칙적으로 허용되지 아니하고, 예컨대 단기간에 확실한 이익을 얻을 것이 예상되는 경우에 한하여 인정된다.

(3) 영업의 계속을 허가할 수 있는 경우

가. 영업을 계속하면서도 환가가 가능한 경우

　파산선고가 되더라도 면허를 유지할 수 있는 영업 또는 타인의 시설내에서 영업을 할 권리를 유지한 채 환가하는 것이 가능한 경우에도 영업권의 환가에 유리하므로 영업을 계속할 수 있다.

나. 파산자가 렌탈회사인 경우

렌탈 물건을 즉시 회수하는 것이 곤란하고 이를 회수하여도 적정한 가격에 매각하는 것이 어려운 때(예컨대 건물에 부착된 엘리베이터 등)에는 예컨대 단기렌탈의 경우 계약기간의 종료시까지 영업을 계속하여, 렌탈계약이 종료한 후 렌탈계약에 정한 바에 따라 그 렌탈 물건의 이용자에게 매각하는 방법으로 처리하는 것이 효율적인 경우가 있다. 이 때에도 물론 영업은 기존 렌탈계약의 유지에 필요한 범위에서 제한된다.

다. 파산자가 제조업자 또는 공사 도급인인 경우

이미 착수한 제조 또는 공사가 중단된 채 방치하면 무가치한 물건이지만 그대로 계속 제조 또는 공사를 진행하여 완성한 후 매각하여 그 이상을 얻을 수 있을 때에는 영업을 계속하도록 한다.

라. 영업양도의 방법으로 재산을 매각하는 경우

영업양도가 될 때까지, 강제화의가 시도되어 그 화의 성립의 가망이 있는 경우에도 영업을 계속하도록 허가한다.

마. 기타

입원 환자가 다수 있는 병원, 학생이 남아있는 학원 등과 같이 영업을 중단하면 사회적 혼란이 생길 수 있는 경우에도 영업의 계속을 허가할 수 있다.

(4) 영업의 계속을 허가하는 것이 바람직하지 않은 경우

가. 종업원이 사업장을 점거하고 있는 경우

파산관재인이 자기의 의사에 따라 종업원을 이용하여 영업을 할 수 없으므로, 영업을 계속할 여지가 없다. 제1회 채권자집회에서 영업을 계속하는 것으로 결의되었다고 해도 그 결의는 집행을 금지하여야 한다.

나. 보석, 골동품, 회화 등의 고가품의 판매업

일괄매각보다는 소매에 의하는 쪽이 고가매각이 가능하지만, 환가

에 장기간이 소요되기 쉬우므로 영업을 계속하는 것은 바람직하지 않다.

다. 골프장, 콘도 등의 회원제 회사가 파산한 경우

파산관재인은 경영 전문가가 아니고 운전자금의 차입도 어려울 뿐 아니라, 회원의 시설이용권은 파산채권이므로 이른바 회원대우를 해 줄 수 없고 영업을 종료할 시기의 결정이 곤란한 경우가 많으므로 영업을 하지 않는 것이 좋다.

(5) 법원이 영업의 계속의 허가시 고려할 사항

법원은 이와 같은 사정을 파산관재인에게 잘 설명하고, 다음의 점을 파악한 후 허가 여부를 결정해야 한다.

① 다액의 재단채권 발생에 대한 대비책이 있는지(차입에 의한 경영은 매우 곤란할 것이므로 현금이 충분히 확보되어 있는지, 인건비 등의 비용을 충분히 절감할 수 있는지)

② 영업을 전담시킬 믿을 만한 사람이 있는지 확인하고

③ 경리 및 업무 점검 체계를 사전에 확보하고 보관금 계좌 중 업무계속용의 계좌를 별도로 개설할 것을 지시

(6) 영업의 계속이 허가된 경우

영업의 계속을 허가할 경우에는 계속할 영업의 범위를 특정하거나 영업계속의 기간을 설정하여 허가할 수 있다. 영업계속의 기간을 정하여 허가한 경우 그 기간이 경과한 후에도 계속 영업을 하기 위해서는 다시 채권자집회의 결의 또는 법원의 허가(감사위원이 설치된 경우 감사위원의 동의)가 필요할 것이다.

영업계속이 허가되면 파산관재인은 경영자의 입장에서 종전의 종업원을 사용하거나 새로운 종업원을 고용하여 영업을 행할 수 있다. 영업의 방법에는 제한이 없으므로 재고상품의 매각은 물론, 새로운

상품의 구입도 가능하고 유익한 설비투자도 할 수 있다.

9. 고가품의 보관방법(법 제487조)

(1) 의의

화폐·유가증권 그 밖에 고가품의 보관방법은 법원이 정한다. 실무상으로는 파산관재인의 신청을 기다려 화폐, 유가증권 기타 고가품의 보관방법에 관하여 허가한다. 화폐는 은행에 파산관재인 명의의 계좌를 개설하여 임치하고, 어음, 수표 등은 계좌를 개설하여 은행에 추심위임을 하고, 귀금속류는 대여금고에 보관하는 것이 통상의 처리방법이다.

(2) 보관장소의 선정

파산관재인이 입출금하기 쉬운 금융기관을 새로이 선정하는 경우가 많으나, 때에 따라서는 파산자가 거래하던 금융기관을 보관장소로 선정하기도 한다. 보관장소의 수에는 제한이 없다. 파산재단의 규모가 큰 경우에는 위험 분산을 위해 보관장소를 다수 선정하기도 한다.

(3) 보관방법

가. 정기예금 등의 형태

재단채권의 변제를 위하여 수시로 인출하여야 할 일정 금액을 제외하고는 이율이 높은 정기예금 등의 형태로 보관한다. 약정 예치기간이 길수록 이율이 높은 것이 보통이나, 지나치게 장기로 약정하여 신속한 중간배당의 실시에 지장을 초래하는 것은 곤란하므로 약정기간은 향후 배당 실시시기를 고려하여 선택하여야 한다.

나. 수익이 높은 반면 손실발생의 위험이 큰 금융상품

수익증권, 주식투자와 같이 수익이 높은 반면 손실 발생의 위험이 큰 금융상품은 피하는 것이 좋다. 다만 신주인수권의 행사에 따라 신주를 배정받는 경우와 같이 상대적으로 높은 안정성과 수익성을 가지는 투자는 무방하다.

(4) 보관장소의 변경

보관장소를 추가하는 것도 가능하다. 역시 원칙적으로 채권자집회의 결의사항이지만, 급박한 경우에는 법원의 허가사항으로 처리할 수 있다. 일단 이동된 보관장소 내에서 예컨대 보통예금을 정기예금으로 바꾸는 것과 같은 계좌간의 이동은 엄격히 말하자면 보관장소의 변경이 아니므로 법원의 허가를 받지 않아도 좋다고 할 수 있지만, 실무상으로는 특별한 사정이 없는 한 사전에 법원의 허가를 받도록 지도하고 있다.

10. 파산경과의 보고(법 제488조)

파산관재인은 파산선고에 이르게 된 사정 및 파산자와 파산재단에 관한 경과와 현상에 관하여 제1회 채권자집회에서 보고하여야 한다. 실무에서는 파산관재인 보고서를 작성하게 하여, 여기에 재산목록 및 대차대조표를 첨부하여 제출하게 한다.

파산채권자를 위하여 파산재단에 속한 재산의 다과, 파산관재업무의 집행방침, 재단수집의 난이도와 전망, 파산재단 환가의 비용과 소요기간, 배당률의 예측 등의 자료를 제공하게 하는데 있다. 그러므로 제1회 보고서는 이들 사항에 관하여 기재하도록 하고 있다.

11. 채권자집회의 영업의 계속 여부 등에 대한 결의(법 제489조)

채권자집회는 영업의 폐지 또는 계속과 고가품의 보관방법에 관한 사항에 관하여 결의를 할 수 있다.

12. 별제권의 목적물의 제시요구(법 제490조)

① 파산관재인은 별제권자에 대하여 그 권리의 목적인 재산을 제시할 것을 요구할 수 있다.

② 파산관재인이 별제권자에게 권리의 목적인 재산을 제시할 것을 요구한 경우에 재산을 평가하고자 하는 때에는 별제권자는 이를 거절할 수 없다.

Ⅱ. 파산재단의 환가

1. 환가시기의 제한(법 제491조)

채무자회생및파산에관한법률 제312조 제1항 제3호(파산선고와 동시에 정하여야 하는 사항)의 규정에 의한 채권조사기일이 종료되기 전에는 파산관재인은 파산재단에 속한 재산의 환가를 할 수 없다. 다만, 감사위원의 동의 또는 법원의 허가를 받은 때에는 그러하지 아니하다.

2. 법원의 허가를 받아야 하는 행위(법 제492조)

(1) 허가의 대상

파산관재인이 다음의 각호에 해당하는 행위를 하고자 하는 경우에는 법원의 허가를 받아야 하며, 감사위원이 설치되어 있는 때에는 감사위원의 동의를 얻어야 한다.

다만, 제7호 내지 제15호에 해당하는 경우 중 그 가액이 1천만원 미만으로서 법원이 정하는 금액 미만인 때에는 그러하지 아니하다.

① 부동산에 관한 물권이나 등기하여야 하는 국내선박 및 외국선박의 임의매각

② 광업권·어업권·특허권·실용신안권·의장권·상표권·서비스표권 및 저작권의 임의매각

③ 영업의 양도

④ 상품의 일괄매각

⑤ 자금의 차입 등 차재

⑥ 채무자회생및파산에관한법률 제386조제2항의 규정에 의한 상속포기의 승인, 제387조의 규정에 의한 포괄적 유증의 포기의 승인과 제388조제1항의 규정에 의한 특정유증의 포기

⑦ 동산의 임의매각

⑧ 채권 및 유가증권의 양도

⑨ 채무자회생및파산에관한법률 제335조제1항의 규정에 의한 이행의 청구

⑩ 소의 제기(가처분 및 가압류의 신청을 제외한다)

⑪ 화해

⑫ 권리의 포기

⑬ 재단채권·환취권 및 별제권의 승인

⑭ 별제권의 목적의 환수

⑮ 파산재단의 부담을 수반하는 계약의 체결

⑯ 그밖에 법원이 지정하는 행위

(2) 채무자의 의견청취(법 제493조)

법원의 허가를 받아야 하는 행위의 경우 채무자는 파산관재인에게 의견을 진술 할 수 있다.

3. 법원의 중지명령(법 제494조)

파산관재인이 감사위원의 동의를 얻어 채무자회생및파산에관한법률 제492조 각호의 행위를 하는 때에도 법원은 채무자의 신청에 의하여 그 행위의 중지를 명하거나 그 행위에 관한 결의를 하게 하기 위하여 채권자집회를 소집할 수 있다.

4. 선의의 제3자의 보호(법 제495조)

파산관재인이 채무자회생및파산에관한법률 제491조 또는 제492조의 행위를 하는 경우에는 감사위원의 동의 또는 법원의 허가는 효력발생요건이고, 따라서 파산관재인이 감사위원의 동의 또는 법원의 허가를 받지 않고 한 행위는 무효이지만, 선의의 제3자에게는 대항할 수 없다.

5. 환가방법(법 제496조)

(1) 민사집행법에 의한 환가

민사집행법에서 환가방법을 정한 권리의 환가는 민사집행법에 따른다.

(2) 기타 다른 방법에 의한 환가

(1)의 규정에도 불구하고 파산관재인은 법원의 허가를 받아 영업양도 등 다른 방법으로 환가할 수 있다.

가. 임의매각의 방법

1) 부동산의 임의매각

대부분의 파산사건에서 재단 소속 재산 중 가장 큰 비중을 차지하는 것이 부동산이므로, 그 매각시기, 방법, 가격에 관하여는 채권자들의 관심이 많다. 따라서 공정하고 투명하게 매각업무를 처리하는 것이 채권자의 납득을 얻는 데 중요한 요소가 된다. 파산관재인은 채권자, 파산자 등 이해관계인의 의견을 청취하면서, 최저한의 매각조건을 제시하는 등으로 매수희망자를 모집하고, 매수희망자가 나타나면 대금지급의 능력 기타 매각조건의 충족 가능성을 심사하고, 매수희망자가 경합하는 경우에는 입찰에 부쳐, 법원의 허가를 조건으로 하는 매매계약을 체결한다.

2) 별제권부 부동산의 환가

저당권 등 별제권이 설정되어 있는 부동산은 별제권의 목적의 환수의 방법으로

① 환가하는 방법

② 파산관재인이 별제권자에게 별제권의 실행을 촉구하여 그 절차에서 생긴 잉여금 또는 청산금을 파산재단에 환입하는 방법

③ 별제권의 목적인 부동산의 경매신청을 하여 그 매각대금에서 절차비용과 별제권자의 피담보채권액을 공제한 잔액을 파산재단에 환입하는 방법

④ 별제권이 붙은 채 임의매각을 하여 그 매각대금을 파산재단에 환입하는 방법 등이 이용되고 있다.

3) 담보과잉 상태인 경우

담보과잉 상태여서 잉여의 가망이 없는 부동산이라고 하더라도 통상 임의매각을 하는 것이 담보권 실행에 의하는 것보다 고각매각 및 조기매각이 가능하므로, 파산관재인은 별제권자를 설득하여 환수금액을 대폭 감액하도록 한 후 임의매각을 실시하고 그 매각대금의 일부라도 재단에 환입될 수 있도록 노력하여야 한다.

4) 재단의 증식이 기대되지 않는 경우

잉여의 가망이 없고 별제권자와 협상도 되지 않기 때문에 재단의 증식이 전혀 기대되지 않는 경우에는 재산세, 관리비 등의 부담을 면하고 관재업무를 조기에 종결시키기 위하여 당해 부동산을 파산재단에서 포기할 것을 고려하여야 하는 수도 있다.

5) 임차인 있는 부동산의 매각

대항력 있는 임차인이 있는 경우 파산관재인은 계약 해지를 할 수 없다. 따라서 대항력 있는 임차인이 있는 부동산을 매각할 때는 다른 방법으로 위 임대차계약을 종료하거나, 명도시의 보증금의 잔액을 새 임대인에게 승계하는 것으로 처리하여야 한다. 임대차계약의 종료는 파산관재인이 임차인과 사이에 임차인이 보증금반환청구권을 포기하고 파산관재인이 보증금 상당액의 퇴거 비용을 지급하는 취지의 화해를 하고, 위 퇴거 비용을 재단채권으로서 지급하는 방법으로 한다.

6) 임의매각 완료 후의 조치

파산관재인은 부동산의 임의매각을 완료한 후, 그 등기부등본을 첨부하여 이미 파산선고 전에 되어 있는 강제집행 또는 보전처분에 의한 가압류 또는 압류 등기의 말소를 집행법원에 신청한다. 별제권의 목적의 환수 방법으로 임의매각을 완료한 경우에는 별제권자의 신청에 따라 담보권설정등기를 말소하게 된다.

부동산에 대한 담보권설정행위를 부인하여 그 부인의 등기가 된 것만으로는 담보권설정등기가 말소되지 않으므로, 임의매각을 하는 경우에는 담보권 설정등기가 남아있는채로 매수하려 하지 않을 것이므로, 이 경우 파산법원이 담보권설정등기를 직권으로 말소할 수 있는가 하는 문제가 있다. 한편 경매절차에 의한 경우에는 법원이 담보권설정등기를 직권으로 말소하게 된다.

나. 강제집행

강제집행에 의한 매각의 방법은 민사집행법 기타 강제집행의 절차에 관한 규정에 따른다. 이 때 파산선고 결정이 채무명의가 되므로 따로 채무명의는 필요하지 않고, 파산관재인은 부동산 소재지의 관할법원에 신청한다. 위 신청을 받은 집행법원은 경매개시결정을 하고, 경매의 실시, 경락의 허부 결정 등의 절차를 거쳐, 매득금은 전부 파산관재인에게 교부하고 배당절차는 행하지 않는다.

◼ 판 례 ◼

▪ [낙찰자지위확인]

1. 채무자 회생 및 파산에 관한 법률 제496조 제2항에 정한 파산관재인의 환가방법에 임의매각이 포함되는지 여부(적극)

파산관재인은 파산재단에 속하는 부동산 등의 환가를 위하여 민사집행법에 따라 이른바 형식적 경매절차를 신청하거나(채무자 회생 및 파산에 관한 법률 제496조 제1항), 법원의 허가를 얻어 영업양도 등 다른 방법으로 환가를 실시할 수 있고(같은 조 제2항), 후자의 방법에 의한 환가에는 임의매각도 당연히 포함되는데, 파산관재인이 법원의 허가를 받아 임의매각하는 경우에는 그 환가의 방법, 시기, 매각절차, 매수상대방의 선정 등 구체적 사항은 파산관재인이 자신의 권한과 책무에 따라 선량한 관리자의 주의를 다하여 적절히 선택할 수 있다.

2. 파산관재인이 파산재단에 속하는 부동산을 경쟁입찰방식에 의해 매각하면서 입찰 당시 입찰공고에 정한 금액에 미달하는 입찰보증금만을 납부한 최고금액 입찰자를 낙찰자로 결정한 후 다음날 입찰보증금을 추가 납부받아 매매계약을 체결하고 파산법원의 허가를 받은 사안에서, 위 입찰 및 매매계약은 채무자 회생 및 파산에 관한 법률 제496조 제2항에 정한 임의매각에 해당하므로 입찰보증금 납입 하자에 관한 민사집행법의 규정은 위 입찰에 적용되지 않고, 낙찰자가 나머지 입찰보증금을 납입한 이상 위 입찰보증금 납입 하자가 입찰절차의 공공성과 공정성이 현저히 침해될 정도로 중대한 경우라 볼 수 없다고 본 원심의 판단이 정당하다고 한 사례

파산관재인이 파산법원의 허가를 얻어 파산재단에 속하는 부동산을 경쟁입찰방식에 의해 매각하기로 하여 그 입찰기일에 최고금액으로 입찰한 자를 낙찰자로 결정하였는데, 그 낙찰자가 입찰 당시 입찰공고에 정한 입찰금액의 10%에 해당하는 금액이 아닌 최저매각금액의 10%에 해당하는 입찰보증금만을 납부하였으나 파산관재인이 그 다음날 입찰보증금을 추가 납부받은 다음 낙찰자와 매매계약을 체결하고 파산법원으로부터 그 매매계약에 관한 허가를 받은 사안에서, 위 입찰 및 매매계약은 채무자 회생 및 파산에 관한 법률 제496조 제2항에 정한 임의매각에 해당하므로 입찰보증금 납입에 관한 하자가 있으면 경매절차를 무효로 보는 민사집행법의 규정은 위 입찰에 적용되지 않고, 위 입찰공고에 정한 입찰보증금 납입규정은 매매계약의 체결 및 이행을 담보하기 위한 것으로 낙찰자가 나머지 입찰보증금을 납입함으로써 그 목적이 달성된 이상 위 입찰절차상의 입찰보증금 납입에 관한 하자가 입찰절차의 공공성과 공정성이 현저히 침해될 정도로 중대한 경우라 볼 수 없으며, 파산관재인의 위 매매계약 체결행위가 선량한 풍속 기타 사회질서에 반하는 행위라고 보기도 어렵다고 본 원심의 판단이 정당하다고 한 사례.　(대법원 2010.11.11. 선고 2010다56265 판결)

6. 별제권의 목적물의 환가(법 제497조)

(1) 환가방법

파산관재인은 「민사집행법」에 의하여 별제권의 목적인 재산을 환가할 수 있다. 이 경우 별제권자는 이를 거절할 수 없다.

이 경우 별제권자가 받을 금액이 아직 확정되지 아니한 때에는 파산관재인은 대금을 따로 임치하여야 한다. 이 때 별제권은 그 대금 위에 존재한다.

(2) 별제권자의 처분기간의 지정(법 제498조)

별제권자가 법률에 정한 방법에 의하지 아니하고 별제권의 목적을 처분하는 권리를 가지는 때에는 법원은 파산관재인의 신청에 의하여 별제권자가 그 처분을 하여야 하는 기간을 정한다.
별제권자가 제1항의 규정에 의한 기간 안에 처분을 하지 아니하는 때에는 제1항의 규정에 의한 권리를 잃는다.

7. 파산관재인의 상황보고(법 제499조)

파산관재인은 채권자집회가 정하는 바에 따라 파산재단의 상황에 관하여 보고하여야 한다.

8. 임치품의 반환청구(법 제500조)

(1) 반환방법

파산관재인이 임치한 화폐·유가증권 그 밖의 고가품의 반환을 요구하고자 하는 때에는 감사위원회의 동의를 얻어야 하며, 감사위원이 없는 때에는 법원의 허가를 받아야 한다. 다만 채권자집회에서 다른 결의를 한 때에는 그 결의에 의한다.

이에 위반한 경우 수치인이 선의이고 과실이 없는 때에는 그 변제는 효력이 없다.

(2) 증권을 발행하는 경우에의 준용

(1)의 규정은 파산관재인이 수치인으로 하여금 지급 그 밖의 급부를 하게 하기 위하여 증권을 발행하는 경우에 준용한다.

9. 법인파산재단의 환가(법 제501조)

상법」 제258조(채무완제불능과 출자청구)의 규정은 법인이 파산선고를 받은 경우에 관하여 준용한다.

10. 익명조합원에 대한 출자청구(법 제502조)

익명조합계약이 영업자의 파산으로 인하여 종료된 때에는 파산관재인은 익명조합원이 부담할 손실액을 한도로 하여 출자를 하게 할 수 있다.

11. 상속인의 파산과 상속재산의 처분(법 제503조)

① 상속인이 파산선고를 받은 후에 한정승인을 하거나 재산분리

가 있는 때에는 상속재산의 처분은 파산관재인이 하여야 한다. 한정승인 또는 재산분리가 있은 후에 상속인이 파산선고를 받은 때에도 또한 같다.

② 파산관재인이 상속재산의 처분을 종료한 때에는 잔여재산에 대하여 파산재단의 재산목록 및 대차대조표를 보충하여야 한다.

③ 포괄적 유증을 받은 자가 파산선고를 받은 경우에는상속재산의 처분과 처분에 따른 파산재단의 재산목록 및 대차대조표를 보충하는 것을 준용한다.

12. 준용규정(법 제504조)

채무자회생및파산에관한법률 제503조(상속인의 파산과 상속재산의 처분)의 규정은 제385조(파산선고 후의 단순승인) 또는 제386조제1항(파산선고 후의 상속포기)의 규정에 의하여 한정승인의 효력이 있는 경우에 관하여 준용한다.

제2절 배당

Ⅰ. 배당의 의의·종류 및 시기

1. 의의

배당은 파산관재인이 파산재단에 속하는 재산을 환가하여 얻은 금전을 파산채권자에게 그 채권의 순위, 채권액에 따라 평등한 비율로 분배하여 변제하는 절차이다. 파산관재인은 채권조사에 의하여 배당에 참가할 채권이 확정되고 배당에 적당한 재원이 확보된 단계부터 순차배당을 하게 된다.

2. 배당의 종류

배당은 그 실시되는 시기에 따라 중간배당, 최후배당, 추가배당으로 구분된다.

(1) 중간배당

일반적으로 채권조사기일 종료 후 재단 소속 재산이 모두 환가, 처분되기 이전이지만 상당한 정도 배당할 금전이 축척된 단계에 행하여지는 것이 중간배당이고, 이 단계에서는 파산재단의 환가와 배당이 병행하여 행해진다.

(2) 최후배당

재단의 환가가 모두 종료하여 파산종결을 전제로 최종적으로 행하여지는 것이 최후배당이다.

(3) 추가배당

추가배당은 최후배당의 배당액 통지를 발한 후에, 새로이 배당에 충당할 상당한 재산이 발생한 때에 보충적으로 행하는 배당절차이다.

3. 배당의 시기(법 제505조)

채권조사기일이 종료된 후에는 파산관재인은 "배당하기에 적당한 금전이 있다고 인정하는 때마다 지체없이 배당을 하여야 한다." 이는 파산채권자에 대한 신속한 배당을 요구하는 취지이지만, 중간배당은 어디까지나 관재업무 중간에 행하는 것이고, 배당을 실시함에 의하여 오히려 절차가 지연될 우려도 있다. 따라서 중간배당을 실시할 것인가 여부는 최종적인 예상배당률 환가종료까지의 예상소요기간 등의 사정을 참작하여 결정하여야 한다.

중간배당을 적극적으로 실시하는 이유는 파산채권자들에게 일부라도 조기에 만족을 주고, 파산관재인으로서도 거액의 배당재원을 관리하는 데 따르는 위험을 줄일 수 있기 때문이다.

Ⅱ. 배당절차

1. 배당에 필요한 허가(법 제506조)

파산관재인이 배당을 하는 때에는 법원의 허가를 받아야 하며, 감사위원이 설치되어 있는 경우에는 감사위원의 동의가 있어야 한다.

(1) 허가신청서

허가신청서에는 배당가능한 금액, 배당에 참가시킬 파산채권의 액, 우선채권자, 일반채권자의 구별, 예상배당률 등을 기재하고, 수지계산서, 재단 임치금의 잔고증명서, 향후의 관재업무, 재단증식 예상액, 배당액을 임치하여야 하는 채권자와 그 금액 등에 관한 보고서를 첨부한다.

(2) 배당률의 결정

법원은 파산관재인의 보수, 보류하여야 할 잉여분, 예상되는 절차비용, 예납금의 환부 요부, 법원 보관금의 잔액 등을 고려하여 배당률을 정한다.

2. 배당표의 작성(법 제507조)

(1) 배당표에 기재할 내용

배당표에는 각 파산채권을 그 우선권의 유무에 의하여 구분한 다음, 배당에 참가시킬 채권자의 주소·성명, 배당에 참가시킨 채권의 액 및 배당할 수 있는 금액을 기재하여야 한다. 중간배당시에는 임치할 채권과 그 금액도 함께 기재한다.

배당에 참가시킬 채권은 우선권의 유무에 의하여 구별한다. 이 경우 우선권이 있는 채권은 그 순위에 따라 기재하고, 우선권이 없는 채권은 법 제446조의 규정에 의하여 다른 채권보다 후순위인 것을 구분하여 기재한다.

가. 채권자

배당에 참가시킬 채권을 가진 채권자를 말한다. 법인인 경우 법인의 형태(주식회사, 유한회사 등)를 표시하고 자연인인 경우 그 성명을 기재한다. 금융산업의구조개선에관한법률 제21조에 의하여 파산참가기관이 제출한 예금자표에 기재된 각 채권자도 배당표에 기재하여야 한다. 주소를 알 수 없는 경우에는 주소불명이라고 기재할 수밖에 없다.

나. 배당에 참가시킬 채권

배당에 참가시킬 채권은, 신고를 한 파산채권으로서 채권조사기일에 채권조사를 받은 채권 가운데 다음의 것을 말한다.

1) 채권조사에 의하여 확정된 채권

채권조사기일에서 이의 없이 확정되었거나 조사기일에 이의가 있었지만 그 후 이의가 철회된 경우, 또는 채권확정소송이 확정된 경우를 말한다. 이의 철회 또는 채권확정소송의 확정 등이 채권표에 정확히 기재되었는지 확인하여야 한다.

2) 정지조건부채권, 해제조건부채권 또는 장래의 청구권인 경우

① 정지조건부 채권 : 그 전액에 관하여 배당에 참가할 수 있으므로 배당표에는 기재하여야 하지만, 최후배당의 제척기간 내에 그 권리가 확정되지 아니하면 배당하지 않게 되므로 중간배당시에는 배당액을 임치하게 된다.

② 배당표 작성 당시에 이미 조건이 성취되었거나 기한이 도래한

경우 : 무조건의 권리 또는 현재의 청구권으로 취급하여 배당한다.

③ 해제조건부채권으로서 확정된 때 : 그 전액에 관하여 배당에 참가할 수 있는 채권이 된다. 다만 배당표 작성 당시 이미 조건이 성취한 때에는 그 효력으로서 채권이 존재하지 않게 되므로, 배당에 참가시킬 수 있는 채권에서 제외된다. 배당표 작성시까지 해제조건이 성취되지 않았는데 그 채권자가 배당을 요구하면 파산관재인은 그 채권자에게 배당액에 상당하는 담보를 제공할 것을 요구할 수 있고, 채권자가 이에 응하지 않으면 배당액을 임치한다.

3) 파산자가 보증인인 경우

채권자가 주채무자로부터 확정 채권액의 일부를 배당표 작성 전에 변제받았다고 하더라도, 채권자에게 주채무자로부터 변제받은 부분만큼 신고 취하를 할 의무가 있다고 할 수는 없고, 확정 채권액을 기준으로 배당할 수 밖에 없다. 이에 관하여는 원래의 보증계약상 보증인에게 최고, 검색의 항변권이 있는 경우, 채권자는 정지조건부 채권으로서 파산절차에 참가할 수 있고, 그 참가액은 주채무자로부터 변제받지 못한 잔액에 한하는 것으로 하여야 한다는 견해가 있다.

4) 채권조사를 거쳐 확정된 채권에 관하여 파산채권자가 상계권을 행사하거나 파산채권자가 소지한 환어음의 지급을 받은 경우

위와 같은 경우에도 마찬가지로 배당의 기초가 되는 채권액은 상계 전 또는 지급 전의 채권액이다. 따라서 파산관재인은 상계 또는 어음금 지급의 사실을 알게 되는 때에는 우선 채권자에게 채권신고의 취하를 요구하여야 하며, 이에 응하지 않으면 청구이의의 소 또는 파산채권부존재확인의 소 등을 제기할 수 밖에 없다. 이들 소송이 진행 중에 배당을 실시하여야 할 때, 당해 채권자에 대하여 배당하여야 하는가에 관하여는 다툼이 있을 수 있으나, 지급하는 것이 원칙이라 할 것이다.

5) 공법상 청구권

유명의 채권과 동일하게 취급한다. 그러나 이의를 위한 심사청구 기타 불복신청이나 행정소송이 확정되지 않은 한 배당액은 임치 또는 공탁되고, 확정될 때까지 수령할 수 없다.

다. 배당에 참가시킬 채권의 액

배당을 받을 기준이 되는 액이므로 당해 배당 이전에 그 일부에 관하여 배당 또는 변제를 받았더라도 감액하지 않고 전액을 기재한다. 따라서 제2회의 배당 이후에 있어서도 제1회의 배당표에 기재한 금액을 기재하게 된다.

라. 배당할 수 있는 금액

임치고 잔고에서 향후 예상되는 관재비용을 차감한 액이 배당할 수 있는 금액으로 된다. 예상되는 관재비용에는 보조인 보수, 보조인 사무실 유지비용, 조세 및 공과금 등이 포함된다.

(2) 각 채권자의 배당액

배당할 수 있는 금액을 배당에 참가시킬 채권액으로 나누어 산출한 비율(예상배당률, 배당표를 작성하고 공고한 후 배당표의 경정이 없으면 이 예상배당률이 배당률과 일치하게 된다)을 곱하는 방법으로 계산한다.

(3) 배당표의 확정

배당표는 이의신청기간이 경과하거나 배당표에 대한 이의신청이 취하된 경우, 이의신청에 관한 재판이 확정된 때 확정되고, 이로써 배당에 참가할 수 있는 채권자의 범위와 배당에 참가시킬 채권의 액이 최종적으로 확정된다.

3. 배당표의 제출(법 제508조)

파산관재인은 이해관계인의 열람을 위하여 배당표를 법원에 제출하여야 한다.

4. 공고

(1) 배당액의 공고(법 제509조)

파산관재인은 배당에 참가시킬 채권의 총액과 배당할 수 있는 금액을 공고하여야 한다. 다만 법 제513조 및 제527조의 규정에 의하여 배당표를 경정한 때에는 그러하지 아니하다.

공고는 파산관재인이 하여야 하는 것이 원칙이다.

실무는 관보공고 뿐 아니라 일간신문 공고시에도 파산관재인의 신청을 받아 법원이 촉탁하는 것으로 처리하고 있다.

(2) 배당중지의 공고(법 제510조)

배당절차의 진행 중에 회생절차개시의 신청으로 법원이 채무자회생및파산에관한법률 제44조제1항의 규정에 의하여 배당의 중지를 명한 때에는 그 뜻을 공고하여야 한다.

(3) 배당절차의 속행과 공고(법 제511조)

채무자회생및파산에관한법률 제44조제1항제1호(다른 절차의 중지명령)의 규정에 의하여 배당의 중지를 명한 경우 다음 각호의 어느 하나에 해당하는 결정이 확정된 때에는 법원은 배당절차를 속행하고 그 뜻을 공고하여야 한다.

① 회생절차개시신청의 기각

② 채무자회생및파산에관한법률 제285조(회생계획안 제출명령 전의 폐지) 내지 제287조(신청에 의한 폐지)의 규정에 의한 회생절차의 폐지

③ 회생계획불인가

5. 이의있는 채권자 및 별제권자의 배당제외(법 제512조)

(1) 이의있는 채권자의 배당제외

이의 있는 채권에 관하여는 채권자가 배당공고가 있은 날부터 기산하여 14일 이내에 파산관재인에 대하여 채권조사확정재판을 신청하거나 법 제463조 제1항의 소송(채권조사확정재판에 대한 이의의 소)을 제기하거나 소송을 수계한 것을 증명하지 아니한 때에는 그 배당으로부터 제외한다.

(2) 별제권자의 배당 제외

별제권자가 배당공고가 있은 날부터 기산하여 14일 이내에 파산관재인에 대하여 그 권리의 목적외 처분에 착수한 것을 증명하고, 그 처분에 의하여 변제를 받을 수 없는 채권액을 소명하지 아니한 때에는 배당에서 제외된다.

처분에 착수한 것의 증명을 경매에 의하는 경우에는 경매신청 접수증명서가 제출되면 충분하지만, 경매에 의하면 잉여의 가망이 없어서 별제권자가 임의매각을 원하는 경우에도 단순히 임의매각의 희망이나 의향을 표시한 것만으로는 부족하고, 별제권의 행사의 착수와 동일시할 수 있을 정도의 객관적, 구체적 행동이 필요할 것이다. 임의매각을 위하여 별제권자의 환수와 동시에 임의매각을 하는 절차를 진행중인 경우에도 처분에 창수한 것의 증명이 있다고 보아야 할 것이다.

6. 배당표의 경정(법 제513조)

(1) 경정사유

배당 공고일부터 배당표에 대한 이의기간 만료까지의 기간(제척기간이 배당 공고일부터 2주간, 배당표에 대한 이의기간이 그 후 1주간이므로, 합계 3주간이다.)에 다음 각 호의 어느 하나에 해당하는 때에는 파산관재인은 즉시 배당표를 경정하여야 한다.

① 파산채권자표를 경정하여야 하는 사유가 배당제외기간 안에 생긴 때

② 제512조(이의 있는 채권자 및 별제권자의 배당제외)의 규정에 의한 증명 또는 소명이 있는 때

③ 별제권자가 배당제외기간 안에 파산관재인에 대하여 그 권리포기의 의사를 표시하거나 그 권리의 행사에 의하여 변제를 받을 수 없었던 채권액을 증명한 때

(2) 배당표 경정의 절차

파산관재인이 직권으로 또는 파산채권자의 신청에 의하여 배당표를 경정하여야 한다.

즉 배당표의 경정은 법원의 허가사항이 아니다. 경정한 배당표는 이해관계인의 열람에 공하기 위하여 파산관재인이 이를 법원에 제출하여야 한다.

7. 배당표에 대한 이의(법 제514조)

(1) 배당표에 대한 이의신청 기간

채권자는 배당표에 기재된 사항에 관하여 제척기간 경과 후 1주간 내에 파산법원에 이의신청을 할 수 있다.

(2) 이의사유

채권자는 예컨대 자신의 채권이 기재되지 않았다든지, 배당할 수

없는 다른 채권의 기재가 있다든지, 시인된 채권액 또는 순위에 오류가 있다는 등의 사유를 주장할 수 있다.

각 채권자에게 배당할 수 있는 액은 이의의 대상이 되지 않는다. 배당표의 작성, 제출의 단계에서는 배당률이 정식으로 결정된 것이 아니기 때문이다.

(3) 이의신청의 방법

이의 신청은 파산법원(파산사건을 담당하는 재판부에서 담당하는 절차의 신속한 처리에 적합할 것이다)에 하도록 규정되어 있다. 이의신청은 서면 또는 구두로 한다.

(4) 법원의 결정

법원은 당사자를 심문하거나 직권으로 필요한 조사를 할 수 있다. 이의신청이 있으면 법원은 파산관재인에게 배당절차를 중지하도록 지시한다.

이의가 이유 있는 때에는 배당표의 경정결정을 한다.

이의가 이유 없는 때에는 기각결정을 하고 직권으로 이의신청을 한 채권자, 그 상대방 및 파산관재인에게 이를 송달한다. 이 결정에 대하여 이의신청인은 즉시항고 할 수 있고, 항고기간은 결정 송달일의 다음날로부터 1주간이다.

(5) 공고와 송달

경정결정서는 송달을 요하지 않고, 이해관계인의 열람에 공하기 위하여 법원에 비치하여야 한다. 비치의 공고에 관하여는 규정이 없지만, 사정에 따라서는 경정결정서를 비치하였음을 통지 또는 공고할 필요가 있을 것이다.

(6) 즉시항고

경정결정에 대하여는 파산관재인 또는 경정으로 불이익을 받는 파산채권자가 즉시 항고할 수 있다. 항고기간은 결정서를 비치한 날(결정경정일)로부터 기산하여 1주간이다.

8. 배당률의 결정

(1) 배당률 결정

가. 배당률 및 재결정

배당률을 정하는 때에는 법원의 허가를 받아야 한다. 다만, 감사위원이 있는 때에는 감사위원의 동의를 얻어야 한다. 공고 후 배당에 참가시킬 채권이나 배당할 수 있는 금액이 달라질 수 있기 때문에, 파산관재인은 배당표에 의한 이의기간 경과 후 또는 이의가 있을 때에는 그에 대한 재판의 확정 후에 감사위원의 동의 또는 법원의 허가를 얻어 정확한 배당률을 다시 결정하여야 한다.

나. 배당률

배당률은 배당에 참가시킬 채권의 총액(분모)으로 배당할 수 있는 금액(분자)을 나눈 숫자이다. 배당에 참가시킬 채권의 총액은 공고 후에 배당표 경정의 결과 변경된 금액으로 한다. 물론 배당표가 경정되지 않은 경우에는 공고한 금액과 동액이 된다. 배당할 수 있는 금액은 새로이 알려진 재단채권 등을 공제한 금액으로 한다. 이 경우 파산관재인이 미리 충분히 배당재단에 여유를 가지고 예상배당률을 정한 경우에는 배당할 수 있는 금액을 변경할 필요는 없을 것이다.

다. 배당률의 구분

배당률은 우선권 있는 파산채권자와 일반파산채권자를 나누어 정한다. 동 순위의 채권자 사이에서는 평등하게 하여야 한다. 우선권 있는 채권이 전액 배당되지 않으면 일반파산채권의 배당률을 정할 수 없고, 마찬가지로 차순위인 일반 파산채권이 전액 배당된 후가 아니면 후순위파산채권의 배당률을 정할 수 없다.

(2) 배당률의 결정통지(법 제515조 제1항)

가. 통지기간 및 대상자

파산관재인은 배당표에 대한 이의기간이 경과한 후에 이의신청이 있는 때에는 이에 대한 결정이 있은 후 지체없이 배당률을 정하여 배당에 참가시킬 각 채권자에게 통지하여야 한다. 실무에서는 동시에 배당액도 통지하는 것이 일반적이다.

배당의 통지에는 배당률, 배당금액 외에 배당예정일, 장소, 지급방법 등을 기재한다

나. 배당률의 통지의 효과

배당률의 통지에 의하여 배당률은 확정되고, 각 채권자는 파산관재인에 대한 배당금 청구권을 취득한다. 배당률 통지 후에는 재단채권이 있다고 해도 당해 배당에 있어서 배당하여야 할 금액으로 변제할 수 없게 되고, 강제화의의 제공에 있어서도 배당을 중지할 수 없다.

9. 배당

(1) 해제조건부채권자의 배당(법 제516조)

해제조건부채권을 가진 자는 상당한 담보를 제공하지 아니하면 배당을 받을 수 없다.

가. 배당표 작성 당시 이미 조건이 성취한 때

그 효력으로서 채권이 존재하지 않게 되므로, 배당에 참가시킬 수

있는 채권에서 제외한다.

나. 배당표 작성시까지 해제조건이 성취되지 않았는데 그 채권자가 배당을 요구하는 경우

파산관재인은 그 채권자에게 배당액에 상당하는 담보를 제공할 것을 요구 할 수 있고, 채권자가 이에 응하지 않으면 배당액을 임치한다.

(2) 배당방법(법 제517조)

가. 배당금의 수령

파산채권자는 파산관재인이 그 직무를 행하는 장소에서 배당을 받아야 한다. 다만, 파산관재인과 파산채권자 사이에 별도의 합의가 있는 경우에는 그러하지 아니하다. 배당금채무는 추심채무이므로, 원칙적으로 파산채권자가 파산관재인 사무소에 와서 배당금을 수령하여야 한다.

나. 채권자가 채권조사 종료 후 어음 등의 지시증권을 분실할 경우

제권판결을 얻지 않은 한 배당금을 지급할 수 없으므로, 파산관재인은 이 배당금을 공탁한다. 그 외의 채권증서를 분실한 경우에는 영수증을 받고 배당금을 지급할 수 있다.

다. 파산채권자가 파산재단에 의무를 부담하고 있는 경우

파산관재인 및 파산채권자는 파산재단 소속 채권과 배당금채권을 상계할 수 있다. 다만 근로자의 임금채권은 배당금청구권으로 되어도 상계가 금지된다고 볼 수 있으므로(근로기준법 제42조), 파산관재인이 상계하는 것은 허용되지 않으나, 근로자가 상계하는 것은 허용된다고 해석한다.

임금 또는 퇴직금 등의 채권에 대하여 배당을 한 경우, 파산관재인에게 소득세 원천징수의무가 있는가 문제될 수 있으나, 배당표에 기한 배당은 통상의 임금 또는 퇴직금 지급과는 성질을 달리하는

것으로 보아 징수의무가 없다고 보는 견해가 유력하다.

　라. 채권표 및 채권증서에 배당액 기입

　배당을 한 때에는 파산채권자표 및 채권의 증서에 배당한 금액을 기입하고 기명날인하여야 한다. 어음 등의 지시증권, 공정증서 등 채권증서에도 배당액을 기재하고 기명 날인한다. 배당금을 지급하였다는 근거와 채권자의 채무명의로서의 효력범위를 분명히 하기 위한 절차이다.

　(3) 종전의 배당에서 제외된 자의 우선배당(법 제518조)

　이의 있는 채권 및 별제권부 채권으로서 중간배당에서 제척된 채권자가 그 후의 배당에서의 제척기간 내에 위 각 조 소정의 증명 또는 소명을 한 때에는 동순위의 채권자에 우선하여 종전의 배당에서 받을 수 있었던 금액의 배당을 받을 수 있다. 동순위의 채권자 사이에 공평을 유지하기 위하여 둔 규정으로서, 중간배당을 수 회 할 경우의 제2회 이후의 중간배당 및 최후배당의 경우에는 이 점을 주의하여야 한다.

　파산관재인이 간과하여 종전의 배당에서 제척된 자. 또는 채권신고기간 경과 후에 신고한 채권자로서 전의 배당에 참가할 수 없었던 자에게도 본 조가 유추적용된다고 해석한다.

　(4) 배당액의 임치(법 제519조)

　파산관재인은 다음의 어느 하나에 해당하는 때에는 채권에 대한 배당액을 임치하여야 한다.

　① 법 제462조 내지 제464조의 규정에 의하여 이의가 있는 채권에 관하여 채권조사확정의 재판의 신청, 소의 제기 또는 소송의 수계가 있는 경우

　② 배당률의 통지를 발송하기 전에 행정심판 또는 소송 그 밖의

불복절차가 종결되지 아니한 채권

③ 법 제512조(이의 있는 채권자 및 별제권자의 배당제외) 제2항의 규정에 의하여 별제권자가 소명한 채권액

④ 정지조건부채권과 장래의 채권

⑤ 법 제516조(해제조건부채권자의 배당)의 규정에 의하여 담보를 제공하지 아니한 해제조건부채권

(5) 배당의 순서

배당에 관하여도 민법 제476조 이하의 변제충당에 관한 규정이 적용되므로, 배당표에 기재된 배당액의 표시는 변제충당의 지정(민법 제476조 제1항)이라고 할 수 있다. 그러나 통상 배당표에 원금과 이자, 지연손해금의 구별을 하지는 않으므로 이 경우에는 민법 제479조에 의하여 이자, 지연손해금부터 충당된다.

(6) 최후배당

가. 최후배당의 의의

최후배당은 재단의 환가가 모두 종료한 다음 파산종결을 전제로 최종적으로 행하는 것이므로, 중간배당의 경우와 몇 가지 점에서 차이가 있다.

파산관재인이 파산재단의 전부를 환가한 후에 실시한다. 그러나 가치가 없어 환가하지 못한 재산은 법원의 허가를 얻어 포기하면 되므로, 포기할 재산이 있더라도 최후배당은 할 수 있다. 또 채권확정소송이 아직 종결되지 않았더라도 그 배당액은 공탁하면 되므로 최후배당을 마치고 파산종결 결정을 하는 데는 지장이 없다. 또 다액채권자가 제3자(예컨대 파산자회사의 대표이사)로부터 제공받은 물상담보를 가지고 있고, 그 권리행사의 결과 구상 또는 대위에 의하여 파산채권 총액에 실질적인 변동이 없을 경우에는, 위 채권자의

담보실행이 종료될 때까지 최후배당을 연기할 필요가 없을 것이다.

실무에서는 파산선고일로부터 2년(복잡한 경우에는 3년) 내에 파산절차를 종결할 것을 촉구하고 있으므로 최후배당 역시 그 안에 실시되어야 할 것이다.

나. 중간배당과의 차이

① 최후배당시에는 미확정의 권리상태를 종결시킬 필요가 있으므로, 배당에 참가시킬 채권의 범위가 중간배당시보다 좁아진다.

② 중간배당시의 "배당에 참가시킬 채권" 중에서, 정지조건부 채권 및 장래의 채권으로서 최후배당의 제척기간 내에 권리행사가 가능하지 아니한 채권 및 별제권부 채권으로 목적물을 처분한 후에 발생한 부족액을 제척기간 내에 증명하지 아니한 채권은 배당을 받을 수 있는 채권에서 제외된다. 이렇게 제외된 채권을 위하여 임치되어 있던 배당액은 다른 파산채권자를 위한 배당재원으로 된다.

③ 별제권부 채권자가 배당을 받기 위하여는 경매절차에서 수령한 배당액을 알 수 있는 서면(배당표, 채권신고서, 채권계산서 등)을 제출하여 부족액을 증명하여야 한다. 다만 경매절차에서 배당표까지 작성되었으나 배당금을 수령하지 않은 단계에 있는 경우에는 경매절차의 진행상황을 고려하여 그 배당기일 후에 최후배당 허가를 하는 것이 좋다.

④ 해제조건부채권은 제척기간 내에 성취하지 않은 경우 무조건의 채권과 동일하게 취급한다.

다. 최후배당의 허가(법 제520조)

파산관재인이 최후의 배당을 하는 경우에는 감사위원의 동의가 있는 때에도 법원의 허가를 받아야 한다.

라. 최후배당의 배당제외기간(법 제521조)

최후배당에 관한 배당제외기간은 배당공고가 있는 날부터 14일 이상 30일 이내에서 법원이 정한다.

마. 최후배당액의 결정 및 통지(법 제522조)

1) 배당표에 대한 이의가 없는 경우

이의신청기간 경과 후 지체없이 통지한다.

2) 배당표에 대한 이의가 있는 경우

그에 대한 결정이 확정된 후 각 채권자에 대하여 배당액의 통지를 하여야 한다.

3) 배당액 통지의 효과

배당통지에 의하여 배당액이 확정되고, 그 변경은 허용되지 않으며, 채권자가 이통지를 받은 때로부터 구체적인 배당청구권을 취득하는 점은 중간배당의 경우와 같다. 배당액의 통지를 발송한 후 체납세금의 교부청구 등에 의하여 재단채권자가 있는 사실을 알게 되었다고 해도, 이미 통지한 배당금액에서 재단채권을 변제할 수 없는 점도 마찬가지이다. 본 법에서는 중간배당의 경우에는 배당률을, 최후배당의 경우에는 배당액을 통지하도록 정하고 있지만, 실무상으로는 두 경우 모두 배당률과 배당액을 함께 통지하고 있다.

바. 배당액의 결정방법

배당액의 결정은 다음과 같이 한다. 우선 공고된 배당할 수 있는 금액에 새로이 배당에 충당할 수 있는 것으로 발견된 재산 및 최후배당에서 그 후에 알게 된 재단채권에 대한 변제액, 배당통지비용 등 예상되는 비용과 파산관재인 보수를 공제한 금액을 배당에 참가시킬 채권액으로 나눈 비율을 각 채권자의 채권액에 곱하면 된다. 파산관재인 보수를 법원 보관금에서 지출하는 경우에는 배당할 수 있는 금액에서 파산관재인 보수를 공제할 필요가 없게 될 것이다.

사. 정지조건부채권자의 제외(법 제523조)

정지보건부 채권 및 장래의 채권으로서 최후배당의 제척기간 내에 권리행사가 가능하지 아니한 채권은 배당을 받을 수 있는 채권에서 제외된다.

아. 해제조건부채권자에 대한 지급(법 제524조)

해제조건부채권은 제척기간 내에 조건이 성취하지 않은 경우 무조건의 채권과 동일하게 취급한다. 해제조건부채권의 조건이 최후의 배당에 관한 배당제외기간 안에 성취되지 못한 때에는 채무자회생및파산에관한법률 제516조의 규정에 의하여 제공한 담보는 그 효력을 상실하고, 제519조제5호의 규정에 의하여 임치한 금액은 이를 그 채권자에게 지급하여야 한다. 제419조의 규정에 의하여 제공한 담보나 임치한 금액의 경우에도 또한 같다.

　자. 별제권자의 제외(법 제525조)

　별제권부 채권으로 목적물을 처분한 후에 발생한 부족액을 제척기간 내에 증명하지 아니한 채권은 배당을 받을 수 있는 채권에서 제외된다. 별제권자가 최후의 배당에 관한 배당제외기간 안에 파산관재인에 대하여 그 권리포기의 의사를 표시하지 아니하거나 그 권리의 행사에 의하여 변제를 받을 수 없었던 채권액을 증명하지 아니한 때에는 배당에서 제외된다.

　(7) 임치금의 배당(법 제526조)

　제외된 채권을 위하여 임치되어 있던 배당액은 다른 파산채권자를 위한 배당재원으로 된다. 채무자회생및파산에관한법률 제523조 또는 제525조의 규정에 의하여 배당에서 제외된 채권자를 위하여 임치한 금액은 이를 다른 채권자에게 배당하여야 한다. 제418조의 규정에 의하여 임치한 금액의 경우에도 또한 같다

10. 새로운 재산이 있게 된 때의 배당표의 경정(법 제527조)

　배당액의 통지를 발송하기 전에 새로 배당에 충당할 재산이 있게 된 때에는 지체없이 배당표를 경정하여야 한다. 경정한 배당표는 이해관계인의 열람에 공하기 위하여 파산관재인이 이를 법원에 제출하여야 한다.

11. 배당액의 공탁(법 제528조)

(1) 공탁의 대상

파산관재인은 채권자를 위하여 다음 각 호의 배당액을 공탁하여야 한다.

① 채권확정소송 또는 불복신청 절차가 아직 종결되지 아니한 채권의 채권자에 대한 배당액으로서 중간배당시에 임치한 것

② 배당액의 통지를 발송하기 전에 행정심판 또는 소송 그 밖의 불복절차가 종결되지 아니한 채권에 대한 배당액

③ 중간배당 및 최후배당에 있어서 채권자가 수령하지 않은 배당액. 채권자가 수령을 거절하거나 추심을 게을리한 경우 외에, 배당실시 당시 채권자의 소재불명을 이유로 수령을 기대할 수 없는 경우, 채권의 양도에 관하여 다툼이 있거나 상속인이 누구인지 불명하다든지 하여 채권자를 알 수 없는 경우도 포함된다.

(2) 공탁의 절차

공탁의 절차는 공탁법의 규정에 따른다. 공탁서의 정본은 분실 등의 사고를 방지하기 위하여 영치물에 준하여 법원에 보관한다. 피공탁자인 채권자가 배당액을 청구하면 법원은 위 공탁서의 정본을 채권자에게 교부한다.

(3) 경우별 공탁의 효력

채무자회생및파산에관한법률 제528조 제1호, 제2호의 공탁은 집행공탁의 성질을 가지고, 파산관재인은 이 공탁에 의하여 책임을 면한다. 제3호의 공탁은 변제공탁으로서 이에 의하여 당해 파산채권은 소멸한다.

12. 계산보고의 채권자집회(법 제529조)

계산보고를 위하여 소집한 채권자집회는 파산관재인이 가치 없다고 인정하여 환가되지 못한 재산의 처분에 관하여 결의를 하여야 한다.

13. 파산종결의 결정 및 공고(법 제530조)

채권자집회가 종결된 때에는 법원은 파산종결의 결정을 하고 그 주문 및 이유의 요지를 공고하여야 한다.

14. 추가배당

(1) 추가배당의 의의(법 제531조)

추가배당은 최후배당의 배당액 통지를 발한 후에 새로이 배당에 충당할 상당한 재산이 생긴 때에 보충적으로 행하는 배당절차이다. 파산종결의 결정이 있은 후에 새로 배당에 충당할 재산이 있게 된 때에도 추가배당을 한다.

(2) 추가배당을 하여야 할 경우의 예

① 채권확정소송 등이 파산채권자의 패소로 확정되어 그를 위하여 공탁된 배당액을 다른 파산채권자에게 배당할 수 있게 된 때

② 최후배당 통지 후 종결결정 전에 파산자의 은닉재산이 새로 발견된 때 파산종결결정 후에 새로 발견된 파산자의 재산이 배당에 충당할 재산이라고 할 수 있는가에 관하여는 다툼이 있으나, 통설은 이를 부정하고 있다.

③ 일단 배당되었으나 후에 재단으로 반환된 금전이 발생한 때

예컨대 해제조건부채권의 채권자에게 배당액을 변제한 후 해제조건이 성취한 경우, 또는 파산관재인이 파산채권자에 대하여 과대배

당을 하거나 착오에 의하여 재단채권자에게 변제하였는데 변제수령자가 부당 수령한 금전을 반환한 경우 등이다.

④ 임치되어 있던 파산재단의 예금에 대한 이자가 미계상 되었거나 계산 착오가 있었던 때

⑤ 최후배당시 누락한 파산재단에 조세 환급금이 있는 때

⑥ 재단에의 편입이 가능한 예납금이 누락된 때

(3) 추가배당의 공고 및 배당액의 통지

파산관재인이 추가배당의 허가를 받은 때에는 지체없이 배당할 수 있는 금액을 공고하고 각 채권자에 대한 배당액을 정하여 통지하여야 한다. 파산채권자는 배당통지를 받으면 확정적으로 배당청구권을 취득하게 된다.

(4) 추가배당의 기준(법 제532조)

추가배당은 최후의 배당에 관하여 작성한 작성표에 의하여야 한다.

(5) 계산보고서(법 제533조)

추가배당을 실시한 후 파산관재인은 지체없이 계산보고서를 작성하여 법원에 제출하고 법원은 이를 인가한다. 따로 계산보고를 위한 채권자집회를 소집하여 그 승인을 받을 필요는 없다. 계산보고서에 대한 법원의 인가에 의하여 추가배당에 관한 파산관재인의 책임은 소멸한다. 위 인가결정에 대하여 이해관계인은 즉시항고할 수 있다.

Ⅲ. 기타

1. 파산관재인이 알고 있지 아니한 재단채권자(법 제534조)

　배당률 또는 배당액의 통지를 하기 전에 파산관재인이 알고있지 아니한 재단채권자는 각 배당에서 배당할 금액으로써 각 배당에서 배당할 금액으로써 변제를 받을 수 없다. 배당통지에 의하여 배당액이 확정되고, 그 변경은 허용되지 않으며, 채권자가 이 통지를 받은 때로부터 구체적인 배당청구권을 취득하는 점은 중간배당의 경우와 같다. 배당액의 통지를 발송한 후 체납세금의 교부청구 등에 의하여 재단채권자가 있는 사실을 알게되었다고 해도, 이미 통지한 배당금액에서 재단채권을 변제할 수 없는 점도 마찬가지이다.

2. 확정채권에 관한 파산채권자표 기재의 파산선고를 받은 채무자에 대한 효력(법 제535조)

　확정채권에 관하여 파산자가 채권조사기일에서 그 채권에 대하여 이의를 진술하지 않은 때에는 파산채권자가 파산절차에서 채권의 변제를 받지 못한 잔액에 관하여, 채권표의 기재를 채무명의로 하여 강제집행을 할 수 있다. 이 집행의 절차에 관하여는 민사집행법 제2조(집행실시자) 내지 제18조(집행비용의 예납 등), 제20조(공공기관의 원조) 및 제28조(집행력있는 정본) 내지 제55조(외국에서 할 집행)의 규정을 준용한다.

3. 원상회복의 신청(법 제536조)

　① 채무자가 그 책임 없는 사유로 인하여 채권조사의 기일에 출석하지 못한 때에는 그 사유가 없어진 날부터 7일 이내에 한하여 이의를 추후 보완하기 위하여 파산법원에 원상회복의 신청을 할 수 있다.

　② 법원은 직권으로 채무자의 이의가 있는 채권의 채권자에게 원상회복의 신청서를 송달하여야 한다.

　③ 법원이 원상회복을 허가한 때에는 채무자가 채권조사기일에

이의를 진술한 것과 동일한 효력이 생긴다. 이 경우 법원사무관등은 파산채권자표에 이의의 기재를 하여야 한다.

④ 책임없는 사유로 인하여 채권조사의 기일에 출석하지 못한 때에 원상회복신청에 관한 재판에 대하여는 즉시항고를 할 수 있다.

4. 상속재산의 잔여재산(법 제537조)

상속재산에 대하여 파산선고가 있는 때에는 최후의 배당으로부터 제외된 상속채권자와 유증을 받은 자는 잔여재산에 관하여 그 권리를 행사할 수 있다.

제6장 파산폐지

Ⅰ. 동의에 의한 파산폐지

1. 동의폐지의 의의

동의폐지란, 채권신고기간 내에 신고한 파산채권자 전원의 동의를 얻을 것을 조건으로 하여 파산자의 신청으로 하는 파산폐지를 말한다. 이 제도는 파산절차에 참가한 채권자 전원이 파산절차의 종료를 희망하는 경우에, 이와 같은 처분권자의 의사를 존중하는 것이 타당하다는 취지에서 둔 것이다. 파산자가 융자나 채무면제 등을 통하여 지급불능 상태를 해소할 수 있다고 판단되는 경우 시도해 볼 수 있는 갱생의 한 방법이라고 할 수 있다.

2. 요건(법 제538조)

(1) 채권신고기간 내에 신고한 파산채권자 전원의 동의

신고하지 않은 채권자, 재단채권자, 환취권자의 동의는 요하지 않는다. 별제권자도 예상부족액의 증명이 없는 한 동의를 요하지 않는다. 채권신고기간 경과 후에 신고한 자의 동의도 요하는가에 관하여는 다툼이 있으나, 이러한 채권자에 대하여는 이의권이 보장된 것으로 족하고, 법문상 이들 채권자의 동의를 요한다고는 규정하고 있지 않으므로, 동의를 요하지 않는다고 해석한다. 유의할 점은 이 동의는 파산자에 대한 것이 아니라 법원에 대한 것이다.

(2) 부동의한 신고 파산채권자에 대한 담보의 제공

채무자가 위 (1)의 동의를 얻지 못한 경우에는 동의를 하지 아니

한 파산채권자에 대하여 다른 파산채권자의 동의를 얻어 파산재단
으로부터 담보를 제공한 때에 채무자의 신청에 의하여 파산폐지의
결정을 할 수 있다.

　가. 담보제공에 대한 동의의 의사표시의 성격

　이 담보는, 파산재단에 속하지 않는 파산자의 자유재산 내지 제3
자의 재산으로도 할 수 있지만, 파산폐지에 동의한 파산채권자의 동
의를 얻어 파산재단에 속하는 재산을 담보로 제공할 수 있다. 파산
자는 파산선고에 의하여 파산재단 소속 재산의 관리처분권을 상실
하므로 원래 파산재단 소속 재산을 담보에 제공할 권한이 없지만,
파산폐지결정이 확정되면 이 권한을 회복하게 될 지위에 있으므로
이를 허용한 것이다. 담보제공에 대한 동의의 의사표시는 파산자에
대하여 하는 소송행위라고 해석된다.

　나. 담보제공의 방법

　담보제공의 방법에 대하여는 현실의 제공을 요한다는 견해와, 제
공할 담보를 구체적으로 특정하여 이를 고지하면 족하다는 견해가
있다.

　다. 담보의 존속기간과 담보의 종류

　담보는 피담보채권인 파산채권이 소멸할 때까지 존속한다. 제공하
는 담보에는 금전, 유가증권, 부동산 등이 있다.

　라. 담보의 상당성 평가주체

　파산자가 제시한 담보가 상당한가 여부는 법원의 재량으로 정한
다. 파산채권자 스스로가 담보가 상당하다고 인정하는 경우에는 결
정할 필요가 없다.

　담보가 상당한가 여부에 관한 법원의 결정에 대하여는 불복할 수
없다.

　마. 피담보채권의 범위 결정

　담보액의 상당성 판단과 관련하여, 피담보채권의 범위를 어떻게
정하는가가 문제된다. 당해 부동의 파산채권자가 받을 수 있는 배당

예상액이라는 견해와, 부동의 파산채권자의 신고채권액 전액이라는 견해가 있다.

바. 미확정 채권자에 대한 동의의 요부 또는 담보의 당부의 결정

채권조사기일에 파산관재인 또는 다른 파산채권자가 이의를 진술하여 확정되지 않은 채권에 관하여 동의를 요하는가에 대하여는 법원의 재량으로 결정할 수 있고, 이 결정에 대하여는 불복할 수 없다. 이 동의에는 파산폐지에 대한 동의와, 동의하지 않은 다른 파산채권자에게 담보를 제공하는 것에 대한 동의를 포함한다. 법원이 이들 채권자의 동의를 요한다고 결정하면 파산자는 이들의 동의도 얻어야 한다.

3. 신청

채무자의 신청이 있어야 한다

Ⅱ. 법인 등의 파산폐지

1. 파산폐지신청(법 제539조)

법인의 파산폐지신청은 이사 전원의 합의가 있어야 한다.
상속재산의 파산폐지신청은 상속인이 한다. 이 경우 상속인이 여럿인 때에는 전원의 합의가 있어야 한다.

2. 파산폐지신청과 법인의 존속(법 제540조)

파산선고를 받은 법인이 파산폐지절차를 하고자 하는 때에는 사단법인은 정관의 변경에 관한 규정에 따라 이사 전원의 일치에 의하여 신청하여야 하고, 재단법인은 주무관청의 허가를 받아 법인계속의 절차를 밟아야 한다.

Ⅲ. 파산폐지절차

1. 입증서면의 제출(법 제541조)

신고파산채권자의 폐지동의서, 부동의 파산채권자에 대한 다른 파산채권자의 담보제공동의서, 부동의 파산채권자에게 담보를 제공하였음을 증명할 수 있는 서면, 미확정 파산채권자의 동의를 필요로 하는가 여부에 관한 법원의 결정서, 파산채권자에 제공한 담보가 상당한가 여부에 관한 법원의 결정서, 법인인 경우에는 법인계속의 절차를 밟았다는 것을 증명할 수 있는 서면(예컨대 회사계속의 임시주주총회 의사록)을 함께 제출하여야 한다.

파산폐지동의서는 파산채권자가 법원에 파산폐지에 동의한다는 의사를 기재한 서면이지만 파산채권자가 직접 법원에 제출하지 않고 파산자를 통하여 제출하여도 좋다.

2. 파산폐지신청의 공고 및 서류비치(법 제542조)

법원은 파산폐지신청이 있다는 뜻을 공고하고, 이해관계인이 열람할 수 있도록 신청에 관한 서류를 법원에 비치하여야 한다.
아직 신고하지 아니한 파산채권자에게 파산폐지의 신청이 있었음을 알리고 이에 대하여 이의를 진술할 기회를 부여하려는 취지에서 둔 규정이다.

3. 채권자의 이의신청(법 제543조)

(1) 이의신청 기간

채권신고기간 내에 신고한 파산채권자 및 이의신청기간 경과 전에 신고한 파산채권자는 공고의 효력이 발생한 날(공고게재 다음날)로부터 14일 이내에 법원에 파산폐지에 대한 이의신청을 할 수 있다.

(2) 이의신청권이 없는자

채권신고를 하지 않은 파산채권자, 별제권자, 재단채권자, 환취권자 등은 이의신청권이 없다.

14일의 기간은 연장할 수 없는 법정기간이지만 제척기간은 아니므로, 이의신청기간 경과 후의 이의신청도 법원은 일응 이를 참작하여야 한다.

(3) 이의사유

이의사유로는 자기는 파산폐지에 동의하지 않는다든지, 자기의 동의가 사기, 강박 또는 착오 등 하자 있는 의사표시에 의하여 되었다든지, 파산폐지에 관하여 달리 동의를 얻어야 하는 파산채권자가 있는데 그 동의가 없다든지, 또는 그 동의가 하자 있는 의사표시에 의하여 되었다든지 하는 것을 예로 들 수 있다.

(4) 법원의 결정

① 이의신청이 이유 있다고 인정하는 경우에는 파산폐지신청을 기각하게 된다.

② 이의신청이 이유 없다고 인정하는 경우에는 파산폐지결정을 하게 되므로, 이의신청에 대하여 따로 재판을 하지는 않는다.

4. 관계인의 의견청취(법 제544조)

(1) 의견청취의 대상자

이의신청기간 경과 후 법원은 파산자, 파산관재인, 이의신청한 파산채권자의 의견을 들어야 한다. 의견청취의 방식은 의견서를 제출받아도 좋고 기일을 열어 심문을 하여도 좋다.

(2) 심문을 하는 경우

기일지정결정을 하고 이 결정정본을 파산자, 파산관재인, 이의신청인에게 송달하거나 공고로 송달에 갈음한다. 의견서를 기일까지 제출하지 않는다든지 기일에 출석하지 않는 때에는 의견을 듣지 않고 결정을 할 수 있다.

(3) 의견청취의 내용

의견청취의 내용은 파산폐지의 결정을 함에 필요한 실질적 요건을 구비하였는가 여부이다.

5. 비용부족으로 인한 파산폐지(법 제545조)

(1) 요건

법원은 파산선고 후에 파산재단으로써 파산절차의 비용을 충당하기에 부족하다고 인정되는 때에는 파산관재인의 신청에 의하거나 직권으로 파산폐지결정을 하여야 한다. 이 경우 법원은 채권자집회의 의견을 들어야 한다.

파산폐지결정은 파산절차비용을 충당하기에 충분한 금액이 미리 납부되어 있는 때에는 내리지 아니한다.

(2) 즉시항고

비용부족으로 인한 파산폐지의 결정을 위한 재판에 대하여는 즉시항고를 할 수 있다.

6. 파산폐지결정의 공고(법 제546조)

파산폐지의 신청에 필요한 조건을 갖추었고, 채권자의 이의가 있었으나 그 이의가 이유 없다고 인정하는 때에는 파산폐지의 결정을 하고 그 주문과 이유의 요지를 공고한다. 이 결정정본은 파산자 및 파산관재인에게 직권으로 송달한다.

7. 재단채권의 변제 및 공탁(법 제546조)

파산폐지결정이 확정된 때에는 파산관재인은 재단채권의 변제를 하여야 하며, 이의가 있는 것에 관하여는 채권자를 위하여 공탁을 하여야 한다.

8. 준용규정(법 제548조)

채무자회생및파산에관한법률 제535조(확정채권에 관한 파산채권자표 기재의 파산선고를 받은 채무자에 대한 효력)규정은 파산폐지의 결정이 확정된 경우에 관하여 준용한다.
채무자회생및파산에관한법률 제567조(보증인 등에 대한 효과)의 규정은 법인인 채무자가 파산종결 또는 파산폐지의 결정으로 소멸하는 경우에 관하여 준용한다.

제7장 간이파산

Ⅰ. 간이파산제도의 취지

1. 간이파산절차를 활용하면 채권자집회를 생략하고 1회기일에 배당이 이루어지는 등 비용과 시간이 크게 절감되는 바, 종전의 법에 의하면 재단채권액이 2억원 미만인 경우에만 간이파산절차를 이용할 수 있어 활용도가 저조한 문제를 개선하려는 것이다.

2. 간이파산절차에 의할 수 있는 재단채권액을 2억원 미만에서 5억원 미만으로 상향조정하여 그 적용대상을 대폭적으로 확대하였다.

3. 사회, 경제구조의 변화, 화폐가치의 변동에 맞게 상한액을 조정하여 현실과의 괴리를 해소하고 국민의 편익을 증대시키는데 기여할 것으로 기대된다.

Ⅱ. 간이파산의 요건 및 결정

1. 간이파산의 요건(법 제549조)

파산재단에 속하는 재산액이 5억원 미만이라고 인정되는 때에는 법원은 파산선고와 동시에 간이파산의 결정을 하여야 한다.

2. 간이파산 결정

파산재단에 속하는 재산액이 5억원 미만이라고 인정되면 파산선고와 동시에 간이파산의 결정을 한다.

간이파산에 관하여는 제1회 채권자집회의 기일과 채권조사기일은 부득이한 사유가 있는 경우를 제외하고는 반드시 병합하여야 하는 등 몇 가지 특칙이 정해져 있다.

3. 파산절차 중의 간이파산결정(법 제550조)

(1) 요건

파산절차 중 파산재단에 속하는 재산액이 5억원 미만임이 발견된 때에는 법원은 이해관계인의 신청에 의하거나 직권으로 간이파산의 결정을 할 수 있다.

(2) 공고 및 통지

간이파산의 결정을 한 때에는 법원은 결정의 주문을 공고하고 파산관재인 및 감사위원과 알고 있는 채권자 및 채무자에게 그 결정의 주문을 기재한 서면을 송달하여야 한다.

4. 간이파산의 취소(법 제551조)

간이파산절차 중 파산재단에 속하는 재산액이 5억원 이상임이 발견된 때에는 법원은 이해관계인의 신청에 의하거나 직권으로 간이파산취소의 결정을 할 경우 결정의 주문을 공고하고 파산관재인 및 감사위원과 알고 있는 채권자 및 채무자에게 그 결정의 주문을 기재한 서면을 송달하여야 한다.

5. 간이파산절차의 특칙

(1) 채권자집회의 기일과 채권조사기일의 병합(법 제552조)

간이파산에 관하여는 제1회 채권자집회의 기일과 채권조사기일은 부득이한 사유가 있는 경우를 제외하고는 반드시 병합하여야 하는 등 몇 가지 특칙이 정해져 있다.

(2) 감사위원의 불설치(법 제553조)

간이파산의 경우에는 감사위원을 두지 아니한다.

(3) 채권자집회의 결의에 갈음하는 결정(법 제554조)

간이파산절차의 경우 제1회 채권자집회의 결의와 채권조사 및 계산보고를 위한 채권자집회의 결의를 제외하고는 법원의 결정으로 채권자집회의 결의에 갈음한다.

(4) 1회 배당(법 제555조)

간이파산절차의 경우 배당은 1회로 하며, 최후의 배당에 관한 규정에 의한다. 다만, 추가배당을 할 수 있다.

제8장 면책 및 복권

제1절 면책

Ⅰ. 면책의 의의

1. 면책의 개념

본채무자회생및파산에관한법률상의 면책이란, 자연인 파산자에 대하여 파산절차에 의하여 배당되지 아니한 잔여 채무에 대하여 변제책임을 면하는 것을 말한다. 현행 법은 파산절차와는 별개의 제도로서 규정하고 있다.

2. 면책제도의 성격

(1) 특전설

면책제도의 이념 내지 근거에 대하여 두 가지 입장이 논의되고 있다. 하나는 파산제도의 주된 목적이 채권자의 권리실현에 있는 것을 전제로, 파산채권자의 이익실현에 성실하게 협력한 파산자에 대하여 특전으로서 면책을 부여한다는 입장이다.

(2) 갱생설

다른 하나는 면책을 파산자에게 갱생 수단을 부여하기 위한 사회정책적 입법으로 보는 입장이다.

(3) 결론

면책제도는 성실한 채무자만을 대상으로 하는 것이 아니라 파산에 이른 모든 채무자를 대상으로 한 제도로서 본 법이 일정한 불허가사유가 있는 경우 이외에는 반드시 면책을 선고하도록 하는 한편 불허가사유가 있는 경우에도 법원이 재량으로 면책을 선고할 수 있도록 규정함으로써 기본적으로 갱생설의 입장이라고 해석된다.

Ⅱ. 면책의 신청

1. 신청권자

면책신청권자는 파산자이다. 자연인이라면 영업자도 포함된다. 그러나 법인은 파산절차의 종료로 소멸되므로 면책을 신청할 수 없다는 견해가 일반적이다. 파산자가 무능력자인 경우에는 그 법정대리인이 그를 대리하여 신청할 수 있다.

상속재산의 경우는 상속재산으로 총 채권자에게 변제하는 것이 목적이므로 그 성질상 면책을 인정할 필요가 없다.

2. 관할

파산법원의 전속관할이다. 여기서 파산법원이란 파산선고를 한 법원을 의미한다. 파산자가 파산선고 후 거주지를 이전하였다고 하더라도 파산법원의 관할인 점은 달라지지 않는다.

3. 신청수수료, 송달료 및 예납금

신청수수료로 1,000원의 인지(민사소송등인지법 제9조 제4항 제4호), 송달료{(기본 30,200원) + (채권자수 × 3,020원 × 3회분)}, 예납금 600,600원{신문공고료 585,000원(3회분) + 관보공고비용 15,600원(3회분)}이 납부되어 있는지 확인한다. 한편 파산관재인이 선임된 사건에서는 파산관재인의 조사보고에 대하여 보수를 지급하여야 하므로 별도로 예납명령을 발하여야 하는데, 파산절차에서 파산관재인의 보수를 정할 때 면책불허가사유의 조사보고에 대한 보수도 고려하여 금액을 정하는 경우에는 따로 면책절차에서 이를 위한 예납금을 납부받을 필요는 없게 될 것이다.

4. 면책신청의 시기와 방법

(1) 면책신청의 시기

면책신청은 파산선고시부터 파산절차의 해지시까지 할 수 있고, 동시폐지 결정이 내려진 경우에는 폐지결정이 확정된 후 1개월 이내에 면책신청을 할 수 있다. 실무상 동시폐지사건의 대부분은 파산선고 후 그 확정 전까지 면책신청이 제기된다.

(2) 신청방법

① 개인인 채무자는 파산신청일부터 파산선고가 확정된 날 이후 1월 이내에 법원에 면책신청을 할 수 있다.

② 채무자가 그 책임 없는 사유로 인하여 제1항의 규정에 의한 면책신청을 하지 못한 때에는 그 사유가 종료된 후 30일 이내에 한하여 면책신청을 할 수 있다.

③ 채무자가 파산신청을 한 경우에는 채무자가 반대의 의사표시를 한 경우를 제외하고, 당해 신청과 동시에 면책신청을 한 것으로 본다.

④ 면책신청을 하는 때에는 제538조의 규정에 의한 파산폐지의 신청을 할 수 없다.

⑤ 제538조의 규정에 의한 파산폐지의 신청을 한 때에는 그 기각의 결정이 확정된 후가 아니면 면책신청을 할 수 없다.

(3) 첨부서류

면책신청서에는 채권자목록을 첨부하여야 한다. 다만 신청과 동시에 제출할 수 없는 때에는 그 사유를 소명하고 그 후에 지체없이 이를 제출하여야 한다.

파산신청과 동시에 면책신청을 한 것으로 보는 경우에는 법 제302조 제1항 제1호의 규정에 의하여 제출한 채권자목록을 본 규정의 채권자목록으로 본다.

Ⅲ. 면책절차

1. 강제집행의 정지(법 제557조)

면책신청이 있고, 파산폐지결정의 확정 또는 파산종결결정이 있는 때에는 면책신청에 관한 재판이 확정될 때까지 채무자의 재산에 대하여 파산채권에 기한 강제집행·가압류 또는 가처분을 할 수 없고, 채무자의 재산에 대하여 파산선고 전에 이미 행하여지고 있던 강제집행·가압류 또는 가처분은 중지된다.

면책결정이 확정된 때에는 채무자회생및파산에관한법률 제557조 제1항의 규정에 의하여 중지한 절차는 그 효력을 잃는다.

▣ 판 례 ▣

■ [채권압류및추심명령]

채무자에 대한 파산·면책신청이 있는 경우, 파산채권에 기한 채권압류 및 추심명령이 채무자 회생 및 파산에 관한 법률 제557조에 따라 제한되는지 여부(적극)

[이 유]

재항고이유를 본다.

채무자 회생 및 파산에 관한 법률 제557조 제1항에 "면책신청이 있고,

파산폐지결정의 확정 또는 파산종결결정이 있는 때에는 면책신청에 관한 재판이 확정될 때까지 채무자의 재산에 대하여 파산채권에 기한 강제집행·가압류 또는 가처분을 할 수 없고, 채무자의 재산에 대하여 파산선고 전에 이미 행하여지고 있던 강제집행·가압류 또는 가처분은 중지된다"라고 규정하고, 같은 조 제2항에 "면책결정이 확정된 때에는 제1항의 규정에 의하여 중지한 절차는 그 효력을 잃는다"라고 규정하고 있으므로, 채무자에 대한 파산·면책신청이 있는 경우에 파산채권에 기한 채권압류 및 추심명령도 위 법률의 규정에 따라 제한되어야 한다.

(대법원 2010.7.28. 자 2009마783 결정)

◎ 파산과 강제집행의 관계

질의】 ➡ 저는 사업실패로 인하여 금융권의 대출금 및 신용카드대금 연체, 그리고 세무서에 부가가치세가 체납되어 있는데 현재 교통사고로 장애인이 되어 더 이상 변제할 능력이 없어 최근 법원에 파산을 신청하여 그 결과를 기다리고 있습니다. 그런데 파산을 신청한지 얼마 후 신용카드사에서 저의 집안의 TV, 냉장고 등 유체동산에 압류집행을 하였고, 또 세무서에서는 체납처분으로 본인 소유 장애인용 자동차를 공매한다고 통지해 왔습니다. 위 집기류와 장애인용 자동차는 제가 기본적인 생활을 해 나가기 위한 최소한의 필수적은 재산입니다. 채권자의 강제집행을 막을 방법은 없는지요?

답변】 ➡ 원칙적으로 파산신청이 있다고 하여 채권자의 강제집행이나 보전처분의 집행이 중지되는 것은 아니며, 파산선고로 인하여 비로소 파산채권을 근거로 한 채무자의 재산에 대하여 행하여진 강제집행 및 보전처분의 집행은 파산재단에 대하여 그 효력을 잃게 됩니다(채무자 회생 및 파산에 관한 법률 제348조 제1항). 파산선고 후 채무자의 재산에 대한 관리처분권은 파산관재인에게 전속하며 따라서 파산선고 후 채권자의 개별적 강제집행 또한 금지됨니다.

 그러나 일반적으로 개인파산사건은 환가할 재산이 없는 경우가 대부분으로서 위와 같이 파산관재인이 선임되어 청산절차를 진행하지 않고 파산선고와 동시에 청산절차로서의 파산절차를 폐지하는 결정(동시폐지 결정)을 하는 경우, 채무자는 자신 소유 재산에 대한 관리처분권을 상실하지 않고 파산재단 자체가 형성되지 않아 채권자는 개별적으로 강제집행 할 수 있다고 보는 것이 구 「파산법」상의 해석론이었습니다.

 「채무자 회생 및 파산에 관한 법률」은 위와 같이 동시폐지결정이 선고될 경우 채권자가 개별적인 강제집행을 허용하는 입법적 불비를 보완하여, 면책신청이 있고 파산폐지결정의 확정 또는 파산종결결정이 있는 때에는 면책신청에 관한 재판이 확정될 때까지 채무자의 재산에 대하여 파산채권에 기한 강제집행·가압류 또는 가처분을 할 수 없고, 채무자의 재산에 대하여 파산선고 전에 이미 행하여지고 있던 강제집행·가압류 또는 가처분은 중지된다고 규정하고 있습니다(같은 법 제557조 제1항).

 귀하의 경우 파산선고 및 동시폐지결정이 선고되고 파산선고 등의 사실이 공고된 후부터 14일 이내 동시폐지결정에 대한 즉시항고(같은 법 제317조 제3항)가 제기되지 않아 동시폐지결정이 확정된 경우, 유체동산 압류 및 매각절차의 속행을 중지시키고 체납처분으로서 자동차 공매를 금지시킬 수 있습니다. 구체적으로는 ①면책신청 접수증명원과 ②동시폐지결정이 있는 파산선고결정 정본 및 그 확정증명원을 압류 집행한 집행관과 관할 세무서에 제출함으로써 유체동산 압류 및 매각절차와 자동차 공매절차를 중지 또는 금지시킬 수 있습니다.

 다만, 파산선고 및 동시폐지결정 전 유체동산 매각절차가 속행되어 강제집행이 종료될 우려가 있는 경우, 위 압류된 유체동산이 6개월간의 생계비에 사용할 특정재산에 해당한다고 주장하며 면제재산을 신청하고(같은 법 제383조 제2항 제2호), 그와 동시에 면제재산에 대한 유체동산 매각절차의 중지를 신청하여 법원의 결정으로 이를 중지시킬 수는 있습니다(같은 법 제383조 제8항). [법률구조공단자료. 참고만 하세요]

2. 채무자의 심문(법 제558조)

(1) 파산자 심문기일의 지정

면책을 신청한 자에 대하여 파산선고가 있는 때에는 법원은 기일을 정하여 채무자를 심문할 수 있다. 실무는 면책신청일로부터 1개월에서 2개월 사이에 심문기일을 정하고 있다.

(2) 파산자의 소환 및 채권자에게의 심문기일 통지, 공고

법원은 기일을 정하는 결정을 한 때에는 이를 공고하고, 파산관재인과 면책의 효력을 받을 파산채권자로서 법원이 알고 있는 파산채권자에게 송달하여야 한다. 이 규정은 기일의 변경과 심문의 연기 및 속행에 관하여 준용한다.

심문기일통지서는 신청서와 함께 제출된 채권자명부에 기재된 모든 채권자에게 송달한다. 채권자명부에 조세채권과 같이 면책의 효력을 받지 않는 채권자들이 기재되어 있는 경우, 이들 채권자에게는 심문기일통지서를 송달할 필요가 없다.

(3) 심문의 방식

심문은 원칙적으로 비공개로 하고 있다.(비송사건절차법 제13조 참조). 그러나 파산채권자의 참석은 허가하고 있다. 심문 중 파산자 또는 채권자에게 면책제도의 취지, 면책의 효력 등을 설명하여야 할 경우도 있다.

(4) 심문기일의 진행

가. 파산자에 대한 심문

파산절차에서의 심문결과와 보정명령에 따른 보정서, 파산관재인의 조사보고 등의 자료로부터 충분히 드러난 사정에 관하여는 따로 심문하지 않는다.

나. 심문의 내용

따라서 심문의 내용은 주로 파산심문이나 파산관재인에 대한 설명이 파산자가 정직하게 진술하였는가 여부, 파산관재인의 조사보고서에 나타난 의문점에 관한 파산자에 대한 설명, 파산절차에서 파산채권자로부터 수집한 의견청취서에 나타난 파산자의 부당하거나 의문시되는 행위에 대한 관한 설명, 파산선고 후 파산자의 경제적 생활 및 채권자와의 관계 등이다.

다. 채권자에 대한 이의신청 기회 부여

채권자가 출석한 경우 이의신청의 기회를 부여한다.

① 사전에 이의신청서가 제출되어 있는 경우

이의신청서를 진술하게 한다.

② 파산절차에서의 채권자의견청취서에 면책불허가 사유에 관한 진술이 있는 경우

이를 확인하고 조서에 그 내용을 간단히 기재한다.

③ 심문기일에서 면책불허가 사유에 관하여 새로운 주장이 있는 경우

그 내용을 정리하여 조서에 기재한다.

(5) 이의신청기간의 결정, 선고

가. 이의신청권자

검사, 파산관재인 또는 면책의 효력을 받을 파산채권자는 파산자

나. 이의신청기간

심문기일의 규정에 의한 심문기일 또는 그 기일에 법원이 정하는 30일 이상의 기간

실무상 심문기일에 31일을 더한 날을 이의신청기간으로 정하고 법정에서 선고하고 있다. 이의신청권자가 심문기일에 출석하지 아니하더라도 파산자에게 앞으로의 절차를 설명하면서 이의신청기간의

결정 사실 및 그 기간, 이의신청이 있으면 다시 의견청취기일을 정하여 소환하겠다는 취지의 고지를 하게 된다. 심문기일이 속행되면 속행기일에서 이의신청기간을 결정, 선고한다.

(6) 송달

이의신청의 기간을 정하는 경정에 관하여 그 선고가 있은 때에는 송달을 요하지 않는다고 정하고 있으나, 실무상 심문기일 출석 여부를 묻지 않고 이의신청기간 결정정본은 채권자 전원에게 송달하고 있다.

(7) 기일의 변경, 연기, 속행

기일의 변경, 연기, 속행은 기일에 선고하면 따로 공고 또는 속행을 요하지 않는다.

면책심문기일 전에 미리 보정명령을 활용하여 자료를 수집하기 때문에 면책심문기일을 속행하는 경우는 많지 않다. 그러나 파산자가 보정에 응하지 않는 경우에는 속행하게 되므로 속행기일을 선고한다.

일단 면책심문기일을 종결한 후 다시 심문이 필요한 경우에는 심문기일 지정결정을 하고 파산자를 소환한다. 채권자 등에게는 이미 이의신청의 기회를 부여하였으므로 따로 공고 및 소환을 하지 않고 있다.

(8) 조서의 작성

심문기일 종료 후에 심문조서를 작성한다.

3. 면책신청의 기각(법 제559조)

(1) 면책신청의 기각사유

법원은 다음 각 호의 어느 하나에 해당하는 때에는 면책신청을 기각할 수 있다.
① 채무자가 신청권자의 자격을 갖추지 아니한 때
② 채무자에 대한 파산절차의 신청이 기각된 때
③ 채무자가 절차의 비용을 예납하지 아니한 때
④ 그 밖에 신청이 성실하지 아니한 때

(2) 즉시항고

면책신청이 기각된 채무자는 동일한 파산에 관하여 다시 면책신청을 할 수는 없다. 면책신청의 기각결정에 대해서는 즉시항고를 할 수 있다.

4. 파산관재인의 조사보고(법 제560조)

(1) 파산관재인의 조사보고

파산관재인이 선임되어 있는 사건에 관하여는 파산관재인에게 심문기일 결정과 동시에 본 조의 조사보고의 제출을 명한다.

(2) 조사보고서의 제출기한

심문기일 전까지로 정한다.

(3) 조사보고서의 기재내용

조사보고서에는 면책불허가사유의 유무, 재량면책의 허부에 관하여 파산채권자 및 파산자에 대한 조사 결과, 파산관재업무 수행중 발견한 사항 등을 토대로 의견을 기재하여야 한다.

5. 면책신청에 관한 서류 등의 비치(법 제561조)

법원은 이해관계인이 열람할 수 있도록 다음의 서류를 법원에 비치하여야 한다.

　① 면책신청에 관한 서류
　② 채무자회생및파산에관한법률 제560조의 규정에 의한 파산관재인의 보고서류

6. 면책신청에 대한 이의(법 제562조)

(1) 이의신청권자

검사, 파산관재인, 면책의 효력을 받을 파산채권자이다. 파산채권자는 채권신고의 유무에 상관없이 이의신청을 할 수 있지만, 파산채권자인지 여부가 기록상 분명하지 않을 때에는 파산채권자임을 소명하여야 한다. 파산 면책절차에서의 채권자 일람표(명부)에 기재되지 않은 채권자의 경우에도 같다.

(2) 이의신청권이 없는 자

재단채권자, 별제권자, 환취권자, 면책의 효력을 받지 않는 파산채권자 등은 면책 신청에 관하여 아무런 이해관계가 없기 때문에 이의신청권이 없다.

(3) 면책불허가사유의 존부

면책불허가사유의 존부는 직권사항이므로, 이의신청권은 법원의 직권발동을 촉구하고 그에 관한 자료를 제공하는 권리에 불과하다.

(4) 이의신청에 대한 재판

법원은 이의신청에 대하여 따로 재판을 할 필요는 없고 면책신청

자체에 대한 재판을 하면 된다. 이의신청이 부적법하더라도 이를 각하하는 재판을 할 필요가 없다.

(5) 이의신청의 방식

이의신청은 서면으로 정본과 부본 2통을 제출하도록 지도하고 있다. 심문기일에 채권자가 출석하여 이의신청사유를 진술한 경우 이를 조서에 기재한다. 그러나 그러한 채권자라도 이의신청서를 제출하도록 권유하고 있다. 반드시 이의신청서라는 제목이 아니더라도 이의신청의 취지가 기재되어 있으면 족하다.

이의신청기간 시작 전 또는 경과 후에 제출된 이의신청도 모두 유효한 이의신청으로 인정하고, 파산절차에서의 채권자 의견청취서에서 면책불허가 사유를 주장한 경우에도 이의신청에 준하여 처리한다.

(6) 이의신청의 내용

이의신청서에는 채무자회생및파산에관한법률 제564조 각 호 소정의 면책불허가사유에 해당하는 구체적인 사실을 주장하여 면책불허가의 결정을 구하든지, 또는 면책신청기간 경과후의 면책신청이라든지, 파산자가 심문기일에 불출석한 것이 정당한 사유가 없다든지 등의 점들을 주장하여 면책신청 각하의 결정을 구하는 내용이 기재되어야 한다.

(7) 이의신청에 관한 의견청취(법 제563조)

법원은 제562조 제1항의 규정에 의하여 이의신청이 있는 때에는 채무자 및 이의신청인의 의견을 들어야 한다. 이 제도의 취지는 채권자의 절차참여권을 보장하는 데에 있으며 이를 의견청취기일이라고 한다.

가. 의견청취기일을 열지 않는 경우

서면만으로도 채권자와 파산자의 의견이 충분히 개진되어 있으면 기일을 열지 않고 면책허부의 결정을 할 수 있다.

나. 부본의 송달과 반론서의 제출

의견청취기일 전에 이의신청서의 부본을 파산자에게 송달하고, 이의신청에 대하여 반론이 있는 경우에는 반론서를 제출하도록 한다.

다. 의견청취기일의 지정

이의신청기간 경과 후에 이의신청이 있는 것을 확인할 수 있는 경우에 의견청취기일을 지정한다.

라. 의견청취기일 통지서의 송달

의견청취기일 통지서를 파산자 및 이의신청을 한 채권자(파산자 심문기일에서 이의신청한 자도 포함한다) 전원에게 교부송달의 방법으로 송달한다. 그 이외의 채권자에게는 송달하지 않고 있다.

마. 이의신청에 대한 의견서 등이 제출되어 있는 경우

이의신청인에게 통지서를 발송하기까지 파산자로부터 이의신청에 대한 의견서 등이 제출되어 있으면 그 부본을 동봉하여, 그에 대하여 반론이 있으면 기일까지 서면(정본과 부본 각 1통)으로 제출하도록 한다.

바. 이의신청이 취하된 경우

기일결정 후 이의신청이 취하된 경우는 기일을 취소하고 바로 면책허부의 결정을 하면 된다.

사. 의견청취기일의 실시

이의신청인이 불출석한 경우는 기일 종료 후 면책여부의 결정을 한다. 파산자가 정당한 사유 없이 불출석한 경우는 기일 종료 후 면책신청 각하결정을 한다.

아. 지정된 서면의 제출여부

기일에서 법원이 일정한 기간을 정하여 서면(예컨대 파산선고신청 전 1년내의 수지상황보고)의 제출 등을 명하고 기일을 속행하는 경

우, 지정된 기간까지 서면 등이 제출된 경우는 그 부본을 상대방에
게 송달하든지 속행기일 당일에 교부하여 의견을 진술하게 한다. 지
정된 기간까지 제출되지 않으면 속행기일 종료후 면책허부의 결정
을 한다.

　자. 의견청취기일 전에 반론서가 제출되어 있는 경우

　위와 같은 경우에는 의견청취기일에 의문점에 관하여 직접 파산
자에게 설명하도록 요구한다. 서로 주장이 충분히 개진되었다고 생
각되면 기일을 종결한다.

　차. 의견청취기일 조서 작성

　의견청취기일이 종료하면 파산자 심문기일에 준하여 조서를 작성
한다.

▣ 판 례 ▣

■ **[면책결정에대한즉시항고]**

　채무자 회생 및 파산에 관한 법률 제562조 제1항의 규정에 의
하여 면책신청에 대한 이의신청이 있는 경우, 이의신청서에
이의신청의 이유가 기재되어 있더라도 이의신청인에게 의견을
진술할 기회를 주어야 하는지 여부(적극)

[이 유]

　재항고이유를 본다.

　채무자 회생 및 파산에 관한 법률(이하 '법'이라 한다) 제563조에 의하
면, "법원은 법 제562조 제1항의 규정에 의하여 이의신청이 있는 때에
는 채무자 및 이의신청인의 의견을 들어야 한다."고 규정하고 있으므
로, 최소한 이의신청인과 채무자에게 의견을 진술할 기회를 주어야 한
다. 이는 이의신청과는 별도로 요구되는 절차이므로, 이의신청서에 이
의신청의 이유가 기재되어 있다고 하여 위와 같은 절차를 생략할 수는
없다 할 것이다. (대법원 2010.2.11. 자 2009마2147 결정)

Ⅲ. 면책허가(법 제564조)

1. 면책불허가 사유의 구분

면책불허가 사유는 행위유형에 따라 세가지로 나눌수 있다.

(1) 파산자가 의도적으로 채권자를 해하는 행위를 행한 유형

여기에는 채무자회생및파산에관한법률 제564조 제1호 전단에서 규정하는 사기파산죄, 과태파산죄 해당 사유와 사술에 의한 신용거래, 허위의 채권자명부의 제출 또는 재산상태에 관한 허위의 진술에 규정하는 사유가 속한다.

(2) 파산절차상의 의무이행을 태만히 하고 절차의 진행을 방해하는 행위

위의 행위에 해당하는 것으로 본 조 제1호 후단에서 규정하는 감수위반죄, 설명의무위반죄 해당사유와 의무위반에 규정하는 사유가 있다.

(3) 면책제도의 운영과의 관계에서 정책적 사유

법 제564조 제4호(채무자가 파산절차 후 면책결정을 받은 경우에는 7년, 개인회생절차에 의한 면책결정을 받은 경우에는 5년)의 규정이 있다.

면책불허가사유를 해석함에 있어 유념해야 할 것은 면책제도가 기본적으로 파산자의 경제적 갱생을 위한 제도임을 인식하고, '낭비'와 같은 불확정개념을 해석함에 있어 확대해석을 경계해야 할 것이다.

▣ 판 례 ▣

■ [면책]

1. 채무자가 '과실'로 허위 신청서류를 제출하거나 허위 진술을
   한 것이 채무자 회생 및 파산에 관한 법률 제564조 제1항 제3
   호에서 정한 면책불허가사유에 해당하는지 여부(소극)

2. 채무자가 면책신청 당시에 토지를 소유하고 있음에도 이를 누
   락한 것은 채무자 회생 및 파산에 관한 법률 제564조 제1항
   제3호의 면책불허가 사유에 해당하지만 토지의 공시지가와 가
   압류 등기 등을 고려하면 사실상 토지의 재산적 가치가 없는
   점 등을 근거로 채무자가 면책신청과정에서 고의로 토지를 은
   닉한 채 허위 진술을 하였다고 보기는 어렵다고 본 원심결정
   에 대하여, 채무자가 토지를 누락한 것이 같은 법 제564조 제
   1항 제3호의 면책불허가 사유에 해당한다는 원심의 판단에는
   채무자가 '고의로' 토지를 누락하였음이 전제된 것인데 뒤이은
   재량면책의 판단에서 이와 달리 채무자가 고의로 누락하였다
   고 보기는 어렵다고 본 것은 앞선 면책불허가 사유의 판단과
   모순되고, 비면책채권의 존부와 액수를 살펴보지 않은 채 만
   연히 토지의 재산적 가치가 없다고 보아 이를 채무자가 고의
   로 토지를 누락하였다고 보기 어려운 근거의 하나로 든 것은
   잘못이라고 하여 원심결정을 파기한 사례 (대법원 2011.3.28. 자 2010마1757
   결정)

▣ 판 례 ▣

■ [면책]

1. 채무자가 '과실'로 허위 신청서류를 제출하거나 허위 진술을

한 것이 채무자 회생 및 파산에 관한 법률 제564조 제1항 제3호에 정한 면책불허가사유에 해당하는지 여부(소극)

2. 채무자가 파산절차의 심문기일과 면책신청서를 통해 개인택시 운송면허를 보유하고 있음에도 보유 재산이 전혀 없다고 진술한 부분이 채무자 회생 및 파산에 관한 법률 제564조 제1항 제3호의 '채무자가 법원에 대하여 그 재산상태에 관하여 허위의 진술을 한 때'에 해당하는지가 문제된 사안에서, 채권자가 운송면허의 매각을 통해 채권을 변제받고자 한다고 명백히 밝히고 있는 상황에서 채무자가 개인택시의 운행사실을 인정하면서 재산이 하나도 없다고 진술한 취지는 개인택시 운송면허 외에 다른 재산은 없다는 취지로 진술한 것이라고 하여, 파산절차에서 '고의로' 재산상태에 관하여 허위 진술을 하였다고 보기 어렵다고 한 사례 (대법원 2011.3.18. 자 2011마122 결정)

▣ 판 례 ▣

■ [면책]

1. 채무자 회생 및 파산에 관한 법률 제564조 제1항 제2호에서 규정하는 면책불허가사유의 요건으로서 채무자가 파산의 원인인 사실이 없는 것으로 믿게 하기 위하여 그 사실을 속이거나 감추었는지 여부의 판단 기준

2. 채무자가 경제적 어려움 속에 현저하게 불이익한 조건으로 사채업자들로부터 돈을 차용하여 이른바 채무 돌려막기에 사용해왔다는 사정을 들어 위 차용행위는 파산의 원인이 있음에도 불구하고 그 사실이 없는 것으로 믿게 하기 위하여 그 사실을 속이거나 감추고 신용거래로 인하여 재산을 취득한 것으로서 채무자 회생 및 파산에 관한 법률 제564조 제1항 제2호에서

규정하는 면책불허가사유에 해당한다고 한 원심결정을 파기한 사례

[이 유]

채무자 회생 및 파산에 관한 법률 제564조 제1항은 "법원은 다음 각 호의 어느 하나에 해당하는 때를 제외하고는 면책을 허가하여야 한다" 라고 규정하면서 그 제2호에 "채무자가 파산선고 전 1년 이내에 파산 의 원인인 사실이 있음에도 불구하고 그 사실이 없는 것으로 믿게 하 기 위하여 그 사실을 속이거나 감추고 신용거래로 재산을 취득한 사실 이 있는 때"라고 규정하고 있으므로, 위 법률 제564조 제1항 제2호의 면책불허가사유에 해당하기 위해서는, 첫째 재산의 취득행위가 파산선 고 전 1년 내에 있어야 하고, 둘째 파산의 원인인 사실이 있음에도 불 구하고 그 사실이 없는 것으로 믿게 하기 위하여 그 사실을 속이거나 감추어야 하며, 셋째 신용거래로 인하여 재산을 취득하였어야 한다. 이 때 채무자가 파산의 원인인 사실이 없는 것으로 믿게 하기 위하여 그 사실을 속이거나 감추었다고 판단하기 위해서는, 채무자가 객관적으로 지급불능의 상태에 있었다는 사정만으로 부족하고, 채무자가 신용거래 로 재산을 취득하는 과정에서 상대방인 채권자에게 한 언행, 상대방인 채권자가 채무자에게 다액의 채무가 있다거나 지급불능의 상태에 빠질 수도 있다는 사정을 알고서 과다한 이익을 얻기 위하여 신용거래에 나 아간 것인지 여부 등 상대방인 채권자가 신용거래를 하게 된 경위, 채 무자의 전체 채무 중에서 위와 같이 취득한 재산이 차지하는 비중 및 그 증감의 정도, 신용거래의 성격 즉, 새로운 신용거래인지 아니면 종 전의 신용거래를 연장 내지 갱신한 거래에 지나지 않는지 여부, 채무자 가 신용거래로 취득한 재산의 사용처 등을 면밀히 심리하여 판단하여 야 한다. (대법원 2010.8.23. 자 2010마227 결정)

2. 면책불허가사유(제564조 제1호)

(1) 제1호

본 조 제1호는 파산자에게 제650조·제651조·제653조·제656조 또는 제658조의 죄에 해당하는 행위가 있다고 인정하는 때에는 면책을 허가하지 않을 수 있다고 규정하고 있다. 이들 범죄에 대한 기소 여부, 유죄판결 여부는 하나의 고려사항에 불과할 뿐이고, 수사 자체가 이루어지지 않거나 불기소되거나 무죄판결이 확정되었다고 하더라도 법원은 독자적으로 파산범죄에 해당하는 사실을 인정하여 면책불허가 결정을 할 수 있다.

가. 사기파산죄 유죄판결의 확정으로 인한 면책허가결정취소

면책허가결정을 한 후 사기파산의 죄로 유죄판결이 확정되면 법원은 파산채권자의 신청 또는 직권에 의하여 면책허가결정을 취소할 수 있다. 사기파산은 파산범죄 중에서도 그 죄질이 나쁘므로 이 경우에 한하여 특히 면책을 취소할 수 있게 한 것이다.

나. 사기파산죄 해당 행위

사기파산죄는 총 채권자의 이익을 보호함으로써 파산절차의 적정한 실현을 도모하기 위한 것이다.

1) 재산의 은닉, 손괴 또는 불이익한 처분행위

파산자가 파산선고의 전후를 불문하고 자기 또는 타인의 이익을 도모하거나 채권자를 해할 목적으로 파산재단에 속하는 재산을 은닉, 손괴 또는 채권자에게 불이익하게 처분하는 행위를 한 경우이다.

① 파산재단의 의미

본 호의 파산재단은 이른바 법정재단을 의미한다. '법정재단'은 파산자가 파산선고 당시에 가지는 일체의 재산을 말하지만, 여기에 파산자가 파산선고시에 생긴 원인에 기한 장래의 청구권(퇴직금청구권

등)이 포함되고, 압류금지재산은 제외된다. 그밖에 파산관재인의 부인권행사에 의하여 파산재단에 회복될 재산과, 손괴에 의하여 파산선고 전에 멸실된 경우 당해 행위가 없었다면 장래 법정재단에 속하게 되었을 재산도 포함한다.

② 은닉의 의미

'은닉'이란 채권자 또는 파산관재인에 대하여, 재산의 발견을 불가능 또는 곤란하게 하는 것을 말한다. 재산을 장소적으로 이동시켜 그 소재를 불명하게 하는 행위뿐만 아니라, 재산의 소유관계를 불명하게 하는 것도 은닉에 해당한다. 본 호의 은닉에는 강제집행면탈죄의 허위양도도 포함된다. 진실한 양도행위는 후술하는 불이익처분에 해당하는 것은 별론으로 하고, 은닉에는 해당하지 않는다.

③ 손괴의 의미

'손괴'란 물리적 훼손 등 재산의 가치를 감소시키는 일체의 행위를 포함한다. 대상으로 되는 재산의 범위에 관하여 동산 내지 부동산으로 제한하는 견해도 있다.

'채권자에게 불이익한 처분'이란 은닉, 손괴와의 균형상 염가매각, 증여와 같이 모든 채권자에게 절대적인 불이익을 미치는 처분행위를 말한다. 특정 채권자에 대한 본지변제는 반대급부와 현저한 균형을 잃은 경우와 같이 특별한 사정이 없는 이상 불이익한 처분에 해당하지 않는다고 한다.

행위의 시기는 파산선고의 전후를 묻지 않는다. 다만 사기파산죄는 총 채권자의 이익을 보호하기 위한 규정이므로 그 해당 행위를 인정하기 위해서는 그 행위시에 총 채권자의 이익을 해할 수 있는 객관적인 상황, 즉 파산원인인 채무초과 또는 지급불능이 발생할 상황에 있어야 한다.

④ 고의, 목적

본 호에 해당하기 위해서는 주관적 요건으로서 해당 행위에 대한 인식이 있어야 한다. 또한 파산개시에 대한 위험을 인식해야 한다.

파산원인을 이루는 구체적 사실의 인식으로 족하고, 그것이 파산원인을 구성하는가에 관한 판단까지 필요한 것은 아니다.

⑤ '자기 또는 타인의 이익을 도모하거나 채권자를 해할 목적'

위의 목적과 같은 주관적 요소를 구성요건으로서 요구하고 있다. 여기에서 채권자란 특정채권자가 아닌 총 채권자를 해할 목적인 경우를 말한다.

목적이란 결과에 대한 미필적 인식만으로는 부족하고, 확정적인 인식 또는 적극적인 의욕을 필요로 한다. 목적이 실제로 달성되었을 필요는 없다.

2) 파산재단부담의 허위증가 행위

① 의의 및 취지

파산자가 파산선고의 전후를 불문하고 자기 또는 타인의 이익을 도모하거나 채권자를 해할 목적으로 파산재단의 부담을 허위로 증가시키는 행위를 하는 경우이다. 위의 경우를 면책불허가사유로 규정한 이유는 파산재단의 부담 증가는 총 채권자에 대한 배당가능성을 부당하게 저하시킬 위험이 있기 때문이다.

② 파산재단의 부담을 허위로 증가시키는 것의 예

재단채권을 증가시키는 것, 파산재단에 속하는 재산에 저당권이나 질권 등의 담보권을 설정하는 것이 전형적인 예이다. 허위의 채무를 부담하여 파산채권을 증가시키는 것도 여기에 해당되는 가에 대하여 견해의 대립이 있으나 긍정하는 것이 일반적 견해이다.

3) 상업장부의 부작성, 부실기재, 은닉, 손괴행위

① 의의 및 취지

파산자가 파산선고의 전후를 불문하고 자기 또는 타인의 이익을 도모하거나 채권자를 해할 목적으로 법률의 규정에 의하여 작성하여야 할 상업장부를 작성하지 아니하거나 이에 재산의 현황을 알 수 있는 정도의 기재를 하지 아니하거나 또는 불실한 기재를 하는 행위 또는 이를 은닉하거나 손괴하는 행위를 하는 경우이다. 위의 행위가 면책불허가 사유로 규정한 이유는 상업장부를 작성하지 않는 등의 행위는 파산재단의 범위를 정확하게 파악하는 것을 곤란하게 하기 때문이다.

② 실무에서의 처리

실무상 상업장부 작성의무 있는 자가 파산선고를 신청하는 예가 많지 않기 때문에 아직 본 호를 적용하여 면책을 불허가한 예는 없다.

③ 상업장부

'상업장부'란 상인이 그 영업상 재산 및 손익상황을 표시하기 위하여 상법상 작성하도록 의무 지워져 있는 장부를 말한다(상법 제29조 참조). 소상인에게는 이 의무가 없다(상법 제9조). 소상인이란 자본금액이 1천만원에 미달하는 상인으로서 회사가 아닌자를 말한다. 법인의 대표자가 이러한 행위를 하였더라도 일정한 지위에 있는 자의 사기파산죄 및 과태파산죄 소정의 행위에 해당할 뿐 본 호의 면책불허가사유에 해당하지 않는다.

④ '상업장부를 작성하지 아니하거나'의 의미

'상업장부를 작성하지 아니하거나'란 전혀 작성하지 않은 경우, 일응 상업장부의 외형은 갖추었지만 그 내용적 흠결이 중대하여 사회통념상 상업장부라고 말할 수 없는 경우도 포함하지만, 흠결이 그 정도가 아닌 경우에도 아래에서 보는 '재산의 현황을 알 수 있는 정도의 기재를 하지 아니한 경우'에 해당하므로 구분의 의미는 없다. '재산의 현황을 알 수 있는 정도의 기재를 하지 아니한'이란 어느 정도 관재업무의 수행에 지장을 생기게 하고, 법원이 동시폐지를 하여야 하는지 여부를 판단하기에 곤란하게 할 정도의 하자를 의미한다.

⑤ 은닉

은닉이란 채권자 또는 파산관재인에 대하여 장부의 발견을 불능 또는 곤란하게 하는것, 손괴란 장부의 본래의 효용을 해하는 것을 말한다.

⑥ 행위의 시기문제

행위의 시기는 파산선고의 전후를 묻지 않는다. 다만 장부가 폐쇄된 경우에는 폐쇄된 후의 행위는 문제될 여지가 없을 것이다.

4) 폐쇄장부의 변경, 은닉, 손괴 행위

① 의의 및 취지

파산법원의 법원사무관 등은 파산선고 후 곧 파산자의 재산에 관한 장부를 폐쇄하고 이에 서명 날인한 후 조서를 작성하여 이에 장부의 현상을 기재하여야 한다. 그런데 파산자가 파산선고의 전후를 불문하고 자기 또는 타인의 이익을 도모하거나 채권자를 해할 목적으로 법원사무관 등이 폐쇄한 장부에 변경을 가하거나 이를 은닉 또는 손괴하는 행위를 하는 경우 면책불허가사유에 해당된다.

② 실무에서의 처리

실무상으로는 장부를 폐쇄한 예는 매우 드물기 때문에, 본 호를 적용하여 면책불허가를 한 예는 없다.

③ 변경

'변경'이란 파산재단에 속하는 재산의 현황을 아는 것을 곤란하게 할 정도의 것이어야 한다.

본 호 행위에 개각체는 이와 같이 법원사무관 등이 폐쇄한 장부에 한한다. 장부란 상업장부에 한하지 않는다. 파산관재인이 자기의 이름으로 장부를 폐쇄하는 예가 있으나, 그와 같이 폐쇄된 장부를 변경, 은닉, 손괴하는 행위는 본 호에 해당하지 않는다고 보아야 할 것이다.

행위의 시기는 법문상 파산선고의 전후를 묻지 않는다고 되어 있지만 행위의 객체의 성질상 실제로는 파산선고 후의 행위만이 문제된다.

5) 과태파산죄 해당 행위(제6호)

과태파산죄 역시 총 채권자의 이익을 보호하기 위한 것으로서 사기파산죄와 같은 '자기 또는 타인의 이익을 도모하거나 채권자를 해할 목적'을 요건으로 하고 있지 않고, 행위태양의 일탈성 또한 사기파산죄보다 경미하다.

① 낭비, 도박 기타 사해행위

실무상 가장 자주 문제되는 면책불허가사유이다. 파산자가 파산선고의 전후를 불문하고 낭비 또는 도박 기타 사해행위를 하여 현저히 재산을 감소시키거나 과대한 채무를 부담하는 행위를 한 경우이다.

ⅰ) 낭비 : '낭비'는 채무자의 수입, 재산상태에 비추어 사회통념을 벗어나는 소비적 지출을 말한다. 일반적으로 채무자의 사회적 지위, 직업, 영업상태, 생활수준, 수지상황, 자산상태 등을 종합하여 고려하되 파산자와 같은 생활수준을 영위하는 일반인들을 기준으로 판단한다. 입법론으로는 낭비개념의 모호성을 주장하며 면책불허가사유에서 배제하여야 한다는 견해가 있고, 실무상으로도 낭비만을 이유로 면책을 허가하지 않는 것에 소극적인 견해도 있다.

ⅱ) 도박 : '도박'이란 우연한 승패에 관하여 재물을 거는 것을 말한다. 반드시 도박죄에 해당하는 행위에 한하지 않으며, 적법한 것으로 인정되고 있는 경마, 경륜 등도 포함한다. '기타 사행행위'란 도박에 준할 정도로 사행성이 높은 행위를 말한다. 투기 목적의 주식거래나 상품거래 등이 이에 포함된다.

ⅲ) 판단의 기준 : 낭비 또는 사해행위에 의하여 '현저하게 재산을 감소시키거나 과대하게 채무를 부담'하는 결과를 초래해야 한다. 어느 정도가 "현저"또는 "과대"에 해당하는가는 채무자의 사회적 지위, 직업, 영업상태, 생활수준, 수지상황, 재산상태 등을 종합하여 사회통념에 따라 판단한다.

ⅳ) 인과관계 : 낭비 또는 사해행위와 현저한 재산의 감소 또는 과대한 채무의 부담사이에는 상당인과관계가 있어야 한다. 낭비 또는 는 사해행위가 과대한 채무부담의 직접적인 원인이 아니고 간접적

인 원인에 지나지 않는 경우에는 본 호가 적용되지 아니한다.

② 현저한 불이익 조건의 채무부담 또는 신용거래 구입상품의 현저한 불이익 조건 처분

파산자가 파산선고의 전후를 불문하고 파산의 선고를 지연시킬 목적으로 현저하게 불이익한 조건으로 채무를 부담하거나, 신용거래로 상품을 구입하고 현저히 불이익한 조건으로 이를 처분하는 행위를 하는 경우이다.

ⅰ) 행위

채무 부담에 있어서 '현저히 불이익한 조건'이란. 채무의 변제기, 이율, 담보 등에 관하여 일반적인 거래 실정에 비추어 불합리하게 채무자에게 불이익한 것을 말한다. 실무상 채무자가 사채업자로부터 고이율의 금원을 차용한 사실이 나타나거나 신용카드 불법할인업자로부터 신용카드를 사용하여 물건을 구입한 것처럼 허위전표를 작성하고 고이율의 선이자를 공제한 나머지를 대출받는 방식의 신용카드 불법할인사실이 나타나는 경우에 본 호에 해당 할 수도 있다. 신용거래로 구입한 상품도 파산재단에 속하는 재산이므로 이를 불이익한 조건으로 처분하는 것은 총 채권자의 이익에 반하는 것이므로 면책불허가사유로 규정한 것이다. 해석상 상품 구입 당시 현저히 불이익한 조건으로 처분할 것을 예정하여 신용거래로 구입한 경우에 한하여 본 호를 적용한다. 신용거래한 대금후불 방식의 거래를 말한다. 신용카드를 사용하여 물건을 구입한 경우는 물론, 할부계약도 포함된다고 보는 것이 일반적이다. 실무상 신용카드로 냉장고, 세탁기 등 고가의 가전제품 또는 상품권 등을 구입함과 동시에 할인 매각함으로써 현금을 융통하는 경우에 본 호에 해당 할 수도 있다.

ⅱ) 고의, 목적

본 호에 해당하기 위해서는 해당 행위에 대한 인식이 필요함은 물론, 파산에 이를 수밖에 없다는 객관적인 상황을 인식해야 한다.

또한 파산선고를 지연시킬 목적이 있어야 한다. 파산선고를 완전히 회피할 목적도 이에 포함된다. 본 호의 목적은 사기파산죄의 목적과는 달리 희망 또는 의욕을 요하지 않고 확정적 인식으로 족하다고 해석한다.

③ 파산의 원인이 있음을 알면서 한 비본지 행위

파산자가 파산선고의 전후를 불문하고 파산의 원인인 사실이 있음을 알면서 어느 채권자에게 특별한 이익을 줄 목적으로 한 담보의 제공 또는 채무의 소멸에 관한 행위로서, 채무자의 의무에 속하지 아니하거나 그 방법 또는 시기가 채무자의 의무에 속하지 아니하는 행위를 한 경우이다. 채무자가 특정의 채권자에 대하여 편파적인 담보제공이나 채무소멸을 하여 일반채권자의 이익을 해하는 행위를 규정한 것이다.

ⅰ) 행위

'담보의 제공'이란, 저당권, 질권, 가등기담보, 양도담보권 등의 설정을 말한다. '채무의 소멸에 관한 행위'로는 주로 변제, 공탁, 상계, 대물변제, 경개, 해제계약, 상계계약이 문제된다. 실무상 소유하고 있던 부동산 등을 처분한 경우에는 채권자에게 대물변제조로 매도하는 사례가 많으므로 등기부등본을 제출하도록 하여 본 호의 행위에 해당하는지 확인할 필요가 있다.

"채무자의 의무에 속하지 않는 것"으로는, 무효 또는 취소할 수 있는 법률관계로 인한 채무, 자연채무, 시효에 걸린 채무 등에 대하여 변제를 하는 것, 특약이 없는데도 담보를 제공하는 것이 있다. "방법이 의무에 속하지 않는 것"이란 채무의 내용에 좇은 변제가 아닌 변제, 이른바 비본지변제를 가리키고 대물변제가 그 전형적인 예이다. "시기가 의무에 속하지 않는 것"이란 기한 전의 변제를 말한다. 본지변제는 본 호에 해당되지 않는다.

ⅱ) 목적

본 호의 행위는 파산의 원인인 사실이 있음을 알면서 어느 채권자에게 특별한 이익을 줄 목적을 가지고 행할 것임을 요한다. 그 채권자에게는 파산채권자 뿐만 아니라 별제권자, 재단채권자도 포함된다. 어느 채권자에게 특별한 이익을 줄 목적은 단순한 확정적 인식으로 부족하고 희망 또는 의욕을 필요로 한다.

6) 감수위반 또는 주거지이탈 행위

① 감수위반

파산자가 도망하거나 재산을 은닉 또는 손괴할 우려가 있는 때 법원은 감수명령을 발할 수 있다. 감수명령을 받은 파산자는 법원의 허가를 얻은 경우를 제외하고는 타인과 면접 또는 통신을 할 수 없다. 본 호는 이에 위반하는 파산자의 행위를 처벌함과 동시에 면책불허가사유로 한 것이다. 실무상 감수명령이 발령되는 예는 거의 없으므로 본 호가 적용되어 면책불허가를 한 예도 없다.

② 주거지 일탈

본 법은 파산자의 설명의무 이행의 확보와 재산은닉 방지를 위하여 파산자에게 법원의 허가 없이 거주지를 이탈하지 못하도록 정하고 있다. 이에 위반하는 행위는 처벌됨과 동시에 면책불허가사유가 된다. 동시폐지의 경우에는 파산선고와 동시에 파산절차가 폐지되므로 본 호의 적용이 없다.

7) 설명의무위반행위

① 설명요구권자

파산관재인, 감사위원 또는 채권자집회이다.

② 파산절차가 동시폐지된 경우

파산절차가 동시폐지된 경우는 본 호의 적용이 없다. 파산관재인에는 그 대리인을 포함한다. 감사위원의 업무집행은 과반수로 결정하므로, 설명요구권자로서의 감사위원은 각 감사위원을 가리키는 것이 아니라 합의체를 말한다고 해석된다. 채권자집회는 물론 합의체를 가리키므로, 설명을 구하기 위하여는 결의를 요한다. 또 이 설명요구권자에 법원은 포함되지 않는다. 법원에 대한 설명거부나 허위의 설명은 본조 제3호, 제5호의 면책불허가사유가 되고, 제559조에 의하여 면책각하사유가 된다.

③ 파산에 관하여 필요한 설명

'파산에 관하여 필요한 설명'은 파산에 이른 사정, 파산재단, 파산채권, 재단채권, 부인권, 환취권, 별제권, 상계권 기타 파산관재 업무에 필요한 일체의 사항에 미친다.

④ '이유 없이'의 의미

'이유 없이'란 정당한 사유가 없다는 취지이다. 헌법 제12조 제2항의 취지에 비추어 파산자 자신이 형사상 소추 또는 처벌을 받을 우려가 있는 사항에 관하여는 설명을 거절할 수 있다고 해석한다. 비밀유지의무가 있는 경우에도 마찬가지이다. 그러나 민사소송법상의 증언거부권 규정이 일반적으로 적용될 수 있는 것은 아니고, 설명의 필요성과의 균형을 고려하여 판단하여야 할 것이다. 파산자가 기억나지 않는다는 대답으로 일관하면서 비협조적인 태도를 유지하고 있지만 질문의 내용으로 보아 알지 못할 리가 없다고 생각되는 경우에는, 우선 본 호의 적용을 염두에 두어야 한다.

설명의무위반을 범한 파산자가 파산법원에 그 사실을 신고한 때에는 형을 감경 또는 면제할 수 있지만, 면책불허가사유가 존재함에는 변함이 없으며, 다만 재량면책에서 고려할 수 있을 뿐이다.

(2) 제2호

파산자가 파산선고 전 1년 내에 파산의 원인인 사실이 있음에도 불구하고 그 사실이 없는 것으로 믿게 하기 위하여 사술을 써서 신용거래로 인하여 재산을 취득한 사실이 있는 때에는 면책을 허가하지 않을 수 있다.

가. 재산의 취득행위가 파산선고 전 1년 내에 있어야 한다.

파산신청으로부터 파산선고시까지 심리에 상당한 기간이 걸리는 경우도 있어, 파산선고가 일찍 되었다면 본 호에 의하여 면책이 허가되지 않을 채무자가 파산선고의 지연으로 인해 본 호에 해당하지 않게 되는 부당한 결과가 생길 수 있기 때문에, 입법론으로서는 위 기간의 개시 시점을 파산신청시로 앞당겨야 한다는 주장도 있다. 실무에서는 위와 같은 부당한 결과를 방지하기 위해서 본 호 해당사유가 있을 것으로 예상되는 경우 신속히 파산절차를 진행하고 있다.

나. 파산의 원인인 사실이 있어야 한다.

파산원인에 관하여는 검토한 바와 같으나, 면책에 있어서는 지급불능만이 문제된다. 지급불능이란, 채무자가 자력이 없어서 즉시 변제하여야 할 채무를 일반적 계속적으로 변제하지 못하는 융자를 하거나 자력 없음을 안 후에 동정심에서 융자를 계속하였다고 해도 지급불능이라고 할 수 있는 경우가 있고, 채무자가 자의 자력을 과소평가 하여 지급을 정지하였더라도 지급불능이 아닌 경우도 있을 수 있다. 또 채무자가 상품의 염가매각이나 고리의 사채사용 등에 의해 무리하게 조달한 자금으로 변제를 계속하면 자력이 있는 것 같은 외관을 보이더라도 객관적으로는 지급불능이라고 판단되는 경우도 있을 수 있다.

다. 사술을 사용했어야 한다.

사술이란, 행위자에게 파산원인인 사실이 있음에도 그렇지 않은 것처럼 상대방을 착오에 빠뜨리는 행위를 말한다. 문제는 부작위에 의한 사술도 본 호의 사술에 포함할 것인가 문제된다. 실무상 지급불능에 빠진 채무자가 여러곳의 사채업자로부터 금원의 차용을 계속하는 행위가 흔히 발견되는데, 이 때 채무자가 이미 경제적으로 파산상태에 있음을 고지하지 않은 것을 사술로 볼 것인가에 관하여는 견해가 나뉘고 있다. 지급불능의 상태에 있는 대부분의 파산자는 계속하여 금원을 차용하는 경우가 통례인데 단순히 불고지라는 소극적인 태도만으로 사술에 해당한다고 해석하는 것은 부당하다는 견해가 다수이다.

라. 신용거래로 인하여 재산을 취득하여야 한다.

신용거래란, 대금 후불 형태의 거래를 말한다. 상대당이 위 오신의 결과 신용거래에 응하여 채무자에게 신용을 공여할 것을 요한다. 재산에는 동산, 부동산, 채권, 무체재산권 기타 재산을 포함한다.

재물의 점유가 이전되거나 재산상의 이익을 취득할 것을 요한다. 사기죄에 비유하자면 기수에 이른 것을 말한다. 재물 등을 취득하는 자는 파산자와 특별한 관계가 있는 제3자, 예컨대 파산자의 대리인으로서 그의 이익을 위하여 수령하는 자나 파산자나 제3자의 이익을 위하여 재물을 취득시킬 목적으로 하는 경우의 제3자로 좋다.

마. 인과관계의 존재

파산자의 사술, 상대방의 오신, 신용거래, 재산의 취득 사이에는 순차인과관계가 있을 것을 요한다. 재산의 취득으로 본 호의 행위가 성립하고, 그 후 일부변제를 하였다고 하더라도 본 호의 성립에는 영향이 없다. 변제하였다는 점은 재량면책의 정상으로 고려하면 족하다. 따라서 이미 전액 변제를 하여 파산신청시에는 소멸한 채권도 조사의 대상이 된다.

바. 고의의 존재

본 호의 고의는 전술한 각 구성요건 사실에 대한 인식, 인용이다. 스스로 지급불능인 사실을 인식할 것을 요하지만, 본 법상의 지급불능에 해당하는가 아닌가의 법률상의 평가 또는 인식은 요하지 않는다.

(3) 제3호

채무자가 허위의 채권자목록 그 밖의 신청서류를 제출하거나 법원에 대하여 그 재산상태에 관하여 허위의 진술을 한 때도 면책불허가사유가 된다. 파산자는 면책의 신청과 동시에 채권자명부를 제출할 의무가 있고, 심문기일에 파산자의 재산상태에 대하여 진실하게 진술하여야 한다. 파산자가 이러한 의무에 위반하여 허위의 채권자명부를 제출하거나 법원에 대하여 그 재산상태에 관하여 허위의 진술을 한 때에는 면책불허가사유에 해당된다.

　가. 채권자 명부기재사항의 허위기재

채권자명부에는 파산채권자의 성명 및 주소, 파산채권의 액 및 그 원인, 별제권이 있는 때에는 그 목적 및 그 행사에 의하여 변제를 받을 수 없는 채권액을 기재하여야 한다. 따라서 위 각 기재사항에 관하여 허위의 기재를 한 경우가 본 호에 해당한다.

　나. 진술의 의미

진술이란 파산절차 및 면책절차에서의 채무자의 법원에 대한 진술을 말한다. 심문기일에서의 구두진술 뿐 아니라 진술서의 제출에 의한 진술을 포함한다. 진술의 대상은 적극재산 및 소극재산이며, 현재의 재산상태만이 아니라 당해 재산상태의 조성과정도 포함한다. 판례는 파산자가 자기 소유 명의로 토지대장에 등재된 부동산이 있으면서도 법원에 대하여는 재산이 아무것도 없다고 하는 진술을 함으로써 파산절차비용도 변제할 수 없는 것으로 인정되어 파산폐지결정을 받은 경우 이에 해당한다고 보고있다.

본 호를 해석함에 있어 제566조 제6호가 비면책 채권으로서 '파산자가 악의로 채권자명부에 기재하지 아니한 청구권'을 규정하고 있으므로 그 규정과의 모순 없는 해석을 위하여 면책불허가사유에 해당하기 위해서는 '채권자를 해할 의사로써' 허위의 채권자명부를 작성하거나 재산상태에 대하여 허위의 진술을 한 경우에 한정된다고 보고 있다.

　(4) 제4호

채무자가 파산절차 후 면책결정을 받은 경우에는 7년, 개인회생절차에 의한 면책결정을 받은 경우에는 5년 내의 면책받은 사실이 없어야 한다.

단기간에 여러 차례의 면책을 허용하게 되면 파산자가 면책제도를 악용할 위험이 있고 무책임한 경제활동을 추인하는 것으로 될 수도 있으므로 이를 억제하기 위한 정책적인 고려에서 면책불허가 사유로 한 것인데, 실무에서는 그 사례가 많지 않다.

면책신청 전 채무자가 파산절차 후 면책결정을 받은 경우에는 7년, 개인회생절차에 의한 면책결정을 받은 경우에는 5년 내에 본법 상의 면책을 얻었을 것이 그 요건이다. 면책을 얻을 때란 면책결정이 확정되어 그 효력이 발생한 때를 말한다.

(5) 제5호

채무자가 채무자회생및파산에관한법률이 정하는 채무자의 의무를 위반한 때도 면책불허가사유에 해당한다. 본 호는 채무자회생및파산에관한법률상의 의무위반 일반을 대상으로 한다. 본 조 제1호 내지 제3호도 물론 본법상의 의무위반행위지만 본 호가 이에 대한 특별 규정이므로 위 각호의 규정이 본 호에 우선하여 적용되고, 본 호는 보충적으로 적용된다.

적용 요건은 파산자가 본법상의 의무에 위반하는 것이다. 구체적으로는, 파산자가 파산선고 전에 변제금지의 가처분에 위반하여 변제를 한 경우, 파산자가 정당한 사유 없이 채권조사기일에 출석하지 아니하거나 의견의 진술을 거절하고 대리인에 의한 출석 및 의견진술도 하지 않은 경우, 법원에 필요한 직권조사로서 파산자에게 재산상황에 관하여 설명을 요구하고 관계서류의 제출을 명하였으나 이에 따르지 않은 경우 등이 있다. 파산자가 면책절차에서 파산자심문기일에 정당한 이유 없이 출석하지 아니하거나 출석하여도 진술을 거부하면 면책신청을 각하할 수 없으나, 만약 각하하지 않고 속행한다고 하더라도 본 호에 의하여 면책을 불허가할 수 있다.

3. 재량면책

(1) 재량면책의 의의

　채무자회생및파산에관한법률 제564조에 의하면 법원은 면책불허가사유가 존재하는 경우 면책불허가 결정을 "할 수 있다"고 규정하고 있으므로, 면책불허가사유가 있다고 하더라도 재량에 의하여 면책을 허가할 수 있다고 해석된다. 이를 실무상 재량면책이라고 한다. 재량면책은 그 면책의 범위에 따라 전부면책 또는 일부면책으로 구분될 수 있는데, 실무에서는 일부면책은 물론 전부면책도 허용하고 있다.

(2) 재량면책의 기준

　재량면책은 면책불허가사유에 해당하는 행위의 경중에 따라 판단하되 행위 내용이 가벼운 경우에는 보다 유연하게 재량면책을 인정해야 할 것이고, 행위의 정도가 무거운 경우에는 보다 특별한 사정을 고려하여 결정해야 할 것이다.

　재량면책을 결정함에 있어 참작해야 할 사유로는 면책불허가사유에 해당하는 행위의 경중, 채무의 발생원인과 증가 경위, 변제노력의 정도, 파산자와 가족들의 현재의 생활정도, 경제적 갱생에 대한 의욕과 갱생의 가망성, 채권의 종류와 내용이나 채권자의 신용조사의 태양 등 채권자 측의 사정, 이의신청의 유무 등 제반사정을 고려하여 결정하되, 기본적으로 면책제도가 파산자의 경제적 갱생을 통한 사회복귀를 실현하려는 사회정책적 기능을 유념해야 한다.

(3) 일부면책

　재량면책을 결정함에 있어 파산자가 앞으로도 상당한 정도의 소득을 얻을 수 있으리라 예상되는 경우 일부면책을 고려할 수 있다.
　일부면책의 방법으로는 특정 채권을 면책의 대상에서 제외하는 방법, 파산자의 특정 재산을 파산채권자들을 위한 책임재산에서 제외하는 방법, 모든 채권자에게 공통된 비율로 채무의 일정비율을 면

책의 대상에서 제외하는 방법이 거론되고 있다. 일부면책에 대하여
는 이론적으로 타당한지 여부에 대하여 다툼이 있으나, 실무는 파산
자와 채권자 사이의 구체적 타당성이 있는 결론을 도출하기 위하여
필요한 경우 일부면책을 하고 있다. 일부면책의 방법은 기본적으로
모든 채권자에 대하여 채무의 일정 비율로 면책을 하고 있으며, 특
별한 사정이 있는 경우 특정채권을 면책의 대상에서 제외하는 결정
을 하고 있다. 일부면책을 결정함에 있어 유의해야 할 점은 장래 파
산자의 경제적 갱생에 장애가 되지 않도록 잔존채무를 결정해야 한
다는 것이다.

◨ 판 례 ◨

■ [대여금]

채무자 회생 및 파산에 관한 법률 제564조에 의한 면책결정의
효력이 별제권자의 파산채권에도 미치는지 여부(적극)

채무자 회생 및 파산에 관한 법률 제566조는 "면책을 받은 채무자는 파산절차에 의한 배
당을 제외하고는 파산채권자에 대한 채무의 전부에 관하여 그 책임이 면제된다. 다만 다
음 각 호의 청구권에 대하여는 책임이 면제되지 아니한다."고 규정하면서 같은 법 제411
조의 별제권자가 채무자에 대하여 가지는 파산채권을 면책에서 제외되는 청구권으로 규
정하고 있지 아니하므로, 같은 법 제564조에 의한 면책결정의 효력은 별제권자의 파산채
권에도 미친다. 따라서 별제권자가 별제권을 행사하지 아니한 상태에서 파산절차가 폐지
되었다고 하더라도, 같은 법 제564조에 의한 면책결정이 확정된 이상, 별제권자였던 자
로서는 담보권을 실행할 수 있을 뿐 채무자를 상대로 종전 파산채권의 이행을 소구할 수
는 없다. (대법원 2011.11.10. 선고 2011다27219 판결)

4. 면책결정의 효력발생시기(법 제565조)

면책허가결정은 확정되어야 그 효력이 발생한다.

면책허가 결정은 형성적 효과를 그 내용으로 하고 달리 소급효를

인정하는 규정도 없으므로 소급효가 인정되지 않는다.

5. 면책의 효력

(1) 파산채권자에 대한 효력(법 제566조)

가. 책임의 면제

면책을 받은 채무자는 파산절차에 의한 배당을 제외하고는 파산채권자에 대한 채무의 전부에 관하여 그 책임이 면제된다. 파산채권은 파산자에 대한 면책허가결정의 확정에 의하여 그 책임이 소멸하고, 자연채무로 된다는 것이 일반적 견해이다. 즉 통상의 채권이 가지는 소 제기의 권능과 집행력을 상실하고, 단순히 임의의 변제를 청구할 수 있는 권능 및 변제에 의한 급부를 보유할 수 있는 권능만이 남게 된다. 따라서 파산자가 면책허가를 받았더라도 그 후 임의의 변제는 유효한 변제로서 채권자의 부당이득의 문제는 생기지 않는다.

나. 면책되지 아니하는 채권

다음의 청구권에 대해서는 면책을 받더라도 책임이 면제되지 않는다.

1) 조세채권

여기에서 말하는 조세채권은 파산채권이 되는 것에 한정되기 때문에 재단채권인 국세징수법 또는 국세징수의 예에 의하여 징수할 수 있는 청구권은 제외된다.

채무자회생및파산에관한법률 제566조의 입법 취지는 국고의 조세수입을 안정적으로 확보하기 위한 것인데, 그러한 이유만으로 조세채권을 면책대상채권에서 제외하는 것에 대하여는 의문을 제기하는 견해가 많다. 그러나 우리나라의 경우에는 현재 모든 조세를 국세징수법 또는 국세징수의 예에 의하여 징수하기 때문에 본 조의 조세채권에 해당하는 조세가 없으므로, 현실적으로 아무런 의미가 없다.

재단채권인 조세채권은 파산채권의 면책을 규정한 본조 본문에 의하여 비면책채권이 된다.

2) 벌금, 과료, 형사소송비용, 추징금 및 과태료

이들 공법상 청구권은 후순위채권에 해당하지만 형벌 내지 질서벌이고 직접 본인에게 그 고통을 주는 것을 목적으로 하는 성질상 실제로 이행시켜야 하기 때문에 비면책채권으로 한 것이다.

3) 채무자가 악의로 가한 불법행위에 기한 손해배상청구권

이와 같이 사회적으로 비난을 받을 만한 행위에 기한 채권은 어디까지나 파산자에게 직접 부담시켜야 한다는 판단에 기한 것이다. 고의의 불법행위에 기한 것에 한정되고 과실에 의한 불법행위 또는 민법 제756조 등의 책임은 면책대상이 된다.

4) 채무자가 중대한 과실로 타인의 생명 또는 신체를 침해한 불법행위로 인하여 발생한 손해배상

5) 채무자의 근로자의 임금·퇴직금 및 재해보상금

6) 채무자의 근로자의 임치금 및 신원보증금

근로자의 보호라는 사회정책적 고려에서 급료와 사내예금 등 임치금과 신원보증금을 비면책채권으로 한 것이다.

7) 채무자가 악의로 채권자목록에 기재하지 아니한 청구권

다만, 채권자가 파산선고가 있음을 안 때에는 그러하지 아니하다. 여기서 채권자목록이란 파산자가 면책신청을 하면서 제출하는 것을 의미한다. 파산자가 알면서도 채권자목록에 특정채권자를 기재하지 아니한 경우에는 그 대상 채권자가 면책절차에 관여하여 면책에 대한 이의를 제기할 수 있는 기회를 박탈당하였기 때문에 비면책채권으로 한 것이다. 따라서 채권자 목록에 기재되지 않은 채권자가 파산선고 사실을 안 경우는 제외된다.

8) 채무자가 양육자 또는 부양의무자로서 부담하여야 하는 비용

▣ 판 례 ▣

■ [사해행위취소]

1. 채무자 회생 및 파산에 관한 법률 제566조 제7호에서 말하는 '채무자가 악의로 채권자목록에 기재하지 아니한 청구권'의 의미 및 채무자의 악의 여부의 판단 기준

채무자 회생 및 파산에 관한 법률 제566조 제7호에서 말하는 '채무자가 악의로 채권자목록에 기재하지 아니한 청구권'이라고 함은 채무자가 면책결정 이전에 파산채권자에 대한 채무의 존재 사실을 알면서도 이를 채권자목록에 기재하지 않은 경우를 뜻하므로, 채무자가 채무의 존재 사실을 알지 못한 때에는 비록 그와 같이 알지 못한 데에 과실이 있더라도 위 법조항에 정한 비면책채권에 해당하지 아니하지만, 이와 달리 채무자가 채무의 존재를 알고 있었다면 과실로 채권자목록에 이를 기재하지 못하였다고 하더라도 위 법조항에서 정하는 비면책채권에 해당한다. 이와 같이 채권자목록에 기재하지 아니한 청구권을 면책대상에서 제외한 이유는, 채권자목록에 기재되지 아니한 채권자가 있을 경우 그 채권자로서는 면책절차 내에서 면책신청에 대한 이의 등을 신청할 기회를 박탈당하게 될 뿐만 아니라 그에 따라 위 법 제564조에서 정한 면책불허가사유에 대한 객관적 검증도 없이 면책이 허가, 확정되면 원칙적으로 채무자가 채무를 변제할 책임에서 벗어나게 되므로, 위와 같은 절차 참여의 기회를 갖지 못한 채 불이익을 받게 되는 채권자를 보호하기 위한 것이다. 따라서 사실과 맞지 아니하는 채권자목록의 작성에 관한 채무자의 악의 여부는 위에서 본 위 법 제566조 제7호의 규정 취지를 충분히 감안하여, 누락된 채권의 내역과 채무자와의 견련성, 그 채권자와 채무자의 관계, 누락의 경위에 관한 채무자의 소명과 객관적 자료와의 부합 여부 등 여러 사정을 종합하여 판단하여야 하고, 단순히 채무자가 제출한 자료만으로는 면책불허가 사유가 보이지 않는다는 등의 점만을 들어 채무자의 선의를 쉽게 인정하여서는 아니된다.

2. 채권자목록에 누락된 을의 구상금채권이 채무자 회생 및 파산에 관한 법률 제566조 제7호의 비면책채권에 해당하지 아니한다고 한 원심에 대하여, 제반 사정에 비추어보면 갑이 과실로 채권자목록에 을에 대한 구상금채무를 기재하지 아니하였다고 볼 수는 있을지언정, 갑이 을의 구상금채권의 존재를 알지 못하였다고 인정할 수 있는 근거가 되는 사정이라 할 수 없다는

등의 이유를 들어 원심판결을 파기한 사례

채권자목록에 누락된 을의 구상금채권이 채무자 회생 및 파산에 관한 법률 제566조 제7
호의 비면책채권에 해당하지 아니한다고 한 원심에 대하여, 제반 사정에 비추어보면 갑
이 과실로 채권자목록에 을에 대한 구상금채무를 기재하지 아니하였다고 볼 수는 있을지
언정, 갑이 을의 구상금채권의 존재를 알지 못하였다고 인정할 수 있는 근거가 되는 사
정이라 할 수 없다는 등의 이유를 들어 원심판결을 파기한 사례. (대법원 2010.10.14. 선고
2010다49083 판결)

▣ 판 례 ▣

■ [청구이의]

1. 파산채권은 면책신청의 채권자목록에 기재된 경우에만 채무자 회생 및 파산에 관한 법률 제566조에 따라 그 책임이 면제되는지 여부(소극)

채무자 회생 및 파산에 관한 법률 제423조에 "채무자에 대하여 파산선고 전의 원인으로
생긴 재산상의 청구권은 파산채권으로 한다", 제566조에 "면책을 받은 채무자는 파산절
차에 의한 배당을 제외하고는 파산채권자에 대한 채무의 전부에 관하여 그 책임이 면제
된다. 다만, 다음 각 호의 청구권에 대하여는 책임이 면제되지 아니한다"고 규정하고 있
으므로, 파산채권은 그것이 면책신청의 채권자목록에 기재되지 않았다고 하더라도 위 법
률 제566조 단서의 각 호에 해당하지 않는 한 면책의 효력으로 그 책임이 면제된다.

2. '채무자가 중대한 과실로 타인의 생명 또는 신체를 침해한 불법행위로 인하여 발생한 손해배상'을 비면책채권의 하나로 규정한 채무자 회생 및 파산에 관한 법률 제566조 제4호에서 규정하는 '중대한 과실'의 의미

'채무자가 중대한 과실로 타인의 생명 또는 신체를 침해한 불법행위로 인하여 발생한 손
해배상'을 비면책채권의 하나로 규정한 채무자 회생 및 파산에 관한 법률 제566조 제4호
에서 규정하는 '중대한 과실'이란, 채무자가 어떠한 행위를 함에 있어서 조금만 주의를
기울였다면 생명 또는 신체 침해의 결과가 발생하리라는 것을 쉽게 예견할 수 있음에도

그러한 행위를 만연히 계속하거나 조금만 주의를 기울여 어떠한 행위를 하였더라면 생명 또는 신체 침해의 결과를 쉽게 회피할 수 있음에도 그러한 행위를 하지 않는 등 일반인에게 요구되는 주의의무에 현저히 위반하는 것을 말한다.

3. 벌점 누적으로 운전면허가 취소된 자가 차량을 운전하고 가던 중 졸음운전으로 진행방향 우측 도로변에 주차되어 있던 차량의 뒷부분을 들이받아 동승한 피해자에게 상해를 입힌 사안에서, 그 사고가 가해자의 '중대한 과실'에 의하여 발생하였다고 보기 어렵다는 이유로, 그로 인한 손해배상채권이 채무자 회생 및 파산에 관한 법률 제566조 제4호에 정한 비면책채권에 해당하지 않는다고 한 사례

벌점 누적으로 운전면허가 취소된 자가 차량을 운전하고 가던 중 졸음운전으로 진행방향 우측 도로변에 주차되어 있던 차량의 뒷부분을 들이받아 동승한 피해자에게 상해를 입힌 사안에서, 벌점 누적으로 운전면허가 취소된 것이라면 도로교통법상의 무면허운전이 위 사고의 직접 원인으로 작용하였다고 보기 어렵고 전방주시를 태만히 한 상태에서 졸음운전을 하였다는 점만으로 주의의무를 현저히 위반하는 중대한 과실이 있다고 어렵다는 이유로, 그로 인한 손해배상채권이 채무자 회생 및 파산에 관한 법률 제566조 제4호에 정한 비면책채권에 해당하지 않는다고 한 사례. (대법원 2010.5.13. 선고 2010다3353 판결)

▣ 판 례 ▣

▪ [청구이의]

1. '채무자가 중대한 과실로 타인의 생명 또는 신체를 침해한 불법행위로 인하여 발생한 손해배상'을 비면책채권의 하나로 규정한 채무자 회생 및 파산에 관한 법률 제566조 제4호에서 규정하는 '중대한 과실'의 의미

'채무자가 중대한 과실로 타인의 생명 또는 신체를 침해한 불법행위로 인하여 발생한 손해배상'을 비면책채권의 하나로 규정한 채무자 회생 및 파산에 관한 법률 제566조 제4호에서 규정하는 '중대한 과실'이란, 채무자가 어떠한 행위를 함에 있어서 조금만 주의를

기울였다면 생명 또는 신체 침해의 결과가 발생하리라는 것을 쉽게 예견할 수 있음에도 그러한 행위를 만연히 계속하거나 조금만 주의를 기울여 어떠한 행위를 하였더라면 생명 또는 신체 침해의 결과를 쉽게 회피할 수 있음에도 그러한 행위를 하지 않는 등 일반인에게 요구되는 주의의무에 현저히 위반하는 것을 말한다.

2. 중앙선이 설치된 편도 1차로의 국도를 주행하던 승용차가 눈길에 미끄러지면서 중앙선을 넘어가 반대차로에서 제설작업중이던 피해자를 충격하여 사망에 이르게 한 사안에서, 그 사고가 가해자의 '중대한 과실'에 의하여 발생하였다고 보기 어렵다는 이유로, 그로 인한 손해배상채권이 채무자 회생 및 파산에 관한 법률 제566조 제4호에 정한 비면책채권에 해당하지 않는다고 한 사례

중앙선이 설치된 편도 1차로의 국도를 주행하던 승용차가 눈길에 미끄러지면서 중앙선을 넘어가 반대차로에서 제설작업중이던 피해자를 충격하여 사망에 이르게 한 사안에서, 교통사고 발생 당시의 상황 등 여러 사정에 비추어 가해자가 약간의 주의만으로도 손쉽게 피해자의 생명 또는 신체 침해의 결과를 예견할 수 있는 경우임에도 주의의무에 현저히 위반하여 위 교통사고를 야기하였다고 보기 어렵다는 이유로, 그로 인한 손해배상채권이 채무자 회생 및 파산에 관한 법률 제566조 제4호에 정한 비면책채권에 해당하지 않는다고 한 사례. (대법원 2010.3.25. 선고 2009다91330 판결)

(2) 파산자에 대한 효력

면책허가결정이 확정되면 파산자는 당연히 복권되고, 공법, 사법상의 신분상의 제한이 소멸된다. 그러나 일부면책결정은 동시에 일부불허가결정 되기도 하므로, 확정되더라도 채무자회생및파산에관한법률 제574조 제1항 제1호에서 정하고 있는 "면책의 결정이 확정된 때"에 해당하지 아니하여 당연 복권되지는 않는다. 이 경우에 파산자는 일부 면책되지 않은 채무를 변제하거나 채권자의 면제 등으로 그 책임을 면하였다는 점을 증명하여 복권절차를 밟아야 한다.

그밖에 자연인이 파산선고를 받으면 금융기관이 관리하는 개인신용정보에 적색거래자로 분류되어 일정한 기간 각종 금융거래상의 불이익을 받게 되는데, 이는 파산에 따른 법률상의 효과가 아니므로 면책결정이 확정된다고 해서 당연히 면할 수 있게 되는 것은 아니다.

(3) 관련문제

가. 면책된 채무의 지급 약속

파산선고 후, 면책허가결정 확정 전에 파산자가 파산채권자와 사이에 경개, 준소비대차등의 계약을 체결하고 파산채권의 지급을 약속한 경우, 면책 제도의 취지에 비추어 파산채권을 기초로 하는 신채무에도 면책의 효과가 미친다고 본다. 면책허가결정 확정 후의 합의도 파산자가 새로운 이익을 얻기 위하여 종전의 채무도 함께 처리하기 위한 것이 아니라 채권자의 계속된 강요에 의하여 어쩔 수 없이 이루어진 것과 같이 파산자에게 아무런 이익도 없는 내용이라면 무효이다.

나. 면책대상 채무에 관한 소송상 화해

파산절차 해지 후 면책허가결정 확정 전에 채권자의 강제집행을 면하기 위하여 파산자가 소송상 화해를 하는 경우에는 파산자에게도 이익이 되고 채권자의 강제집행은 이를 저지할 수 없으므로, 채무의 지급약속을 하는 경우와 동일하게 볼 수는 없다. 적어도 면책허가결정 확정 전까지의 소송상 화해는 유효하다고 본다. 다만 화해의 내용에 따라 비본지변제로서 면책불허가사유에 해당하게 될 수 있다.

다. 피면책채권을 수동채권으로 하는 상계의 가부

면책의 효력을 받는 채권이 면책허가에 의하여 자연채권화하기 이전에 상계적상이 형성되어 있었던 경우에는 이 자연채무를 상계의 수동채권으로 하는 것은 가능하다.

라. 파산해지 후 면책결정 전의 강제집행

동시폐지 사건에서 파산채권자가 파산자의 면책절차 진행 중에 파산자가 새롭게 취득한 재산에 대하여 파산채권에 대한 개별집행을 할 수 있는가에 관하여는 견해의 대립이 있지만, 현행법상 면책절차 중의 강제집행을 금지하는 규정이 없으므로 허용하는 것이 타당하다. 또 면책결정은 일종의 형성재판이고 소급효를 인정하는 규정도 없어서 면책허가결정 확정 전의 변제에는 영향을 미치지 않으므로, 면책허가결정 확정 전의 강제집행에 의한 변제는 부당이득이 되지 않는다.

(4) 보증인 등에 대한 효과(법 제567조)

가. 보증인의 보증채무 및 물상보증인의 책임

파산자의 면책은 그 보증인, 기타 파산자와 공동으로 채무를 부담하는 공동채무자, 중첩적 채무인수인 등의 변제책임과 물상보증인이 제공한 담보에 아무런 영향을 미치지 않는다. 일반적으로 인적, 물적 담보가 제 기능을 발휘하는 것은 주채무자가 무자력인 경우이므로 면책의 효과가 보증채무에 미치지 않는 것은 당연하다고 할 것이다. 또 면책결정의 확정으로 파산채권은 자연채무로 남게 되고, 당해 채권의 책임재산이 파산재단에 한정되는 데 불과하므로, 보증채무 또는 담보권의 부종성에 반하는 것도 아니다.

나. 보증인 등의 구상권에 대한 영향

보증인의 면책결정의 확정 후 채권자에게 보증채무를 이행하고 파산자에 대한 구상채권을 취득하더라도 이는 면책 후에 새로이 취득한 채권이 아니라 이미 파산자에 대한 장래의 구상권으로 취득한 파산채권이 현실화된 것일 뿐이므로 당연히 면책의 효력을 받는다. 따라서 보증인은 파산자에 대하여 구상권을 행사할 수 없다. 보증인은 파산절차에서 일정한 요건하에 파산절차에 참가하여 배당받을 수 있는 권리가 보장되어 있다. 보증인 등의 구상권에 면책의 효력이 미치는 점을 고려하여 파산 및 면책절차에서의 채권자 일람표에 채무자를 위하여 보증을 한 보증인을 기재하도록 하고, 이들에게도 절차 참여의 기회를 부여하고 있다.

6. 면책결정의 기재(법 제568조)

법원사무관등은 면책의 결정이 확정되면 파산채권자표가 있는 경우에는 파산채권자표에 면책의 결정이 확정된 뜻을 기재하여야 한다.

확정된 파산채권에 대하여 파산자가 이의를 진술하지 아니한 경우에는 채권표의 기재가 채무명의가 되므로, 비면책채권의 채권자는 채권표에 집행문을 부여받아 파산자의 재산에 대하여 강제집행을 할 수 있고, 이에 대하여 파산자는 위 채권자의 채권이 면책되었다고 주장하여 청구이의의 소로써 다툴 수 있다.

7. 면책의 취소(법 제569조)

(1) 취소사유

사기파산에 관하여 파산자에 대한 유죄의 판결이 확정된 때에는 법원은 파산채권자의 신청에 의하여 또는 직권으로 면책취소의 결정을 할 수 있고, 파산자가 부정한 방법으로 면책을 얻은 경우에 파산채권자가 면책 후 1년 내의 면책의 취소를 신청할 때에도 면책취소의 결정을 할 수 있다.

면책의 취소신청서에는 1,000원의 인지를 붙인다.

(2) 면책취소에 관한 의견청취(법 제570조)

법원은 면책취소의 재판을 하기 전에 파산자 및 신청인의 의견을 들어야 한다.

(3) 면책취소결정의 효력발생시기(법 제571조)

면책취소의 결정은 확정된 후가 아니면 그 효력이 생기지 아니한다.

(4) 신채권자의 우선권(법 제572조)

면책의 취소가 있은 때에는 면책 후 그 취소에 이르기까지 사이에 생긴 원인으로 인하여 채권을 가지게 된 자는 다른 채권자에 우선하여 변제를 받을 권리를 가진다.

(5) 면책취소결정의 기재(법 제573조)

면책취소의 결정이 확정된 때에는 법원은 그 주문을 공고하고, 채권표가 있는 때에는 이에 면책취소의 결정이 확정된 뜻을 기재하여야 한다.

제2절 복권

1. 당연복권(법 제574조)

파산선고를 받은 채무자는 면책의 결정이 확정된 때, 채무자회생및파산에관한법률 제538조의 규정에 의한 신청에 기한 파산폐지의 결정이 확정된 때, 파산선고를 받은 채무자가 파산선고 후 채무자회생및파산에관한법률 제650조의 규정에 의한 사기파산으로 유죄의 확정판결을 받음이 없이 10년이 경과한 때에는 복권된다. 면책취소의 결정이 확정된 때에는 위 규정에 의한 복권은 장래에 향하여 그 효력을 잃는다.

2. 신청에 의한 복권(법 제575조)

(1) 신청에 의한 복권의 요건

변제, 대물변제, 공탁, 상계, 경개, 면제, 혼동, 소멸시효 등에 의하여 파산채권자에 대한 채무의 전부에 관하여 책임을 면할 것이 필요하다. 파산자 자신의 변제에 한하지 않고, 제3자에 의한 대물변제로도 좋다고 해석되고 있다. 또 여기에서 말하는 파산채권자란 신고를 하지 않아 배당절차에 참가하지 못한 채권자도 포함된다고 해석된다(단, 다툼이 있는 채권은 재판의 결과에 의한다).

(2) 신청방법

복권을 얻으려고 하는 파산자는 파산법원에 대하여 복권의 신청을 하고, 파산채권의 전부에 관하여 책임을 면한 것을 증명하는 서면을 제출하여야 한다. 이 복권신청서에는 1,000원의 인지를 붙인다.

(3) 관할

복권사건의 관할은 파산법원인데, 여기서 파산법원이란 파산선고를 한 법원을 말한다. 따라서 파산선고 후 주소지가 변경되었다고 하더라도 파산법원에 복권신청을 하여야 한다.

비용예납은 면책신청의 경우와 동일하게 처리한다.

(4) 신청서 접수 후의 처리

복권신청을 접수한 법원은 본 조에서 규정한 형식적 요건의 구비를 심사하고, 흠결이 있으면 그 보정을 명하며, 보정되지 않으면 신청을 각하한다. 때로는 심문기일을 지정하여 신청인 또는 파산채권자를 소환하여 복권제도의 취지와 그 요건에 관하여 설명하고, 실제로 책임을 면하였는지 확인하여야 할 경우도 있다.

(5) 결정

가. 이의신청이 이유있다고 인정되는 경우

심리 결과 채무가 잔존하는 사실이 소명되는 등 이의신청이 이유있다고 인정되면 복권신청을 기각하는 결정을 한다. 이에 대하여 파산자는 즉시항고를 할 수 있다.

나. 이의신청이 이유없다고 인정되는 경우

이의신청을 이유 없다고 인정하거나 공고가 있은 날로부터 3개월의 기간 내에 이의신청이 없는 때에는 복권허가의 결정을 한다. 이 결정에 대하여 파산채권자는 즉시항고를 할 수 있다.

다. 공고와 통지

복권결정이 확정되면 그 주문을 공고한다. 또 파산선고와 마찬가지로 복권결정이 확정된 후 파산자의 본적지(2008. 1. 1.부터 "등록기준지"로 변경) 시·구·읍·면장에게 그 취지를 통지한다.

3. 복권신청의 공고 등(법 제576조)

신청이 적법하다고 인정되면 복권의 신청이 있었다는 뜻을 공고하고, 이해관계인의 열람에 공하기 위하여 신청의 관계서류를 법원에 비치한다.

4. 복권신청에 관한 이의(법 제577조)

(1) 이의신청의 기한

파산채권자는 공고일로부터 3월 이내에 이의신청을 할 수 있다.

(2) 신청권자

복권의 실질적 요건은 파산채권자에 대한 채무의 전부에 관하여 책임을 면하였는가 여부에 있으므로, 복권의 신청에 이해관계를 가지는 것은 파산채권자 뿐이고, 기타의 자는 이의신청의 적격이 없다. 이 경우 파산채권자에는 신고를 하지 않은 채권자도 포함한다.

(3) 의견청취

이의신청이 있으면 파산자 및 이의신청인의 의견을 들어야 한다.

그 방법은 실무상 서면을 제출시키는 것으로도 충분하지만, 직권으로 필요한 조사를 할 수 있으므로 심문기일을 열어서 이의신청인과 파산자를 심문할 수도 있다.

5. 복권결정의 효력발생시기(법 제578조)

복권결정은 확정된 후부터 그 효력이 발생한다. 즉시항고에 의하여 결정이 취소되면 그 때까지 생긴 법률관계의 취급에 문제가 생길 가능성이 있으므로 복권의 효력은 복권결정이 확정되어야 비로소 생기는 것으로 하였다.

※ 부 록
(신용회복 절차 실무자료)

♣ 대부업 채무도 은행 채무와 동일한 기준으로 신용회복 지원

신용회복위원회는 **대부업체 채무를 보유하고 있는** 금융채무불이행자의 신용회복지원을 위하여

○ 43개 신용회복지원협약 가입 대부업체와 협의를 통해 대상채무 확대, 상환기간 연장 등 채무조정 기준을 완화하여 <u>은행업권과 동일한 기준</u>으로 채무조정을 지원하기로 하였음.

① 지원대상 채무 확대

○ 현행 5개월 이상 연체된 채무에 한하여 채무조정을 지원하였으나 3개월 이상 연체된 채무로 지원대상 채무를 확대

② 상환기간 연장

○ 현행 **최장 3년이내** 분할상환을 지원하였으나, **최장 8년*까지 상**환기간을 연장

　　* 소득액이 국민기초생활보장법상 최저생계비의 100분의 120 이하인 경우 최장 10년

③ 채무감면율 확대

○ 채무자가 신용회복 지원을 신청하면 채무자의 상환여력 등 심사를 통해 **이자 및 연체이자는 전액**, 연체기간이 12개월을 경과한 채무는 **원금감면율 최대 30%에서 50%까지** 확대

< 업권별 채무조정 지원대상 및 기준 비교 >

지원구분	대부업권		금융업권
	개선 전	개선 후	
조정대상 채 무	5개월 이상 연체된 채무	3개월 이상 연체된 채무	1개 회원기관에 3개월 이상 연체채무 부담시 여타 금융회사의 모든 채무가 조정대상
상환기간	3년 이내 분할상환	8년 이내 분할상환**	8년 이내 분할상환**
채무조정*	12개월 이상 연체채권은 최대 원금의 30%까지 감면	12개월 이상 연체채권은 최대 원금의 50%까지 감면	상각채권에 한하여 최대 원금의 50%까지 감면

* **사회소외계층**의 경우 최대 원금의 **60~70%**까지 감면

** 소득액이 최저생계비 기준 **120%** 이하인 자는 **최장 10년이내**

금번 대부업권 채무조정 기준 완화는 2013. 5. 13일부터 **시행하며**, 지원대상 대부업체는 「신용회복지원협약」에 가입한 43개 **대부업체**로서(대부업등록 자산관리회사<196개>가 은행 등 금융기관으로부터 매입한 연체채권은 이미 은행업권과 동일한 지원기준을 적용중)

◦ 시장 점유율이 **채무액 기준**으로 69.0%*에 달하여 대부업체 채
  무보유자에 대한 **신용회복지원**의 **실효성**이 크게 높아질 전
  망임

  * '12.6월말 대부업 실태조사 결과 : 신용회복지원 협약가입 대
    부업체 총대출자산(5조8,448억원) / 조사대상 전체 대부업
    체 총대출자산(8조4,740억원)

  앞으로도 신용회복위원회는 대부업체의 **신용회복지원협약**」 가입
  확대 추진 등 대부업체 연체채무 보유자에 대한 원활한 신용회
  복지원을 위해 지속적으로 **노력할 예정**임

신용회복지원협약」 가입 대부업체 현황

(2013. 5. 9. 현재)

순번	기 관 명	순번	기 관 명
1	(주)강남캐피탈	23	(주)에이스파이낸셜대부
2	(주)나이스대부	24	에이앤피파이낸셜대부(주)
3	대부헬로우크레디트(주)	25	(주)에이원캐피탈
4	(주)동그라미대부	26	(주)엘하비스트
5	동양파이낸셜(주)	27	예스캐피탈(주)
6	(주)리드코프	28	(주)오리온캐피탈
7	(주)머니라이프	29	와이케이대부(주)
8	미즈사랑대부 (주)	30	원캐싱대부(주)
9	(주)바로크레디트대부	31	웰릭스캐피탈(주)
10	(주)베르넷크레디트	32	웰컴크레디라인대부(주)
11	베스트캐피탈대부(주)	33	이코멕스자산관리대부일차에쿼티(주)
12	(주)비컴콜렉션	34	케이제이아이대부금융(유)
13	산와대부(주)	35	(주)조이크레디트
14	(주)스타크레디트대부	36	(주)케이아이코아즈대부
15	(주)씨씨콜렉션	37	(주)콜렉트대부
16	(주)씨에프피대부	38	(주)태강대부
17	(주)씨엔에스대부	39	(주)티엔에스코리아인베스트먼트
18	(주)액트캐쉬	40	티와이머니대부 (주)
19	앤알캐피탈(주)	41	(주)핀메이트
20	(주)어프로치대부	42	하이캐피탈대부(주)
21	에이스론	43	(주)휴앤케이파트너스대부
22	(주)에이스비지니스앤대부		

♣ 개인회생 · 파산 신속처리절차(Fast Track) 시범시행

1. 개 요

☐ 서울중앙지방법원(법원장 황찬현)과 **신용회복위원회**(위원장 이종휘)는 **대한법률구조공단과 연계**하여

　신용회복위원회(이하 신복위)로부터 채무상담을 받은 **개인회생·파산 신청자**에 대하여 관련 절차를 **신속처리**하는 Fast Track을 이달 15일부터 **시범시행**함

<Fast Track 개요>

i) 신용회복위원회는 채무상담을 통해 개인워크아웃제도의 이용이 어려운 채무자에게 채무내역, 소득, 재산내역 등이 기재된 「신용상담보고서」를 무료로 교부하여 법률구조공단에 인계하고

ii) 법률구조공단은 동 「신용상담보고서」를 제출한 채무자를 대상으로 개인회생·개인파산 신청과 관련된 무료 소송대리 절차를 진행하며

iii) 법원은 동 접수 사건에 대하여 개인회생·개인파산신청서의 부채증명서 첨부 생략, 재산 및 소득조사 간소화 등의 인센티브를 제공하는 등으로 신속한 채무조정 절차를 진행하는 구조로 시행

☐ 이번 Fast Track 시행은 과중채무자가 신복위와의 상담후 **신용상담보고서」를 무료로 교부**받아 본인에게 가장 적합한 **채무자구제제도***를 **선택**토록 하고,
　　* 개인워크아웃, 개인회생, 개인파산 등

　법원의 개인회생·개인파산제도를 이용하는 채무자에게 **실질적인 소송구조**를 제공함과 동시에 **신속하고도 적정한 절차의 이용**이 가능하도록 지원하기 위한 조치임

2. 경과

□ 이번 조치는 지난해 9월　서민가계 안정을 위한 신용회복지원제도
　　발전방향」을 주제로 개최된 **신복위 창립 10주년 기념 심포지
　　엄**을 계기로 서울중앙지방법원과 신복위가 수차례 논의하고

　　지난 3월 18일 법원행정처 주관으로 **가계부채와 개인회생·파산
　　제도의 합리적 운용에 관한 심포지엄**」을 개최하여 Fast Track
　　실시에 대한 **공감대를 형성**함에 따라 본건 시범실시를 시행하
　　게 되었음

3. 기관별 역할

〈신복위〉

□ 과중채무자와의 상담을 통해 본인에게 가장 적합한 채무자 구제제
　　도를 선택할 수 있도록 **정보를 제공**하고

　　신복위의 개인워크아웃제도 이용이 어려운 채무자에게는 개인회생
　　또는 개인파산신청에 제공될 수 있는 「**신용상담보고서**」를 무
　　료로 **발급**하여 **대한법률구조공단에 연계**

　ㅇ 동 「신용상담보고서」에는 신용등급과 함께 채무, 소득, 재산 내역
　　　등의 **종합재무상태를 기재**

〈대한법률구조공단(개인회생·파산 종합지원센터)〉

□ 신복위와의 상담을 거쳐 신용상담보고서를 제출한 채무자에 대하
　　여 **무료로 신속한 소송대리절차를 진행**

〈서울중앙지방법원〉

□ 법률구조공단에서 접수하는 개인회생 및 개인파산 신청 사건에 대
　　하여 신청서에 첨부하여야 하는 **부채증명서 첨부 생략**, 재산
　　및 **소득조사 간소화** 등의 **인센티브를 제공**

　ㅇ Fast Track을 통하여 **신속한 절차** 진행으로 채무자의 **시간적·경
　　　제적 부담을 감경**하는 한편, 개인회생·개인파산 신청과정에서
　　　소위 브로커의 개입으로 발생하는 채무자의 재산·소득에 대한
　　　허위정보의 제공을 차단하여 **적정한 절차의 진행을 기대**할
　　　수 있음

4. 기대효과

□ 이번 조치로 과중채무자는 본인의 상황에 가장 **적합한 채무자구제제도 선택**, 실질적인 **소송구조 서비스**를 통한 **비용 절감** 등의 혜택을 기대할 수 있고

또한 법원의 개인회생·개인파산 제도를 이용하는 채무자에게 **실질적인 소송구조**를 제공함과 동시에 **신속·적정한 절차 진행**으로 **경제적 조기회생**의 기회를 부여할 것으로 기대됨

문의안내 : 신용회복위원회(상담센터 ☎ 1600-5500)

※ **별첨 : Fast Track 절차도**

Fast Track 절차도

신용회복위원회	• 채무자 방문 • 상담 및 필터링(개인워크아웃/개인회생/개인파산/자구노력) • 개인회생·파산 사유 조사 및 재산·소득의 검증(검증자료 구비) • 의견서(신용상담보고서) • 채무자에 적합한 소송구조기관 등으로 안내

↓

법률구조공단 (개인회생·파산 종합지원센터)	• 신용회복위원회에서 이관된 자료 검토 및 확인 • 신청서 작성에 필요한 기타 서류 준비 • 신청서 작성 및 접수 (개인회생/개인파산)

↓

	개인회생	개인파산
법원	• 회생위원의 신속한 조사보고 -신청서 검토 -신복위의 의견서 검토 및 활용 -재산 소득 자료 검토 • 법원의 신속한 개시결정 -채권자 이의시 추가조사 • 채권자집회 및 변제계획인가 • 신용회복위원회에 통보	• 파산선고 및 관재인 선임 • 관재인의 신속한 조사보고 -신청서 검토 -신복위의 의견서 검토 및 활용 -재산 소득 자료 검토 -채권자 이의시 추가조사 • 채권자집회 및 면책결정 • 신용회복위원회에 통보

↓

신용회복위원회	• 채무자에 대한 인가(개인회생), 면책(개인파산) 후 신용상담사의 상담서비스 제공 • 신용회복위원회의 도움을 받아 변제계획이행 등 신용회복 노력

1. 신용회복지원제도란

개인 및 개인사업자 중 협약 등에서 규정하는 일정 요건을 갖춘 채무자를 대상으로 상환기간의 연장, 분할상환, 이자율조정, 변제기 유예, 채무감면 등의 채무조정 수단을 통해 경제적으로 재기할 수 있도록 지원하는 업무를 말합니다.

IMF 외환위기 이후 기업구조 조정과정에서 부도나 실직으로 많은 과중채무자가 발생하였으며, 신용카드를 여러개 발급받아 사용하던 일반인들이 경기 침체와 금융기관의 신용한도감축 등으로 늘어난 빚을 감당할수가 없게되어 속속 과중채무자로 전락하고 있습니다.

금융기관은 과중채무자 구제를 위한 자체적인 신용회복지원절차를 시행하고 있으나, 과중채무자의 경우에는 일부 금융기관에서 빚을 조정해 주어도 나머지 금융기관이 조정해 주지 않으면 개인연체자에서 벗어나는 것이 현실적으로 불가능 합니다.

신용회복지원제도는 이러한 문제점을 해결하여 과중채무자의 금융기관 채무를 신용회복위원회가 한꺼번에 조정하여 줌으로써 보다 손쉽게 경제적으로 재기할 수 있도록 도와드리는 제도입니다.

2. 사전채무조정(프리워크아웃)이란?

실직, 휴·폐업, 재난, 소득감소 등으로 연체가 발생하여 장기화가 예상되는 단기연체채무자가 금융채무불이행자로 전락되는 것을 방지하여 정상적인 경제활동이 가능하도록 지원하는 제도입니다.

<u>지원대상</u>
개인 및 개인사업자로 신청일 현재 각호의 요건을 모두 충족하는 경우
1. 금융회사에 대한 채무불이행기간(연체기간)이 30일 초과 90일 미만 (연체31~89일에 해당)
※ 현재 연체 기간이 30일 이하인 경우라도 최근 1년 이내 누적 연체일수가 30일 이상이면서 연소득 4000만원 이하라면 가능(신설 2013.04.22)
2. 2개 이상의 금융회사에 총채무액 5억원 이하 보유
3. 신청 전 6개월내 신규발생 채무액이 총채무액의 30/100 이하
4. 부채상환 비율이 30% 이상
5. 보유자산가액*이 6억원 미만(부동산은 공시가격 기준)

기타 예·적금, 보험, 주식, 부동산 등 보유재산을 은닉한 경우 채무조정이 확정된 이후에도 지원효력이 상실됨

<u>채무조정 제외대상 재무</u>
1. 부동산·보증서 등 담보 채무, 개별금융회사가 자체 사전채무조정을 통해 지원한 채무, 청약예금, 보험금 등을 유지하고자 하는 경우 관련 대출금은 부동의 가능성이 높아 채권기관에 조정기간 중

정상이자 변제 진행

　2. 정부 정책자금 등 법규 등에 의해 금융회사의 의결권이 제한되는 채무, 미가입 대부업체 등 신용회복지원 협약에 가입하지 않은 채권금융회사 채무를 보유하고 있는 경우에는 개별조건에 따라 정상변제 진행

지원내용
　1. 상환기간 연장
무담보채권 최장10년, 담보채권 최장 20년
단, 잔존 상환기간이 20년을 초과하는 채권은 잔존 상환기간까지(본인 소득에서 가족생계비를 제외한변제가능액 기준으로 신청인별, 채권별, 최장상환기간 이내에서 상환기간을 책정)
　2. 이자율 조정
약정이자율의 50%(2012.8.30 제도개선)
조정이자율이 5%미만인 경우에는 5%적용
약정이자율이 5%미만인 경우에는 약정이자율 적용
일시불 카드사용액 등 약정이자율이 없는 채권은 카드업계 평균이자율(19%)을 약정이자율로 산정
　3. 채무감면/변제기 유예
채무감면 : 원금 및 이자는 감면 없으며, 신청 전에 발생한 연체이자만 감면 가능
변제기 유예 : 연체사유가 실직·휴업·폐업·재난 등에 해당하는 경우 최장 1년 이내, 6개월 단위(유예이자 3%)

신청방법
　방문 : 신청서류를 지참하고 가까운 신용회복위원회를 방문
　온라인 : 사이버지부 홈페이지에서 신청

신청서류

  구분 구비서류

방문 신청 신용회복지원(상담) 신청서(위원회 양식)

주민등록등본 및 신분증(주민등록증, 운전면허증, 여권 등)

부동산 등기부 등본 및 자동차등록증(신청인 명의 재산이 있는 경우)

대리신청 시 추가서류 가족관계 확인서류(주민등록등본 또는 가족관계증명서)

신청인 및 대리인 신분증, 신청인의 인감증명서와 인감도장, 위임장

유의사항

  신청서 작성 시 채권기관명 및 채무액은 본인이 아는 범위 내에서 가능한 상세히 기재하며, 신청서에 가족 등 연락가능한 전화번호(휴대폰)를 반드시 기재하여야 합니다. 신용회복지원을 신청한 채무 중 지원대상에서 제외되는 채무가 있을 수 있습니다.

  신용회복상담센터 : 지역번호 없이 1600-5500

3. 개인워크아웃이란?

실직, 사고, 기타 불가피한 사유 등으로 현재의 소득수준으로는 정상적 채무상환이 어려운 과중채무자를 대상으로 상환기간의 연장, 분할상환, 이자율조정, 변제기 유예, 채무감면 등의 채무조정을 통하여 안정적인 채무상환이 가능하도록 지원해드리는 제도입니다.

지원대상
금융회사의 채무를 3개월 이상 연체하고 있는 금융채무불이행자로서 금융기관에 대한 총채무액이 5억원 이하이며, 최저생계비 이상의 수입이 있는 자 또는 채무상환이 가능하다고 심의위원회가 인정하는 자(단, 협약 제2장 제3조 각호의 1에 해당하는 경우에는 신용회복지원 대상에서 제외)

지원내용
 1. 상환기간 연장 및 분할상환
대출금의 종류, 총채무액, 변제가능성, 담보, 채무자의 신용 등을 고려하여 최장 10년의 기간까지 상환기간을 연장하여 채무를 분할상환할 수 있습니다.
 2. 변제기유예
실업,휴업,폐업,재난 등으로 인하여 변제기 유예를 지원할 필요가 있는 경우 2년 이내의 기간 내에서 채무상환을 유예할 수 있습니다.(6개월 단위 지원,유예기간 이자율 2%)
 3. 채무감면
채무자의 재산을 모두 처분하더라도 채무를 완납하기 어렵고, 변제금액이 강제집행시 회수예상가 이상인 경우에 채권의 성격 등을 감안하여 이자는 전액, 원금은 금융기관이 손실처리한 상각채권에 한하여 1/2범위내에서 감면할 수 있습니다.(다만, 매입채무와 대부업체 상각채무의 원금은 최대 30%까지 감면가능)

<u>신청방법</u>
  방문 : 신청서류를 지참하고 가까운 신용회복위원회를 방문
  온라인 : 사이버지부 홈페이지에서 신청

<u>신청서류</u>
  구분 구비서류
방문 신청 신용회복지원(상담) 신청서(위원회 양식)
주민등록등본 및 신분증(주민등록증, 운전면허증, 여권 등)
부동산 등기부 등본 및 자동차등록증(신청인 명의 재산이 있는 경우)
대리신청 시 추가서류 가족관계 확인서류(주민등록등본 또는 가족관계증명서)
신청인 및 대리인 신분증, 신청인의 인감증명서와 인감도장, 위임장

<u>유의사항</u>
  신청서 작성 시 채권기관명 및 채무액은 본인이 아는 범위 내에서 가능한 상세히 기재하며, 신청서에 가족 등 연락가능한 전화번호(휴대폰)를 반드시 기재하여야 합니다. 신용회복지원을 신청한 채무 중 지원대상에서 제외되는 채무가 있을 수 있습니다.

4. 신용회복지원절차

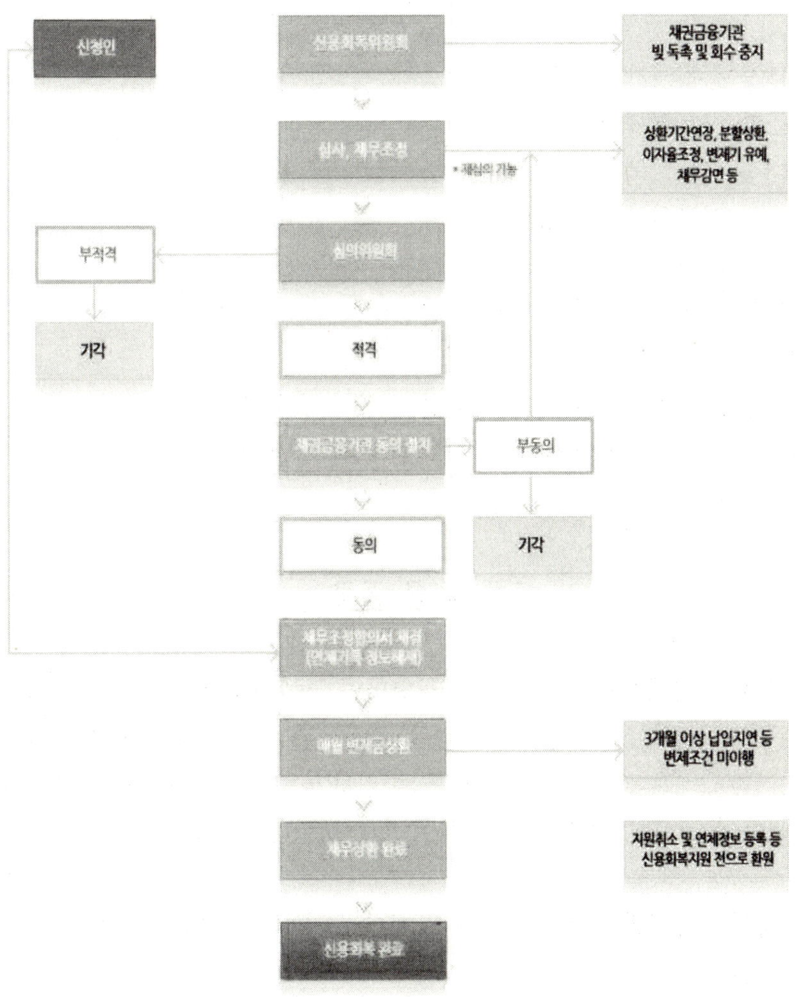

신청인
신용회복위원회
채권금융기관 빚 독촉 및 회수 중지
심사, 채무조정
상환기간연장, 분할상환, 이자율조정, 변제기 유예, 채무감면 등
* 재심의 가능
심의위원회
부적격
기각
적격
채권금융기관 동의 절차
부동의
동의
기각
채무조정합의서 작성 (연체기록 정보해제)
매월 변제금상환
3개월 이상 납입지연 등 변제조건 미이행
채무상환 완료
지원취소 및 연체정보 등록 등 신용회복지원 전으로 환원
신용회복 완료

5. 신용회복지원협약

개인신용회복지원을 위한 금융기관협약입니다

제1장 총칙
제2장 신용회복지원신청
제3장 신용회복지원
제4장 신용회복지원 등의 효력
제5장 (삭제)
제6장 국민연금대여금 제도를 활용한 신용회복지원
제7장 다중채무자에 대한 사전채무조정
제8장 중소기업인의 재기 지원을 위한 신용회복지원
제9장 중소기업인의 재창업 지원을 위한 신용회복지원
보칙 | 부칙

제1장 총칙

제1조 【목적】 본 협약은 사단법인 신용회복위원회(이하 "위원회"라 한다)의 정관에 따라 회원 금융기관이 개인채무자의 파산을 방지하고 그 경제적 회생기회를 마련하기 위한 신용회복지원을 함에 있어 필요한 사항을 정함을 목적으로 한다. (개정 2005.3.30.)

제2조 【용어의 정의】 본협약에서 사용하는 용어의 정의는 다음과 같다.
   1. '금융기관'이란 다음의 각목을 말한다.(개정 2010.3.29)
가.　신용정보의 이용 및 보호에 관한 법률」제25조 제2항 제1호의 대통령령으로 정하는 금융기관

나. 가목에 해당하지 않으나 본 협약에 가입한 기관

다. 가 또는 나목에 해당되는 자로부터 채권을 매입한 기관

　2. '채권'이란 금융기관이 당해 채무자에 대하여 상환을 청구할 수 있는 다음 각목을 말한다.

가. 대출금

나. 신용카드대금(현금서비스 포함)

다. 할부금융채권

라. 보증채권(신설 2004. 5.20)

마. 가목 내지 라목에 해당하는 채권은 아니나 실질적으로 이에 해당한다고 심의위원회가 인정하는 채권(개정 2004. 5.20)

(삭제 2005. 3.30)

　3. '채무자'란 제1호의 금융기관으로부터 채무를 부담하고 있는 실명의 개인(개인사업자 포함)을 말한다.

　4. '신용회복지원'이란 채권 원리금의 상환유예, 채무감면, 상환기간의 연장, 분할상환 등을 통해 채무자의 신용회복 및 파산방지를 도모하기 위한 채무조정 등을 말한다.

　5. '총채권(채무)액'이란 원금, 이자, 연체이자, 지연배상금 및 기타 비용 등을 포함한다.

'회원기관'이란 제1호 가목 내지 다목에 해당하는 금융기관 중 본 협약에 가입한 금융기관을 말한다.

　6. '채권기관'이란 제7호에서 정한 회원기관 중 신청 채무자에 대한 채권을 보유한 회원기관을 말한다.

제2장 신용회복지원신청

제3조　【신청대상】 본 협약에 의하여 신용회복지원 신청을 할 수 있는 자는 약정한 기일 내에 채무를 변제하지 아니한 자로서 금융기관에 대한 총채무액이 5억원 이하이며 최저생계비 이상의 수입

이 있는 자 또는채무상환이 가능하다고 심의위원회가 인정하는 자로 한다. 다만, 각 호의 1에 해당하는 경우에는 신용회복지원대상에서 제외한다. (개정 2005.3.30)

1. 본 협약에 의거 이미 신용회복지원을 받은 사실이 있는 자. 다만, 신용회복지원효력 상실 후 6개월 이상 경과한 자 또는 변제완료자로서 위원회가 지원이 필요하다고 인정하는 경우에는 그러하지 아니하다.(개정 2006.9.8.)

2. 본 협약에 의한 신용회복지원 신청을 반복적으로 하는 자

3. 재산을 도피하거나 은닉, 기타 책임재산의 감소 행위를 초래한 자

4. 어음·수표 부도거래처인 개인사업자로서 동 사유를 해소하지 못한 자

5. 신용정보의이용및보호에관한법률」 등에서 정하는 금융질서 문란자

6. 협약 외 채권자에 대한 채무액이 위원회가 정하는 일정비율 이상인 자

7. 최근의 대출실적이 위원회가 정하는 일정범위 이상으로 과다한 자

8. 채무부존재 확인소송 또는 대출의 무효, 취소를 다투거나 분쟁 상태에 있는 자

9. 자금의 사용이 도박, 투기 등 사행성으로 그 용도가 부적절하거나 기타 사회통념상 신용회복지원 대상자로 인정하기 곤란한 자

10. 기타 심의위원회의 심의결과 부적격자로 인정되는 경우

제4조 【신청방법】 신용회복지원을 받고자 하는 자는 위원회가 정하는 신청서 및 소정의 서류를 제출하여야 한다.

제5조 【신청비용】 채무자는 신청비용을 납부하여야 하며, 그 구

체적인 금액 및 방법 등에 관하여는 위원회가 별도로 정한다.

제6조 【접수통지 및 채권신고 등】

1. 위원회는 신용회복지원 신청서를 접수 받은 날로부터 1주일 이내에 채권금융기관에 대하여 채권의 신고 및 의견을 제출하도록 통지하여야 한다.

2. 제1항에 의한 통지를 받은 채권금융기관은 통지를 받은 날로부터 2주일 이내에 당해 채무자에 대한 총채권액, 담보 및 보증에 관한 사항, 채무자가 제출한 변제계획에 대한 의견 등 제반 자료를 위원회에 제출하여야 하며, 채권금융기관은 동 기간 내에 상계권을 행사할 수 있다.

3. 위원회는 채무자가 제출한 서류에 미비한 점이 있는 경우 2주일 이내에 이를 보정하도록 하며, 채무자가 이 기간 내에 보정하지 아니한 경우 위원회는 신청을 각하할 수 있다.

제7조 【신청의 효력】

1. 채권기관은 그 설립근거법률에서 특별히 규정하고 있는 경우를 제외하고, 위원회에서 신청사실을 통지 받은 이후부터 채무자 또는 그 보증인등에 대한 채권추심의뢰, 가압류·가처분을 비롯한 추가적 채권보전조치, 강제집행의 신청, 소송제기 등 일체의 채권행사 및 담보권 행사를 하여서는 아니된다. 다만, 재산의 도피, 은닉 기타 채무관련인의 책임재산이 감소될 우려가 있는 경우에는 급여를 제외한 재산에 대하여 가압류, 가처분 등의 보전처분을 할 수 있다. (개정 2005.3.30)

2. 채권기관은 신청사실을 통지 받은 이후에는 채무자 또는 그 보증인 등에 대하여 현재 진행 중인 강제집행, 담보권 실행 및 소송행위 등이 중단될 수 있도록 노력하여야 한다.

3. 신청서 접수 이후에 채권기관 이외의 자에 의하여 경매의 신청

등이 이루어지는 경우에는 채권금융 기관은 동 절차에 참가 할 수 있다.

4. 제3항에 의하여 채권기관이 채권 전액 또는 일부를 변제 받은 경우, 심의위원회는 채무자에 대한 신용회복지원을 재심의·의결할 수 있다.

5. 채권기관은 제6조 제1항에 의한 위원회의 통지를 받은 이후에는 채무자가 임의변제 요청을 하더라도 이를 거절하여야 한다.

제8조 【채권금융기관과 보증기관과의 관계】

1. 채무자에 대하여 보증을 한 금융기관(이하 '보증기관'이라 한다)은 채권기관이 신용회복지원 신청사실을 통지 받기 이전에 보증채무의 이행을 청구한 경우 이를 이행하여야 한다.

2. 채권기관은 신용회복지원 신청사실을 통지 받은 후에는 보증기관에 대하여 보증채무의 이행을 청구할 수 없다. 다만, 신용회복지원이 제9조 제3항에 의해 확정되는 경우 보증기관은 채무자가 확정된 신용회복지원 조건을 이행할 수 있도록 보증서 등을 채권기관에 즉시 발급하여야 한다.

제9조 【심사 및 결정 등】

1. 심의위원회는 제6조 제2항의 서류를 받은 날로부터 1개월 이내에 신용회복지원을 심의?의결하여야 한다. 다만, 부득이한 사유가 있는 경우에는 심의기간을 연장할 수 있으며 심의위원회는 이를 채무자 및 채권기관에 통지하여야 한다.

2. 심의위원회는 제1항의 의결일로부터 1주일 이내에 채권기관에 의결사항을 통지하고, 채권기관은 통지를 받은 날로부터 10일 이내에 의결에 대한 동의여부를 심의위원회에 통지하여야 한다.

3. 심의위원회의 의결은 무담보채권액 과반수의 동의와 담보채권액 2/3의 동의로 확정되며, 제2항의 기간 내에 동의 여부를 통지하

지 아니한 채권기관은 심의위원회 의결에 동의한 것으로 본다. 다만, 중앙회 또는 연합회 등이 설치되어 있는 채권기관은 그 의결권을 각자 행사하거나 중앙회 또는 연합회 등에 위임하여 행사할 수 있다.

4. 채권기관의 부동의로 부결된 경우에 심의위원회는 채무자 및 채권기관의 의견을 고려하여 변제계획 등을 재조정한 후, 신용회복지원을 의결할 수 있으며, 이 경우 제3항에 의한 채권기관의 동의를 받아야 한다.

제10조 【채무조정권한 위임 및 채무조정】

1. 채권기관은 제9조제3항에 의하여 신용회복지원이 확정된 경우, 채권기관을 대리하여 채무자의 채무를 조정할 수 있는 권한을 위원회에 위임한 것으로 한다.

2. 신용회복지원이 확정된 채무자는 확정일로부터 2주일 이내에 위원회에서 정한 '채무조정합의서'에 기명날인 또는 서명을 함으로써 제1항에 의해 채권기관으로부터 채무조정권한을 위임 받은 위원회와 채무조정을 합의하여야 한다. 다만, 채권기관은 채무조정으로 인한 신규보증서 발급 등을 위하여 필요한 경우 채무자에게 추가적으로 별도의 채권보전절차 및 약정서 체결을 요청할 수 있다.

제3장 신용회복지원

제11조 【신용회복지원의 내용】

1. 심의위원회는 다음 각 호의 구체적인 신용회복지원 내용을 적용한 채무조정안을 심의·의결한다.

1. 상환기간 연장

대출금의 종류, 총채무액, 변제가능성, 담보, 채무자의 신용 등을 고려하여 최장 8년의 기간까지 상환기간을 연장할 수 있다.

2. 분할상환

제1호의 각 사정을 고려하여 최장 8년의 기간 내에서 채무를 분할 상환할 수 있다

3. 이자율 조정

제1호의 각 사정을 고려하여 이자율을 인하할 수 있다.

4. 변제기 유예

제1호의 각 사정을 고려하여 2년 이내의 기간 내에서 채무상환을 유예할 수 있다.(개정 2011.6.1.)

5. 채무감면

제1호의 각 사정을 고려하여 이자채권은 전액, 원금채권은 상각채권에 한하여 1/2 범위 내에서 감면할 수 있다. 단, 2013년 4월 22일부터 2013년 10월 31일까지의 기간 중에는 2013년 2월말 현재 6개월 이상 연체된 미상각채권에 대하여도 원금의 30% 범위 내에서 감면할 수 있다.(개정 2007.12.28.)(개정 2013.4.22.)

6. 심의위원회는 신용회복지원을 위해 필요한 경우 제1호 내지 제5호 이외의 기타 지원 방법을 의결할 수 있다.

2. 신청일 당시 병역법에 의해 의무복무중이거나 6개월 내 입대 예정인자에 대해서는 복무기간동안 상환을 유예하며, 동 기간 경과 후에는 채무상환을 2년까지 유예하되, 매6개월마다 본인의 연장신청에 따라 위원회가 연장여부를 결정한다.(신설 2005.11.11.)

3. 국가기관 등에서 인정한 사회소외계층에 대하여는 제①항제5호에도 불구하고 상각채권에 한하여 원금의 70% 범위 내에서 감면할 수 있다.(신설 2005.11.11.)(개정 2013.4.22.)

4. 대학생에 대해서는 대학졸업 시까지 채무상환을 유예하며, 졸업 후 미취업자에게는 추가로 최장2년까지 채무상환을 유예하되, 매6개월마다 본인의 연장신청에 따라 위원회가 연장여부를 결정한다.(신설 2012.2.16.)

5. 소득액이 국민기초생활보장법상 최저생계비의 100분의 120이

하인 자에 대해서는 제1항 제1호 내지 제2호에도 불구하고 최장 10년까지 상환기간을 연장하여 분할상환을 지원할 수 있다.(신설 2011.6.1.)

6. 제1항 내지 제4항의 채무조정안이 심의위원회가 정한 일정한 요건에 해당되는 경우에는 심의위원회 부의를 생략할 수 있으며, 이 경우 심의위원회가 심의 및 의결한 것으로 본다.
(개정 2005.11.11.)(개정 2011.6.1.)

제12조 【지원기준】

1. 신용회복지원 대상이 되는 채무는 채무자가 변제하여야 할 총채무중 신청서 및 변제계획서 등에 의해 신용회복지원을 신청한 채권기관에 대한 채무로 한다. 다만, 각 채권기관에서 신용회복지원이 별도로 이루어지거나 정책자금대출 등과 같이 채권기관에서 자율적인 의결권 행사가 불가능한 경우에는 제외한다.

2. 신용회복지원은 원칙적으로 채무종류별, 채권기관별로 동일한 내용으로 하여야 한다. 다만, 대출의 종류, 금액 등에 따라 동일기준으로 조정할 수 없는 사유가 있는 경우에는 이를 달리 정할 수 있다.

제13조 【약식 신용회복지원】

1. 채무자의 총채무액중 1/2이상을 보유한 채권기관이 먼저 자체 신용회복지원계획에 의한 채무조정을 채무자와 합의한 때(채무자에 대한 자체 신용회복지원에 합의한 두 개 이상 채권기관의 채권합계액이 채무자의 총채무액의 1/2이상이 되는 경우를 포함한다)에는, 당해 채권기관이 위원회에 신용회복지원을 신청할 수 있다.

2. 제1항에 의한 채권기관의 신용회복지원신청이 있는 경우, 위원회는 이에 준하여 채무자의 나머지 채권기관에 대한 채무조정안을 마련하여 모든 채권기관에 통보하여야 하며, 채권기관이 통보를 받

은 때에 신용회복지원이 확정되는 것으로 한다. 다만, 통보일로부터 10일 이내에 채권기관이 서면에 의하여 정당한 이의제기를 하는 때에는 심의위원회가 이를 심의 및 의결하여 신용회복지원을 확정한다.

3. 제1항 및 제2항에 의한 약식 신용회복지원의 대상이 되는 채권은 3개월 이상 연체된 무담보채권으로서 채무자의 총채무액이 1억원 이하인 경우에 한한다.

제4장 신용회복지원 등의 효력

제14조 【승인조건 등의 이행】

1. 신용회복지원 승인을 받은 채무자는 승인된 내용에 따라 채무의 변제를 성실히 하여야 한다.

2. 채무자는 필요시 관리계좌를 통하여 채무의 변제를 할 수 있으며, 이 경우 위원회는 각 채권기관에 승인된 조건에 따라 이행을 하여야 한다.

3. 채권기관은 승인된 조건에 의하여 변제를 받아야 하며, 담보권을 실행하거나 채권추심 등을 통하여 회수하여서는 아니된다.

4. 채권기관이 위 제3항의 규정에 반하여 채무자, 보증인 등에게 채권추심을 하거나 담보권 등을 실행하는 경우 위원회는 이를 중지하도록 명하여야 한다.

5. 심의위원회는 채무자에게 변제계획안 등에 반영되지 아니한 질병, 재난 기타 긴급비용의 발생 등 부득이한 사유로 인하여 변제계획 및 신용회복지원 내용의 변경이 필요하다고 인정하는 경우에는 이를 재심의?의결하고 제9조 제3항의 규정에 의한 채권기관의 동의를 받아야 한다.

6. 승인조건에 따라 일정기간 변제계획을 성실히 이행한 자가 채무잔액을 일시 상환하고자 하는 경우 채무잔액의 일부를 추가 감면

할 수 있으며, 구체적인 범위는 위원회가 정한다.(신설 2006.9.8.)

제15조 【보증인 등에 대한 효력】

1. 채무자에 대한 신용회복지원 승인통지는 채무자 및 그 보증인 등에 대해서도 효력이 있다.

2. 신용회복지원신청이 취하, 각하, 기각, 취소되거나 제18조에 의해 효력이 상실되는 경우 채무자 및 보증인 등의 책임은 신청전의 채무 내용대로 회복된다.

제16조 【채권의 양도금지】

1. 채권기관은 제6조 제1항에 의한 위원회의 통지를 받은 후에 당해 채무자에 대한 채권을 회원기관이 아닌 금융기관에게 양도하여서는 아니된다. 다만, 본 협약에 의한 변제계획안의 내용을 승계하는 조건으로 하는 경우에는 예외로 한다.

2. 제1항 단서에 의거 협약 미가입 기관에 채권을 매각하는 경우 당사자간 계약내용에 다음 각호의 내용을 명시하고, 동 내용을 확약하는 매입기관의 동의서를 위원회 앞 제출하여야 한다.

1. 신용회복지원 확정자에 대한 협약효력 유지 및 위원회 운영비용 분담

2. 제1호 조건을 수용하지 않는 기관으로의 재매각 금지

3. 제2항의 동의서는 위원회가 따로 정한다.

제17조 【소액채권의 양도】

채권금액이 소액(원금 500만원 이하로서 위원회가 정하는 금액)인 채권기관은 그 채권을 위원회 또는 위원회가 지정하는 금융기관에게 양도할 수 있으며, 그 세부기준 및 시행시기 등에 관하여는 위원회가 별도로 정할 수 있다.

제18조 【효력의 상실】

1. 신용회복지원확정 이후 다음 각 호의 1에 해당하는 사유가 발생하는 경우, 위원회는 이를 직권으로 취소하고 채권기관에 통지하여야 한다.

1. 채무자가 특별한 사정없이 3개월 이상 신용회복지원 조건에 따른 채무의 이행을 하지 아니한 경우. 다만, 승인조건에 따라 12회차 이상 변제계획을 성실히 이행한 사실이 있는 자에 대해서는 위원회가 채무불이행 기간을 조정할 수 있다.(개정 2006.9.8.)

2. 채무자에게 신용회복지원 조건을 이행하지 못할 특별한 사유가 발생한 경우

3. 신용회복지원 승인 신청 시 제출한 자료나 진술 등이 허위로 판명된 경우

4. 채무자가 신용회복지원 내용을 이행하는 과정에서 허위사실 신고, 재산의 도피, 은닉 기5. 타 책임재산의 감소행위 등의 사실이 발견되는 경우

6. 기타 채무자 또는 채권기관의 요청 등에 의해 심의위원회가 효력상실 결정을 하는 경우

2. 위원회는 제1항제1호의 사유에 의해 신용회복지원 효력이 상실된 채무자가 효력상실 사유를 해소하고 채권기관이 동의하는 경우 1회에 한하여 신용회복지원 효력을 부활시킬 수 있다.(신설 2007.12.28.)

제19조 【면책】

1. 채무자가 신용회복지원 조건에 따른 변제를 완료한 경우 당해 채무자의 채권기관에 대한 채무는 소멸하는 것으로 한다.

2. 채무자가 신용회복지원 조건에 따른 변제를 완료하지 못하는 경우라도, 채무자에게 귀책사유가 없고 이미 75% 이상 변제계획에 따른 채무의 이행을 완료한 경우에는 심의위원회가 의결하여 제9조

제3항의 규정에 의한 채권기관의 동의를 얻은 경우 채무자는 면책된 것으로 한다.

3. 제1항 및 제2항에 의하여 채무자의 면책이 이루어지는 경우에는, 보증인 등에 대해서도 그 효력이 있다.

제20조 【제세공과금의 징수유예 요청】 위원회는 필요하다고 인정하는 경우 신용회복지원을 승인받은 채무자에 대하여 관할 세무서 등에 세금의 징수유예를 요청할 수 있다.

제21조 【파산신청전의 조정】 회원기관은 채무자가 파산법에 의한 파산신청을 하기 전에 회원기관의 자체 신용회복지원절차에 의한 채무조정이나 본 협약에 의한 신용회복지원을 받을 수 있도록 적극 노력하여야 한다.

제22조 【신용정보의 관리 등】
1. 제9조 제3항에 의해 신용회복지원이 확정된 경우 신용회복지원의 승인내용, 채무상환 정보 등을 위원회가 정하는 바에 따라 채권기관 등에게 제공할 수 있다.(개정 2005.3.30.)
2. 채권기관은 신용회복지원의 효력이 상실된 채무자에 대하여는 위원회가 정하는 바에 따라 전국은행연합회의 「신용정보관리규약」상 금융질서문란자 등으로 신용정보를 등록할 수 있다.

제23조 【교육 등】
1. 위원회의 사무부서는 채무자의 신용회복지원 이행상황을 점검하여야 한다.
2. 위원회는 신용회복지원뿐만 아니라 신용관리 및 채무에 대한 상담전문기관으로서 신용회복지원 신청자와 일반인에 대하여 금융, 신용관리 및 바람직한 경제생활 등에 관한 교육계획을 수립하고 시

행하여야 하며 금융채무불이행자의 취업알선 등에도 적극 노력하여
야 한다.

제6장 국민연금대여금 제도를 활용한 신용회복지원(2008.6.2)

제23조의6 【국민연금대여금 제도를 활용한 신용회복지원】

국민연금법」에 의한 국민연금가입자 또는 가입자이었던 자에 대
하여 국민연금대여금을 활용하여 신용회복을 지원할 수 있다.

제23조의7 【신청대상】

2007년12월31일 현재 전국은행연합회
신용정보전산망에 '연체 등 정보'가 등재 된 자로서, 다음 각호에 해
당하는 자로 한다.

1. 국민연금대여금으로 협약 제11조에 의해 조정된 채무액의 현
재가치 환산액을 전액 상환할 수 있는 자

2. 협약 제11조에 의해 조정된 채무액의 현재가치 환산액이 국민
연금대여금을 초과하나, 그 초과채무액이 국민연금 대여금의 10%이
내인 경우, 당해 초과채무액은 채무자 본인이 부담하고 나머지 조정
된 채무액의 현재가치 환산액은 국민연금대여금으로 전액 상환할
수 있는 자

제23조의8 【지원내용】

1. 신용회복지원이 확정된 채무자는 조정된 채무액의 현재가치 환
산액을 국민연금대여금 및 본인부담액으로 일시 상환한다. 단, 채권
기관의 설립근거 법률에서 조정된 채무액의 현재가치 환산을 허용
하지 아니하는 경우 상환금액은 협약 제11조에 의해 조정된 채무액
으로 한다.

2. 제1항에서 현재가치로 환산하는 비율은 조정된 채무액의
68.54%로 한다.

3. 제1항에 의한 변제를 완료한 경우 채권기관에 대한 당해 채무자의 채무는 소멸하는 것으로 한다.

4. 국민연금 대여조건은 국민연금공단이 정하는 바에 의한다.

제23조의9 【국민연금 대여금의 관리】

1. 국민연금대여금의 회수관리, 분배 관리및 사후관리 등은 위원회가 담당하며, 세부업무처리방법은 위원회와 국민연금공단과의 업무협약에 의한다.

2. 제1항의 업무를 위하여 위원회와 국민연금공단은 협약 제24조와 관련하여 특별회비 납부에 관한 계약을 체결한다.

제23조의10 【특별규정】 본 장에서 정한 사항은 제1장 내지 제5장에 우선하여 적용하며, 본 장에서 정하지 아니한 사항에 대해서는 제1장 내지 제5장을 준용한다.

제7장 다중채무자에 대한 사전채무조정(2009.4.13)

제23조의11 【다중채무자에 대한 사전채무조정】 연체기간 장기화가 예상되는 다중채무자에 대해 금융채무불이행자로의 전락을 방지하기 위하여 사전채무조정을 할 수 있다.

제23조의12 【신청대상】 ①제23조의11의 규정에 의한 사전채무조정 대상은 다음 각 호의 요건을 충족하는 자로 한다. 다만, 제3조 제1호 내지 제6호에 해당하는 자와 동조 제8호 내지 제10호에 해당하는 자는 제외한다.

1. 2개 이상의 금융기관 채무를 보유하고 있는 자로서 총 채무액이 5억원 이하인 자

2. 금융채무불이행 기간이 30일을 초과하고 90일이 경과하지 아

니한 자

　3. 신청 전 6개월내 신규발생 채무액이 총채무액의 30/100 이하인 자

　4. 부채상환비율이 30% 이상인 자

　5. 보유자산가액이 6억원 미만인 자

　6. 실업·휴업·폐업·재난·소득감소 등으로 사전채무조정 지원 없이는 정상적인 채무상환이 어렵다고 위원회가 인정하는 자

②제1항제2호의 규정에도 불구하고 금융채무불이행 기간이 30일 이하인 경우 다음의 요건을 모두 충족하는 자는 지원대상에 포함한다. (신설 2013.4.22)

　1. 신청 전 1년 이내 누적연체일수가 30일 이상인 자

　2. 연간소득액이 40백만원 이하인 자

제23조의13 【지원내용】 사전채무조정이 확정된 채무자는 다음 각 호의 방법으로 지원한다.

　1. 상환기간 연장

대출금의 종류, 총채무액, 변제가능성, 담보, 채무자의 신용 등을 고려하여 무담보채권에 대해서는 최장 10년까지, 담보채권에 대해서는 최장 20년까지 상환기간을 연장할 수 있다. 단, 잔존상환기간이 20년을 초과하는 채권은 당해 채권의 잔존상환기간까지 연장할 수 있다.

　2. 이자율 조정

제1호의 각 사정을 고려하여 이자율을 인하할 수 있다.

　3. 채무감면

채무감면은 연체이자에 한한다.

　4. 변제기유예

실업·휴업·폐업·재난 등으로 인하여 제1호 내지 제3호에 의한 방법으로는 실질적 지원이 불가능하다고 판단되는 경우 최장 1년

이내에서 채무상환을 유예할 수 있으며, 이 경우 매 6개월마다 본인의 연장신청에 따라 위원회가 연장여부를 결정한다.

제23조의14 【특별규정】 본 장에서 정한 사항은 제1장 내지 제4장에 우선하여 적용하며, 본 장에서 정하지 아니한 사항에 대해서는 제1장 내지 제4장을 준용한다.

제8장 중소기업인의 재기 지원을 위한
신용회복지원(2010.4.26)

제23조의15 【중소기업인의 재기 지원을 위한 신용회복지원】
제3조의 규정에 불구하고 실패한 중소기업인의 재기를 지원하기 위하여 신용회복을 지원할 수 있다.(개정 2011.2.28.)

제23조의16 【신청대상】 제23조의15의 규정에 의한 신용회복지원 대상자는 다음 각 호의 요건을 모두 충족하는 자로 한다.
1. 중소기업기본법」 제2조의 규정에 의한 중소기업 중 휴업, 폐업, 채무과다 등 기타 사유로 사업을 계속할 수 없는 기업(이하 '실패한 중소기업'이라 한다)의 대표자, 대표이사, 또는 실질적으로 법인을 경영하여 보증채무를 부담했던 경영실권자(이하 '중소기업인'이라 한다.)
(개정 2011.2.28.)
2. 실패한 중소기업에 대한 보증채무와 주채무를 합한 금액이 30억원 이하일 것(개정 2012.2.15.)
3. 삭제(개정 2011.2.28.)

제23조의17 【신용회복지원 내용】 중소기업인에 대한 신용회복은 다음 각 호의 방법으로 지원한다.

1. 채무감면
제11조제1항제5호에 따른 기준을 적용한다. 다만, 채무자의 재창업을 위해 신규로 자금을 지원하는 회원기관 채권의 원금은 그러하지 아니한다.
2. 변제유예
제23조의4제①항제2호를 준용한다.
3. 분할상환
제23조의4제①항제3호를 준용한다.
4. 이자율조정
제23조의4제①항제4호를 준용한다.
  2. 제23조의15의 규정에 의한 신용회복지원의 승인 시 중소기업진흥공단으로부터 재창업에 필요한 신규자금을 함께 지원받은 채무자가 신설법인으로부터 현금배당을 수령하는 경우에는 70% 이상, 신설법인의 주식 등 지분을 매각하는 경우에는 매각대금의 90% 이상을 채무상환에 우선 사용하여야 한다. 다만, 채무자가 사용계획서를 제출하여 위원회가 정당한 사용계획으로 인정하는 경우에는 비율을 하향 조정할 수 있다.(개정 2011.2.28.)

제23조의18 【특별규정】 본 장에서 정한 사항은 제1장 내지 제4장에 우선하여 적용하며, 본장에서 정하지 아니한 사항에 대해서는 제1장 내지 제4장을 준용한다.

제9장 중소기업인의 재창업 지원을 위한 신용회복지원(2012.4.2.)

제23조의19 【중소기업인의 재창업지원】 실패한 중소기업인의 경영재기를 위해 신용회복 및 재창업자금을 지원할 수 있다.

제23조의20 【신청대상】 제23조의19의 규정에 의한 신용회복지원 대상자는 다음 각 호의 요건을 모두 충족하는 자로 한다.

1. 중소기업기본법」 제2조의 규정에 의한 중소기업 중 휴업, 폐업, 채무과다 등 기타 사유로 사업을 계속할 수 없는 개인사업자 및 법인의 보증채무를 부담했던 대표이사 또는 경영실권자(이하 '중소기업인'이라 한다.)

2. 실패한 중소기업에 대한 보증채무와 주채무를 합한 금액이 30억원 이하일 것.

3. 사업재기를 위한 신설 사업자 및 법인을 설립한자로 재창업지원위원회가 재창업자금 지원결정을 통한 신규자금 조달이 가능한 자

4. 제3조 단서 각 호의 1에 해당하지 않는자.

제23조의21 【신용회복지원 내용】

1. 재창업 중소기업인에 대한 신용회복은 다음 각호의 방법으로 지원한다.

1. 채무감면
제11조제1항제5호에 따른 기준을 적용한다. 단, 보증기관 등이 보유한 채권 중 대지급일 또는 연체일로부터 1년이 경과한 채권의 경우 원금의 50%까지 감면 가능

2. 변제유예
제23조의4제①항제2호를 준용한다.

3. 분할상환
제23조의4제①항제3호를 준용한다.

4. 이자율조정
제23조의4제①항제4호를 준용한다.

2. 제23조의19의 규정에 의하여 재창업지원을 신청하여 승인을 받은 채무자가 재창업지원 승인 당시에 보유한 신설법인의 주식 등

지분 중 1/2이상을 매각하는 경우에는 재창업지원위원회의 승인을 받아야한다.

  3. 제23조의19의 규정에 의하여 재창업지원을 신청하여 승인을 받은 채무자는 신설법인으로부터 현금배당을 수령하는 경우에는 70% 이상, 신설법인의 주식 등 지분을 매각하는 경우에는 매각대금의 90% 이상을 재창업자금 상환에 우선 사용하여야 한다. 다만, 채무자가 사용계획서를 제출하여 위원회가 정당한 사용계획으로 인정하는 경우에는 비율을 하향 조정할 수 있다.

제23조의22 【재창업자금 지원】 ①제23조의19의 규정에 의한 신용회복지원 대상자가 재창업 사업계획서 등을 제출하고 사업성평가를 통해 재창업 성공이 가능하다고 재창업지원위원회가 승인하는 경우 재창업 신규자금 지원기관 또는 보증기관을 통해 재창업자금을 지원한다.
②제①항의 재창업자금을 지원하는 경우의 지원절차는 재창업 신규자금지원기관 및 보증기관과 별도로 체결한 협약에 따른다.
③재창업지원위원회에서 재창업 신규자금 지원을 승인한 경우에 한하여 제23조의 21에 따라 신용회복을 지원한다.

제23조의23 【특별규정】 본 장에서 정한 사항은 제1장 내지 제4장에 우선하여 적용하며, 본장에서 정하지 아니한 사항에 대해서는 제1장 내지 제4장을 준용한다.

보칙

제24조 【제재금 등】
  1. 회원기관은 협약의 내용을 성실히 준수하여야 한다.
  2. 위원회는 제7조 제1항, 제14조 제3항, 제16조 및 기타 본 협

약 상 의무를 위반한 회원기관에 대하여 총 채권액의 5/100 내지 50/100의 범위 내에서 제재금을 부과할 수 있다.

　3. 회원기관 분담금, 협약준수 의무불이행 회원기관으로부터 징구한 제재금 등은 신용회복지원을 위한 자금, 위원회 운영 등의 재원으로 사용할 수 있다.

제25조　【운영세칙】 위원회는 본 협약의 운영에 필요한 구체적인 기준과 방법 등에 관한 운영세칙을 정할 수 있다.

제26조　【협약의 개정과 폐지】 본 협약의 개정과 폐지는 위원회 회원총회의 의결에 의한다.

제27조　【정관과의 관계】 본 협약에 규정되지 아니하거나 위원회의 정관과 상이한 사항은 정관에 따른다.

부 칙(2004.5.20)

제1조　【시행일】 본 협약은 2004년 6월 1일부터 시행한다.

제2조　【경과조치】 제2조 제2호 라목 내지 마목은 채권기관의 전산시스템이 완료되는 시점을 감안하여 신용회복위원회 위원장이 정한다.

부 칙(2005.3.30)

제1조　【시행일】 본 협약은 2005년 4월 1일부터 시행한다.

부 칙(2005.11.11)

제1조 【시행일】 본 협약은 2005년 11월 11일부터 시행한다.

부 칙(2006.9.8)

제1조 【시행일】 본 협약은 2006년 9월 25일부터 시행한다.

부 칙(2006.12.22)

제1조 【시행일】 본 협약은 2007년 1월 1일부터 시행한다.

제2조 【경과조치】 제5장은 '06.9.28일 재정경제부 등 13개 부처에서 발표한 기업환경개선 종합대책」에 따라 2007년 12월 31일까지 한시적으로 시행하되, 정부에서 연장을 결정하는 경우에는 그 연장기간의 종료일까지로 한다.

부 칙(2007.12.28)

제1조 【시행일】 본 협약은 2008년 1월 2일부터 시행한다.

부 칙(2008.6.2)

제1조 【시행일】 본 협약은 2008년 6월 2일부터 시행한다.

제2조 【경과조치】 제6장의 신청기한은 2008년 10월 31일까지로 하며, 국민연금대여금 지급기한은 2008년 12월 31일까지로 한

다. 다만, 보건복지가족부 기금운영위원회에서 신용회복지원 신청기한 및 국민연금대여금 지급기한의 연장을 결정하는 경우에는 그 연장기간의 종료일까지로 한다.

부 칙(2009.4.13)

제1조 【시행일】 본 협약은 2009년 4월 13일부터 시행한다.

제2조 삭제 <2012.8.30>

부 칙(2009.8.1)

제1조 【시행일】 본 협약은 2009년 8월 1일부터 시행한다..

부 칙(2010.3.29)

제1조 【시행일】 본 협약은 2010년 3월 29일부터 시행한다.

부 칙(2010.4.26)

제1조 【시행일】 본 협약은 2010년 4월 26일부터 시행한다.

부 칙(2010.10.18)

제1조 【시행일】 본 협약은 2010년 10월 18일부터 시행한다.

부 칙(2011.2.25)

제1조 【시행일】 본 협약은 2011년 2월 28일부터 시행한다..

부 칙(2011.5.30)

제1조 【시행일】 본 협약은 2011년 6월 1일부터 시행한다.

부 칙(2012.2.15)

제1조 【시행일】 본 협약은 2012년 2월 16일부터 시행한다.

부 칙(2012.8.30)

제1조 【시행일】 본 협약은 2012년 8월 30일부터 시행한다.

부 칙(2013.4.22)

제1조 【시행일】 본 협약은 2013년 4월 22일부터 시행한다.

6. 개인회생, 파산과 비교

구분	프리워크아웃 (사전채무조정)	개인워크아웃	개인회생	개인파산
운영주체	신용회복위원회	신용회복위원회	법원	법원
시행시기	2009. 04. 13	2002. 10. 1	2004. 9. 23	1962. 1. 20
대상채권	협약가입 금융기관 (3,600여개) 보유채권	협약가입 금융기관 (3,600여개) 보유채권	제한없음 (사채포함)	제한없음 (사채포함)
채무범위	5억원 이하	5억원 이하	담보채무(10억) 무담보채무(5억)	제한없음
대상 채무자	30일초과 90일미만	연체기간이 3개월 이상인 자	과다채무자인 봉급생활자, 영업소득자	파산원인
보증인에 대한 효력	보증인에 대한 채권추심 불가	보증인에 대한 채권추심 불가	보증인에 대한 채권추심 가능	보증인에 대한 채권추심 가능
채무조정 수준	무담보채권 최장 10년, 담보채권 최장 20년, 신청일 기준 연체이자 감면	변제기간 10년 이내, 이자채권 전액감면, 원금은 상각채권에 한해 최대 1/2까지 감면	변제기간 5년이내, 변제액이 청산가치보다 클 것	청산 후 면책
법적효력	사적 조정에 의해 변제 완료 시 면책	사적 조정에 의해 변제 완료 시 면책	변제 완료 시 법적 면책	청산 후 법적 면책
은행연합회 (연체 등)정보 해제여부	미등록	신용회복지원 확정시 모든(연체 등)정보 해제	변제계획 인가 시 해제	면책 결정 시 해제

은행연합회 공공정보 내용	미등록	신용회복지원 중(1101)	개인회생절차 진행 중(1301)	파산으로 인한 면책결정(1201)
은행연합회 공공정보 삭제시기	미등록	채무변제를 완료하거나 신용회복지원 확정 이후 2년 이상 변제한 때 삭제	채무변제를 완료하거나 개인회생인가이후 최장 5년간 변제한 때 삭제	면책 결정 후 5년 경과 시 삭제

신간·개정판 안내(법문북스·법률미디어)

책 명	저 자	정 가
1. 수사형사조사총서 제1권 형법	김 정 수	150,000
2. 수사형사조사총서 제2권 형사특별법	김 정 수	150,000
3. 도산법 실제와 법리	김 영 한	90,000
4. 사이버수사 형벌총서	김창범·고홍남	160,000
5. 법률학 대사전	이 병 태	180,000
6. 수사해법과 형벌사례연구	이 창 헌	140,000
7. 형벌법요설과 수사기술	김 정 수	68,000
8. 조세의 정의와 실무이론	생활법률연구원	70,000
9. 자동차사고로 인한 손해배상의 책임과 보상	박 영 민	30,000
10. 형벌형법의 실제와 정해	이 상 범	140,000
11. 형벌형사특별법의 실제와 정해	이 상 범	140,000
12. 부동산제문제와 법률적 연구	대한부동산법률문제연구회	85,000
13. 민사소송실제와 법원요해(전2권)	김 만 길	340,000
14. 상거래시 수표·어음의 법률적 문제와 이해	김 창 범	65,000
15. 민사소송실제와 법원요해(전2권)	김 만 길	340,000
16. 채권 총론·각론의 조문분석과 법리	이 기 옥	85,000
17. 형사특별법 형벌문제분석과 조사기법	김 정 수	130,000
18. 형법 형사문제문제분석과 조사기법	김 정 수	130,000
19. 형벌의 이해와 실제연구	김 창 범	80,000
20. 법률학지식입문대사전	이 상 범 외	160,000
21. 실용법인등기요설	김 만 길	160,000
22. 토지건물소송과 법원처리절차	김 용 한	160,000
23. 가사(가족관계)소송과 실무정해	박 근 영 외	160,000
24. 민법주석대전(전3권)	경 수 근 외	450,000
25. 민사소송집행실무이론절차(전4권)	김 만 길 외	560,000
26. 법률종합서식	오 시 영 외	150,000
27. 최신계약실무이론총서(전2권)	박 종 훈 외	320,000
28. 민사집행·경매 실무이론	이 재 천	140,000
29. 법률학사전	이 병 태	180,000
30. 채무자 회생 파산 분석 요해	이 상 범	160,000
31. 가압류가처분경매총서	김 만 길 외	320,000
32. 법인등기실무이론	김 용 환 외	160,000
33. 법률법원규정특별연구(전2권)	이 상 범	320,000

◪ 편저 이 창 완 ◪

- 전 각급 법원 민사가사형사 참여사무관
- 전 서울고등법원 종합민원접수실장
- 전 서울중앙지방법원 민사신청과장
- 전 인천가정법원 본원 집행관
- 전 서울지방법원 민사조정위원

현행 법률과 규정에 따른
개인회생 · 파산 · 신용회복 절차와 사례   定價 28,000원

2014年 7月 5日 2版 印刷
2014年 7月 15日 2版 發行
      편 저 : 이 창 완
      발행인 : 김 현 호
      발행처 : 법문 북스
      공급처 : 법률미디어

152-050
서울 구로구 구로동 636-62
TEL : (대표번호)2636-2911, FAX : 2636~3012
등록 : 1979년 8월 27일 제5-22호
Home : www.lawbooks.co.kr

ISBN 978-89-7535-262-1 13360